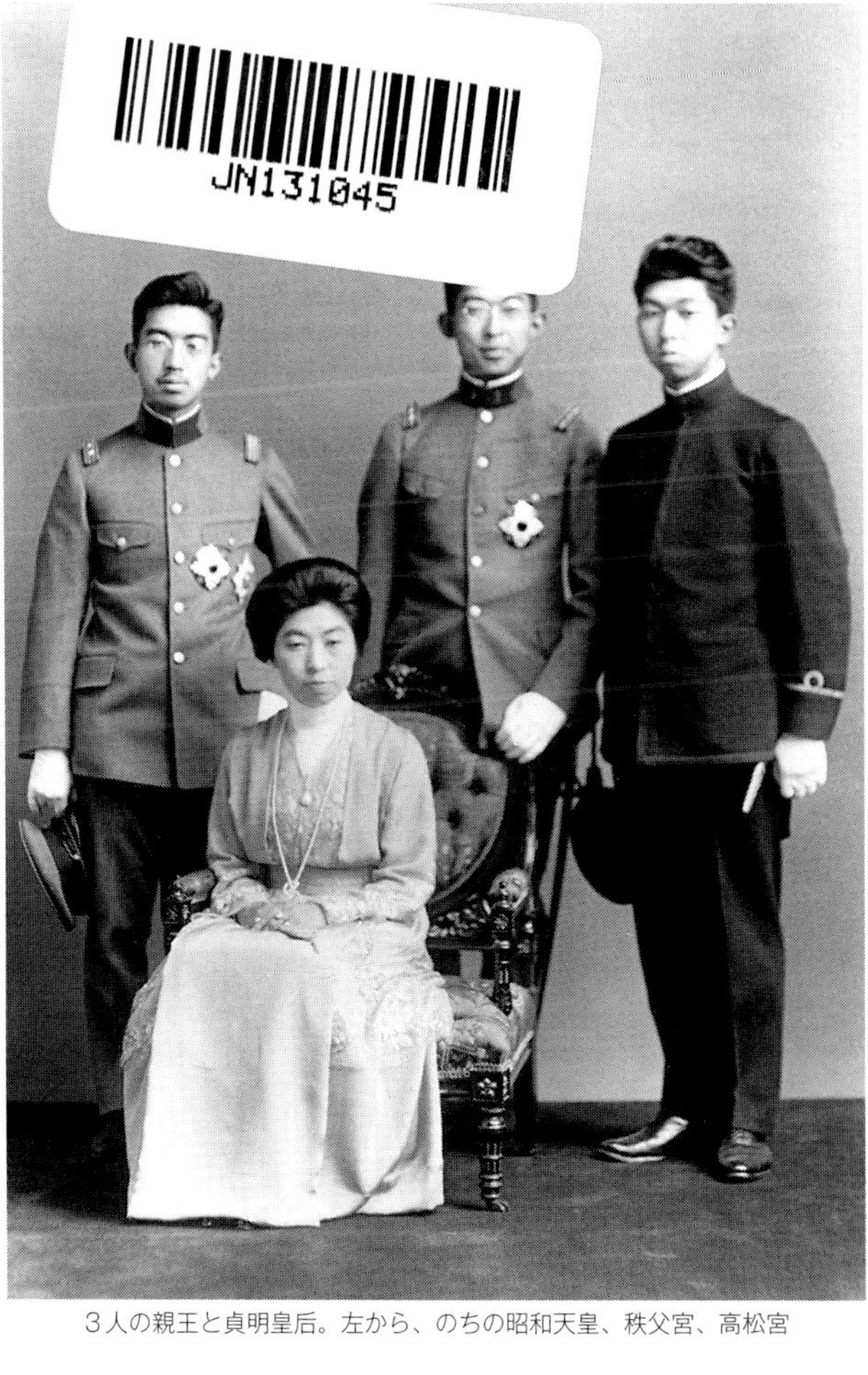

3人の親王と貞明皇后。左から、のちの昭和天皇、秩父宮、高松宮

天皇家の系図

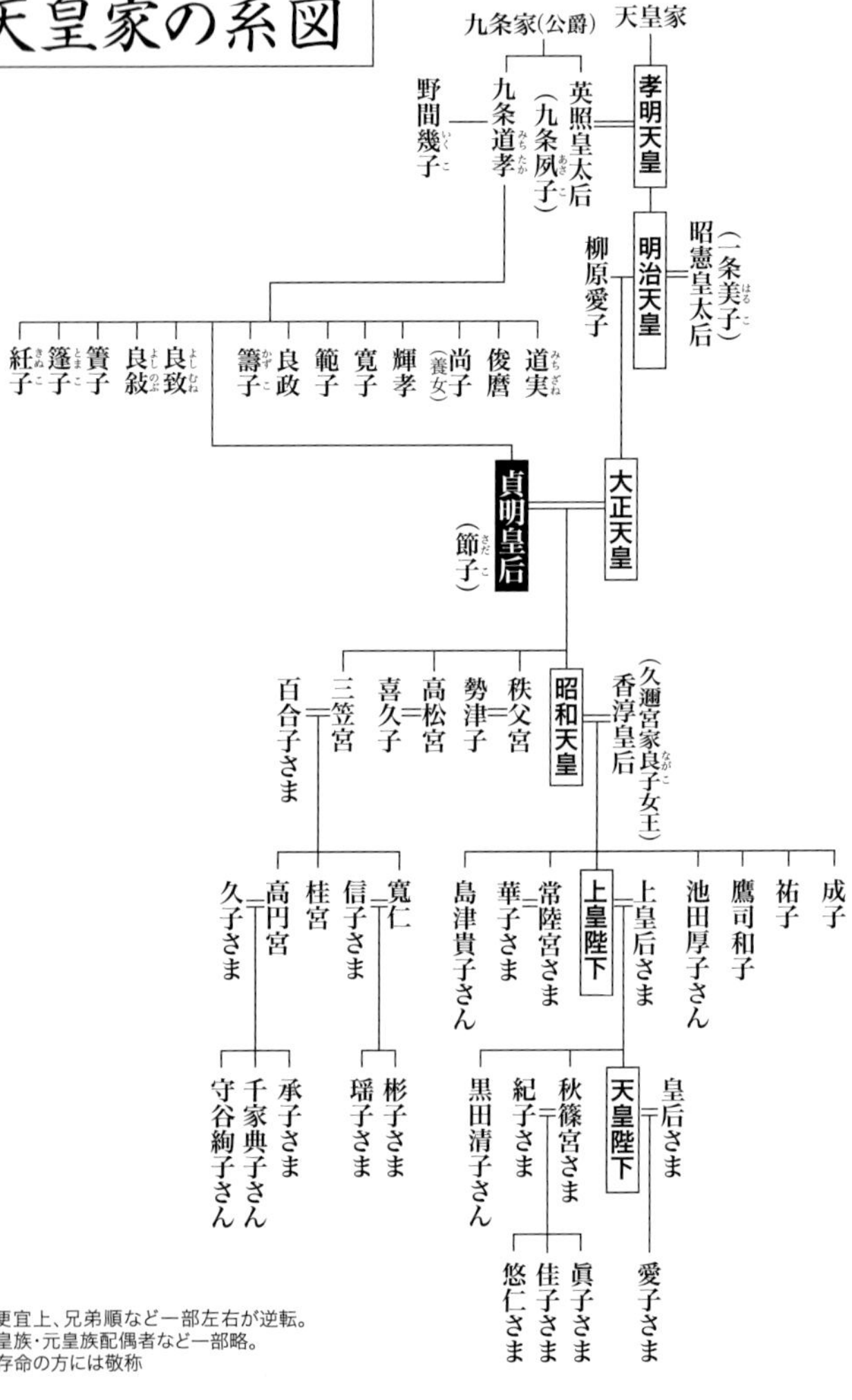

※便宜上、兄弟順など一部左右が逆転。
皇族・元皇族配偶者など一部略。
存命の方には敬称

産経NF文庫
ノンフィクション

孤高の国母 貞明皇后

知られざる「昭和天皇の母」

川瀬弘至

潮書房光人新社

文庫版のまえがき

令和元年十月に挙行された即位の礼から、やがて一年になる。新型コロナウイルス禍により世界は混乱の渦にあるが、皇室と国民の絆は揺るがず、新たな御代は広く内外に定着したようである。

だがもし、もしも皇室の存続にリスクファクター（危険因子）があるとすれば、それは皇室制度に否定的な革新派の策動ではなく、保守派の無知、あるいは無理解によってもたらされるであろう。

歴代最長の安倍晋三政権が終焉する直前、将来の首相候補と目される河野太郎防衛相（当時）が「女系天皇容認論」に言及し、物議をかもした。河野氏はインターネット番組や記者会見で「男系が続くことを強く期待する」としつつも、「内親王殿下や女王殿下が女性宮家として皇室に残られ、そのお子様が皇位を継承するというやり方もある」と述べた。

男系と女系を同次元で論じる――。典型的な無知、あるいは無理解である。

河野氏は皇位の安定継承について、旧宮家の復活も選択肢にあげるが、「六百年前に分かれた人が戻ってきても本当の万世一系といえるのか、ということも考えなければならない」などと後ろ向きだ。「万世一系」を理解していないのである。

結論をいえば、皇位の安定継承に選択肢はなく、旧宮家復活の一択しかない。旧宮家は、現在の国民には馴染みが薄いと懸念する声もあるが、十年もたてば定着する。百年後には当たり前になる。そして皇室は千年、二千年の単位で論じなければならないのだ。

この千年、二千年という思考を強く持っていたのが昭和天皇の母、貞明皇后だった。病弱な大正天皇を支え、明治以来初の摂政設置という事態に直面するや、天皇の地位の安定に奔走した。先の大戦後は、皇族が足を向けないような山村にまで分け入り、国民との絆を深めようとした。

そんな貞明皇后が何より憂慮したのは、宮中の伝統や慣習が、時代の波に押し流されていくことだった。

貞明皇后の崩御後、宮内庁が昭和二十六～三十二年に実施した関係者への談話聴取によれば、侍医の西川義方は貞明皇后について「科学に深い御信頼と御理解」があり、医学上の説明にも熱心に耳を傾けたと証言しつつ、こう振り返る。

「しかしたゞ一つ御忠告をお守り下さらなかつたのはお夜深し（夜更かし）のことでした」

侍医の忠告も聞かず、深夜まで何をしていたのか――。皇太后時代に御用掛を務めた吉田鞆子が言う。

「大抵（夜の）十二時頃まで御書見やお書きものをなさいました。そのお書きものは昔からの御所風の慣習故実等のことで、お間内に一杯になる程沢山の御様子でした…」

明治維新以降、国家が急速に近代化するのに伴い、皇室制度も変革を迫られた。その中で貞明皇后は、忘れ去られようとする伝統や慣習を、記録の上だけでも残そうとしたのだ。

とはいえ、慣習に拘泥していたわけではない。宮中の側室制度を事実上廃止し、皇室に一夫一婦制の礎を築いたのも貞明皇后である。おそらく、変革はやむを得ないとしても、皇室のあるべき姿を踏まえなければならないと考えていたのではないか。

そのあるべき姿を、貞明皇后の波瀾万丈の生涯とともに追い求めたのが、本書である。産経新聞ノンフィクション連載としてスタートした平成二十九年以来、三年半の歳月がたつが、本書の意義はいささかも薄れていないと、筆者は考えている。

令和二年十月

川瀬弘至

プロローグ

昭和二十（一九四五）年五月二十五日の夜、帝都の上空が、真っ赤に染まった。同年三月十日の東京大空襲からおよそ一カ月半、米爆撃機B―29の大群が再び来襲したのだ。その数、およそ四百七十機[1]。灯火管制のしかれた都心に焼夷弾の雨が降り、皇居周辺の官庁街が次々と火炎に包まれた。

その頃、赤坂御用地内にある大宮《おおみや》御所の御文庫（地下防空壕）で、防空服をまとった初老の女性が、小机の前に端座していた。

女性は、地蔵尊像などが書かれた朱印を、紙に何度も何度も押していた。空襲でまた、何万人もの国民が犠牲になる。その一人一人に、深い祈りを捧げていたのだ[2]。

昭和天皇の母、貞明《ていめい》皇后。当時は皇太后である。

地上でズシン、ズシンと爆発音が響く。しかし皇太后は動じない。朱色の地蔵尊像がみるみる増えていった。

皇太后が居住する大宮御所が炎上したのは、空襲開始から一時間半後だ。見回りに出て目撃した皇太后宮大夫の大谷正男によれば、「一団の焼夷弾が落下して忽《たちま》ちに火の海と化した(3)」。陸軍守衛隊と警視庁特別消防隊が消火に努めたが、火勢を抑えることはできなかった。

大谷は愕然とし、御文庫へ走った。

「大宮様、御所が焼け落ちました」

皇太后は、悲痛な表情をみせたものの、一言も語らなかった(4)。

その日、侍医の山川一郎は業務日誌に書いた。

「(皇太后の)御文庫着御は十時三十五分なり。忽ちにして敵機の来襲甚しく、焼夷弾の投下雨の如く、陸軍大学校舎を最初に次で青山御所、御局竹屋典侍宿舎、大宮御所の順序にて炎上す。最初は本省より刻々と通報ありしが通報も遂に絶え、戸外は爆風と周囲火災の火の粉の乱舞と爆発音と其《そ》の光景のすさまじさ誠に地獄絵巻物の如《ごと》し。悲しくもこの日、米鬼の為大宮御所遂に炎上す(5)」

空襲は翌二十六日午前一時まで続き、大宮御所、東宮仮御所、青山御殿が全焼。爆撃が厳禁されていた皇居にも火の粉が飛んで正殿が焼け落ちた。

明くる朝——。

皇太后は御文庫にいて、大正天皇の御影《みえ》(肖像画)の前に端座している。身の回りの品のほとんどが焼けたが、この御影だけは事前に御文庫に運び込んでいたため無事だった。

瞑目して手を合わせる皇太后は、空襲の惨禍がついに皇居にまで及んだことを、どう伝えただろうか。

大宮御所の焼け跡も見て回った。残っていたのは門だけで、謁見所も茶室も、すべて木炭と化していた。

「きれいに焼けたもんだねえ」

気丈に振舞って見せたものの、眉間に寄せたしわの深さに、胸奥の心痛がかすかににじんだ。

以後、皇太后は太陽の届かない御文庫で過ごす。六畳ほどの狭い一室。不平は口にしなかった。

「大宮様はお焼けになつてから、一度も御不足についてお漏しになつた事はありません。然《しか》し下の者の被害についてはよく御心遣ひをして下さいました」と、皇太后宮職の檀萬吉が述懐する。(6)

御所全焼の翌日、喜久子妃（高松宮妃）が見舞いに訪れたとき、皇太后は静かに言った。

「これで私も国民と一緒になった」(7)

貞明皇后──。聡明《そうめい》かつ気丈な国母だったと伝えられるが、その生涯をつづった文献は意外に少なく、貞明皇后の性格や言動、昭和天皇に与えた影響などについては、いまも謎に包まれているのが実状だ。

しかし平成二十八（二〇一六）年の秋以降、産経新聞の申請により宮内庁が順次公開した百冊以上の「貞明皇后実録稿本」(実録の草稿と編纂資料)などを読み解くと、聡明よりも愛情、気丈よりも苦悩に満ちた、新たな皇后像が浮かび上がってきた。

明治、大正、昭和の三代を生きた貞明皇后が直面した最大の試練は、近代日本で初の摂政設置という事態に、どう立ち向かうかだった。夫である大正天皇の病気が悪化し、政府内に摂政設置の構想が持ち上がると、貞明皇后は強く反対。最終的に同意したものの、宮中の伝統慣習が時代の波に押し流されていくことを、何とか食い止めようとした。

一方で宮中の側室制度を事実上廃止し、一夫一婦制の礎を築くなど、近代皇室制度の確立に尽くしたのも貞明皇后だった。

その生涯をひと言でいえば、波瀾万丈である。

名門華族の出身ながら農家で育てられ、当初は皇太子妃の有力候補ではなかった。父の九条道孝は貞明皇后を「何処か田舎の豪家にでもお嫁にやるつもりだと云つてをられ」たと、幼なじみの一人が昭和三十年の宮内庁調査に答えている(8)。紆余曲折の末に十五歳で大正天皇と結婚。しかし宮中に入ってからは、試練の連続だった。それまで野山を駆けめぐり、男子がするような遊びにも興じた〝おてんば〟な少女は、厳格な老女官から宮中のしきたりを徹底的に教え込まれ、毎夜のように泣いた。

大正天皇との関係も、結婚後の数年間はすれ違いが多かったとされる。昭和天皇をはじめ秩父宮、高松宮、三笠宮を出産し、皇統維持の大任を果たしたものの、思ったことを何でも口にする大正天皇の言動に、心が千々に乱れることもあった。

いかにせむ　あゝいかにせむ　くるしさの　やるせだになき　わが思ひ川(9)

皇太子妃時代に詠んだ和歌である。

転機は二十七歳の春、当時は生死にかかわる腸チフスに罹患《りかん》したことだ。

「その闘病のお陰ですっかり心の中もお変わりになって強くなられた」ようだと、のちに三笠宮が語っている。(10)

この大病の翌年に明治天皇が崩御し、大正天皇が即位すると、貞明皇后は以前にも増して献身的に仕えるようになった。大正天皇の発病後は、一切の看病を自ら行い、真夜中でもそばに寄り添って、大正天皇が咳《せき》をするたびに枕元に置いたひもを結んで回数を数えた。

一方で貞明皇后は、政府高官らの間に広がる大正天皇への不安を食い止め、その威厳を保とうと必死だった。首相や元老にも毅然とわたりあい、やがて宮中で最も恐れられる存在となる。

そんな貞明皇后の前に立ち現れたのが、成人した昭和天皇である。近代的な国家像を目指す昭和天皇と、宮中の伝統保持に心を尽くす貞明皇后は、互いに敬愛しつつも宮中改革をめぐってしばしば対立した。

大正天皇が崩御し、皇太后となってからの貞明皇后は、国民とのつながりを大切にした。主な事跡として養蚕業の奨励、ハンセン病患者の救済、灯台守の支援がよく知られるが、そこには、弱者や孤立者に寄り添おうとする姿勢がうかがえる。

空襲で大宮御所が焼け落ちた時の、「これで国民と一緒になった」との言葉に、貞明皇后の生き様が如実にあらわれているといえよう。終戦後の占領期には皇族が行かないような山村にまで分け入り、農家の人々を励まして歩いた。

崩御は昭和二十六年五月。サンフランシスコ講和条約で日本の主権回復が認められる、四カ月前だった。

その年の一月、こう詠んでいる。

このねぬる　朝《あさ》けの空に　光あり　のぼる日かげは　まだ見えねども[11]

生涯に詠んだ一万三千首以上の和歌の中でも、珠玉の一首だ。

だが、この和歌に込められた真意を知るには、貞明皇后の生い立ちにさかのぼって、その足跡をたどらなければならない。

註

（1）平塚柾緒編著『米軍が記録した日本空襲』から
（2）主婦の友社編『貞明皇后』から
（3）、（4）宮内庁所蔵「貞明皇后実録編纂資料・関係者談話聴取」（以下、原則として「関係者談話聴取」と略記）所収の「大谷正男談話」から。大宮御所の炎上で、消火活動に努めた警視庁特別消防隊員一人が殉職、陸軍守衛隊員四人が負傷した
（5）宮内庁所蔵「貞明皇后実録稿本二四九」（以下、「稿本」と略記）所収の「侍医日録」から引用。句読点は筆者
（6）「関係者談話聴取」所収の「檀萬吉談話」から引用
（7）宣仁《のぶひと》親王妃喜久子『菊と葵のものがたり』から引用
（8）「関係者談話聴取」所収の「青柳文子談話」から引用
（9）宮内庁編『貞明皇后御歌集』上巻一五四頁から引用。原文は濁点なし
（10）工藤美代子『母宮貞明皇后とその時代』二四頁から引用。大病時に三笠宮は生まれておらず、後年に聞いたこととして語っている
（11）宮内庁編『貞明皇后実録』五二巻五頁から引用。「夜あけの空に、光がみえる。やがて昇り来べき朝日は、まだ見えぬけれども。『このねぬる』は、この一夜を寝たの意で、朝の枕詞」（佐佐木信綱『貞明皇后御歌謹解』一七九頁から引用）。以下、宮内庁及び宮内省編纂の『明治天皇紀』『大正天皇実録』『貞明皇后実録』『昭和天皇実録』の引用は、《》で表記

孤高の国母 貞明皇后——目次

取材協力・小田部雄次
（静岡福祉大学教授）

孤高の国母　貞明皇后

知られざる「昭和天皇の母」

第一章　九条の黒姫

一

貞明皇后の生い立ちは、一般には知られていない点が少なくない。

宮内庁が昭和二十六（一九五一）年から三十四年にかけて編集した『貞明皇后実録』は、六十六年にわたる生涯を全五十二巻、計四千二百八十六頁で詳述しているが、一歳から三歳までの本人の記録はなく、四歳から六歳までの様子も各一文で記すのみだ。記述が充実するのは皇太子妃に内定する十五歳以降である。

その実録の一巻一頁は、最初の一節をこう書く。

《皇后、御名は節子《さだこ》、従一位大勲位公爵九条道孝の第四女にして、御母は九条幾子なり。（明治十七年）六月二十五日午前十一時東京府神田区錦町一丁目十二番地の従一位九条道孝の邸に於て誕生あらせらる[1]》

九条家は鎌倉時代初期の関白、九条兼実《かねざね》を祖とする五摂家の一つ。いわば名門中の名門である。

明治維新の前まで、御所の席次は関白―准三宮（太皇太后、皇太后、皇后に准じた待遇）―太政大臣―左大臣―右大臣―親王――の順で、摂政・関白を独占する五摂家の権威は親王家よりも高かった。(2)

中でも九条家は気骨の人を出している。貞明皇后の祖父、尚忠《ひさただ》は幕末に関白を務め、公家社会の猛反対にもひるまず公武合体路線を推進。過激派の志士から命を狙われるほどだった。事実、家臣の島田左近は薩摩藩士らに暗殺され、首を京都の四条河原に晒《さら》されている。(3)

父の道孝は幕末維新の戊辰戦争で奥羽鎮撫総督となり、新政府軍を率いて会津藩など東北諸藩を平定した。その後は宮中で祭祀《さいし》を担当する掌典長などを歴任し、古参の家臣によれば「大変厳格な御方」だった。(4)

皇室とのつながりも深い。明治天皇の嫡母、英照皇太后は九条家出身で、道孝の姉である。明治維新以降、英照皇太后は青山御所に養蚕場を設けて自ら蚕を飼育し、外貨獲得の重要産業であった養蚕業の発展に心を砕いた。(5) その事績は、のちに貞明皇后にも引きつがれていく。

一方、『貞明皇后実録』に《御母は九条幾子》とあるが、道孝の正妻ではない。本名は野間幾子。二条家の家臣、野間頼興の娘で、嘉永二（一八四九）年の京都生まれである。(6)

幾子は、数え十六歳で九条家に仕えた。やがて道孝の側室となり一男三女をもうけ、末娘の貞明皇后を産んだのは三十六歳のときだ[7]。浄操院と称して茶の湯や能楽に親しみ、大正四年十一月十日の読売新聞によれば「小鼓《こつづみ》は頗《すこぶ》る御堪能にて、（中略）京都婦人界にては右に出るものもないさう」だったという。

なお、道孝は対馬藩主宗家から迎えた正妻の久子と明治二年に死別しており、貞明皇后の「御兄弟は皆（道孝）公の側室の設けられしもの」だった[8]。幾子のほかにも側室がおり、道孝の子は、記録上では養女も含め六男八女に上る。

ただし貞明皇后は、兄弟姉妹と一緒に育てられたわけではなかった。

『貞明皇后実録』が書く。

明治十七年七月一日《（誕生から）御七夜に当り、御名を節子と命ぜらる。是の日、東京府下杉並村の大河原金蔵の家に移居せられ、爾後《じご》明治二十一年十一月迄《まで》四年有余に亘《わた》り金蔵の妻貞《てい》を御乳人として其《そ》の御養育を受けさせらる[9]》

貞明皇后、すなわち節子姫は、生後わずか七日目で里子に出されたのだ。

二

若者向けの雑貨店などが多く、サブカルチャーの街として知られる東京都杉並区高円寺

――。JR中央線の中野駅から高円寺駅に向かって線路沿いに歩くと、住宅が並ぶ中にうっそうと樹々の茂る旧家がある。

「明治二十二年に甲武線（現JR中央線）が開通するまで、このあたりは人家もまばらな、武蔵野の自然に囲まれた農村でした」と、旧家の当主、大河原章雄氏が語る。

「明治の頃は栗の木が多く、秋になると農家の子供たちが、さかんに栗拾いをしていたそうです」

そんな農村時代の面影を残す旧家の中庭に、一本の、高さ四メートルほどの椿の木が、濃緑色の葉をいっぱいに茂らせている。

「貞明皇后が少女時代に、お手植えになった乙女椿です」

章雄氏によれば、炎天であれ冷夏であれこの椿がしおれることはなかった。新型コロナウイルス禍に揺れた令和二年の春も、ピンク色の大輪をあふれるほどに咲かせたという。

章雄氏の曽祖母、大河原てい、が東京・神田錦町の九条道孝邸を訪ねたのは、明治十七年七月一日である。

緊張し、身を硬くするてい、に、道孝が言った。

「自分の子だと思って何事にも遠慮なく育てて呉《く》れよ[10]」

てい、の胸に、おくるみに包まれた女児が抱かされた。生後七日目。まだ首もすわっていない。小さな唇に乳房をあてると、勢いよく吸った。

ていは、生まれて間もない男児を亡くしたばかりだ。道孝に言われずとも、わが子のように愛《いと》おしく感じたことだろう。

華族の九条家と農家の大河原家とは、それまで何のゆかりもない。なぜ節子《さだこ》姫は、大河原家に里子に出されたのか。

『貞明皇后実録』の編集にあたり、宮内庁書陵部の幹部が昭和二十六年から三十二年にかけて、近親者や女官、学友らに聞き取り調査した資料が宮内公文書館に保管されている。

それによると、道孝は多くの子をなしたが、里子に出したのは節子姫が最初だった[11]。理由は明確でないが、田舎で丈夫に育てるためと、兄姉が多くて「養育に十分手が届き兼ねた」からではないかと、節子姫の兄、九条良政は推測する。

道孝は節子姫が生まれる前、九条家に植木や野菜を届けていた農家の顔役に「どこか家柄もよく、裕福な農家の乳母はいないか[12]」とたずねた。この顔役が大河原家の近くに住んでいたため、ていに白羽の矢が立ったのだ。

当時、大河原家のある東多摩郡高円寺村（現杉並区高円寺）には染料の藍《あい》を栽培する農家が点在していた。ていの夫、金蔵は仕事熱心で商才もあり、その藍を買い集めて藍玉を製造、販売していたという。

大河原家は江戸時代から村役人を代々務めてきた旧家。ていと金蔵は分家だが、当時は自宅を含めおよそ六千坪の土地を所有していたというから、相当に裕福である。ただし暮らしぶりは質素で、女中などはいなかったようだ。

てい夫妻の孫、幸作が述懐する。

「御父の九条道孝公から『自分の子と思って育てゝくれ』との事もありましたし、当家では特別に一室設けたのではなく、（節子姫は）テイや長女ヨシ等とともに御生活されました[13]」

ていは当時三十六歳。自身の乳を飲み、腕の中ですやすやと眠りはじめた節子姫が、のちに皇后になるとは露にも思わない。自分にできることは、この子を丈夫に、伸びやかに育てることだと心に決める。

「おちいさま（お姫様）、これからばあやが、大切にお育てしますよ[14]」

三

大河原家に里子に出された節子姫は、乳母のていと夫の金蔵の養育のもと、文字通りすくすくと、順調に育った。

てい夫妻の養子、房次郎がのちに新聞に語ったところでは、「お二つの時軽いハシカをお病みになった外何の御病気もなさらなかったそうです」という[15]。

大河原家は裕福だが、農家の常で多忙である。やがて節子姫が立ち歩きをし、外遊びをするようになると、ていや金蔵が一緒について回るわけにはいかない。

かわりに面倒をみたのは、七歳年長のていの娘よしと、大河原本家の娘で九歳年長のはるだ。

武蔵野の豊かな自然そのものが、格好の遊び場だった。節子姫はよしとはるについて回り、雑木林で栗を拾い、庭先で手まりをつき、トンボを追ってあぜ道を走った。近在の子供たちとも仲良くなり、麦笛を教わって吹き鳴らすこともあった。

はるが振り返る。

「手まりをついたり、麦ブエを吹き合ったり、ままごと遊びをしたりだつたが、でもずいぶんお元気なチイ様でしてね、お人形などこれはよしのじやない、チイのだわ、などと、よしさんや私たちとちよつとしたイサカイをしたこともありました」(16)

おちいさま（お姫様）と呼ばれた節子姫だが、この頃から負けん気が強かった。よしと口げんかをしても、最後に口をつぐむのは、いつもよしだったという。

頭もよかった。

明治二十年頃から甲武線（現JR中央線）の敷設工事がはじまり、高円寺付近も工夫たちのかけ声で、にわかに活気をおびた。

ある日のこと、節子姫と散歩をしていたていが、トロッコが走り回るのを物珍しそうに見て、こう言った。

「おちいさま、あれは土車《つちぐるま》というものですよ」

「ちがうよ、ばあや。あれはトロッコというのだよ」(17)

別の日、ていは節子姫を連れて、近所の農家を訪ねた。世間話が長引いたが、節子姫はていの横にちょこんと座り、話が終わるのをおとなしく待っていた。ていが、さあ帰りましょうと玄関の敷居をまたいだとき、節子姫が言った。

「ばあや、また傘を忘れる」

「あらいけない」

ていは、土間の片隅に立てかけたままにしていた傘を、慌てて手にとった。(18)

この時のことを、ていは後々まで家族らに、繰り返し語って聞かせたという。「おちいさまは物覚えがいい、なんてお利口なんだろう」と。

一方、こんなエピソードもある。

ある夏の日の出来事だ。庭に植えてある李《すもも》の実が熟して落ちたのを、よしが拾って節子姫に与えた。それを口にしようとしたとき、ていが叱《しか》った。

「おちいさまは、そんなものを召し上がるものではありません」

節子姫は、「アイ」といって李を捨て、以後は手にしなかった。(19)

ていの孫の幸作によれば、このエピソードは「(節子姫が)大変お聞き分けの良かった例」として伝えられるが、ていの育て方を知る、手がかりにもなるだろう。

ていは、節子姫にわが子同然の愛情を注ぎながら、九条家に帰る日のことを考え、「おちいさま」としての自覚を持たせることも忘れなかったのだ。

こうした養育と、豊かな自然の中での体験が、節子姫の心身に与えた影響は小さくない。

それは成長するにつれて、さまざまな場面で顔をのぞかせることになる。

四

大正六年創刊の雑誌『主婦の友』には、戦前から皇室に関する記事が少なくない。同誌が編集し、昭和四十六年に刊行された伝記『貞明皇后』には、農家へ里子に出された節子《さだこ》姫の興味深いエピソードが幾つか紹介されている。

ある日の夕食時、節子姫を養育する大河原金蔵と妻のていが、ささいなことで口論をはじめた。次第に荒くなる金蔵の声……。と、節子姫がお膳の上の赤い箸箱を持って立ち上がり、座っている金蔵に歩みよって、コツンと頭を叩いた。

小さな節子姫の果敢な行動に、やられた金蔵はきょとんとするばかり。ていが叱ると、節子姫は言った。

「じいがばあをいじめたから……」

金蔵とていは、喧嘩も忘れて相好を崩した。[20]

金蔵もていも、実直な人柄である。働き者のていは信心深く、誰よりも早く起き、ひと仕事終えてから神棚と仏壇に灯明をささげ、お経を読み上げるのが朝の日課だ。そんなていに感化されたのか、いつしか節子姫もていの横にちょこんと座り、神仏に手を合わせるようになった。

ある朝、ていは忙しくて灯明をあげ損ねていた。すると、節子姫が言った。

「ばあは、なぜのの様（仏様）をおがまないの?」

のちに節子姫は皇后となり、首相や元老にも恐れられるほどの威厳を放つとともに、宮中祭祀の保持に誰より熱心となる。その気丈さと信仰心の片鱗《へんりん》は、この頃から垣間見えていたのだろう。

同時に、自然を愛し、慈しむ心も芽生えていた。

明治二十一年の春、金蔵に近所の縁日に連れていってもらい、屋台で売られていた植木に興味をひかれた。

「ちいが育てるから……」

金蔵が梅と椿の鉢植えを買ってあげると、節子姫は水をやり、陽の当たる場所に出し、約束通り大切に育てた。(21)

月日のたつのは早い。その年の秋、節子姫は満四歳。野山を駆けめぐる手足はひきしまり、肌は小麦色に焼けている。

そして、その日がきた。

十一月十日《（節子姫は）府下杉並村の大河原金蔵の家より赤坂区赤坂福吉町の御父公爵九条道孝の許に帰邸あらせらる》(22)

別れの朝、九条家から迎えの馬車が来て、いよいよという時、ていは節子姫を強く抱きしめた。

「おちいさまは、今日からお家にお帰り遊ばすのですよ」

節子姫は、「アイ、ちいはこれからお家に帰って、ひとりでネンネします」といって、大粒の涙をこぼした。

これまで最愛のていや娘のよしと一緒に寝ていたのに、もうできない、でもがまんしなくてはならない――と、幼い胸に言い聞かせていたのだ。

「ひとりでネンネします」と聞いて、ていはもう、こらえきれなかった。しゃがみこんで泣き伏し、金蔵やよしからも嗚咽《おえつ》が漏れた。

その背に、小さな手がかかる。

「ばあや、また会おうね。じいやもね」(23)

九条家の使者に促され、馬車に乗り込む節子姫の腕には、金蔵が買ってくれた梅の鉢が抱えられていた。

もうひとつの椿の鉢は、ていが自分と思ってくれるようにと残してきた。

この椿は後年、夏休みなどに里帰りした節子姫の手で大河原家の中庭に植えられ、樹齢百二十年を超える現在も毎年ピンク色の大輪を咲かせている。

五

幼少期の四年四カ月を過ごした武蔵野の農村を離れ、帝都の中心、赤坂の九条道孝邸で暮らすようになった節子《さだこ》姫だが、当時の様子を記す確かな文献はない。ただ、宮内庁が保管する『貞明皇后実録』の編纂資料から、その一端をうかがうことができる。

実録によれば、道孝は明治十九年五月、本籍を東京府神田区錦町（現千代田区神田錦町）から赤坂区赤坂福吉町（現港区赤坂六丁目）に移した。明治天皇から下賜された皇宮地付属地で、敷地面積三千四百余坪の、広大な屋敷である。(24)

九条家では当時、家臣を二十人以上抱えていたほか、住み込みの女中も多数いた。節子姫の生母で、中川局《なかがわのつぼね》と呼ばれていた側室の野間幾子も同居しており、「家の中の事は全部この方（幾子）が切り廻してゐられました」と、元家臣の森津倫雄が述懐する。(25)

もっとも、節子姫らの身の回りの世話は女中がすべて行い、幾子は深く関わらなかったようだ。(26)

父の道孝は、さらに遠い存在だった。節子姫の妹、紝子《きぬこ》がこう振り返る。

「（父は）厳格な人でありました。家の習慣もあつて、幼少の時も始終父の側にゐるわけではなく、朝起きた時と夜寝る時に挨拶《あいさつ》に行くだけでした。食事も一緒にするのは、正月を除いてはめつたにありませんでした」(27)

つつましくも温かみのあった農家とは、まるで異なる家庭環境――。甘えたい盛りの節子姫は、どう感じたことだろう。兄の良政によれば家の中では、「非常に物静かで無口」だったという。(28)

ところで節子姫が九条家に戻されたのは、学齢期を迎えたからだ。

『貞明皇后実録』によれば赤坂に移り住んで三カ月後の明治二十二年二月五日、《高等師範学校女子部附属幼稚園に入園あらせらる[29]》。

さらに一年半後の翌二十三年九月一日、《麹町区永田町の華族女学校初等小学科第三級に入学あらせらる[30]》。

学校生活が始まったのである。

高等師範学校女子部附属幼稚園は子供本位の保育に徹しており、節子姫が大好きな外遊びの時間も多かった。

しかし華族女学校に入ると、一変して規律が厳しくなる。[31]

それまで農家の子供たちと野山を駆け、麦笛を吹き鳴らしていた節子姫は、華族の〝お嬢さま〟らと教室で勉強する生活に、最初は馴染めなかったのではないか。

折に触れて思い出すのは、武蔵野の豊かな自然だ。

「ばあやの料理が食べたい」──

節子姫は、休日になると高円寺村の大河原家へ遊びに行き、里親のてい、金蔵夫妻に甘えた。夏休みには三日も四日も泊まり込み、羽をのばした[32]。

そんな節子姫に、将来を左右する出来事があったのは明治二十四年の春、もうすぐ七歳になる頃である。

四月三日《御姉九条籌子《かずこ》と倶《とも》に赤坂離宮に参殿、同じく参殿せる禎子《さちこ》女王・満子女王・貞子女王及び徳川慶喜の女《むすめ》国子・経子《つねこ》・糸子其《そ》の他と倶に昌子・房子両内親王の御相手として摘草の御慰に興じたまひ、又僊錦閣《せんきんかく》に於て茶菓の接待を受けさせらる(33)》

昌子内親王は明治天皇の第六皇女子で当時二歳、房子内親王は第七皇女子で一歳。その遊び相手に、同年代の皇族子女らとともに選ばれたのだ。

だが、この時の参殿には、もう一つの重要な目的があった。

六

戦前の宮内省が明治天皇の事績を記録、編集した『明治天皇紀』にこう書かれている。

《皇太子妃選定の事は夙《つと》に叡慮《えいりよ》を労したまふ所にして、(中略)明治二十四年頃始て内旨を侍従長侯爵徳大寺実則に下し、月中数回日を定めて皇族及び公爵の女《むすめ》の皇太子の配たるに適する年齢の者を高輪御殿に会し、昌子内親王・房子内親王の遊嬉の侶伴たらしめ、御養育主任伯爵佐佐木高行をして是れ等女児の容姿性行を審察せしめたまふ(34)》

節子姫らが昌子、房子両内親王の「遊嬉の侶伴」に選ばれた理由は、「皇太子の配たるに適する年齢の者」として、皇太子妃選考にかかわる内親王養育主任の佐佐木高行に「是れ等女児の容姿性行を審察」させることだったのである。

この時、節子姫とともに参殿したのは、以下の九人だ(35)。

皇族・伏見宮貞愛《さだなる》親王の第一王女禎子《さちこ》（五歳）
皇族・北白川宮能久《よしひさ》親王の第一王女満子《つねこ》（五歳）と第二王女貞子（三歳）
公爵・徳川慶喜の娘の国子（九歳）、経子（八歳）、糸子（七歳）
公爵・毛利元徳《もとのり》の娘の万子《かずこ》（七歳）
公爵・岩倉具定の娘の米子（五歳）
公爵・九条道孝の三女で節子姫の姉の籌子《かずこ》（八歳）

明治天皇は皇太子妃候補について、《先づ之れを皇族中に求め、若し得る能《あた》はずば則ち旧摂家中に求め、猶《なお》得る能はずば之れを旧清華中に求め、而して猶得る能はずば自余の公侯爵の間に求むるの方針》(36)を内々に定めており、その意向に沿った人選である。

六歳の節子姫は、自分が皇太子妃候補になっていることなど知るよしもない。表向きの名目は昌子、房子両内親王の遊び相手だ。この日行ったのは摘み草遊び。農家で育った節子姫の、得意分野である。両手を土まみれにするのもいとわず、誰よりも生き生きとしていたに違いない。

そんな節子姫は、「審察」する佐佐木の目にどう映ったか。

この日、佐佐木は日記に「皇太子殿下の妃に備はれるは何方ならん」と書いたが(37)、節子姫に特に関心を寄せた様子はない。佐佐木は、《先づ之れを皇族中に求め》るとする明治天皇の意向を重んじていた。そしてその目は、吸い寄せられるように一人の少女を追っていた。

節子姫より一歳年下の、伏見宮禎子女王である。

主婦の友社編集の伝記『貞明皇后』は華族女学校初等中学科時代の禎子女王（十一歳から十三歳頃）について、「この姫は雪の精のように肌の色が白く、見るからに王女の気品を備えていた」と書く。(38)

宮家の中でも最古の、伏見宮家の深窓で育った気品は、幼少時からあらわだっただろう。

皇族や華族の子女を集めて昌子、房子両内親王の遊び相手をさせる「審察」はその後も繰り返されたが、佐佐木は、早い段階から禎子女王に白羽の矢を立てていたようだ。(39)

佐佐木だけではない。侍従長の徳大寺実則や宮相の土方久元ら宮中高官も、禎子女王が皇太子妃にふさわしいと考えた。

容姿もよく、性格も申し分ない――。

宮中高官は明治二十五年三月、一緒に勉強させるとの名目で伏見宮邸に候補の子女五、六人を集め、より本格的に選考したいと明治天皇に申し出た。(40) 場所に伏見宮邸を選んだのは、禎子女王が最有力であることを如実に示している。

だが、明治天皇は許さなかった。

七

「いまはまだ、禎子女王を皇太子妃と決めたわけではない。小松宮彰仁親王は久邇宮《くにのみや》家の女王を養女とし、皇太子妃にしたいと内々に申し立てているようだ。九条家からも女官を通じて申し出があり、三条、岩倉両家の子女も大勲功ある人の娘や孫だから皇太子妃にふさわしいと内々に申し立てていると聞く。(こうした子女を)伏見宮邸に集めれば、必ず種々の故障を生じる……」(41)

皇太子妃選考をめぐり、伏見宮禎子女王の家に候補の子女を集めて「審察」したいとする宮中高官の申し出に対し、明治天皇はこう言ってはねつけた。

皇族や華族からの自薦、他薦の動きが活発化する中、決定前に禎子女王を優遇すれば面倒なことになると、明治天皇は憂慮したのだ。

九条家も動いていた。

九条家からはすでに、節子姫の伯母にあたる夙子《あさこ》(英照皇太后)が孝明天皇の正妃となっているが、英照皇太后は男子をもうけることができなかった。

幕末までは公家の頂点として天皇家を支えながら、維新後は宮中における権勢が後退していただけに、九条家として、子女を皇太子妃に立てて皇統維持の大任を扶《たす》けたいとする思いは強かっただろう。

『貞明皇后実録』の編纂資料などを読む限り、英照皇太后が自ら動いた形跡はない。しかし、節子姫のことは気にかけていたようだ。

節子姫は東京・赤坂の九条邸で暮らすようになって以来、英照皇太后のいる青山御所に何度か呼ばれ、遊ばせてもらっていた。英照皇太后は、農家で育った節子姫のたくましさに、未来に広がる可能性を見いだしていたのかもしれない。

「皇太后陛下には節子姫の仁徳貞良、天晴れ未来の国母たるに適《ふさ》はしきを嘉《よみ》したまひ、行々《ゆくゆく》は御孫君なる嘉仁《よしひと》親王殿下の妃に立てさせらる丶御内意の在しませしよしに承はる」と、明治三十二年刊行の文献に書かれている(42)。

一方、選考にかかわる内親王養育主任の佐佐木高行は、皇族や華族らの動きに惑わされなかった。

誰が何を言おうと、皇太子妃にふさわしいのは一人しかいない――。佐佐木は妻の貞子や、海軍軍医に嫁いでいる娘の加賀美繁子とも相談し、禎子女王を軸とする選考を着々と進めていった。

明治天皇の発言のあった翌月、高輪御殿に禎子女王と北白川宮の満子女王、貞子女王の三人が招かれ、その場に嘉仁皇太子も顔を見せた。佐佐木の伝記には、「夫《そ》れとなく御見合ひのためとて、斯《か》く集合の行はれた」と記されている(43)。

それから一年が過ぎた明治二十六年の春頃、佐佐木は宮相の土方《ひじかた》久元を通じ、明治天皇に選考結果を伝えた。

『明治天皇紀』が書く。

《高行、其の妻貞子及び女《むすめ》加賀美繁子等と倶に久しきに渉りて之れ（候補の子女ら）を見るに、禎子女王独り群を抜き、（禎子女王が通学する）華族女学校学監下田歌子亦甚《またはなは》だ之を推奨す、時に久元宮内大臣たり、親しく此の事を（明治天皇に）奏し、内旨を得る所あり》(44)

同年五月、明治天皇は禎子女王を《皇太子の妃たらしむるの思召》を示し、宮相を使者に立てて父の伏見宮貞愛親王に伝えた。貞愛親王は《聖旨を感戴し、対《むか》ふるに謹みて拝承》した。(45)

ここに、二年余にわたる皇太子妃選考は終わりを告げる。禎子女王に内定したのだ。

事態が急転し、いったんは候補から外れた節子姫の運命を劇的に変えるのは、それから五年半後である。

八

皇太子妃に伏見宮禎子女王が内定した明治二十六年五月、節子姫は八歳十一カ月。翌月に満九歳となり、翌々月の七月十八日、《華族女学校初等小学科第一級の課程を修了あらせらる。尚是より更に同校高等小学科第三級に進みたまふ》(46)

当時、華族女学校では六年間の小学校課程を初等、高等に分け、それぞれ初年度を第三級、最終年度を第一級としていた。現在の学制に照らせば、節子姫は小学四年となる。

女子学習院（現学習院女子中・高等科）の前身である華族女学校は明治十八年、美子《はるこ》皇后（昭憲皇太后）の意向で創設された官立の教育機関だ。同校の通則にも「本校は皇后宮の令旨に依りて建設し宮内省の所管とす」と明記されている。(47)

日本の女子教育の発展は、美子皇后を抜きにしては語れない。

女子にも近代的な教育が必要だと考え、早くも明治四年、洋学者の進講を受けて自ら範を示すとともに、同年十一月、初の女子留学生として渡米する吉益《よします》亮子や津田梅子らを宮中に招いて激励した。(48)

吉益は帰国後、女子英学教授所を開校。津田は女子英学塾（現津田塾大学）を創設する。

美子皇后は、節子姫が通った幼稚園の母体、東京女子師範学校の設立も支援し、「女学ハ、幼稚教育ノ基礎ニシテ忽略《こつりやく》ニスベカラザルモノナリ」の言葉とともに五千円の補助金を与えるなどした。(49)

女子教育の先駆者の一人、下田歌子を登用したのも美子皇后だ。下田の幼名は「鉐《せき》」だが、和歌の才能を認めた美子皇后が「うた」の名を与え、歌子を名乗るようになった。(50)

その下田が尽力し、設立されたのが華族女学校である。

美子皇后の女子教育にかける期待は、同校に下賜され、小学唱歌としても広く歌われるようになった「金剛石」の歌詞に示されている。

〽金剛石もみかかすは　珠のひかりはそはさらむ　人もまなひてのちにこそ　まことの徳はあらはるれ　時計の針のたえまなく　めくるかことくときのまの　日かけをしみ（惜しみ）てはけみなは　いかなるわさかならさらむ[51]

金剛石も磨かなければ美しく光りはしない。人も学んでこそ真の徳があらわれる。女子であれ懸命に勉学に励めば、いかなることもなしうる——という、確信に満ちた歌詞だ[52]。華族女学校のカリキュラムは、この歌詞を実践するような内容だった。

生徒心得の第一条が書く。

一、本校ノ生徒タル者ハ常ニ皇后陛下ノ令旨ヲ服膺《ふくよう》シテ心ヲ正シクシ行ヲ励マシ温良貞淑ノ女徳ヲ養成センコトヲ勉ムヘシ[53]

校内はどんな様子だったか。

明治二十一年に宮内省の招きで来日し、同校で英語教師を務めた米国人のアリス・ベーコンが、こう書き残している。

「ここの生徒たちは、完璧な淑女で、礼儀正しく、学校の先生や監督者がしてほしくないと思うことは絶対にしません。廊下では物音ひとつたてないし、授業中にはおしゃべりはまったく聞えてきません」

「鐘が鳴って教室に向かうと、生徒たちはドアの外で列を作って私を待っています。私ができるだけ低く頭を下げてお辞儀をすると、生徒たちはもっと深くお辞儀をしてから教室に入り、静かに席までいき起立します。私はまた教壇からお辞儀をします。生徒たちもまたお辞儀をして席に着きます。そして、それから五〇分、私たちは難しい英語の勉強にとりかかるのです」(54)

アリスは、生徒が講堂などで静粛に、長時間にわたり起立しているのをみて、「アメリカの子どもだったら、こんなに長い間なにもしないで立たされていれば、手が付けられなくなると思います」とも書く。

欧米人の目から見ても、相当に厳格だった様子がうかがえよう。

旧佐賀藩主、鍋島直大《なおひろ》の二女の伊都子《いつこ》も同校に通った一人だ。学年は節子姫より二つ上。のちに梨本宮守正王と結婚し、皇族随一の美人と評された才女である。

その伊都子が、当時の様子について書き残している。

「華族女学校でも暖房などはありません。冬には手や足の指に霜焼けができて、真っ赤に腫《は》れ上るのです。足の指などは痒《かゆ》くてたまりません」(55)

暖房がないのは一般の小学校も同じだが、華族の〝お嬢様〟には辛かっただろう。

一方で、華族ならではの慣行もあった。大半の生徒が侍女を連れ、人力車で通っていたことである。

「華族女学校に対抗して、財界のお嬢さん学校、虎の門女学館（東京女学館）が三年町（現千代田区霞が関三丁目）にありましたから、赤坂見附・溜池・虎の門の通りは通学時間には人力車のラッシュです。丸い饅頭笠《まんじゅう》をかぶり、股引《ももひ》きにはっぴ姿の車夫がかけ声も勇ましく駆け抜けるのでした(56)」

人力車については、アリスも興味深いエピソードをつづっている。

明治六年の失火で焼失した皇居に新宮殿（明治宮殿）が造営され、落成した二十一年冬の日のことだ。赤坂にある仮皇居から明治天皇が移る前に、華族女学校の生徒たちが招待され、見学することになった。

学校から皇居までは徒歩圏内だが、もちろん人力車である。

「二五〇人の女生徒たちが、それぞれ自家用の二五〇台の人力車にクラス順に乗り、一列に並んで混雑した通りを皇居まで進んでいくのはたいへんな仕事でした(57)」

引率者には「たいへん」でも、沿道の住人らには圧巻の〝パレード〟だっただろう。商店街を通り抜ける際には、店から人が飛び出してきて見物したという。

余談だが、アリスはこのとき、同じ日に招待された学習院の男子生徒の中に、当時九歳の嘉仁皇太子の姿をみている。女子は男子より二時間前に見学し、鉢合わせしないようにしていたが、追いつかれてしまったのだ。

「ちょうど出口で整列して歩き出そうとしたとき、『宮様！』という声がしました。私たちは、小さな制服を着て、ランドセルを背負った小さな男の子のために道をあけ、身体を半分に折ってお辞儀をしました。明宮《はるのみや》（嘉仁皇太子の称号）は、まるで一ダースずつ一緒に製造されたように見える他の男子生徒たちとちっとも変わりませんでした」(58)

本筋に戻ろう。

人力車で通う生徒が多い中で、元気に徒歩通学する生徒がいた。

節子姫だ。

傍らを同級生の人力車が追い越していっても、へっちゃらだった。着物は一般的な銘仙。髪形は唐人髷《まげ》。おしゃれをしたがる年頃の少女たちの中で、節子姫の身の回りは至って質素だったが、「これを御気遣ひになるといふ風はいさ、かもありませんでした」と、同級生の永井末子が振り返る。(59)

ともあれ華族女学校の規律は厳格だ。生徒心得にはこんな定めもある。

一、学校に在りては殊に恭敬を旨とし、他人の身上に関する批評を為すを戒むべし

一、廊下通行の際互に手を引合ひ、若しくは肩に倚《よりかか》る等見苦しき挙動を為すべからず(60)

そんな中、節子姫は意外にものびのびと、お茶目ぶりを発揮していたようである。

九

〽権利幸福きらひな人に、自由湯をば飲ましたい

オッペケペ、オッペケペッポーペッポーポー
外部《うわべ》の飾はよいけれど、政治の思想が欠乏だ、天地の真理が解《わか》らない、心に自由の種を
蒔《ま》け
オッペケペ、オッペケペッポペッポーポー(61)

自由民権運動にもかかわった演劇人の川上音二郎が芝居の幕間《まくあい》などに歌い、明治二十年代に大流行した、オッペケペー節の一節である。

軽快なリズムは現代のラップ音楽そのもので、当時は大人はもちろん子供にまで広く歌われた。だが、特権階級を風刺する歌詞だけに、華族ら高位高官は眉をひそめたことだろう。

このオッペケペー節を、華族女学校で口ずさむ生徒がいた。

節子姫である。

初等小学科だった頃だ。授業の休み時間に教室で、「オッペケペ、オッペケペッポー、ペッポーポー」とやったから、ほかの生徒たちはびっくり仰天である。

ラジオのない時代。外で庶民の子供たちと遊ぶ機会の少ない同校生徒は、この歌を知らない。だが、休日に里親の大河原家へ行くことが多かった節子姫は、近所の子供たちが歌うのを耳にし、意味が分からないまま覚えていたのだ。(62)

「九条さんが変な歌をうたっている」

そんな陰口をされても、あまり気にしなかったようである。

華族女学校時代の節子姫について、戦前の文献は「御謙譲の徳に富ませたまひて、露ほども婦人の態度を失ひ玉はず、学友と御物語のときなども、温然として人々の話に御耳を傾けさせられ……」などと紹介するが、(63)戦後の文献からはむしろ、茶目っ気たっぷりの、はつらつとした様子がうかがえる。

明治二十九年七月、節子姫は高等小学科を修了し、初等中学科に進級、中学生となった。授業内容も高度になり、うかうかと遊んではいられない。中でも生徒たちを苦しめたのが、一週に五時限もある欧語（外国語）の授業だ。

欧語には英語と仏語があり、節子姫は仏語を選択した。男性名詞と女性名詞があるうえ動詞の活用が複雑で、初学者には覚えにくい科目である。

ある日のこと、仏語の授業が終わり、生徒たちがぐったりしている休み時間に、節子姫がひときわ大きな声で言った。

「トレ　ビアーン（大変よろしい）」

仏語の先生からはなかなか言ってもらえない言葉だ。生徒たちは、授業の疲れも忘れてどっと笑った。(64)

このほか主婦の友社編集の『貞明皇后』には、在学中の節子姫の、やんちゃぶりを示すエピソードが幾つかある。

休み時間の校庭で、官軍賊軍遊びという、男子がするような遊戯がはやっていた。外遊びが好きな節子姫は、いつも一方の大将役だ。華族の〝お嬢様〟らを従え、先陣をきって走り回った。

別の日の休み時間は先生ごっこ。先生役はもちろん、節子姫だ。教壇に立って黒板に難しい漢字を書き……

「みなさん、この字を読める人は手をおあげなさい」

……とやると、教室は笑いの渦である。

同級生の永井末子が当時を振り返る。

「（節子姫は）遊戯その他の活動に於ても牛耳ると申しますか、常に同級生の中心となつて活躍されました」[65]

そんな節子姫につけられたあだ名は、「九条の黒姫さま」。よく日に焼けて肌が浅黒かったせいでもあるが、クラスの人気者だったに違いない。

十

勉強の方はどうだったか。
同級生たちによれば——[66]
「学校の御成績は真実御立派でした。最もよく御出来になつたのは算数でして、これは御学友の誰もが斉しく御認めしてゐるところです」（上野淑子）
「学課の中では数学が最も御出来になりましたが、一方歴史や地理の様な暗記物も御よろし

く、又体操がよく御出来になりました」（町野登幾子）

お世辞もあるだろうが、学力が高かったのは確かだ。

明治三十二年刊行の伝記『九條節子姫』に、節子姫の初等中学科第一級（中学三年）の成績表が掲載されている。三学期は甲・乙・丙・丁の四段階評価で歴史、仏語、図画、裁縫など九科目中八科目が「甲」。同級生四十一人中五番目の順位だった。

『貞明皇后実録』にも、高等小学科第三級（小学四年）の修了時、《学業操行共に優等の故を以て褒賞として硯《すずり》箱一個を受けさせらる》と書かれている。[67]

在学中、なかなかのやんちゃぶりでクラスの人気者だった節子姫だが、勉強もよくできたのだ。

それだけではない。

幼稚園から華族女学校まで、九年間にわたり同級だった永井末子は、戦後に制作された同窓会の機関誌に、節子姫のこんな一面をつづっている。

「或《ある》冬の朝小雀が屋根から落ちて居ましたのを（節子姫が）御見つけ遊ばし、水をおやり遊ばし、風のない処《ところ》にそつと御移しになつたり遊ばしましたが、次の時間にはもうあえなくなつて居りましたのを、深く御悲しみになつて、おむづかり遊ばしましたので御座います。此《この》哀れな小さい者にも、かく御心を御尽しになりました其《その》折の事も私は何時迄《まで》も忘れる事が出来ません」[68]

永井が覚えているのは、優しく、頼りがいのある〝黒姫さま〟だ。

「食後のお長時間（自由時間）には御庭で、御姫様ごっこ御狐さん遊び等を致し、陛下（節子姫）には潑剌《はつらつ》明朗に、皆を御指揮遊ばし、又たわいもない小供どうしのいさかいの調停役を遊ばしたり、誠に御一所に泣いたり笑ったりの楽しい日々で御坐いました」[69]

このほか、高学年になるとテニスに打ち込み、「颯爽《さつそう》たる御姿はよくコートの上に拝し上ました」。

ピアノも上手《うま》く、「連弾など遊ばします折には、（同級生らに）いつも御親切な御指導下されました」。

裁縫の腕もまずまずだったようで、「御妹様方の御ふだん着を熱心に御仕上げ遊ばされました」……[70]。

むろん、欠点がなかったわけではない。親友の一人、二宮生子によれば、節子姫は近視だったため、目つきがあまりよくなかった[71]。

そのせいか、意地悪だと誤解されることもあったという[72]。

ほかにも同級生らが回想の中で触れようとせず、のちに宮中高官らの間で問題となる〝短所〟もあったが、それは後述する。

いずれにせよ、同級生から見た節子姫は、男子でいえば文武両道、ほぼ万能な生徒だったようだ。

そんな節子姫にも、頭の上がらないクラスメートがいた。

十一

伏見宮禎子《さちこ》女王――。明治十八年六月生まれで、節子姫より一歳年下だが、二人は華族女学校の同級だった。

初等中学科時代の禎子女王は、「雪の精のように肌の色が白く、見るからに王女の気品を備えていた」(73)。日焼けして肌が浅黒く、校庭を走り回っていた節子姫とは対照的である。

一方で禎子女王も、勉強はよくできた。クラスメートの永井末子は同窓会の機関誌に、節子姫と禎子女王を並べて「御一緒に優秀の御成績であらせられ……」と書いている(74)。

たとえば算術の授業では、教師が問題を出し、最初にできた生徒が黒板に解答を書くスタイルだった。二人は、競うように黒板の前に立ったのではないか。

節子姫と禎子女王。よきライバルにもなりそうだが、そうならなかったのは、禎子女王が皇族であり、皇太子妃に内定していたからだ。

まだ公表されていないものの、内定のことはクラス中に知られており、教師たちも特別扱いしていた。

節子姫が張り合える相手ではないし、そんなつもりもなかっただろう。

当時、禎子女王には何人かの「御相手」がいて、節子姫も教師から指名され、テニスをともに楽しむこともあった(75)。ただ、禎子女王には健康面に不安があり、勉強の御相手だった鍋

島清子によれば、神経痛などに悩んでいたという。(76)
節子姫も、禎子女王が病弱なのを心配していたのではないか。二人の仲は悪くなく、終生にわたり交友を続けている。

そもそも節子姫は、わが道を行くタイプだ。

多感な少女時代、同級生の多くが高価な衣服や小間物を好み、見栄《みえ》を張りたがる中で、節子姫の身の回りは、華族の子女とは思えないほど質素だった。(77)

多くの生徒が人力車で華族女学校に通う中、節子姫は元気に徒歩通学。九条家の家臣だった矢木小平太は「靴も破れるまではいてゐられました」と語っている。(78)

節子姫が質素だったのは、父の九条道孝の厳格な方針と伝えられるが、それだけではない。

後輩の関屋衣子によれば、九条家には多数の兄弟姉妹がいたため、節子姫より六歳年長の姉の範子（山階宮菊麿王妃）までは「鄭重《ていちよう》に御育てになつたやう」だが、節子姫の頃には「余り鄭重になさることも出来なかつた」らしいという。(79)

九条家と家族ぐるみの親交のあった青柳文子も、「道孝公は常に節子姫は何処か田舎の豪家にでもお嫁にやるつもりだと云つてをられ、平素から平民的に育てゝゐられました」と話す。(80)

一時は、皇太子妃候補にも名を連ねたことを考えれば、相当な落差を感じるが、農家の温かみを知る節子姫はへっちゃらである。日焼けするのもいとわず校庭を走り回り、学校生活を謳歌した。

こんな逸話もある。

ある日、節子姫は珍しく化粧もし、着飾って登校した。放課後に昌子、房子両内親王（明治天皇の第六、第七皇女子）のもとへ御機嫌うかがいに行くためである。そんな日はさすがに「テニスなどはなさらぬでせう」と同級の町野登幾子が話しかけると、節子姫は言った。

「いゝえ、やります」[81]

要するに、無頓着でもあったのだ。

親友の二宮生子は、学校を病欠したときに節子姫からもらった手紙を大切に保管している。そこには、「鬼ごつこをしたい」から早く元気になってほしいという見舞いの言葉とともに、こう書かれていた。

「節チヨ子、へのへのもへ」[82]

華族のお嬢様らしからぬ、〝平民的〟な手紙である。

質素ながらおてんばな節子姫と、病弱ながら気品を崩さない禎子女王――。

時に明治三十二年の新春、その二人の、運命の歯車が音を立てて動きはじめる。

註

(1)『貞明皇后実録』の原文はカタカナ

(2)『幕末の宮廷』から

(3)小田部雄次『昭憲皇太后・貞明皇后』から

(4)大正十四年五月一日の報知新聞から

(5)森山章之丞編『英照皇太后之御盛徳』から

(6)宮内省御系譜課編『皇太子妃御所生御續合図』から

(7)『昭憲皇太后・貞明皇后』から

(8)喜多文之助『九條節子姫』六頁から引用

(9)『貞明皇后実録』一巻一～二頁から引用。《東京府下杉並村》とあるが、当時の名称は高円寺村で、明治二十二年の合併で杉並村となった

(10)大正元年八月七日の朝刊中央新聞から引用

(11)節子姫のあとに産まれた弟妹は、いずれも農家などに里子に出された

(12)「関係者談話聴取」所収の「九条良政談話」、「大谷紝子《きぬこ》談話」、「大河原幸作談話」から

(13)「大河原幸作談話」から引用。九条家からお里料として、当時の相場（一カ月一円五十銭）の三倍以上にあたる五円が毎月支払われたという

(14)幸作によると、高円寺付近では当時、「ひ」を「ち」と発音し、節子姫を「おちいさま（お姫《ひい》様）」と呼んで育てたという

(15)大正十四年五月二日の報知新聞から引用

(16)昭和二十六年五月十九日の東京新聞（夕刊紙）から引用

(17)、(18)大正元年八月七日の朝刊中央新聞、昭和十年二月二十二日の東京杉並日報、城坊信彦「皇太后さまの秘められた御生涯」（雑誌『主婦と生活』昭和二十六年八月号所収）、主婦の友社編『貞明皇后』から

(19)「関係者談話聴取」所収の「大河原幸作談話」から

(20)主婦の友社編『貞明皇后』には、ていが節子姫を叱ったという記述はないが、ていは礼儀作法なども大切にしており、大河原家が保有する資料（帝都高速度交通営団発行の『メトロニュース』平成十四年八月号など）にも「咎《とが》めた」とある

(21)大正七年五月二十九日の報知新聞などによれば、梅と椿のほか橙《だいだい》の鉢植えも買ってもらった

(22)『貞明皇后実録』一巻三頁から引用

(23)別れの日のやりとりは、大正元年八月八日の朝刊中央新聞に掲載されたていの回想から

(24)宮内省編『明治天皇紀』によれば、明治天皇が赤坂福吉町の皇宮地付属地を下賜したのは、道孝が本籍を移した五カ月後の明治十九年十月としている

(25)「関係者談話聴取」所収の「森津倫雄談話」から

引用

(26) 九条良敍「姉君大宮様はこんなお人だった」（雑誌『婦人倶楽部』昭和二十六年講和記念臨時号所収）から

(27)、(28)「関係者談話聴取」所収の「大谷紝子談話」、「九条良政談話」から引用

(29)、(30)『貞明皇后実録』一巻三、四頁から引用

(31) 明治九年に開園した日本で最初の幼稚園。戦後の昭和二十七年にお茶の水女子大学文教育学部附属幼稚園、五十五年に同大学附属幼稚園と改称した。設立当初から子供本位の保育に徹し、平成二十二年には秋篠宮家のご長男、悠仁さまが入園されたことでも話題となった

(32) 主婦の友社編『貞明皇后』から

(33)『貞明皇后実録』一巻四頁から引用

(34)『明治天皇紀』九巻六一三～一四頁から引用。「叡慮」は天子の気持ち。傍点は筆者

(35) 浅見雅男『皇太子婚約解消事件』、津田茂麿『明治聖上と臣高行』から。このほか選考過程で名前の挙がった皇太子妃候補として、久邇宮《くにのみや》朝彦親王の第九王女純子《あつこ》、一条実輝《さねてる》（公爵）の娘経子、鷹《たか》司熙通《つかさひろみち》（公爵）の娘房子らがいた

(36)『明治天皇紀』九巻六一四頁から引用。「清華」は、公家社会で最上位の「摂家」に次ぐ家格

(37)『明治聖上と臣高行』七三八頁から引用

(38) 伏見宮家の始祖は崇光天皇（南北朝時代の北朝第三代天皇）の第一皇子・栄仁親王（一三五一～一四一六年）とされ、ほかの宮家に比べ格段に長い歴史を有していた

(39)、(40)『明治聖上と臣高行』から

(41)『明治聖上と臣高行』七五四頁から要約

(42)『九條節子姫』八頁から引用

(43)『明治聖上と臣高行』七五五頁から引用

(44)『明治天皇紀』九巻六一四頁から引用。傍点は筆者

(45)『明治天皇紀』八巻二五六頁から引用

(46)『貞明皇后実録』一巻六頁から引用

(47) 女子学習院編『女子学習院五十年史』二一八頁から引用

(48)、(49) 真辺美佐「昭憲皇太后の教育奨励に関する再検討」（『明治聖徳記念学会紀要』復刊五〇号所収）から

(50) 大関啓子「実践躬行《きゅうこう》——下田歌子　女子教育への道」（同）から

(51)『女子学習院五十年史』一二頁から引用。「金剛石」のほか「水は器」も下賜され、華族女学校の後身である学習院女子中・高等科では現在も入学式などで両歌が唱われている

(52) 片野真佐子『皇后の近代』から

(53)『女子学習院五十年史』一二三頁から引用

(54)アリス・ベーコン『華族女学校教師の見た明治日本の内側』二五、二六頁から引用
(55)、(56)梨本伊都子『三代の天皇と私』二五頁から引用。華族女学校には当時、付き添いで通う侍女のために「供待ちの部屋」があり、侍女は生徒が下校するまで編み物などをして待っていたという
(57)、(58)『華族女学校教師の見た明治日本の内側』七五、七七頁から引用
(59)「関係者談話聴取」所収の「永井末子談話」から引用
(60)『女子学習院五十年史』二三五頁から引用
(61)西沢爽『日本近代歌謡史』上巻一八七〇～七二頁掲載のオッペケペー節から抜粋
(62)主婦の友社編『貞明皇后』から。「官軍賊軍」遊びについては同級生の二宮生子も覚えており、「(節子姫は)御力が強くて御活発なので、いつも一方の旗頭として活躍された」と述懐している(「関係者談話聴取」所収の「二宮生子談話」から)
(63)『九條節子姫』一〇～一一頁から引用
(64)主婦の友社編『貞明皇后』から
(65)「関係者談話聴取」所収の「永井末子談話」から引用
(66)同級生の回想は、「関係者談話聴取」所収の「上野淑子談話」、「町野登幾子談話」から引用。ほかにも一年後輩の関屋衣子によれば、華族女学校では当時、全校生徒の成績を学期末に貼り出していたが、「(節子姫が)最上の点数を占められたのを、よく憶《おぼ》え申上げております」という(雑誌『新民』昭和二十六年六月号所収の貞明皇后追悼特集から引用)
(67)『貞明皇后実録』一巻七頁から引用
(68)、(69)、(70)昭和二十七年四月三日発行の常磐会機関誌『ふかみどり』(非売品・宮内庁所蔵)八～一〇頁から引用。常磐会は学習院女子中・高等科卒業生(前身の華族女学校卒業生を含む)でつくる同窓会
(71)「関係者談話聴取」所収の「二宮生子談話」から
(72)同「荒井恵談話」から
(73)主婦の友社編『貞明皇后』から
(74)『ふかみどり』から
(75)主婦の友社編『貞明皇后』から
(76)「関係者談話聴取」所収の「鍋島清子談話」から
(77)『九條節子姫』から
(78)大正十四年五月一日の報知新聞から引用
(79)、(80)、(81)、(82)「関係者談話聴取」所収の「関屋衣子談話」、「青柳文子談話」、「町野登幾子談話」、「二宮生子談話」から引用

第二章　運命の歯車

十二

明治三十（一八九七）年一月十三日《去る十一日皇太后崩御あらせらる。仍《よ》りて（節子《さだこ》姫は）本日正午過《すぎ》御兄九条良政等と倶《とも》に青山御所に参殿して故皇太后の霊柩《れいきゅう》に御拝あらせらる》[1]

英照皇太后は九条家出身で、節子姫の伯母にあたることはすでに書いた。健康的でのびのびとした節子姫を愛し、皇太子妃にしたいとの内意を秘めていたとも伝えられるが、その日を見ることはなかった。

当時、節子姫は華族女学校初等中学科第三級（中学一年）の十二歳。同月十九日と三十日にも《青山御所に参殿して故皇太后の霊柩に御拝あらせらる》[2]。

悲しみは尽きなかっただろう。無遅刻無欠席だった学校も、このときは休んでいる[3]。

同じ年、皇太子妃に内定していた伏見宮禎子《さちこ》女王が、当時は難病だった盲腸炎（虫垂炎）をわずらい学校を長期欠席した。

少女たちの運命のスイッチが切り替わるのは、その二年後である。

明治三十二年一月、皇太子妃選考に関わった内親王養育主任、佐佐木高行のもとに、華族女学校学監の下田歌子が訪れて言った。

「土方伯爵（前宮相の土方久元）が細川（潤次郎）校長と会い、禎子女王以外の候補者について、いろいろ尋ねています……」

佐佐木は首をひねった。五年半前の二十六年春、佐佐木は土方を通じて明治天皇に、皇太子妃には禎子女王が群を抜いてふさわしいと奏上し、内約を得ている。今さら何を聞き回っているのだろう。

数日後、今度は土方が佐佐木のところに来て、こうささやいた。

「禎子女王に肺病の疑いがあると侍医らが言い出し、侍医局長も、皇太子との結婚はやめたほうがいいと申し出ている」

佐佐木は憤然とした。言いがかりだと思ったのだ。

「禎子女王が一番であり、二番はいない(4)」

佐佐木の言葉に、土方も「御同感なり」とうなずき、この日はおとなしく帰った。

だが、佐佐木の知らないところで、内定を覆す動きが進んでいたのである。

同年二月六日、宮中に土方と侍従長の徳大寺実則、宮相の田中光顕、皇后宮大夫の香川敬三、宮内次官の川口武定の五人が集まり、ひそかに会合を開いた。

宮内省編集の『明治天皇紀』が書く。

《時に議あり、禎子女王は一昨年盲腸炎を患ひ、爾来全癒せりと雖《いえど》も、宮中顧問官陸軍軍医監男爵橋本綱常・侍医局長岡玄卿・元侍医局長男爵池田謙斎・東京帝国大学医科大学雇教師独逸《ドイツ》國人ドクトル・エルウィン・ベルツ等上《たてまつ》る所の容体書に徴するに、右胸部に水疱《すいほう》音聞え、其の健康猶《なお》憂慮すべきものあり、皇統継続の上より果たして奈何《いかん》と……(5)》

盲腸炎が完治した禎子女王を改めて健康診断したところ、肺病の疑いが認められ、婚約内定に〝待った〟がかかったのだ。

診断した医師の間からは、しばらく様子をみて、二、三年後に結論を出すべきだとする意見もあったが、侍医局長の岡が強硬に「肺疾あり」と主張し、「之を嫌ふこと甚し」かったとされる(6)。

このため土方や徳大寺ら宮中高官は議論の末、内定解消の方針でまとまり、明治天皇に進言した。

明治天皇は、禎子女王を皇太子妃に迎えることを喜んでいた。突然の〝待った〟に愕然とし、苦悩したのは言うまでもない。しかし三月二十二日、ついに決断する。

《伯爵土方久元を内使として第十師団長(伏見宮)貞愛《さだなる》親王の寓居《ぐうきょ》に遣はし、親王の第一女禎子女王を以て皇太子の妃と為すの内約を解かしめたまふ(7)》

肺病と断定されたわけではない。それなのになぜ、宮中高官は早々と内定解消の方針を固め、明治天皇も了承したのか。

その理由は、嘉仁皇太子にあった。

十三

皇太子嘉仁親王――のちの大正天皇の生涯は、繰り返し襲う病魔との、闘いの連続であった。

誕生は明治十二年(8)八月三十一日午前八時十二分。全身に発疹のある状態で、早くも過酷な試練を背負わされる。

三週間ほどで発疹はおさまったが、九月二十三日に腰湯をつかったところ症状が急変。『明治天皇紀』には《腹部に痙攣《けいれん》の発するあり、漸次胸膈《きょうかく》を衝逆す、（午後）八九時に至りて最も強盛なり、又痰喘《たんぜん》のため一層の苦悶《くもん》あり……》と、深刻な様子がつづられている。(9)

どうにか健康を回復した嘉仁親王は十二月七日、明治天皇の生母である中山慶子の実家、中山忠能《ただやす》のもとに預けられた。

だが、その後もたびたび発病する。

(10)明治十三年八月三十一日《初御誕辰《たんしん》祝日なるも、御違例（病気）の為め参内の儀を止め……》

同年九月五日《去月十八日より本月三日に至る迄《まで》四度御吐乳あり、顋門《しんもん》に突起を生せさせ給ひ……》[11]

顋門とは、幼児の頭頂部の骨の境目で、骨化がまだ進んでいない結合組織の部分。そこから脳の一部が突出したというのだから、生死にかかわる重症である[12]。漢方医の浅田宗伯らが懸命に治療し、持ち直したのは三カ月後だ。この間、明治天皇は気が気でなかっただろう。

養育にあたる中山家の心労は、なお一層である。ことに慶子は宗伯らとともに不眠で介護に尽くした。

慶子の姪《めい》、嵯峨仲子によれば、「発泡《はつほ》」と呼ばれる、強度の漢方薬を貼付する荒療治も試みたという。

仲子が述懐する。

「御発泡を上《たてまつ》ると云ふ事は極めてむつかしい事で、萬一の御場合は、宗伯は切腹の決心、伯母（慶子）も自決の覚悟でありました。然《しか》るところ天佑《てんゆう》と申しませうか、夫《そ》れから不思議にも御頭もシツカリ遊ばされ、次第次第に御元気も出て、御三歳の頃には御歩行も遊ばす様におなりになりましたので御座います[13]」

明治十八年八月、嘉仁親王は満六歳となり、学齢期を迎えた。しかし病弱なため学校には通わず、青山御所内に新設した御学問所で個人教育を受ける。午前九時から十一時まで読書、算術、習字、修身を各三十分。午後は四時まで運動。二日に一回は唱歌の練習——というスケジュールだ。[14]

ここで学業の遅れを取り戻し、学習院の予備科五級（小学二年に相当）に編入学したのは明治二十年九月、満八歳の秋である。だが、翌年四月に百日咳《ぜき》を発症、長期欠席を余儀なくされた。

この闘病中、健康管理体制の抜本的な見直しが図られる。それまで漢方医学が中心だったが、御教養主任の曽我祐準《すけのり》の進言により、西洋医学に切り替えられたのだ。

洋風を嫌い、漢方医学にこだわる明治天皇に、元軍人の曽我はこう言った。

「戦闘に比するに、同一の敵に対するに、一は新式の鉄砲を用ゐ、一は弓箭《ゆみや》を用ゐるが如し、（中略）皇儲を独り旧式の漢方医に委するに忍びず」[15]

以後、嘉仁親王の健康は急速に回復した。留年したものの学習院に復帰し、愁眉《しゅうび》を開いた明治天皇は明治二十二年十一月三日、「壺切の剣」[16]を与えた。正式に皇太子としたのである。

明治天皇記が書く。

《時に皇太子齢十一歳、既に学習院に学び、文武諸官輔導の任に当り、学業日に進む。聡明《そうめい》にして仁慈性に具《そな》わる。近時身体頗《すこぶ》る健なり》[17]

やがて皇太子妃選考も本格化し、明治二十六年五月、伏見宮禎子女王に内定したことはすでに書いた通りだ。

だが、病魔は容赦しなかった。

十四

健康を回復し、未来の伴侶も内定した嘉仁皇太子に、新たな病魔が襲いかかるのは明治二十八年、十五歳から十六歳にかけてである。

この年の嘉仁皇太子は、死に神に取りつかれたかのようだった。三月に流行性感冒に罹患《りかん》し、四月に回復するも五月に再発。六月には腸チフスと診断される。

そして八月十日、《午後三時に至り頓《とみ》に御発熱あり、三十八度五分より夜半三十九度に達し、御脈拍・御呼吸随ひて増進し……（以下七行伏せ字）其の他御舌に薄々白苔あり、御食欲減少し、明に右側肋膜肺炎の諸徴を発せられたるにより、侍医局長池田謙斎以下拝診、侍医御容態書を上《たてまつ》りて恐懼《きょうく》す。書に曰《いわ》く……（以下十一行伏せ字）》[18]。

右は宮内公文書館で閲覧可能な、『大正天皇実録』の記述だ。伏せ字が多いのは、公表できないほど症状が深刻だったことにほかならない。続けて書く。

《十三日より日本赤十字社病院より看護婦六名を派せしめ遺漏なきを期す。爾後《じご》、十四日迄《まで》は薬石の効に因り御熱漸次減退せしが、十五日より再び炎症増進し、十七日には右肺に蔓延《まんえん》し御病勢進昂の虞《おそれ》あり。御体温も亦《また》昇騰し十八日には四十度二分に達す……》[19]

その前年、国家の命運をかけた日清戦争が勃発。陸に海に連戦連勝し、下関で講和条約が結ばれたのがこの年の四月。国民の戦勝気分がさめやらぬ中、再び訪れた皇室の危機に、明治天皇が苦悩したのは言うまでもない。

八月から九月にかけ、『明治天皇紀』には《侍従試補広幡忠朝を高輪御殿に遣はし、皇太子の病を問はしめたまふ》との記述が、連日のように出てくる。

九月三日、内親王養育主任の佐佐木高行が拝謁した際には、《客月中旬皇太子肺炎再発して重患なりと聞召さるゝや、大に叡慮《えいりよ》を悩まさせられ、遂に皇室典範御覧のことありたりと拝聞し、高行恐懼に勝へざりし……》[20]

説明は不要だろう。明治天皇は、万一を覚悟していたのだ。

近年、皇位継承資格者の寡少による皇統維持の問題がしばしば議論になるが、それは今にはじまったことではない。美子《はるこ》皇后（昭憲皇太后）は子に恵まれず、明治天皇が側室との間にもうけた十五人の皇男女子のうち、男子は嘉仁皇太子をのぞきいずれも早世した。明治天皇自身、五人の兄弟姉妹はすべて三歳までに薨去《こうきょ》している。明治天皇の父、孝明天皇も十四人の兄弟姉妹のうち、成人したのは女性で初めて宮家を継承した桂宮淑子《すみこ》内親王と、十四代将軍家茂に降嫁した和宮親子《ちかこ》内親王だけだ。[21]

今年——すなわち令和二年は皇紀二六八〇年。先人たちが守り抜いた百二十六代に及ぶ皇統は、世界史的な奇跡といって過言ではないだろう。

明治天皇は、皇統維持の重責を誰よりも感じていた。嘉仁皇太子が危機を脱し、宮中でささやかな祝宴が開かれたときの様子を、嘉仁皇太子の生母、柳原愛子《なるこ》が振り返る。

「其の時陛下も大分御酒を召上りまして、誠に御満足様の御様子で『これでわしもやっと安心した』と仰せられましてポロポロと御涙を御こぼし遊ばしました、こんな御言葉を承ったのは、後にも前にも、此の時唯の一ぺんでございました(22)」

それから三年余り、皇太子妃に内定した伏見宮禎子女王に、嘉仁皇太子と同じ肺病の疑いがあると知らされた明治天皇の衝撃は、どれほど大きかったことか。

苦悩の末に内定を解消した背景には、こうした事情があったのだ。

白紙に戻された皇太子妃選考——。宮中は、新たな混乱の淵《ふち》に立たされた。

十五

明治三十二年の春先、かつて皇太子妃選考にかかわり、伏見宮禎子女王を「独り群を抜く」として推奨した内親王養育主任の佐佐木高行は、疑心暗鬼の日々を過ごしていた。

一月に前宮相の土方久元から、禎子女王に肺病の疑いがあると打ち明けられたからだ。

二月、佐佐木のもとに土方が訪れてきたため、気をはやらせて聞いた。

「皇太子妃の問題はどうなっているのだ。早くはっきりさせてほしい」

佐佐木と土方は同じ土佐藩出身。佐佐木のほうが先輩格である。土方は遠慮したのか、歯切れが悪かった。

「侍医らの診察では、禎子女王の健康は二、三年様子をみなければ確かなことは分らず、さりとてほかに適当な候補がいるわけでもなく、実に困っている」

佐佐木は言った。

「未来の国母になるお方だから、まず性格が良くなくてはならず、容姿が悪くてもいけない。禎子女王以外の候補者は、いずれも不十分だ」(23)

佐佐木の日記によれば、二人はその前にも禎子女王以外の候補者について意見を交わしている。

その際、具体的に名前が挙がったのは一条家の娘、久邇宮《くにのみや》家の王女、徳川慶喜の娘の三人。しかし一条娘は「御生質宜《よろし》からず」(性格がふさわしくない)、久邇宮王女は「御体裁不宜《よろしからず》」(容姿がふさわしくない)、徳川娘は「至て丈け低く」(背が低すぎる)――との理由で、佐佐木「禎子女王の外には見込みなし」、土方「御同感なり」――との結論だった。(24)

それから一カ月余り、状況に進展はなく、佐佐木の疑心は募るばかりだ。

だが、佐佐木の関知しないところで、選考は急展開をみせていた。

三月二十二日、明治天皇は内定解消を決心。命《めい》を受けた土方が禎子女王の父、伏見宮貞愛親王に聖旨を伝えた。その後間もなく、宮中で内々の会合が開かれる。

集まったのは大山巌(東宮監督)、徳大寺実則(侍従長)、田中光顕(宮相)、川口武定(宮内次官)、香川敬三(皇后宮大夫)ら宮中高官。その場に華族女学校学監の下田歌子も呼ばれ、新たな候補が最有力に浮上した。

節子姫である。

この時の会合の、議事進行を記す文献はない。だが、候補者の多くは華族女学校に通っており、下田が重要な役割を果たしたことは疑いないだろう。

おそらく、こんなやりとりがあったのではないか——

徳大寺「禎子女王には気の毒だが、選考をやり直さなければならない。徳川の娘はどうか」

下田「性格はとてもいいです」

大山「いや、徳川の娘はだめだ。評判がいいので土方と一緒に学校まで見に行ったが、内々に健康診断したところ、禎子女王より悪い状態だった」

田中「久邇宮家の王女はどうだろう」

徳大寺「久邇宮家には事情があり、陛下がお許しにならないと思う(25)」

田中「では一条の娘はどうか。女学校での様子は?」

下田「性格がどうも……。教師たちも、見込みがないと言っています」

香川「ほかにいないのか」

下田「どの子も禎子女王にはかないません。同級には九条節子もいますが……」

香川「九条? 道孝公の娘か。健康状態はどうか」

下田「まったく問題ないでしょう」

川口「性格は?」

下田「悪心はありません。ただ……」

このとき下田が、節子姫を推したかどうかは不明だ。むしろのちに知人に打ち明けたところでは、下田は宮中高官らに「学校ニテモ随分御世話ヤケ申候《もうしそうろう》」と、不利な発言をしている。(26)

クラスの人気者だった節子姫も、教師の目から見ればおてんばな問題児だったのだろう。

ところが宮中高官らは、かえって節子姫への関心を強めたようだ。

昼休みに校庭を走り回り、男子がするような遊びに興じるほどであれば、丈夫な皇位継承者を産んでくれるに違いないと――。

十六

明治三十二年四月八日、前宮相の土方久元が、佐佐木高行のもとを再び訪ねてきた。内定解消を伝えるためである。

「皇太子妃候補は禎子女王を第一と考え、かねがね相談もしてきたが、何分肺の病疾があり、伏見宮にお断り申上げたところだ。お気の毒であり、はなはだ遺憾なことである」

その頃には佐佐木も、事情を察してあきらめていたのだろう。

「確かに遺憾だが、病症ということならいたしかたない。それで、かわりの候補はどうなのか」と聞いた。(27)

この時の土方の返事が、佐佐木の日記に詳しく書かれている。

土方は、宮中の会合には欠席したが、内容は伝え聞いており、まずは〝本命〟以外の候補から語り出した。

――徳川慶喜の娘については性格がよいと聞いていたので、先日、東宮監督の大山巌と一緒に華族女学校へ様子を見に行った。何分背が低いのでどうかと思ったが、人物はよろしいので、慶喜の承諾を得て健康状態を検査したところ、「是れは禎子女王より一層悪敷と申事にて致方なく取消したり」……。

――陛下（明治天皇）のかねての思し召しは第一に皇族、第二に五摂家ということだが、久邇宮家とはいきさつがあり、陛下のお気持ちを考えると同家の王女は「御六ケ敷《むずかしく》」……、北白川宮家にも王女がいるが「御体質宜《よろし》からず」……。

――五摂家には九条、一条、鷹司《たかつかさ》の三家にそれぞれ娘がいる。しかし、一条の娘は「人柄宜しからず華族女学校にて各教師も見込なしと云ふ」……、鷹司の娘は「弱体何とかにて既に当御殿へも参殿せぬ位なれば致方なし」……。

――このほか公爵の中では、毛利家の娘の評判がいいけれど、長州と薩摩の藩閥への批判もある中で「向来の皇后宮迄《まで》長とか薩とかにては不可然《しかるべからず》との論なれば、是れも所詮望なし云々」……(28)。

土方が次々と候補を消していく。そのたびに佐佐木は、大きくうなずいた。

やはり禎子女王しかいない――。そう思ったことだろう。

だが、ここで土方が、ついに〝本命〟を口に出す。

「九条節子は体質は丈夫にて悪心は無之趣に付、最早致方なく、先つ以て七分通り節子と申す事に相成居候」[29]

九条節子？　佐佐木は首をかしげた。思いもよらぬ名前だったからだ。

もちろん佐佐木は節子姫のことを知っている。かつて昌子、房子両内親王の遊び相手として、高輪御殿で走り回っていた少女だ。確かに健康は申し分ない。性格もいいだろう。しかし……。

佐佐木は、つぶやくように言った。

「禎子女王なれば天然と未来の皇后宮に御備りの様に奉伺候《うかがいたてまつりそうろう》。節子は向来之処如何哉《いかがかな》と懸念す」[30]……。

十七

伏見宮禎子女王に代わる新たな皇太子妃候補が節子姫だと知らされた佐佐木高行は、何を懸念したのか。

第一は節子姫が皇族ではなく、天皇家からみれば臣下の華族出身であることだった。その夜、こんな胸の内を日記につづっている。

「昔時と違ひ臣下より皇后宮と奉仰候処は今日の時勢には何分如何《いかが》と心配の事なり。（中

略）色々と痛心すれども是れ迄《まで》十二分心配の上なれば致方なし、嗚呼々々《ああ》」(31)

明治維新以降、皇族には多くの義務が課せられる一方で、国民からより深い敬愛を受けるようになっていた。

たとえば徴兵令が公布された明治六年、「皇族自今海陸軍ニ従事スベク」とする太政官達《たつし》が発せられ、皇族男子は原則、軍人になることが義務づけられた(32)。皇族が率先して軍務につくことで、国民に範を示したのである。

一方、華族にそうした義務はなく、特権階級を風刺したオッペケペー節が流行したように、批判の対象になることも少なくなかった。

佐佐木は、未来の皇后として国民の尊崇を集めるには、華族出身では心もとないと考えていたのだ。

もう一つ、大きな不安要素がある。

そもそも節子姫は、六歳から八歳の頃には候補の一人に挙げられたものの、有力とはみられなかった。

禎子女王に肺病の疑いがあると指摘されてからも、久邇宮家の王女や一条家の娘、徳川慶喜の娘が代わりの候補として俎上《そじょう》に載せられたが、少なくとも佐佐木の日記をみるかぎり、節子姫が対象となった形跡はない(33)。

なぜか——。

実は、節子姫は一見して、容姿に問題があるとされていたのだ。

日本が開国してほぼ半世紀。いわゆる鹿鳴館時代を経て価値観の西洋化が進み、目鼻立ちのくっきりした顔がもてはやされるようになっていた。一方で節子姫は、切れ長の目を持つ純和風である。

より決定的だったのは、日焼けして肌が浅黒かったことだろう。

当時の美人の条件として、色白であることが必須だった[34]。佐佐木が推した禎子女王も「雪の精のように肌の色が白」い。節子姫は、その点でも選考外とされてしまったのではないか。

もっとも、容姿については実際より、噂が先行していたようだ。

節子姫が有力候補に浮上した後、選考にかかわった宮中高官らの間で、ひそかに写真が回覧された。それを見た侍従長の徳大寺実則が皇后宮大夫の香川敬三に、こんな手紙を書いている。

「扨《さて》過日御内話仕《つかまつ》り候九条家令嬢写真、御回接収候。噂よりはよろしく一見仕り候[35]」

この言葉の中に、噂がいかにひどかったかが読み取れよう。

余談だが、節子姫を実際にみたドイツ人医師のベルツは日記に、「大変お美しい」と書いている[36]。東洋的な雰囲気は、むしろ西洋人には好印象だったのかもしれない。

明治三十二年八月二十一日、明治天皇は宮中高官の進言に基づき、節子姫を皇太子妃に内定した。

その十日後、前宮相の土方久元が佐佐木を訪れ、こう言った。

「節子には体質の丈夫と申す一点にて落札に相成……」(37)

こうした宮中高官らの心ない批評は、のちの嘉仁皇太子と節子姫との関係に、さまざまな影を落とすことになる。

十八

『貞明皇后実録』が書く。

明治三十二年八月二十一日《天皇、九条節子を皇太子嘉仁親王の妃に内定あらせらる。仍《よ》りて本日侍従長侯爵徳大寺実則内旨を奉じて九条公爵邸に到り、九条節子を皇太子の妃に内定あらせられたる旨を其の父公爵九条道孝に伝ふ。尋《つ》いで道孝参内し、実則を経て内旨を御請し奉る旨を言上す》(38)

ここにいたるまで、明治天皇が悩みに悩んだのは言うまでもない。『明治天皇紀』には《天皇既に衆説に聴きて事を決したまへりと雖《いえど》も、宸衷猶慊焉《しんちゆうなおけんえん》たるものあり》と記されている。(39)

後日談がある。

いったんは皇太子妃に内定しながら、肺病の疑いで解消された伏見宮禎子女王は、やがて旧土佐藩主家の山内豊景と結婚した。しかし子供はできず、のちに節子姫が第二子の雍仁《やすひと》親王（秩父宮）を出産した際、かつて禎子女王に反対した侍医局長の岡玄卿が参内し、得意顔で言った。

「もしも禎子女王の内定が解消されなければ今日の慶事はなかったでしょう」

これに対し明治天皇は、「禎子が嫁いで一年余りがたち、まだ身ごもっていないとはいえ、禎子ひとりの責任と言えるのか。お前の言うことにはまるで根拠がない」と叱りつけ、《天顔頗《すこぶ》る喜びたまはざるの色あり》だったという。(40)

異例ともいえる皇太子妃候補の交代劇――。ねたみや嫉妬もあり、宮中の一部では九条家への不満や批判が噴出した。

かつて選考にかかわった佐佐木高行の日記には、宮中内外でささやかれる噂として、九条家と姻戚関係にある京都の西本願寺が侍医を買収したとする疑念や、身体が丈夫だからといって子供が産めるとは限らない、節子姫の長姉は性格などが「宜敷《よろしき》」が次姉は「不宜《よろしからず》」――などの悪口がしばしば出てくる。

明治天皇の生母、中山慶子でさえ佐佐木の妻に、「九条家にも範子さんの未嫁の時は色々と運動し、皇太子殿下の御息所《みやすどころ》へとの望ありたる模様なれども、節子さんにては迚《とて》も不叶義《かなわざるぎ》とて格別運動もせさると被察候《さっせられ》」と、皮肉めいた言葉を漏らすほどだった。(41)

ところで、節子姫を迎える嘉仁皇太子は、どんな気持ちでいただろうか。

意外にも嘉仁皇太子は内定後、結婚当日まで節子姫と会えなかった。宮相の田中光顕らが対面の機会をつくらなかったからだ。その理由を佐佐木は、「(節子姫の)御器量悪敷《あしき》との意の如し」と推察する。

佐佐木は日記に書く。

「今般の御儀程分からぬ事はなし。此上《このうえ》皇太子殿下御感触悪《あ》敷《しく》御癖之不被為遊《あそばせられず》様奉祈候、穴《あな》賢《かしこ》々々」[42]

嘉仁皇太子の節子姫への感触(第一印象)が悪く、がっかりしてしまえば、ほかの女性に興味を持つ恐れもあると、宮中高官らは危惧したのだ[43]。それどころか宮中高官らは、「東宮が成婚前に他の女性に触れられないようにすることに決定」したと、東宮医務顧問のベルツが書き残している[44]。自分の妻を選ぶのに、嘉仁皇太子の意思はまったく考慮されなかったといえよう。

節子姫の意思は、さらに考慮されなかった。勘のいい節子姫は、九条家や自身に向けられた心ない中傷に、気づいていたのかもしれない。当時十五歳。多感な少女の胸の内は、複雑だっただろう。

のちに節子姫は、こうした批判を覆したばかりか、嘉仁皇太子から深く愛され、宮中の誰からも重きを置かれる存在となる。

その戦いは、この時から始まっていたのだ。

十九

明治三十二年九月、華族女学校高等中学科第三級（高校一年）の新学期が始まった。だが、活発で人気者だった節子姫が、教室に姿を見せることはなかった。

皇太子妃になる準備として、華族女学校を退学したのだ。

異例の展開で皇太子妃に内定したことに、誰より驚いたのは父の九条道孝だろう。道孝は節子姫を「何処か田舎の豪家にでもお嫁にやるつもり」と言っていたぐらいだ。それまで〝平民的〟に育てており、いわゆる〝お妃〟教育には力を入れていない。

そこで道孝は節子姫に、特別の家庭教育を受けさせることにしたのである。

一方、節子姫は喜びより、戸惑いのほうが大きかったのではないか。同級の鍋島清子によれば、内定を解消された伏見宮禎子女王のことを気遣い、「禎宮さん（禎子女王）に済まぬと言つて大変むづかられた」という(45)。

何より、大好きな学校に行けなくなるのがつらかった。退学して間もなく、クラスで仲の良かった永井末子に「私は学校は止《や》めても一生勉強を続けます」と手紙を送っている(46)。

十月二日からはじまった家庭教育で履修したのは地理歴史、仏語、音楽、習字、和歌など。地理学の第一人者で仏語の得意な田中阿歌麿《あかまろ》や、周魚の号で知られる歌人の大口鯛二《たいじ》ら、著名な教師陣が九条邸に招かれた。音楽を教えたのは幸田露伴の妹、幸田延《のぶ》である(47)。

家庭の生活環境も激変した。親兄弟であっても、やがて皇太子妃となれば臣下の礼をとらねばならない。道孝は、九条邸の中で最も日当たりの良い自室を空け、節子姫に使わせた。

弟の良敍《よしのぶ》が述懐する。

「御成婚が決定したら、(節子姫は)その日から私たちの共同の部屋から分たれて、全く取扱いが変ってしまった。『節《さだ》さん』『敍《のぶ》さん』と呼び合っていたが、一躍、身分に相違が出来て、同じ屋根の下にいながら、顔を合わせる機会も稀になってしまった」(48)

明治天皇に拝謁したのは、二カ月半後である。

十二月十九日《午後一時三十分御父公爵九条道孝に伴はれて御参内《さんだい》あり、御内儀謁見所に於て天皇皇后に謁《えつ》したまひ、御前に於て天皇皇后より洋服地三巻・紅白縮緬《ちりめん》三疋を、又皇后より腕環一個を拝領あらせらる。尋《つ》いで皇后の御前に於て酒饌を賜《たま》はり、四時五分宮城を退出あらせらる》(49)

見るからに健康で、利発そうな節子姫に、明治天皇は眼を細めたことだろう。

一方で節子姫は、緊張で身を硬くしたに違いない。

明けて明治三十三年二月十一日、結納にあたる納采の儀が行われた。ただし嘉仁皇太子は神奈川県の葉山御用邸に避寒中で、東宮大夫の中山孝麿を九条邸に遣わし、《今般勅許ありたるを以て節子と成婚を約せらるる旨の令旨を宣べしめ》(50)た。

宮中高官らは、この時点でも二人を会わせようとはしなかった。

むろん嘉仁皇太子は、自分の妻になる人について、容姿も含め気になったはずだ。当時の噂だが、周囲にこう聞いたとも伝えられる。

「節子は色が白いか」(51)

痛いところである。

とはいえ、いかなる環境変化にも屈せず、克服していくのが節子姫だ。里子時代、ぬくもりのある農村から都心の九条邸に戻されるときも、わがままを言って周囲を困らせることはなかった。

このあと節子姫は、驚きの変貌を遂げる。

二十

明治三十三年の春、節子姫は、東京・赤坂福吉町の九条邸で歴史や和歌、習字などの家庭教育を受けている。

皇太子妃に内定して以来、外を歩くことはほとんどなかった。活動的な節子姫には、窮屈な日々だったに違いない。

だが、やがて宮中に入るという意識が、節子姫の内面ばかりか外見をも、本人の気づかぬうちに変えていたようだ。

父の九条道孝は厳格で知られるが、気晴らしも必要だと考えたのだろう。ある日、節子姫を連れ、宮内省管轄の浜離宮で鴨猟を行うことにした。

その場に華族女学校のクラスメート、上野淑子も招かれた。上野は、久しぶりに会う節子姫に、はっと息をのむ。

のちに上野は、同窓会の機関誌に当日の様子を詳しくつづっている。

淡いブルーの綸子《りんず》の着物、濃色《こきいろ》の袴《はかま》、髪は垂髻《ときさげ》に結い、根元を白の丈長でむすんだ節子姫は、「誠に御麗はしく」、「昔の絵巻物よりぬけ出給ひしか」と思えるほどだった。(52)

質素で通した華族女学校時代、同級生らは回顧録などで、節子姫の明朗快活、成績優秀、リーダーシップをたたえるが、容姿についてはあまり触れていない。

しかし、このときは違った。

上野は書く。

「輝くばかりのお美しき御姿に私の小さな心一杯みたされたのでございます(53)」

節子姫の容姿で特徴的なのは、肌の色が浅黒かったことだ。しかしそれは、幼少期に野山を駆けめぐり、在学中は校庭を走り回って、華族の子女とは思えぬほど日焼けしていたせいでもある。

華族女学校を退学して半年あまり。化粧もした節子姫は、見違えるほど白く、気品に満ちあふれていた。(54)

嘉仁皇太子と節子姫の婚約が国民に公表されたのは、明治三十三年の紀元節、納采の儀が行われた二月十一日である。

この吉報を、誰よりも祝福したのは節子姫の里親、東京郊外の高円寺に住む大河原ていと夫の金蔵だ。

「あのおちいさまが――」

二人が絶句したのは、言うまでもない。

一方で、さびしさも感じたことだろう。それまで学校の休みなどには、「ばあやのお料理を食べさせて」と遊びにきてくれ、春はたけのこ掘り、秋は栗ひろいを一緒に楽しんだが、皇太子妃となればそうはいかない。

大河原家では、節子姫が使っていた玩具や着物を大切に保管していた。それを見ながら、「おちいさまはどうしていなさるかね」などと語り合うのが、二人の慰めでもあった。

ところが婚約後、流出するのを恐れたのか九条家から使いが来て、ほとんど持ち去ってしまった。残されたのは、里子時代に使っていた足袋一足、肌着一着、玩具の太鼓ひとつである。

それを知った節子姫が言った。

「思い出の品がなくなってしまっては、じいとばあが悲しむだろう」(55)

納采の儀から数日後、ていと金蔵を歓喜させることが起きた。「これで最後かもしれない」と、節子姫が訪ねてきたのだ。

節子姫は、色紙に和歌を書いて二人に贈った。

昔わが　住みける里の　かきねには　菊や咲くらむ　栗や笑むらむ

ものごころ　しらぬほどより　育てつる　人のめぐみは　忘れざりけり(56)

その色紙と肌着など三点は、今も大河原家に大切に保管されている。

二十一

節子姫の父、九条道孝が厳格であることはすでに書いた。ひとつ屋根の下で暮らしながら、子供たちが父の顔を見るのは起床後と就寝前にあいさつする時だけ。食事も正月以外、一緒にとることはめったにない。(57)

その道孝がある日、節子姫を誘って外出した。明治三十三年の春の一夜だ。向かった先は築地の料亭。「宮中に入れば料亭などには出入りできないから」という、道孝なりの思い出づくりである。

はなやいだ座敷に料理と酒が運ばれ、最初で最後であろう親子水入らずのひとときに、少し酔った道孝は、芸者の三味線で端唄をうたった。

〽梅にも春の色そえて　若水汲みか車井戸　音もせわしき鳥追いや　朝日にしげき人影を
若しやと思う恋の欲……

家の中では決して見せることのない父の素顔――。節子姫は、親子の情を感じ取ったに違いない。このとき道孝がうたった端唄をのちのちまで忘れず、晩年に口ずさむこともあったという。[58]

明治維新後、時代の波に翻弄される名家名門が次々と没落する中、「当時は九条家に於ても暮し向きは余りお楽ではない上に、二条家までが同家に御厄介になつてゐまして、なほ更に苦しかつた」ようだと、家族ぐるみで親交のあった青柳文子が述懐する。[59]

千二百年余の歴史をもつ公家筆頭格の面目を保つため、道孝の気苦労は並大抵ではなかっただろう。道孝は節子姫に、九条家出身の矜持《きょうじ》を忘れぬよう、教え諭したのではないか。

節子姫の六歳年長の姉で、次女の範子が明治二十八年に山階宮菊麿王に嫁ぐ際、道孝はこう言い聞かせている。

――（結婚すれば時には）言葉につくしがたきほど心苦しき事のありて、誰にも言ひあらはしかぬる事の多きものなり。

まして身分高ければ高きほど心苦しき事のますならひなれば、今より深く心にしめて、かりそめにもさがなきことをさがなき人にいひもらして、家のみだれ身のあやまちを引おこさゞるやう、つゝしむうへにもつゝしむべき事になん。

皇祖皇親より吾家の祖先のことまでつまびらかに心得おきて、かりそめにも世の人に指さゝるるやうの行ひあるべからず。

あるまじき事なれども、親戚間の交際に於て、それぞれもとの身分の尊卑貧富など心にとめまじき事ぞ――[60]。

道孝は節子姫にも、同じような言葉をかけたことだろう。

一方、生母の野間幾子とは、結婚を前にどんなやりとりがあっただろうか。

道孝の正妻は明治二年に死去しており、当時は幾子が九条家の奥向きのことを切り回していた。しかし側室であったため、子供たちから母と呼ばれて慕われる間柄ではなかったようだ。

節子姫の同級で、仲の良かった中島八千子がこう話している。

「(幾子は)当時はまだ九条家の老女の身分でしたから、九条家では『中川』といふ呼名で呼ばれ、皇后(節子姫)も『中川』と呼んでをられました。私共も『中川さん』と申してをり、私共の家に参られても『御次分《おつぎぶん》』と云つて、上席には坐られなかつたものです」[61]

むろん幾子も、母としての情愛は厚かった。それを節子姫が知り、思いしのぶようになるのは、節子姫自身が母の立場になってからである。

ところでその頃、宮中ではある問題が議論されていた。皇太子成婚という、盛大な国家行事をいつ、どのように行うかだ。

明治三十三年二月七日、東宮輔導の有栖川宮威仁《ありすがわのみやたけひと》親王邸に、嘉仁皇太子の教育指導や健康管理を担当する宮中高官らが集まった。

参加した東宮医務顧問のドイツ人医師、ベルツが日記に書く。

「今日午前、有栖川宮のもとで重大会議。出席者――伊藤（博文）侯、大山（巌）侯、土方（久元）伯、宮相田中（光顕）子爵、それに橋本（綱常）、岡（玄卿）の両博士。東宮の成婚を、事情の許す限り速かに実現するむねの決定をみた。時期は、取りあえず五月初めと定められた[62]」

だが、結婚の日取りはなかなか確定しなかった。理由は、嘉仁皇太子の健康状態である。翌月二十四日に開かれた会議の様子を、再びベルツが書く。

「本日、葉山御用邸で東宮に関して、すなわちその健康状態が五月の成婚にさしつかえないか、どうかの点について、重大な会議があった。橋本、岡の両医に同意を表して自分は、わずかの懸念はあったが、さしつかえなしと述べた。懸念とは、体重が昨年の程度にどうしても達しないことである[63]」

挙式当日は朝から晩まで儀式がめじろ押しで、相当な体力消耗を強いられる。ベルツによれば明治天皇はこの時期、まずは嘉仁皇太子の体重を増やすことを望んでいた。

一方、威仁親王や伊藤博文は、挙式を延期すべきではないという意見だった。内定後も節子姫とは会わせない日が続いており、精神的にもよくないと考えたのだろう。

皇太子妃となる節子姫への重圧は、さらに高まったといっていい。

二十二

桜のつぼみがほころびはじめた頃だろうか。東京・赤坂福吉町の九条邸で送別の宴が開かれた。

「多分十人前後だったと思ひますが、(華族女学校の)同級生が九条家へ招かれ、記念に鳥羽絵模様の御袱紗《ふくさ》[64]と御紙入をいただきまして、これは現に私も所持しております」と、同席した上野淑子が語る。

上野によれば、会食がすんで庭に出た節子姫と同級生は、「鬼ゴッコ」をした。

「これが御一緒に遊んだ最後でありまして、どうしてこんなことをしたのか、今思ひ出してもおかしくなります[65]」

提案したのは節子姫だろう。在学中は校庭を走り回っていた。久しぶりに級友たちと談笑し、じっとしていられなくなったのも無理はない。広い庭を追われて追いかけて、息を切らせて駆け回った。

恐らくこれが、最後だと思いながら……。

運命の日が、刻一刻と迫っている。

四月二十日、皇居東溜の間で枢密院会議が開かれ、皇室婚嫁令を可決。結婚する二人が賢《かしこ》所《どころ》に拝礼して御告文を奏す賢所大前の儀や、大礼服に着替えて天皇、皇后に拝謁する朝見の儀、儀仗行列「第一公式鹵簿《ろぼ》」でのパレードなど、現在にも通じる結婚方式が定められる。(66)

同月二十七日、結婚の日取りが五月十日と正式に決まり、九条家に伝えられた。

儀式は、前日から始まる。

五月九日《皇太子、東宮侍従長子爵高辻修長を御使として公爵九条道孝邸に遣され、御書並に御剣を節子に賜ふ》(67)

道孝に伴われて高辻の前に進んだ節子姫が、恭しく嘉仁皇太子の御書を受け取る。

和歌が書かれていた。

遙かなる　行末遠く　玉すたれ　内外へたてす　ともに語らん

節子姫はいったん退室し、やがて戻ってくると、高辻に皇太子への返書を託した。

玉すたれ　内外へたてす　かたらはん　行末遠く　君にたのみて(68)

嘉仁皇太子とは結局、一度も会うことはなかった。二人の間のすだれはまだ、厚くかかったままだ。

その夜、節子姫は一睡もできなかった。

翌十日、節子姫は未明から沐浴《もくよく》、髪上げ、化粧をし、朝日が輝く頃には、十二単に身を包んだ。

同級生を代表して見送りにきた、永井末子が述懐する。

「御入内の御当日、九条公爵家の御正殿にて、御十二単衣の御正装神々しき節子姫としての、最後の御別れを御許し頂きました。今後の重き御責任、かたき御覚悟の程も窺はれ、思ひなしか、御眼に宿る露の光を拝し上ました其瞬間、今日しも国を挙げての悦びの日に私は不覚の涙を止め兼ました(69)」

覚悟の涙を光らせた節子姫は十五歳。病弱な嘉仁皇太子を支え、皇統を守る戦いがいよいよ始まる。見上げれば朝けの空は、どこまでも青く広がっていた。

註

(1)、(2) 宮内庁編『貞明皇后実録』一巻八、九頁から引用。以下、実録の原文はカタカナ

(3) 神田豊穂『皇室皇族聖鑑　大正篇』から。華族女学校在学中、節子姫が授業に出なかったのは、英照皇太后の崩御で喪に服した時と、中学二年の冬に気分が悪くなり別室で三十分ほど休息した時、麻疹《ましん》で一週間ほど欠席した時の三回だけだったという

(4) 佐佐木と下田、土方とのやりとりは『皇太子婚約解消事件』、安在邦夫ほか編『佐佐木高行日記』から

(5)、(6)、(7)『明治天皇紀』九巻六一三〜一五頁から引用

(8) 宮内省編『大正天皇実録』から

(9)『明治天皇紀』四巻七五五頁から引用

(10)、(11)『大正天皇実録』一巻三三、三四頁から引用。原文はカタカナ

(12) 古川隆久『大正天皇』から。嘉仁親王はこのとき、死亡率の高い髄膜炎（脳の髄膜に炎症が起きる病気）を発症していた

(13) 堀口修監修・編『「明治天皇紀」談話記録集成』三巻所収の「嵯峨仲子刀自談話筆記」から引用

(14)『大正天皇実録』二巻から

(15)『明治天皇紀』七巻六九頁から引用

(16) 皇太子相伝の護り刀で、立太子の際、天皇から授けられる

(17)『明治天皇紀』七巻四〇七頁から引用

(18)『大正天皇実録』一四巻二七〜二八頁から引用

(19) 同一四巻三〇頁から引用

(20)『明治天皇紀』八巻八八九〜九〇頁から引用。傍点は筆者

(21) 古川隆久『大正天皇』から

(22)『「明治天皇紀」談話記録集成』三巻所収の「柳原愛子刀自談話筆記」から引用

(23)『皇太子婚約解消事件』から

(24)『佐佐木高行日記』、『皇太子婚約解消事件』から。具体的に名前が挙がった三人は一条実輝《さねてる》（公爵）の娘経子、久邇宮朝彦親王の王女純子、徳川慶喜の娘国子とみられる

(25) 久邇宮家の王女については、小松宮彰仁《あきひと》親王も強く推していたが、彰仁親王は伏見宮貞愛親王との関係が悪く、かつて禎子女王の内定を妨害したともいわれた。事情を知る明治天皇は彰仁親王が推す候補に難色を示していたとされる（『皇太子婚約解消事件』から）

(26)「稿本一七」所収の「佐佐木高行日記」から引用

(27) 佐佐木と土方のやりとりは『佐佐木高行日記』から

(28) 土方の発言は同書二八二～八三頁から引用
(29)、(30) 同書二八三頁から引用
(31) 同書二八四～八五頁から引用
(32) 小田部雄次「昭和初期の皇族軍人の政治的活性化」(『明治聖徳記念学会紀要』復刊五一号所収) から
(33) 『皇太子婚約解消事件』から
(34) 原武史『皇后考』から
(35) 『皇太子婚約解消事件』一一八頁から引用。傍点は筆者
(36) エルウィン・ベルツ著、トク・ベルツ編『ベルツの日記』上巻二〇五頁など
(37) 『佐佐木高行日記』三二八頁から引用
(38) 『貞明皇后実録』一巻十一頁から引用
(39)、(40) 『明治天皇紀』九巻六一五頁から引用
(41) 『佐佐木高行日記』三三七頁から引用。範子は節子姫の姉で、山階宮菊麿王妃
(42) 同書三三九頁から引用
(43) 『皇后考』から
(44) 『ベルツの日記』上巻一九七頁から引用
(45) 「関係者談話聴取」所収の「鍋島清子談話」から引用
(46) 『ふかみどり』から引用
(47) 『貞明皇后実録』一巻から
(48) 九条良叙「姉君大宮様はこんなお人だつた」(『婦人倶楽部』昭和二十六年講和記念臨時号」所収) から引用
(49)、(50) 『貞明皇后実録』一巻一三、一四頁から引用
(51) 「関係者談話聴取」所収の「青柳文子談話」から。節子姫が肌の色を白くするため、牛乳風呂に入ったとの噂もあったという
(52)、(53) 『ふかみどり』一一～一二頁から引用
(54) 久々にみる節子姫の肌の色が白かったことから、「きつと白くなる御薬を御上りになつたに違ひない」などと話す同級生もいた (「関係者談話聴取」から)
(55) 「関係者談話聴取」所収の「大河原幸作談話」から
(56) 和歌の原文は変体仮名だが、大河原家にある案内板表記に従った
(57) 「関係者談話聴取」所収の「大谷紝子談話」から
(58) 主婦の友社編『貞明皇后』から引用
(59) 「関係者談話聴取」所収の「青柳文子談話」から引用
(60) 山階会編『山階宮三代』下巻二九五～九六頁から引用
(61) 「関係者談話聴取」所収の「中島八千子談話」から引用。なお、青柳文子によれば節子姫は、幾子を略して「イー」もしくは「イーさん」と呼ぶこともあったという

(62)、(63)『ベルツの日記』上巻一九四、一九七頁から引用。ベルツは会議のあった日を二月八日、三月二十三日としているが、『明治天皇紀』によれば二月七日、三月二十四日である

(64)、(65)「関係者談話聴取」所収の「上野淑子談話」から引用

(66)『昭憲皇太后・貞明皇后』から。皇室婚嫁令の公布は同月二十五日

(67)、(68)『貞明皇后実録』二〇〜二一頁から引用

(69)『ふかみどり』一一頁から引用

第三章　試練の日々

二十三

平成五（一九九三）年六月九日、皇居から東京・元赤坂の東宮仮御所（当時）まで四・二キロの沿道は、およそ十九万人の群衆で埋まった。

宮中三殿の賢所《かしこどころ》での結婚の儀を終えた、天皇陛下と皇后さま（当時は皇太子同妃）を乗せたオープンカーの車列が、時速十キロでゆっくり進む。直前まで降り続いていた雨もやみ、「おめでとうございます」「万歳」の歓声が車列を包み込んだ。(1)

昭和三十四（一九五九）年四月十日の上皇さまと上皇后さまの慶事では、四頭引きの儀装馬車によるパレードだった。沿道の群衆は警察調べで五十三万人、消防調べで八十三万人。(2)その前年からテレビが飛ぶように売れ、千五百万人がブラウン管にくぎづけになったといわれる。

日本中が祝賀一色に染まる天皇家の挙式――。だが、明治維新になるまで、それは決して華々しいものではなかった。例えば明治天皇の場合、一条美子《はるこ》（昭憲皇太后）が入内した際、寝所に侍す位を命じる「女御宣下《にょうごせんげ》」があり、即日皇后に冊立《さくりつ》されたものの、一般にも知られるような特別な儀式があったわけではない。(3)

賢所に拝礼して告文を奏す結婚の儀、天皇と皇后にお礼言上して祝福を受ける朝見《ちょうけん》の儀、御所までのパレード、洋装に着替えての宮中饗宴《きょうえん》の儀など、現在に続く一連の儀式や行事が初めて行われたのは、平成の慶事から数えて九十三年前のことである。

その日――。

明治三十三（一九〇〇）年五月十日、《（節子《さだこ》姫は）皇太子嘉仁《よしひと》親王と御結婚の礼を挙げさせらる》(4)

紅白の幕がはられた東京・赤坂福吉町の九条道孝邸に、宮内省から迎えの第一公式鹵簿《ろぼ》(5)が到着したのは午前七時。やがて邸内から、十二単に身を包んだ節子姫が姿をあらわし、父の道孝、生母の野間幾子、長兄の道実はじめ兄弟姉妹、華族女学校の同級生らに見送られ、あずき色の真新しい馬車に乗り込んだ。

午前七時半、馬車が九条邸を出発する。六騎の警視庁騎馬隊が先導し、そのあとを式部官や東宮侍従長の馬車、護衛の近衛騎兵半個小隊、節子姫の馬車、道孝や宮中高官らの馬車、後衛の近衛騎兵半個小隊と続いていく。

時を同じくして青山の仮東宮御所からは、近衛歩兵少佐の正装に大勲位菊花大綬章を佩用《はいよう》した嘉仁皇太子の第一公式鹵簿が出発。午前八時前に節子姫の、その二十分後に皇太子の馬車が皇居の正門をくぐり、賢所に到着した。(6)黄丹袍《おうにのほう》の束帯(7)に着替えた皇太子と、節子姫が初めて対面したのは、この時である。お互いにどんな印象を抱いたか、当時の文献には明確に記されていないが、初めて行われる荘厳な儀式を前に、感慨にひたる余裕はなかっただろう。

以下、賢所大前の儀（現在の結婚の儀）から朝見の儀へと続く様子は、『貞明皇后実録』に詳しい。

賢所参集所に侍した皇族や元老らが頭を下げる中、まずは皇太子が賢所内陣に進み、次いで節子姫が進み、黄丹袍の裾をもつ東宮侍従、十二単の裳をもつ東宮女官が外陣にひかえる。皇太子と節子姫は、賢所に玉串をささげて拝礼し、皇太子が結婚を誓う告文を奏した後、二人は外陣で神酒を受けた。

ここに、二人は結婚を遂げ、節子姫は節子妃となった。

午前十時四十分、皇太子は陸軍少佐の正装に、節子妃は洋装の大礼服に着替えて参内。明治天皇と美子皇后に拝謁し、祝福の勅語と祝杯を受けた。朝見の儀である。

《乃《すなわ》ち天皇御盃を執《と》らせられ、典侍《てんじ》執酌して瓶子三献を加え奉る。次に天皇典侍をして御盃を皇太子に賜ふ。掌侍《しょうじ》執酌して瓶子三献を加ふ。次に皇后より皇太子に、更に天皇より妃に、また皇后より妃に御盃を賜ふこと前の如し。儀畢《おわ》りて天皇皇后入御あらせらる(8)》

午前の儀式を終えた嘉仁皇太子と節子妃は宮殿の外に出て、近衛騎兵らが儀仗警衛する第一公式鹵簿の馬車に乗った。行き先は二人の新居となる元赤坂の仮東宮御所。これから結婚パレードがはじまるのだ。[9]

この日のために新調された馬車は四頭引きの特注品。溜塗《ためぬり》のあずき色で、車輪と御者台は赤く塗られ、中央には金色に輝く菊の紋章。両側に大きな窓が三つずつあり、遠くからでも中をうかがえる構造だった。[10]

テレビもラジオもない時代、皇居内の儀式を国民が目にすることはできない。しかしパレードでは、直接二人を祝福できる。鹵簿の予定時間と道順は新聞各紙が事前に詳しく報じており、皇居から仮東宮御所までの沿道は、朝から数十万人の群衆で埋めつくされた。

午前十一時、帝都は快晴、いよいよ鹵簿の出発である。

七騎の警視庁騎馬隊を先導に、護衛の近衛騎兵一個小隊、式部官の馬車、東宮侍従の馬車、式部長の馬車と続き、やがて皇太子旗をたなびかせた騎兵の後ろから、ひときわ目立つ溜塗の馬車が二重橋をわたる。車窓に映る嘉仁皇太子は陸軍歩兵少佐の正装、節子妃は白の大礼服（マント・ド・クール）――。

馬車が人々の前に姿を現した瞬間、大爆発でも起きたかのような「万歳！」の轟音《ごうおん》が、群衆の中から一斉にわき起こった。[11]

だが、ここから昭和と平成の慶事にはみられなかった、思わぬハプニングが起きる。鹵簿が予定通りに進まなかった、いや、進めなかったのだ。

る。興奮した群衆が歓声を上げながら道路にあふれ出し、行く手をふさいでしまったからである。

東京朝日新聞が書く。

「歓声伝呼《でんこ》、帽を振るもの白布（ハンカチーフ）を振るもの狂するが如《ごと》き中を奇麗《きれい》を極めたる四頭立の馬車粛々として来《きた》り、前駆の騎兵、群集の中を分け行かんとするも拝観人は容易に途《みち》を開くべくもあらず、僅《わづ》かに御鹵簿の通御《つうぎよ》する跡を存し、其行《そのゆ》くこと徐々たれば我等臣民に取りては却て十分に玉顔を拝し奉りしを得たりしより、思はずと萬歳の歓声を上げたるが、何分我先に御鹵簿を拝せんとするもの、蝟集《いしゆう》したることとて、此間十数分時間を費やしたり(12)」

読売新聞も書く。

「（朝から）沿道何《いづ》れも人の屏風《びようぶ》を築きたるが、午前十一時両殿下の宮城御退出に際しては、拝観者悉《ことごと》く桜田門外より青山御所までの御道筋に向ひたれば何処と云はず殆《ほとん》ど黒山を築きたるが、別《わ》けて桜田門外の濠端にては拝観者通《みち》を塞《ふさ》ぎ、憲兵は騎馬にて縦横に乗廻り僅かに御道路を開き、其混雑の状、言語に尽すべからざるものありたり(13)」

皇室史上初の結婚パレードである。国民の熱狂は、当局者の予想をはるかに超えた。当初は東京市の奉祝会員と市内の学校生徒が要所要所に集合し、整然と奉祝する手順だったが、「一般の拝観人は遠慮なくその集合所に押込み、果ては尻切絆纏《ばんてん》の乞食じみたる男までもドシドシ闖入《ちんにゆう》し、区画も何もメチャメチャとなれり(14)」と、東京日日新聞が書いている。

皇室への敬慕に貴賤はない。当時の新聞各紙からは、大混乱に慌てる警備当局と、われを忘れて結婚を喜ぶ国民の熱誠が伝わってくる。『貞明皇后実録』[15]によれば、《宮城正門外に参集せる群衆の為鹵簿の進まざること二十分》に及んだ。

馬車を包み込む万歳の大歓声――。それを節子妃は、どう聞いただろうか。

二十四

厳粛に行われた賢所大前の儀と、国民の熱狂で大混乱となった鹵簿のパレード。節子妃は、目を白黒させたに違いない。

明治三十三年五月十日午後零時三十分、嘉仁皇太子と節子妃を乗せた四頭引きの馬車は、予定を大幅に遅れて東京・元赤坂の仮東宮御所に到着した。

儀式は続く。

午後一時《供膳の式を行はせらる》[16]

供膳の式（供膳の儀）は、結婚した二人が初めて一緒に食事をする儀式だ。婚約内定後、嘉仁皇太子と節子妃が直接会うことはなく、結婚当日のこの日も、午前中の儀式では言葉を交わす余裕もなかったが、この儀式で初めて、二人は落ち着いて対面し、互いに感情を寄せ合う。

『貞明皇后実録』が書く。

《式部長男爵三宮義胤《よしたね》供膳整へる旨を啓するや、皇太子・同妃、内謁見所に設置せる供膳の御座に著かせられ、皇太子御一献ありて御盃を妃に授けたまひ、妃御一献ありて再び御盃を皇太子に進められ、更に皇太子御一献ありて御箸を立てさせらる》[17]

節子妃は、嘉仁皇太子から受けた盃に、どんな気持ちで口づけたことだろう。間近に対面するまで、二人が事前に抱いていたイメージが、必ずしもプラスでなかったことは想像に難くない。嘉仁皇太子が病弱であることはつとに知られていたし、節子妃は容姿に問題があると批判されていた。だが、この日二人は、事前の風評とは異なる印象を抱いたのではないか。

供膳の式が終わり、二人は身近に接する侍従や女官、親戚などから祝賀を受けた。その中の一人、東宮医務顧問のドイツ人医師ベルツが、率直な感想を日記につづっている。

「東宮はお元気な様子。妃は大変お美しい」[18]

午後三時三十分、近衛歩兵少佐の正装に大勲位菊花大綬章を佩用した嘉仁皇太子と、ローブ・デコルテの中礼服に着替えた節子妃は再び馬車に乗り、皇居へ向かった。

沿道の群衆が再び熱狂したのは言うまでもない。仮東宮御所から皇居までは終日、「(群衆が)到る処雲霞の如くに整列して其数幾十萬人なりけん。踏まる、あり押さる、あり泣くあり叫ぶあり実に筆紙にも尽し難き人出なりき」と、東京朝日新聞が報じている。[19]

二人は夕方、明治天皇と美子皇后の臨席のもと、皇居鳳凰《ほうおう》の間で皇族、元老、各大臣、枢密院議長、各国公使らから拝賀を受け、正殿で陸海軍大将、親任官らから列立の拝賀を受けた。

午後六時からは饗宴《きょうえん》の儀、一般でいう披露宴だ。勲一等以上の高官や各国公使夫妻ら約百人は千種の間に、貴衆両院議長及び勅任官ら約千二百人は豊明殿に、勲三等の奏任《そうにん》官ら約六百五十人は東溜の間に招かれ、(20)「天皇陛下には皇后陛下の御手、皇太子殿下には同妃殿下の御手を執《と》らせられ、式部長前導、皇族以下扈従《こじゅう》し、千種の間に出御。各員へ饗宴を賜ふ」。(21)

宴の料理は、煮冷ましの鱒《ます》と鯛▽伊勢海老、燻豚《くんとん》、雁肝《がんきも》の各ゼリー寄せ▽飾りつけられた車海老▽羊背肉、七面鳥の蒸焼き▽冷やし牛舌▽鶏肉と野菜のサラダ▽サンドイッチなど二十種類。デザートは洋菓子のシャルロットやイチゴの氷菓子など。飲み物にはシャンペン（ポメリーグレノ）、ワイン（シャトー・ラローズ）、キュラソー、コニャック、ポンチ酒、ソーダ水などが用意され、宴の間、式部楽隊と近衛楽隊が喜びの音楽を演奏した。(22)

一連の儀式が終わり、二人が仮東宮御所に戻ったのは午後七時二十分。夜には東京帝国大学の学生が御所付近で提灯《ちょうちん》行列を行い、慶應義塾の塾生も提灯を手に銀座を練り歩いた。夜通し響く万歳を、二人は寝殿で聞いた。(23)

長いようで、あっという間だった一日。期待よりも不安、喜びよりも戸惑いが大きかったであろう節子妃を、さりげなくいたわったのは美子皇后だ。饗宴の際、化粧直しのそばにも付き添い、こんな声もかけた。
「お若いのですから、お美しい上にもお美しく遊ばせ(24)」

二十五

結婚の礼が終わっておよそ半月後の明治三十三年五月二十三日、青空の広がる帝都の街角に、再び黒山の人だかりができた。これから嘉仁皇太子と節子妃は、三重の伊勢神宮、奈良の神武天皇陵、京都の孝明天皇陵と英照皇太后陵などを巡る旅に出るのだ。事実上の新婚旅行である。

二人を祝福する国民の熱気はまだおさまらない。出発の朝、東京・元赤坂の仮東宮御所から新橋駅までの沿道では、近衛騎兵や学校生徒が整列して奉送し、国旗を打ち振る「拝観の人々何処も山をなし」たと、翌日の国民新聞が書いている。

嘉仁皇太子は陸軍少佐の軍服。節子妃は水色の洋服に日傘をさし、群衆の歓呼に笑顔でこたえた。

駅のホームには見送りの皇族や文武高官が多数並んだ。軍楽隊が君が代を演奏する中、二人を乗せた特別列車が走り出す。

最初の宿泊地は静岡県の沼津御用邸だ。沼津駅でも県知事をはじめ地元の名士、小中学生ら「官民数千名の男女奉迎し、両殿下御同乗、御馬車にて御用邸に入らせらる。御着前より烟花（花火）を打揚げ、国旗球灯を掲げ、奉迎非常に盛んなり」[25]。

二日後、伊勢神宮を参拝。豊受大神宮（外宮）と皇大神宮（内宮）に玉串を捧げ、二人は結婚を報告した。

二十六日に京都入りし、翌日は市内を観光する。節子妃は嘉仁皇太子と一緒に、青葉が薫る加茂川堤をそぞろ歩きし、明治天皇が生まれ育った旧中山忠能《ただやす》邸の「祐《さち》の井」を見に行ったり、京都御所に立ち寄ったりした[26]。

嘉仁皇太子は気さくな人柄だ。歩きながら節子妃に、いろいろ話しかけたことだろう。一方、節子妃は物おじしない性格だ。ユーモアを交えた返答で会話を盛り上げたに違いない。

初夏の太陽が、談笑する二人を温かく包み込んだ。

挙式で初めて対面した新郎新婦。当日は会話の余裕もなく、その後も皇族へのあいさつ回りなどで気が抜けなかったが、この旅行で存分に心を通わすことができた。おそらく節子妃は、結婚の喜びをかみしめたことだろう。

嘉仁皇太子も同じ思いだったのではないか。旅行の期間中、病弱なことが嘘のように生き生きと活動している。健康管理を担当する東宮輔導の有栖川宮威仁《たけひと》親王が、これでもう自分の役目は終わったと、帰京後に辞表を提出したほどだ[27]。

随行した女官の日記にも、二十六日「はれ　御二方様御機嫌よし」、二十七日「少し曇　御二方様御機嫌よし」、二十八日「はれ　（皇太子）御機嫌よし　御息所さまにも御同断」の文字が並ぶ[28]。

そんな二人を、古都の住民が熱烈に祝福したのは言うまでもない。

結婚の礼の夜、仮東宮御所の門前では東京帝国大学の学生らが奉祝の提灯行列を行ったが、二人が京都についた二十六日の夜、宿所の二条離宮前に集まったのは京都帝国大学の学生らだ。彼らは提灯を手に、万歳を叫んで練り歩いた(29)。

二十八日に奈良の神武天皇陵を参拝した際には、「沿道各駅町村等奉送スルモノ行啓ノ時ニ同シ、又煙火ヲ打揚ケ、行啓ヲ祝スル村落数多アリテ砲声絶ユルコトナシ、臣民歓喜ノ情顕レテイト尊シ」だったと、随行の責任者が書き残している(30)。

二十九日、孝明天皇陵と英照皇太后陵を参拝。節子妃は瞑目し、伯母にあたる英照皇太后に、深い祈りを捧げた。

ほぼ半月に及ぶ旅行日程を終え、帰京したのは六月七日である。

随行の責任者が日記に書く。

「両殿下トモ御機嫌麗《うるわしく》敷還御被為在《あらせられ》、茲《ここ》ニ特筆シテ萬歳ヲ祝シ奉ル(31)」

夫婦の絆を強めた二人の様子を、手放しで喜ぶ側近の様子が、目に浮かぶようだ。

だが、東京で節子妃を待っていたのは、試練の日々だった。

二十六

厳粛と熱狂が交差した結婚の礼が終わり、事実上の新婚旅行といえる伊勢神宮、神武天皇陵などへの行啓も済んで、明治三十三年六月、嘉仁皇太子と節子妃は東京・元赤坂の仮東宮御所に落ち着いた。

赤坂離宮に隣接する仮東宮御所は青山御所と呼ばれ、もとは紀州藩の中屋敷だった。維新後、当主の徳川茂承《もちつぐ》が私邸（赤坂邸）を献納し、赤坂離宮と命名されて英照皇太后が住んでいたが、明治六年五月、旧江戸城の皇居が火災で焼失したため、明治天皇が避難して仮皇居となる。このとき茂承は即日参内し、自身の住居（青山邸）も献納。そこに英照皇太后が移居してつくられたのが青山御所だ。(32)

少女時代、節子妃は伯母の英照皇太后に招かれ、ここで何度か遊んだことがある。皇太子妃となった今、その姿を見せてあげられなかった伯母を思い、感慨にひたることもあったのではないか。

御所の廊下から外をみると、手入れの行き届いた芝生に、初夏の太陽が降り注いでいる。節子妃は、誘われるように庭に出て、芝生の上を走りだした。

そばにいた若い女官が「お待ちください」と追ったが、節子妃は止まらない。鬼ごっこのような形になり、笑いがあふれた。野山を駆け巡った里子時代、校庭を走り回った女学校時代が頭をよぎる……。

その時だ。鋭い声が飛んだ。

「そのお恰好《かっこう》は何ですか！」(33)

驚いて振り向くと、紫の掻取《かいどり》に白の袿《うちき》(34)を重ね着した、古風な老女官が廊下から目をつり上げている。芝生でたわむれていた女官が青ざめて頭を下げた。

節子妃の教育係、東宮御内儀監督の万里小路幸子《までのこうじゆきこ》である。

結婚の礼より前、宮中高官らが神経を使ったのは、おてんばなところもある節子妃を、誰が、どう教育するかだった。宮中の厳格なしきたりを教え込み、同時に身の回りの世話をする若い女官らも厳しく指導、監督しなければならない。

そこで選ばれたのが、英照皇太后付の典侍《てんじ》(35)だった幸子だ。

当時六十五歳の大ベテラン。宮中の規律維持と伝統保持とに厳しく、廊下づたいに幸子の足音が聞こえてくるだけで、若い女官は身を硬くしたといわれる(36)。

宮内省は幸子に東宮女官長を兼務させ、女官長の定額である月俸二百円より多い二百五十円を支給した。服装も、一般の女官は皇太子妃に合わせなければならないのに、「萬里小路ハ取除」と特別扱いした(37)。余人をもって代えがたかったからである。

幸子は、東宮御内儀監督を拝命した五月四日、以下の沙汰書を受けた。

「東宮御内儀監督の職務は、皇太子妃に常侍輔弼《ほひつ》し女官を統督指導するにあり。特に皇太子妃の淑徳を涵養《かんよう》し婦道を奨匡《しょうきょう》するは最も重要の責務とす(38)」

ほかにも女官八人、着替えや食事などの世話をする女孺《にょじゅ》六人、雑務を行う雑仕《ぞうし》九人が皇太子妃付となり、二十項目にわたる厳格な心得が言い渡された。

一、各自忠順勤勉を主とし其職務を尽すへし
一、御側向の事は機密を守り他に漏洩《ろうせつ》すへからす
一、政事上の是非に関する事柄には容喙《ようかい》すへからす
一、各自形容を端正にし言語を慎み操行を正しくすへし
一、宮中の風儀嗜好は社会の流行を導くものなり各自之れか標準を誤らさる様平素篤く注意すへし……[39]

御所での生活が始まった六月二十日、節子妃の日課が定められる。日曜日を除く午前九時から十一時三十分と午後二時から三時は修学時間（国学、漢学、仏語、音楽）。外庭などでの運動は午後三時から一時間余りという、窮屈なスケジュールだ。[40]

皇太子妃として従一位勲一等に叙せられ、皇后に次ぐ位にある節子妃だが、その一挙手一投足は、幸子を中心とする徹底した管理態勢に置かれていたのである。

そして、幸子からみた当時の節子妃は、「御軽々」だった。

二十七

皇太子妃となって間もない頃だ。ある日の昼下がり、嘉仁皇太子に誘われ、一緒にテニスの練習をすることになった。

節子妃が胸をときめかせたのは言うまでもない。弾む心を抑えきれず、御殿から外に出るとき、階段を二、三段とばして飛び降りた。

と、階下に和装の老女官、万里小路幸子が、氷のような表情で立っていた。

「ほう、叶ひませんな」(41)

幸子の一言に、節子妃の胸の鼓動は、一気にしぼんだに違いない。

幸子の人柄を一言でいうなら、忠義一徹だろう。(42)同じ頃、昵懇《じっこん》だった佐佐木貞子に、そっと言った。

「何分皇妃殿下にも当今の風に候哉《そうろうかな》御軽々にて心配せり……」(43)

親友に愚痴を漏らしたようにも聞こえるが、そうではない。「御軽々」だからこそ厳しく指導しなければならないと、幸子は使命感に燃えていた。

なぜなら節子妃が、英照皇太后の姪《めい》だったからだ。

幸子は数え十一歳で英照皇太后（当時は准后）付の女官となり、一筋に仕えてきた。英照皇太后の信任は厚く、明治四年に権典侍《ごんのてんじ》、六年には典侍に昇格。以来二十年以上、皇太后宮の女官トップであり続けた。

三十年に英照皇太后が崩御すると、辞職して京都に隠棲し、在りし日を偲《しの》んで過ごす。(44)だが、節子妃が宮中に入るにあたり、断然復職を決意した。

英照皇太后の思いを知る幸子は、節子妃を未来の国母とするため、心を鬼にして指導できるのは自分しかいないと、考えたのだろう。

東宮御内儀監督として復職してからは、いつも紫色の掻取《かいどり》姿で通したが、それは「英照皇太后の喪に服してゐる意味」だったと、のちに昭和天皇の保母となる鈴木孝子が述懐する。(45)宮中高官も幸子の忠義に期待した。定額を上回る月俸を支給し、服装も特別扱いしたのはそのためだ。

明治三十三年六月以降、指導が本格化する。幸子は、微塵も容赦しなかった。服装、言葉づかい、立ち居振る舞い……。少しの乱れも許さず、細かく注意した。

のちに侍従次長などを務める甘露寺《かんろじ》受長《おさなが》によれば、幸子は節子妃に対し、「時には御教へした通り何回も復習をおさせした」という。(46)身近に接する女官に緩みがあっては、示しがつかないからだ。

髪がほつれている女官を見つけると、幸子の叱責が飛んだ。

「おやつしなさいませ（髪をなでつけていらっしゃい）」(47)

使命感に燃え、心を鬼にしたベテラン女官の言葉は重い。当時十六歳になるかならないかの節子妃は、六十五歳の幸子に厳しく意見されると、何も言えず、涙ぐむこともしばしばだった。

そんな時、節子妃をかばったのは嘉仁皇太子である。沈んでいる節子妃を見かねた皇太子は、幸子に言った。

「華族女学校で活発に育てられていたのに、それを止めてしまえば、せっかくの性格が屈してしまうではないか」(48)

自身が病弱な皇太子は、節子妃の活発さを愛し、伸び伸びとさせたかったのではないか。

もっとも、皇太子の抗議にたじろぐ幸子ではない。しかもこの頃の節子妃は、ほかの女官からも「何分おてんば流にて困る」と陰口され(49)、唇をかむ毎日である。

そんな節子妃を最も戸惑わせたのは、宮中のしきたりそのものだった。

二十八

「結婚の翌日から泣いて暮した」「九条家の娘として臣下に嫁いでゐたら私はもっと幸福だったかも知れない」――(50)

節子妃が後年、皇太子妃になったばかりの頃を振り返り、侍医や女官らに漏らしたとされる言葉だ。

その理由を侍医の山川一郎は、「強い御性格が容易に宮廷の風習に融和出来なかったことにもよる」と推測する。

「(節子妃の)御聡明《そうめい》と強い御気性をもつてしては、尊貴な御身分や宮廷内の数多い因習制約の中で暮されるよりも、むしろ一般家庭の主婦となられた方が却つて御幸福であつたかもわかりません」(51)

結婚当初、華族女学校で「おてんば流」にふるまっていた節子妃が、宮中の複雑なしきたりや特異な慣習に馴染《なじ》めなかったのは確かだろう。

中でも節子妃を戸惑わせたのは、「お清《きよ》」と「お次《つぎ》」ではなかったか。神事と結びつきの深い宮中生活では、清浄なもの＝「お清」と、そうでないもの＝「お次」の区別が厳格だった。身体でいえば上半身がお清、下半身がお次である。帽子や上着はお清、靴下などはお次で、決して同じ手で触ってはならない。

天皇や皇后の身の回りの世話でも、お清を扱うのは典侍や内侍《ないし》など上位の女官で、お次は命婦《みょうぶ》など下位の女官だ。

当時の女官や侍医によれば、例えば「陛下がご入浴の時、お背中などを洗ったりする上のお世話は、権典侍や、内侍が、お下の方は命婦のお婆さんがお世話申上げ」た。(52)

明治末期に女官となった山川三千子は、「足袋や靴下をはけば、そのつど手を洗らわなければなりませんし、靴のはきぬぎもまたなかなか面倒なことでございました」と振り返る。(53)

余談だが、男性幹部のうち大夫はなぜかお次で、侍医はお清だった。このため御所を散策する時、「お清に属するお傘をお持たせになるのは女官長か侍医でした」という。(54)

このお清とお次を、徹底して節子妃に教え込んだのが、東宮御内儀監督の万里小路幸子である。

お清に属する物にうっかり足などが触れようものなら、「ああ、お次さんにしてしまって」と叱声が飛ぶ。夜寝る時も、お清の布団をお次にしてはならないと、寝間着の裾を長く引いて足をくるみ、どんなに暑い日でも素足を出させなかった。どれがお清でどれがお次か、それを覚えるだけでも大変なのに、幸子は「これがお出来にならない様なら、妃をお引きになられた方がよいでせう」と容赦しない。(55)それまで節子妃は、やんちゃをするのも魅力の一つだったが、幸子の前ではむろん御法度である。節子妃はやがて、宮中の規律や慣習を誰よりも重んじるようになり、「あの幸子にこれまでに育て、貰つたのだから、その恩は忘れることが出来ない」とさえ語るようになるが、(56)それは何年も先、皇后となってからだ。皇太子妃時代は「御言行の一つ一つについて御小言」をいわれ、気のふさぐ毎日だった。(57)

そんな節子妃にも、いわば母親役となって支えてくれる人がいた。

嘉仁皇太子の生母、柳原愛子《なるこ》だ。

ふだんは皇居の奥深くにいる権典侍の愛子だが、たびたび青山御所を訪れ、「かげになり、日向《ひなた》になり」、年若い妃をおかばいした」。節子妃は「そのあたたかい思いやりを、実の母のようにうれしく思った」という。(58)

侍医の荒井恵が語る。

「東宮妃をいつも庇《かば》ってくれたのは柳原一位局《いちいのつぼね》でした。明治天皇には一度御きめになつた禎子女王の事がありますから、東宮妃にはおなじみにならない点がありましたが、これをお取りなしするのは一位局でした」(59)

幸子の厳しさと愛子の優しさ。このふたつが節子妃の、未来の皇后としての素養を磨いたことは疑いない。

そしてもう一人、幸子でさえ決して逆らえない、強力な味方があらわれる。

美子皇后（昭憲皇太后）である。

二十九

明治三十三年七月三日《（節子妃は）午前十時御出門、皇后の御誘引によりて小石川の東京帝国大学理科大学附属植物園に行啓あらせらる[60]》

現在も東京大学に付属する小石川植物園は、江戸幕府が開設し、貧病人のための無料医療施設「小石川養生所」が置かれた場所としても知られる。

この植物園の散策に、節子妃を誘ったのは美子皇后だ。

『貞明皇后実録』によれば前日の二日、侍従長の徳大寺実則が青山御所に参殿し、嘉仁皇太子に《爾今皇后の御摂養の為皇太子妃を誘ひて離宮等を遊歩あらせらるること月中二回、火曜を以て其の日と定めたまふべき叡旨を啓上[61]》した。

「皇后の御摂養の為」とあるが、それは美子皇后の気配りだろう。宮中という別世界に入った節子妃が、しばしば涙ぐんでいると聞きつけ、気晴らしの機会をつくろうとしたのだ。

この日、帝都は晴れ。節子妃は小石川植物園に先着し、日傘をさして待った。お供とお目付け役を兼ね、東宮御内儀監督の万里小路幸子も付き従っている。

ほどなく四頭立ての赤い馬車が到着し、扉が開いて美子皇后が降り立った。

「ご機嫌よう」(62)

頭を下げる節子妃に、優雅な声が注がれる。美子皇后は幸子に向かっても、「浜荻（幸子の源氏名）、ご機嫌よう」と声をかけた。

緊張で身を硬くしていた節子妃だが、この一言で、ふわっと力が抜けた。


明治維新後、近代女性のあるべき姿の道標を築いたとされる美子皇后は、(63)立場の弱い者、悩みを抱えた者への配慮が隅々まで行き届いていた。

晩年の美子皇后に仕えた女官、山川三千子がこんなエピソードを書き残している。

山川が出仕して間もない頃だ。ある日、勝手が分からず、一人でまごまごしている山川を見た美子皇后は言った。

「わからぬことがあったら、他に人のいない時なら何でも教えてあげるよ」

ねたみや嫉妬の渦巻く「奥」の世界で、新人が皇后から手ほどきを受ければ古手の老女官が黙っていない。そうしたことを分かったうえでの配慮である。

別の日、皇后から教えてもらったことと、先輩の女官に習った手順が異なることに山川が首をかしげていると、美子皇后は言った。

「人によってはすこしやり方が違うけれど、私に対して悪いようにと思う人はない、皆これがよいと思いながらしているのですから、黙っています。しかし都合をきいてくれるのなら、こちらの方が私は好きなのだ」[64]

美子皇后とは、そういう人であった。

小石川植物園で節子妃は、美子皇后と《御揃にて園内の植物を御覧あり、夫《それ》より午餐を倶《とも》にしたまふ》[65]。

昼食後は近くの後楽園に足を延ばし、園内を散策した。『貞明皇后実録』には、会話などの内容までは書かれていないが、こんなやりとりもあったのではないか――

すっかり打ち解けた節子妃が、弾んだ声を上げる。

「陛下、あそこにお花がたくさん……」

「摘んでいらっしゃいな」[66]

節子妃は少し躊躇《ちゆうちよ》して、幸子の顔をちらりと見た。幸子は黙ったままだ。

「あなたたちもいってらっしゃい」

美子皇后が若い女官を促し、何人かが節子妃と一緒に走り出していく。

その後ろ姿を見ながら、美子皇后は幸子に、そっと言った。

「浜荻――、あの子のこと、よろしく頼みますよ」

三十

節子妃を気づかう美子皇后について、もう少し書いておこう。

親日家で知られる米国人の女性地理学者、エリザ・シドモアは明治十八年、赤坂離宮（仮皇居）の観菊会に招かれて美子皇后を間近に見たときの感激を、こうつづっている。

「この小柄な女性の品位と威厳は、鮮烈な印象を与えます。全員うやうやしく低頭し、陛下が傍を通るとみなのまなざしは、好奇心から敬慕と感嘆の念に変わります」(67)

美子皇后は嘉永二（一八四九）年、幕末に左大臣を務めた一条忠香の三女に生まれた。節子妃と同じ五摂家の一つ、一条家の出身だ。

幼少から古今和歌集に親しみ、漢学、和学、箏曲などの英才教育を受けたほか、忠香が子女のためにつくった「物見の台」にのぼって庶民の生活ぶりを観察し、その労苦を学んだとされる。(68)

慶応三（一八六七）年、明治天皇の女御《にょうご》に内定。明治元年に十九歳で入内し、即日皇后となった。時代は日本が封建社会から近代国家へと脱皮する、国家の大改造期だ。美子皇后は、幾多の試練に直面せざるをえなかった。

幕末までの皇后は、一般国民が決して目にすることのない存在だった。しかし、維新後は国母として、国内外に存在感を示さなければならない。

各地への行幸啓、行事や儀式への参加、各界功労者や外国大公使らの引見……。

そのすべてを完璧なまでに成し遂げ、近代女性のあるべき姿の道標となったのが、美子皇后である。

一方、言動のひとつひとつが国民に注目され、手本とされるような緊張感は、尋常ではなかっただろう。

シドモアと同じく明治十八年の観菊会に招かれた仏海軍士官の作家、ピエール・ロティは、微笑の下に隠れた苦悩を読み取り、こう書いている。

「彼女の微笑は、はっきり浮かんでいるが、しかしとくにだれに向かってというのではない。半ば女神である彼女は、おそらく人と物のすべてに対して、今日の晴れわたった一日に対して、また秋の間地上に咲きほこるこれらの美しい花々に対して、ほほ笑んでおられるのであろう……」[69]

ロティは美子皇后の神秘性に魅了されつつ、「冷ややかな女神」「死者のような無表情」とも表現する。的確かどうかはともかく、美子皇后が自分を押し殺してまで、国母としての責務を果たし続けたことは疑いない。

そんな美子皇后に誘われ、打ち解けて過ごす夏の日の散策。東宮御内儀監督の万里小路幸子から厳しく指導され、気のふさぐことも多かった節子妃だが、美子皇后の立ち居振る舞いに、多くを学んだことだろう。

同時に、試練の日々を乗り越えた先にある、偉大な目標をみる思いだったのではないか。

節子妃は終生にわたり美子皇后を「大へん尊敬されてゐました」と、親交の厚かった関屋衣子が語っている。[70]

美子皇后と皇居周辺の名園などを一緒に散策することは、その後もしばしば行われた。

小石川植物園へ行啓した日の二十日後、明治三十三年七月二十三日にも《(節子妃は)午後一時三十分御出門、皇后の御誘引により新宿植物御苑に行啓あり、五時四十分還啓あらせらる》。[71]

〝事件〟が起きたのは、その翌日である。

三十一

それは、ささいなことが発端だった。

明治三十三年七月二十五日、節子妃は嘉仁皇太子とともに栃木県の日光田母沢御用邸へ行啓し、避暑として九月中旬まで滞在することとなった。いわば結婚して初めて迎える〝夏休み〟。自然に囲まれ、夫婦でのんびり過ごせることに、節子妃の胸は高鳴ったことだろう。

ところが出発の朝、節子妃の顔はこわばっていた。その前日、嘉仁皇太子と喧嘩してしまったのだ。

原因は、着ていく服である。

嘉仁皇太子は内親王養育主任の佐佐木高行からも「西洋御好の傾き甚敷《はなはだしく》兎角《とかく》御軽々」と苦言されるほど、洋風好みだった。日本酒よりワイン、和装より洋装が好きで、行啓にあたり節子妃に「西洋貴婦人の旅行服」を着せようとする。(72)

一方、質素に育った節子妃は、おしゃれな旅行服など持っていない。それでも皇太子は着ろという。節子妃は、とうとう泣き出してしまった。

行啓直前の〝夫婦喧嘩〟——。青山御所は大騒ぎである。

皇后宮大夫の香川敬三が皇太子を説得し、上野駅までは通常の服装で行き、汽車の中で着替えることでおさまったが、取り急ぎ用意された旅行服は、節子妃にはまったく似合わないものだった。

同行した佐々木の妻貞子と娘繁子によれば、「妃殿下の御服装御みすぼらしく、畢竟《ひっきょう》御旅行服と中事の由」だったと、佐佐木が日記に書いている。(73)

この頃、宮中周辺における節子妃への視線はなお厳しい。「みすぼらし」いの悪評は、すぐに広まった。

節子妃は、結婚前から容姿について批判されていた。そのうえ似合わない服まで着させられ、気持ちはふさぐばかりだ。

この日の侍医局の拝診録には、「御汽車中少シク御気分御不快ノ方ナリシ……」と記されている。(74)

嘉仁皇太子はなぜ、いやがる節子妃に「西洋貴婦人の旅行服」を着せようとしたのか。
思い当たるのが、その三日前の出来事である。節子妃と美子皇后が新宿植物御苑を散策する前日、嘉仁皇太子は単独で神奈川県の大磯に行啓し、式部長官などを務めた旧佐賀藩主、鍋島直大《なおひろ》の別邸を訪ねた。しかし、急な訪問だったのか直大は不在で、次女の伊都子《いつこ》が応対した。(75)

伊都子は当時十八歳。やがて梨本宮守正王と結婚し、皇族きっての美女といわれた美貌の持ち主である。(76)

加えて伊都子は洋装がよく似合う。日頃からおしゃれもしていただろうし、嘉仁皇太子は、感化されるところもあったのではないか。

もっとも、服装をめぐる悶着《もんちゃく》は日光への出発時のみで、御用邸に到着してからは「御二方様御機嫌よし」となった。(77)

『貞明皇后実録』によれば節子妃は翌朝、《午前八時頃より皇太子の御乗馬を御覧あらせらる》。

翌々日の二十八日も《午後二時皇太子と倶《とも》に御出門、(景勝地の)含満淵付近を散策あらせられ……》と、むつまじく行動する様子が記されている。(78)

だが、長くは続かなかったようだ。

三十二

有数の避暑地である日光には、御用邸のほか華族や実業家らの別荘が少なくない。八月中旬、ある一家が訪れた。

鍋島直大と次女の伊都子である。

直大は同月十七日、御用邸を表敬訪問し、嘉仁皇太子にあいさつした。

二日後、今度は嘉仁皇太子が直大の別荘を訪れた。

伊都子が日記に書く。

「いろいろかたづけ、暫《しばら》くすると御いでとの事。きものもそれなりにて御出向ひ申上、直に二階へならせられ、われ〳〵も御挨《あい》さつ申上、御そば近くにてさまざまの御話し遊ばされ、丁度《ちょうど》、午後四時ごろより同五時二十分の時、還御遊ばされたり。御供は、侍従一人、武官一人、侍医一人なり。犬ダックも御ともせり」(79)

嘉仁皇太子は、同月二十三日にも鍋島の別荘を訪れる。二階へ上がり、「御たばこなどめし上」ってから、伊都子に言った。

「わが輩の犬をあづけるから、いつ子よくせわをしてやってくれ」(80)

天皇になるまでの嘉仁皇太子は、思ったことを何でも口にし、行動する性格だったといわれる[81]。

例えば同年十月から十二月に九州北部を巡啓した際、地方幼年学校の授業参観で生徒の答案を持ち出そうとしたり、武術試合の見学後、東宮武官長に向かって「サー宜《よ》いか」と木刀を構えたり、三十五年五月に群馬県などへ行啓した際には予定のルートを変更して人力車を走らせたりと、周囲を慌てさせる一面があった[82]。

明治天皇ならおよそ考えられない行動だが、それが嘉仁皇太子の人間的な魅力であり、気さくで親しみを持てると国民の人気は高かった。

鍋島の別荘を訪れたのも、ふとした思いつきであり、深い意味はなかっただろう。伊都子が梨本宮守正王と婚約していることは嘉仁皇太子も知っている。

ただ、愛犬を預けるなどしたのはやや行き過ぎだ。それを知った節子妃の心中は複雑だったのではないか。

のちに嘉仁皇太子は、「妃のお姿がちょっとでもお見えにならないと、大声で、妃のお名前をお呼びになる」ほど節子妃を頼るようになるが[83]、当時はまだ、夫婦の和を乱しかねない言動もみられた。

節子妃は寂しかっただろう。

思いもよらず皇太子妃に内定し、結婚してまだ三カ月余り。宮中のしきたりに戸惑い、「御軽々」などと陰口され、孤独感を募らせていた頃である。心の支えは嘉仁皇太子の愛しかない。

しかもこの頃、節子妃は、より深刻な不安に悩まされていた。

父の九条道孝が、病に倒れたのである。

一報があったのは七月三十日。東京・赤坂福吉町の九条邸から「御機嫌伺い」として家臣が日光に訪れ、道孝が病床についたことを知らせた。さらに半月後、青山御所から参殿した使者が報告したところでは、《病状思はしからざる趣》だった。[84]

これには嘉仁皇太子も憂慮し、青山御所の侍医を《交代にて同公爵邸に詰切勤務すべき旨を命じたまふ》。[85]

だが、嘉仁皇太子が伊都子に愛犬を預けた翌日の八月二十四日、青山御所から東宮大夫あての電報が届く。

「妃殿下可成《なるべく》早ク御帰リ御見舞遊ハス様御取計アリタシ……」[86]

道孝の脈が衰え、いつ容体が急変してもおかしくないとして、留守を預かる東宮主事と主治医らが協議し、節子妃に帰京してもらうよう進言したのだ。[87]

翌二十五日午前八時半、節子妃は御用邸を出て、わずかな女官とともに日光駅から汽車に乗った。

父の病状への心配と、夫への不安――。

東京へ向かう車中の節子妃の、胸の内はどうだったか。窓外を流れる木々や田園も色あせ、あるいはにじんで見えたかもしれない。

三十三

父、九条道孝の病状が悪化したとの電報を受け、節子妃を乗せた汽車が上野駅に着いたのは、明治三十三年八月二十五日午後二時十分である。

ホームで、東宮主事の中田直慈が待っていた。

「道孝公は本日未明、午前三時すぎに発作を起こされましたが、今は落ち着き、小康を保たれています」

節子妃は、ふうっと息を吐いた。

いったん青山御所に帰ると、嘉仁皇太子の生母、柳原愛子がおり、明治天皇と美子皇后からの見舞いの言葉を伝えた。

結婚以来、愛子が節子妃をかばい、何かと面倒をみてくれたことはすでに書いた。愛子のいたわりに、ここ数日の不安も、幾分やわらいだに違いない。

旅装を解いて化粧を直し、赤坂福吉町の九条邸へ赴いたのは午後四時半すぎ。家臣や女中らが腰を折って迎え、道孝の寝室へと通された。

日光田母沢御用邸にいるはずの節子妃が見舞いに訪れたと聞き、道孝は恐縮した。同行した女官の日記によれば、道孝は病床で、「大々御かしこまり入に御座候」だったという。(88)

節子妃は、病気でやつれた父の顔に心を痛めつつ、会話できるほど回復していることに、胸をなで下ろしたことだろう。青山御所に戻ったのは午後六時四十分だから、二時間近くも面会したことになる(89)。

おそらく、こんなやりとりがあったのではないか――

病床から身を起こそうとする道孝を、節子妃が制した。

「無理をなさってはなりません。いまはゆっくり、お休みされることです」

実の娘とはいえ、いまは皇太子妃だ。道孝は「かたじけのうございます」と低頭し、再び身を横たえた。

布団の乱れを直してあげながら、節子妃が言う。

「食欲がないと聞きましたが……」

「はい。しかし昨日よりは、だいぶ具合もよくなりました」

「それはよかった。何かお食べになれば、もっとよくなるでしょう」

今度は道孝が聞いた。

「日光はいかがでございますか」

「とても楽しく過ごしております」

「せっかくのご静養を、台無しにしてしまい恐縮です。皇太子殿下にも大変ご心配をかけてしまったようで……」

「大丈夫。今日のご様子を報告したら、殿下もきっと安心なさるでしょう」

つとめて明るく答える節子妃だが、その笑顔にひそむ影を、道孝は察したかもしれない。かつて道孝は嫁ぐ娘に、結婚すれば時には言葉に尽くしがたいほど心苦しいこともあり、身分が高いほど苦しさも増すだろうが、それを外に漏らし、家の乱れを自ら深めてはならない――と言い聞かせていた(90)。

その教えを節子妃は固く守り、泣き言は口にしなかったはずだ。

「ご機嫌よう」

見舞いを終え、九条邸を出る節子妃は、平身して見送る家臣や女中らの目に、ひと回りもふた回りも大きく、頼もしく映ったことだろう。その夜、五十人前の料理を九条邸に届けさせたと、女官の日記に書かれている。

この日、誰にも言えなかった憂心――。

翌日から節子妃は、夫のいない青山御所で過ごす。八月三十一日は結婚して初めて迎える嘉仁皇太子の誕生日。だが、節子妃は日光に戻らなかった。

三十四

後年、皇太后になった節子妃が、大宮御所の庭の芝生に腰を下ろし、侍医の小原辰三に、しんみり語ったことがある。

「(皇太子妃時代は)宮城の女官に着物の着方や扇子の持ち様などについても随分と色々云

はれていぢめられたものだが、なに負けるものかと思つてやつて来た。勝気だつたから堪へられた様なものだ[91]」

だが、勝ち気だけでは乗り越えられないものもあった。

嘉仁皇太子への思いである。

節子妃は嘉仁皇太子の身の回りの世話を女官に任せず、自ら行ったと伝えられる[92]。嘉仁皇太子は結婚後、周囲が驚くほどの健康を維持していたが、それは節子妃の努力によるところも大きかっただろう。

一方、活発に外を出歩くようになった嘉仁皇太子には、やや軽率な言動も少なくなかった。日光田母沢御用邸に滞在中も、内親王養育主任の佐佐木高行が「乍恐《おそれながら》皇太子殿下何分御騒々敷《しく》……」などと苦言を日記につづっている[93]。

そうした批判は節子妃の耳にも入る。自分がついていながらと、自責の念にかられることもあったのではないか。

それだけではない。当時の節子妃は、嘉仁皇太子を深く愛する半面、自分がどう思われているか、不安にかられることもあったようだ。日光への行啓前日、「西洋貴婦人の旅行服」の着用を求められて過剰に反応し、泣き出してしまったのも、そうした不安の裏返しと言えなくもない。

嘉仁皇太子には、明治天皇のような超人的な威厳はないものの、人間的な魅力にあふれていた。思ったことを何でも口にし、行動するため、しばしば周囲を慌てさせることはすでに書いたが、身近に接したものの中には不思議とファンが多い。

大磯や日光で突然の訪問を受けた鍋島直大の次女、伊都子もその一人だ。すでに婚約している身なのに、愛犬まで預けられては、いかに皇太子とはいえ迷惑と感じてもおかしくないだろう。しかし伊都子の日記をみるかぎり、そんな様子は微塵もない。

明治三十三年八月三十一日、嘉仁皇太子の二十一歳の誕生日に、伊都子は日記に書いた。

「此日午後より昼夜二度に日光市人民より花火献上にて上る。美事なりし。萬歳。皇太子殿下萬歳々々」(94)

同じ日——。

節子妃は東京の青山御所にいる。日光の嘉仁皇太子のもとへは女官を遣わし、祝いの言葉を伝えた。

青山御所には侍従長の徳大寺実則が参殿し、留守役の東宮侍従らとともに小宴が催された。節子妃は妻として祝賀を受け、立食をふるまった(95)。

気丈に応対する一方で、胸の内はどうだったか。

八月二十五日に日光から帰京し、赤坂福吉町の九条邸に父の道孝を見舞った節子妃は、二十六日午前に参内して明治天皇と美子皇后に《病中の御父九条道孝に賜はりし厚き思召に対し御礼を奏啓》したものの(96)、翌日からは外出せず、青山御所に引きこもった。

そんな節子妃が、ようやく笑顔を取り戻したのは、九月一日の夜か二日の朝だろう。日光の嘉仁皇太子から、伝言が届いたのだ。

そろそろ日光に戻ってきておくれ——(97)。

嘉仁皇太子も、節子妃のことを思っていたのである。

三日午前六時十分、節子妃は青山御所を出て、上野駅から汽車に飛び乗った。

その車中、窓外を流れる木々や田園は、帰京の時とは別世界のように、輝いて見えたに違いない。

三十五

明治三十三年九月、嘉仁皇太子のいる日光田母沢御用邸に戻った節子妃は、豊かな自然の中で満ち足りた日を過ごす。

六日《午後二時三十分皇太子と倶《とも》に御出門、夫《それ》より皇太子は御散策に赴かせられ、妃は日光御用邸に滞在中の昌子・房子両内親王を訪はせらる。御帰途同御用邸附近に於て再び皇太子と会せられ、御同列にて三時四十五分還啓したまふ(98)》

十一日《午後一時三十分御出門、皇太子と倶《とも》に輪王寺に行啓あり、強飯《ごうはん》の式を覧たまひ、従一位中山慶子（明治天皇の生母）をして陪覧せしめらる。（中略）是の日、皇太子と倶に従一位中山慶子を晩餐に陪せしめたまふ(99)》

だが、いつまでも〝夏休み〟を続けているわけにはいかない。

翌十二日、嘉仁皇太子と節子妃は日光での避暑を終え、東京の青山御所に戻った。以後、午前は漢学と仏語の修学、午後は週二日の音楽のほか、夕方に外庭などで一時間余りの運動という、いつもの日常が訪れる。[100]

節子妃はさえなかっただろう。その頃から、夫婦のすれ違いが本格化してしまうのだから。

原因は、嘉仁皇太子の健康にあった。

節子妃という伴侶を迎え、周囲が驚くほどの健康を維持していた嘉仁皇太子だが、指南役である東宮輔導の有栖川宮威仁親王は、それが節子妃のおかげだとは必ずしも考えなかった。事実上の新婚旅行だった伊勢神宮、神武天皇陵、孝明天皇陵などへの巡啓の際、生き生きと活動する嘉仁皇太子を目の当たりにした威仁親王は、青山御所に閉じ籠もった生活ではなく、地方を旅行し、伸び伸びとさせることが健康回復につながると確信する。[101]

こうして始まったのが、明治三十三年十月から十二月の九州北部をはじめとする地方巡啓だ。嘉仁皇太子の巡啓は四十五年まで繰り返され、沖縄を除く全国各県を巡ったほか、四十年十月には韓国へも外遊した。

ただ、節子妃は同行できなかった。明治天皇が喜ばなかったからである。

明治天皇は、軍事演習の視察などで地方に行幸することはあったが、避暑避寒をはじめ私的な旅行は、庶民はできないからとして行わなかった。[102]

夏の暑い日、侍従が健康のため避暑休暇を勧めた際、こう言ったと伝えられる。

「城外の路上を見よ。烈日の下に粒々背に汗して車挽《ひ》く老夫の上は如何」[103]

自分だけではない。病弱な皇太子はやむを得ないとしても、健康な皇太子妃までが公務から長く離れることも好まなかった。明治三十六年の冬、避寒のため嘉仁皇太子と節子妃が沼津御用邸などに滞在した時も、明治天皇の指示で節子妃だけは早期に帰京している。(104)

嘉仁皇太子の地方巡啓は、第一に健康、第二に修学（地理歴史見学）が目的だ。節子妃が同行すれば物見遊山の旅行になりかねず、公私に厳格な明治天皇が首をたてには振らなかっただろう。

節子妃は、またも夫不在の青山御所で、未来の国母となる修養に努めなければならなかった。

十月十四日は九州北部への出発の日。嘉仁皇太子は午前六時五十分に青山御所を出門し、新橋駅で各皇族、政軍高官らの盛大な見送りを受け、汽車に乗った。(105)

しかし、『大正天皇実録』をみる限り、奉送の列の中に節子妃の姿はない。『貞明皇后実録』には、出発の記録そのものが残されていない。

そこに節子妃の、複雑な心境がうかがえる。

三十六

明治四十四年に内相兼鉄道院総裁となった原敬が、同年八月から九月の北海道行啓を終えて帰京した嘉仁皇太子と歓談した時の印象を、日記にこう書き残している。

「拝謁を許さるゝとの事に付参趨して拝謁したり、（中略）殿下例の如く椅子によるを許され且つ煙草《たばこ》など賜りて御物語あり、（中略）今日に始らぬ事ながら殿下は毎度御懇切に閣員等を遇せらるゝは恐懼《きょうく》の外なし……」(106)

大正七年から十年にかけて首相を務める原は、嘉仁皇太子を深く敬愛する政治家の一人だ。第一級の歴史資料でもある原の日記には、未来の天皇の気さくで人間味あふれる様子がしばしば登場する。

その気さくさが国民の前で初めて明らかになったのは、明治三十三年十月から十二月の九州北部巡啓だろう。十月十四日に東京・新橋駅を出発し、福岡、熊本、佐賀、長崎各県を巡ったときの様子は現地の新聞に詳しく報じられ、明治天皇とは異なる人徳を広く国民に印象づけた。

例えば十月二十一日、小倉から熊本へ汽車で移動する際、嘉仁皇太子は同乗した福岡県知事の深野一三からあいさつを受けると、「汝は煙草を好むや」と言って煙草を差し出し、深野を驚かせた。(107)この一言で緊張が和らぎ、車内は打ち解けた雰囲気になったという。

巡啓の様子は『大正天皇実録』にも詳述されている。

その中のエピソードの一つ――

十月二十八日、福岡の香椎宮《かしいぐう》を訪れたときのことだ。嘉仁皇太子は参拝後、周囲に次の予定を聞き、深野が「直に松茸《まったけ》狩に御供仕《つかまつ》る」と答えると、こう言った。

「松茸は珍らし、之を得なば両陛下に奉りたし、併《しか》しながら其の松茸は植え置きしものにあらざるか」[108]

どうせ〝やらせ〟だろうと、少しちゃかしてみせたのだ。深野も負けておらず、ユーモアたっぷりに「恐ながら御試験下させ給はりたし」と切り返す。

嘉仁皇太子は、「松茸の試験か」と言って、みんなで笑いあった。

それから一行が〝やらせ〟を楽しんだのは言うまでもない。《茸狩に興じ給ふ事一時、辛じて御予定の汽車に御搭乗、御機嫌麗しく御帰館あらせらる》と、『大正天皇実録』が書く。[109]

明治天皇ならば、やらせと分かっていても黙っていただろう。うっかり口にすれば関係者は恐懼し、その場が凍りつくことになる。気さくな皇太子ならではの一幕だ。

ほかにも巡啓中の記録からは、皇太子の魅力に随行者らがどんどん引きこまれていく様子がうかがえる。

巡啓の目的は健康と修学で、奉迎行事のない「御微行」とされたが、現地の国民は自主的に歓迎し、「沿道各地至ル所、文武高等官・諸学校男女生徒其ノ他一般人民ノ送迎甚夕盛ナリ」と、皇太子自身が日記に書いている。[110]

嘉仁皇太子は八幡製鉄所、三池炭鉱、三菱造船所、西南戦争の戦跡などを精力的に視察。後半に体調を崩したものの、見聞を広めて十二月三日に帰京した。

この間、節子妃は東京の青山御所で、一途《いちず》に夫の留守を守っている。日々伝えられる嘉仁皇太子の動向が、気になって仕方がなかったのではないか。

二人の心が一つになるのは、まだ時を経なければならない。

そんな節子妃に、待望の事実が告げられたのは、嘉仁皇太子が帰京した一週間後である。
十二月十日《東宮拝診御用男爵橋本綱常・侍医局長岡玄卿等をして拝診せしめらる。乃《すなわ》ち綱常等御妊娠と診断し奉り、此の旨を上申す》[111]

三十七

明治三十三年十二月十日、《御妊娠と診断》――。そのとき節子妃は、どんな気持ちだったか。

同月十五日、二カ月半にわたり不在だった嘉仁皇太子も帰邸し、いつにも増して笑い声の響く青山御所で、一般の帯祝いにあたる内御着帯が行われた。

帯を献上した帯親は、妻との間に四男一女をもうけた公爵の鷹司熙通《たかつかさひろみち》。帯をつける介添え役は嘉仁皇太子の生母、権典侍の柳原愛子である。[112]

午前十一時、寝室で新たな帯をつけた節子妃が嘉仁皇太子に伴われ、表御座所に姿を見せた。集まったのは兄の九条道実、姉の山階宮菊麿王妃範子、明治天皇の生母中山慶子、有栖川宮威仁親王、鷹司夫妻、侍医や東宮職幹部ら。

二人はそれぞれ祝賀を受けた後、男たちは表謁見所で嘉仁皇太子から立食をふるまわれ、女たちは奥の御内儀で節子妃を囲み会食した。[113]

肺病の疑いがあるとされた伏見宮禎子女王にかわり、「体質の丈夫と申す一点」により皇太子妃となった以上、世継ぎの御子《みこ》をもうけるのは、節子妃に課せられた最大の使命といっていい。

まだ性別不明ながら、結婚七カ月余りで身ごもり、内御着帯の祝宴にのぞんだ節子妃の喜びは一入《ひとしお》だっただろう。

もちろん不安もあった。なにせ初めての妊娠である。しかもこのあと、嘉仁皇太子とのすれ違いがますます顕著になってしまうのだ。

十二月三十日、嘉仁皇太子は避寒のため静岡県の沼津御用邸に、次いで神奈川県の葉山御用邸に行啓し、翌年二月一日まで戻らなかった。

日に日におなかが大きくなる節子妃は、結婚して初めて迎える年末年始を、夫不在の青山御所で過ごす。

一月十八日の歌御会始。節子妃は詠んだ。

かきりなき　君かちとせも　こもるらむ　竹のはやまに　ふれるはつ雪(114)

この和歌の中に、当時の心境が込められている。

妊娠の経過は良好だった。

九カ月目に入った三月九日、着帯の儀が行われる。白地に金の松鶴が描かれた一丈二尺

（約三・六メートル）の帯を鷹司熙通が奉じて参殿し、東宮大夫を通じて節子妃に渡された。御産所となる一室で、嘉仁皇太子が見守る中、柳原愛子の介添えで帯をまく。終わって嘉仁皇太子から節子妃に、末広（扇子）、白縮緬《ちりめん》、人形などが贈られた。(115)

着帯の儀は、現在に続く皇室行事だ。平成十八年九月に秋篠宮悠仁《ひさひと》さまがお生まれになった際には、その前月に天皇、皇后両陛下（当時）が贈られた長さ約四・五メートルの紅白の帯が紀子さまに届けられた。(116)

このとき帯親を務めたのは、くしくも節子妃が産んだ三笠宮崇仁親王（平成二十八年十月薨去《こうきょ》）である。

情緒不安定になるといわれる妊娠後期。節子妃の気持ちを和らげてくれる出来事があった。禎子女王の結婚である。

相手は美男で知られる旧土佐藩主家の山内豊景《とよかげ》。皇太子妃選考で内定を解消された禎子女王に心をひかれ、自ら結婚を望んだとされる。(117) またとない良縁を、節子妃が祝福したのは言うまでもない。

『貞明皇后実録』が書く。

四月六日《赤坂離宮御苑を御散策、満開の桜花を御覧あり、僊錦閣《せんきんかく》に於て午餐を召させらる。是の日、禎子女王、侯爵山内豊景に降嫁するを以て、（中略）女王に紅白縮緬各一疋を進ぜらる(118)》

一方、宮中ではこの頃、節子妃の出産をめぐり、重大な決定が下されていた。

三十八

嘉仁皇太子の指南役、有栖川宮威仁親王が宮中の重臣らを集め、東宮輔導顧問会議を開いたのは明治三十四年三月二十二日である。

議題は、節子妃の出産予定日が一カ月後に迫ったのをひかえ、生まれてくる皇孫を誰に預けるかだ。

天皇家の子女は、臣下の家で養育されるのが長年の慣行だ。明治天皇は公家の中山忠能のもとで、大正天皇も同じ中山家で育てられた。もっとも中山家は明治天皇の生母、中山慶子の実家であり、臣下とはいえ血縁は濃い(119)。

この前例に従うなら、節子妃の実家、九条家が適役だろう。だが、明治天皇は軍人などの手で厳しく育てたかったようで、候補に挙がった形跡はない。当初は、内親王が誕生した場合は節子妃が自ら育てるのがよいとする案もあったが、初の出産であり、東宮女官にも子育ての経験者がいないという理由で見送られた(120)。

養育責任者の候補に挙げられたのは、吉田松陰の盟友だった宮中顧問官の楫取《かとり》素彦（旧長州藩士）、西郷隆盛の弟で海相などを務めた西郷従道（旧薩摩藩士）、枢密顧問官の川村純義（同）——の三人。このうち二十二日の東宮輔導顧問会議で白羽の矢が立てられたのは、川村だった。[121]

川村は天保七（一八三六）年生まれの当時六十四歳。海軍卿（大臣）などを歴任し、勝海舟とともに帝国海軍の礎を築いた維新の功労者だ。妥協を知らない実直な人柄で、明治天皇の信任が厚かった。

なお、この日の会議のことは、『大正天皇実録』と『昭和天皇実録』には書かれているが、『貞明皇后実録』には記述がない。母となる節子妃の意思とは無関係に万事固められ、進められていったのだろう。

明治天皇の裁可を得た威仁親王は四月四日、神奈川県の葉山御用邸に嘉仁皇太子をたずね、了承を得た。二日後、嘉仁皇太子は川村を昼食に招き、こう言った。

「生まれてくる子を預かってほしい」

川村はきょとんとした。次女の花子によれば、最初は嘉仁皇太子が飼っている犬のことだと思ったという。[122]

しかし、国民が待望する皇孫のことだと分かり、川村は仰天した。

嘉仁皇太子が続けて言う。

「決して遠慮するに及ばぬ。川村の孫と思ひて万事育《やしな》へ」[123]

翌日、葉山御用邸から青山御所に戻った嘉仁皇太子は節子妃を誘い、《赤坂離宮御苑内僊《せん》錦閣《きんかく》に成らせられ、二桜花御覧……》と『貞明皇后実録』にある。[124]おそらくこの時、生まれてくる子は川村に託され、自ら育てることはできないと、説明したのではないか。満開の桜の下、それを節子妃はどう聞いただろう。

青山御所では出産に向けた準備が慌ただしくなっていた。

その様子は『昭和天皇実録』に詳しい。

四月一日《この日より産婆二名が御殿内に隔日交替にて宿直し、下女は詰切り勤務となる》

六日《この日より侍医相磯慥・同鈴木愛之助の二名は、隔日交替にて宿直を務める。十五日よりは産婆二名も加え毎日宿直となり、また臨時雇として元権命婦岩崎艶子が雇用される》[125]

そして四月二十九日の午後——。

節子妃は女官に付き添われ、青山御所の庭を歩いている。午前から軽い腹痛があったが、それが陣痛だとは思わなかった。しかし夕方、診察した侍医は言った。

「お産の兆しがあるようです」

御産所に入ったのは午後七時頃だ。皇孫を無事出産すれば、「御軽々」などと陰口されていた試練の日々も終わるかもしれない。このとき節子妃は、さらなる試練が待ち受けていようとは、露も知らなかった。

註

(1) 平成五年六月十日の産経新聞、読売新聞、朝日新聞各朝刊から

(2) 昭和三十四年四月十一日の産経新聞朝刊から

(3) 『皇后考』、『皇后の近代』から。美子皇后の一条家での名前は勝子《まさこ》で、入内直前の明治元年に美子と改名した

(4) 『貞明皇后実録』一巻二二頁から引用

(5) 儀仗《ぎじょう》警衛の隊列を整えた行幸啓《ぎょうこうけい》の列

(6) 明治三十三年五月十一日の読売新聞から

(7) 皇太子が儀式の際に着用する束帯装束

(8) 『貞明皇后実録』一巻二八頁から引用。典侍と掌侍は高等女官の官職

(9) 正式行事としての「パレード」ではなかったが、国民がともに祝うセレモニーとして以後の皇室の婚礼形式につながった（『昭憲皇太后・貞明皇后』から）

(10) 明治三十三年五月十日の東京日日新聞から

(11) パレードの様子は、同月十一日の東京日日新聞、東京朝日新聞、読売新聞から

(12)、(13)、(14) 新聞各紙はいずれも同月十一日付で、句読点は筆者。なお、記録性を重視し、文章表現は当時のまま

(15) 『貞明皇后実録』一巻三二頁から引用

(16)、(17) 同一巻二八～二九頁から引用

(18) 『ベルツの日記』上巻二〇五頁から引用

(19) 五月十一日付。原文は句読点なし

(20) 明治三十三年五月十～十一日の東京朝日新聞、東京日日新聞、読売新聞、『昭憲皇太后・貞明皇后』から。戦前の高等官は、国務大臣や陸海軍大将ら天皇が直接任命する形式の親任官、各省次官や中将、少将クラスの勅任官、三等出仕以下の奏任官――の三つに区分されていた

(21) 明治三十三年五月十一日の東京朝日新聞から引用。原文は句読点なし

(22) 「稿本三」から

(23) 『貞明皇后実録』一巻、五月十日の読売新聞から

(24) 主婦の友社編『貞明皇后』九六頁から引用

(25) 明治三十三年五月二十四日の国民新聞から引用。句読点は筆者

(26) 『貞明皇后実録』一巻から

(27) 旅行に同行した威仁親王は、皇太子の健康問題が解決に向かっているなどとして辞表を提出したが、威仁親王を信頼する明治天皇が許可せず、引き続き東宮輔導にとどまった（原武史『大正天皇』から）

(28) 明治三十三年五月二十六～二十八日の「典侍日記」（「稿本四」所収）から引用

(29) 皇儲紀略「桑野鋭手記」（同）から

(30)、(31) 同年五月二十八日、六月七日の「両長日記」(同)から引用
(32) 英照皇太后の崩御後、青山御所は「青山離宮」と改称され、仮東宮御所が置かれるが、一般には青山御所の名で親しまれた(高橋紘『人間 昭和天皇』上巻から)
(33) 座談会「御他界遊ばした皇太后さまを偲ぶ」(雑誌『婦人生活』昭和二十六年八月号所収)から
(34) 掻取は着物の正装で、一般の「打掛《うちかけ》」のこと。袿も貴族女性の正装で、重ねて着ることが多い
(35) 宮中における事実上最上位の女官
(36) 主婦の友社編『貞明皇后』から
(37)「稿本五」所収の「威仁親王行実資料」七巻から
(38)「稿本二」所収の「東宮御内儀監督へ御内沙汰書案」から引用
(39)「稿本三」から抜粋して引用
(40)『貞明皇后実録』一巻から
(41)「関係者談話聴取」所収の「松平信子談話」から引用
(42) 明治三十年二月六日の東京朝日新聞から
(43)『佐佐木高行日記』四〇七頁から引用
(44) 明治四十年一月六日の東京朝日新聞から
(45)「関係者談話聴取」所収の「鈴木孝子談話」から引用
(46) 同「甘露寺受長談話」から引用
(47) 主婦の友社編『貞明皇后』から
(48)、(49)『佐佐木高行日記』から
(50)、(51)「関係者談話聴取」所収の「山川一郎談話」から引用
(52)、(53) 山川三千子『女官』一三一、一三二頁から引用
(54)「関係者談話聴取」所収の「小原辰三談話」から引用
(55) 同「荒井恵談話」から引用
(56)、(57) 同「松平信子談話」から引用
(58)『昭憲皇太后・貞明皇后』二二八頁から引用。侍医の荒井恵も「(幸子から厳しく指導される)東宮妃をいつも庇《かば》ってくれたのは柳原一位局でした」と述懐している
(59)「関係者談話聴取」所収の「荒井恵談話」から引用。柳原愛子の位階は正二位だが、死去の当日付で従一位に追叙され、一位局とも呼ばれた
(60)『貞明皇后実録』一巻六〇頁から引用
(61) 同一巻六一頁から引用
(62) 御所言葉のあいさつは、〝こんにちは〟も〝さようなら〟も「ご機嫌よう」だった
(63)『昭憲皇太后・貞明皇后』から
(64)『女官』五三頁から引用
(65)『貞明皇后実録』一巻六〇頁から引用
(66) 節子妃は摘み草が好きで、晩年になっても女官

らとともに楽しんだ(「関係者談話聴取」所収の「藤間卯吉談話」から)

(67) エリザ・R・シドモア『シドモア日本紀行』一五七頁から引用

(68)『皇后の近代』から

(69) P・ロティ「秋の日本/観菊御宴」(村上菊一郎ら訳『世界教養選集』九巻所収)から引用

(70)「関係者談話聴取」所収の「関屋衣子談話」から引用

(71)『貞明皇后実録』一巻六五頁から引用

(72)『皇后考』から

(73)『佐佐木高行日記』四三五頁から引用

(74) 明治三十三年七月二十五日の「拝診録」(「稿本六」所収)から引用

(75)『昭憲皇太后・貞明皇后』から

(76) 工藤美代子『国母の気品』から

(77) 明治三十三年七月二十五日の「典侍日記」(「稿本六」所収)から引用

(78)『貞明皇后実録』一巻六六~六七頁から引用

(79)、(80) 小田部雄次『梨本宮伊都子妃の日記』三九~四〇頁から引用

(81)、(82) 原武史『大正天皇』から

(83) 主婦の友社編『貞明皇后』六三頁から引用

(84)、(85)『貞明皇后実録』一巻七〇~七一頁から引用

(86) 明治三十三年八月二十四日の東宮主事から東宮大夫あての電報(「稿本六」所収)から引用

(87) 道孝は当時、それほど重症ではなく、節子妃が帰京したのは嘉仁皇太子の行動に怒ったからだと推測する文献もあるが、「稿本六」所収の「中田直慈在職日誌」「桑野鋭手記」「典侍日記」「行啓録」によれば、病状は相当深刻だった

(88) 九条邸に道孝を見舞うまでの様子は、『貞明皇后実録』一巻、「稿本六」所収の「中田直慈在職日誌」「行啓録」「典侍日記」から

(89)『貞明皇后実録』一巻から

(90)『山階宮三代』下巻から。この言葉を道孝は、節子妃の六歳年長の姉で山階宮菊麿王に嫁いだ範子におくったが、節子姫にも同様のことを語り聞かせたとみられる

(91)「関係者談話聴取」所収の「小原辰三談話」から引用

(92) 主婦の友社編『貞明皇后』から

(93)『佐佐木高行日記』四四三頁から引用

(94)『梨本宮伊都子妃の日記』四三頁から引用

(95)『貞明皇后実録』一巻から

(96) 同一巻七三~七四頁から引用

(97) 節子妃が日光へ戻った経緯について『貞明皇后実録』では《公爵九条道孝の病気も次第に快方に向ひつつあるにより、再び日光へ行啓あるべき旨

皇太子より御内意ありたるを以てなり》としている

(98)、(99)『貞明皇后実録』一巻七七、七七～七八頁から引用。引用文中の「強飯の式」は、輪王寺で毎年行われる修験道の儀式

(100)同一巻から

(101)原武史『大正天皇』から

(102)明治天皇が避暑目的で東京を離れたのは、明治六年に箱根に行幸したのが最初で最後だったとされる

(103)河野正義編『明治天皇御一代記』七四八頁から引用

(104)『明治天皇紀』一〇巻から

(105)『大正天皇実録』二二巻から

(106)原奎一郎編『原敬日記』三巻一六八頁から引用

(107)原武史『大正天皇』から

(108)、(109)『大正天皇実録』二二巻五四～五五頁から引用。原文はカタカナ

(110)同二二巻六〇頁から引用

(111)『貞明皇后実録』一巻八九頁から引用

(112)、(113)『貞明皇后実録』一巻、宮内庁編『昭和天皇実録』一巻から

(114)『貞明皇后実録』二巻三頁から引用。原文はスペースなし。なお、同日の歌会始で詠進された嘉仁皇太子の和歌は「ふりつもる　まかきの竹の　しら雪に　世のさむけさを　おもひこそやれ」

(115)『昭和天皇実録』一巻から

(116)平成十八年八月二日の産経新聞朝刊から

(117)『皇太子婚約解消事件』から

(118)『貞明皇后実録』二巻九頁から引用

(119)中山忠能は明治天皇の外祖父にあたる。また、病弱だった嘉仁皇太子の養育などには中山慶子も深く関わった

(120)、(121)『昭和天皇実録』一巻から

(122)「関係者談話聴取」所収の「柳原花子談話」から。花子によれば川村は、「それ以前にも皇太子殿下がお留守の時はよく犬をお預りしましたので、この時も犬の事だらうなどと申して祗候した」という

(123)田中光顕監修『聖上御盛徳録』三六頁から引用

(124)『貞明皇后実録』二巻一〇頁から引用

(125)『昭和天皇実録』一巻六頁から引用

第四章　揺れる想い

三十九

世継ぎの御子《みこ》は、生まれてすぐに別室に運ばれ、産湯につかって泣き声を上げた。

「親王さまです」

小さな体を女官が抱き上げ、侍医が仰《の》け反《ぞ》り万歳を叫ぶ。急ぎ参殿した宮中高官らも代わる代わる男子であることを確認し、歓声がわき起こった。

御子は、その部屋の一段高くなったところに敷かれた、白羽二重の布団に寝かせられ、ひときわ大きな泣き声を上げた。

明治三十四（一九〇一）[1]年四月二十九日午後十時十分。万世を一系につなぐ皇孫男子、のちの昭和天皇の誕生である。

生命のありったけを込めて泣く声は、ふすまを隔てた産室に横たわる、節子《さだこ》妃の胸を震わせた。産気づいて三時間あまり。当時の新聞はこぞって「御安産」だったと報じている。

だが、その時の節子妃の、喜びの表情を伝える文献は意外に少ない。『貞明皇后実録』も淡々と事実を伝えるのみだ。

四月二十九日《午前より軽き御腹痛あり、午後内庭御運動の後、侍医相磯慥をして拝診せしめらる。尋《つ》いで午後五時頃東宮拝診御用男爵橋本綱常・侍医局長岡玄卿等をして更《さら》に拝診せしめたまひしところ、御産御催の気あるにより、七時頃御産所に入りたまひ、乃《すなわ》ち十時十分御分娩、第一皇孫男子誕生あり[2]》

御子は身長約五一センチ、体重約三〇〇〇グラム。「両手に捧げ奉つた時のお髪の真黒なる、見るからに気品の高い、玉の御姿でした」と、出産にかかわった看護婦が振り返る[3]。母となった節子妃は十六歳。男子出産という大任を果たし、安堵感に満たされていたことは疑いない。

その半面、さびしさも感じていたのではないか。

喜びを分かち合うべき人が、そばにいなかったからだ。

嘉仁皇太子はこの日、神奈川県の葉山御用邸にいた。『昭和天皇実録』によれば、《電報により御誕生の報を受けられ、即夜、東宮御内儀監督万里小路《までのこうじ》幸子を遣わされ守刀を賜う[4]》。

しかしすぐには上京せず、父子が対面するのは四日後である。

五月三日《午前七時二十分、皇太子は葉山御用邸を御出門、九時五十分新橋停車場に御着

車、直ちに御参内《さんだい》になり、天皇・皇后に御拝顔になる。十一時東宮御所に還啓され、親王に初めて御対面になる》(5)

出産後初めて、夫婦が顔を合わせたのもこの時だ。もっとも面会時間は長くなく、嘉仁皇太子は同日午後《四時三十五分新橋停車場を御発車、再び葉山御用邸に行啓される》(6)。

嘉仁皇太子はのちに、周囲がいさめるほどの子煩悩ぶりをみせるが、当時はまだ、父親としての実感がわかなかったのかもしれない。

一方、皇孫の誕生を手放しで喜んだのは明治天皇である。

東宮大夫の中山孝麿から報告を受けるや快哉《かいさい》を叫び、深夜に至るも薄暗い燭台のもと、欣々として盃を重ねた。(7)美子《はるこ》皇后（昭憲皇太后）も五月三日に青山御所を訪れ、皇孫の元気な様子に目を細めた。

何より国民は万々歳だ。吉報は翌朝の新聞号外や役場の公報で伝えられ、全国津々浦々、こぞって門前などに奉祝の国旗が掲げられた。

万感の思いを込め、都新聞が書く。

「辛丑《しんちゆう》の歳《とし》、四月二十九日の夜、皇太子妃殿下御分娩、親王御降誕あらせらる。此夜《このよ》月明らかに風清く、祥雲《しようろん》天に在りて瑞靄《ずいあい》地に洽《あま》ねし。安らけき夜来の眠覚《ねむりさ》めし帝都百万の士民、先づ祝賀の歓声を揚《あ》げ、四千万の同胞之に和して皇室萬歳《ばんざい》の声は大帝国の山河に反響せり」(8)

四十

明治三十四年五月五日《新誕の親王生後七日に当るを以て、命名の儀を行はせらる》(9)
奇《く》しくも端午の節句と重なったこの日、明治天皇は親王に「裕仁《ひろひと》」の名と「迪宮《みちのみや》」の称号を与えた。

各地の奉祝行事もこの日がピークだ。

新聞各紙は号外を出し、国民は門前に国旗を掲げ、帝都の夜空は花火に彩られた。皇居の豊明殿では祝宴が開かれ、皇族、公爵、閣僚ら高位高官が続々と参内。「宮中に於て初の萬歳」が唱えられたと当時の新聞が報じている。(10)

日本中が祝福の渦に包まれる中、節子妃は、床上げせず産室にいた。その胸に、待望の御子がしっかり抱かれている。

「裕仁」——

おそらくそう、何度もささやいてみただろう。裕仁の裕は易経の「益徳之裕也（益は徳の裕なり）」、迪宮の迪は書経の「恵迪吉従逆凶（迪《みち》に恵《したが》えば吉にして、逆に従えば凶なり）」などから採られた。

「よい名をつけていただきましたね」

御子はすやすや眠っている。

すでに書いた通り、間もなく裕仁親王は青山御所を離れ、養育担当の枢密顧問官、川村純義に預けられることが決まっていた。その日がくるまで、節子妃は裕仁親王を抱きしめ、自ら母乳で育てた。

腕の中で、日ごとに体重を増していく愛《いと》しの子――。

「(節子妃の裕仁親王への)御慈しみも一入《ひとしお》御深くあらせられ候ことなれば、御養育主任のかたへ御委任遊ばさる丶よりも、却て東宮御所内なる妃殿下の御許にて御育て申上る方然るべくやとの御詮議も内々あらせらる丶」と、五月十二日の東京日日新聞が書く。

わが子を手ばなしたくないという思いが周囲に漏れ、この記事につながったのだろうか。

節子妃の、内に秘めた切なる思いは、わずかだが叶《かな》えられた。裕仁親王を川村家に移す日が十日ほど延期されたのだ。

川村家では当初、牛乳で育てる方針だったが、節子妃の母乳による哺育経過が良好なため乳母を雇い入れることになり、準備に時間がかかったのである(11)。

それでも、その日が訪れないことはなかった。

天空に再会の星が輝く七夕の七月七日、《是の日、裕仁親王、枢密顧問官伯爵川村純義の邸に移居す》(12)。

節子妃自身、生後七日目で東京郊外の農家へ里子に出された。質素ながらも温《ぬく》もりのある環境で、伸び伸びと育ったからこそ今の自分がある。

裕仁親王を乗せた川村家の馬車が青山御所から離れていくのを、嘉仁皇太子とともに見送る節子妃は、これでいいんだと、自分に言い聞かせていたのかもしれない。

とはいえ、こみあげる悲しさは隠しきれなかったようだ。

その日から毎晩、青山御所に音楽家の幸田延《のぶ》が招かれ、節子妃との合奏会が開かれた。東宮主事などを務めた桑野鋭によれば、それは「迪宮ト別後ノ心ヲ慰セン為メ」だったという[13]。

東宮医務顧問のドイツ人医師、ベルツが日記に書く。

「このような幼い皇子を両親から引離して、他人の手に託するという、不自然で残酷な風習は、もう廃止されるものと期待していた。だめ！　お気の毒な東宮妃は、定めし泣きの涙で赤ちゃんを手離されたことだろう」[14]

一方、川村も節子妃の心情を、痛いほど分かっていた。実直な旧薩摩藩士は当時六十四歳。残りの人生のすべてをかけ、皇孫養育に打ち込んでいく。

四十一

「皇長孫御養育の重任に膺《あた》るものは、殿下が後日帝国に君臨して陛下と仰《あお》がれ給ふべきを理想として養育し奉るの覚悟なかるべからず。而《しか》して第一に祈念すべきは、心身共に健全なる発育を遂げさせ給はんことなり[15]」

裕仁親王の養育担当、枢密顧問官の川村純義が新聞紙上で公言した方針だ。

川村は、こうも語っている。

「人君たるものは御親子の愛情、御兄弟の友情、皆臣民の模範たらざるべからず。されば御父たる皇太子殿下、御母たる妃殿下が常に皇孫の御養育を監視し給ひ、御養育の任に当るものも常に両殿下の御側近くにて養育しまつるを勉めば、御親子の愛情愈々《いよいよこまや》濃かなるべく……[16]」

川村に裕仁親王を託したのは、正解だったようである。

川村の家は現在のロシア大使館の近くにあり、青山御所からさほど離れていない。母子別離から十一日後の明治三十四年七月十八日、早くも節子妃は《皇太子と倶《とも》に麻布区飯倉狸穴《まみあな》町（現港区麻布狸穴町）の伯爵川村純義の邸に成らせたまひ、裕仁親王に対面あらせらる》[17]。女官の日記によれば裕仁親王は元気いっぱいの「御よし〳〵さま」。節子妃は「御満足さま」だ[18]。

同月二十八日、嘉仁皇太子と節子妃が栃木県の日光田母沢御用邸に行啓し、長期滞在するようになると、川村も翌月八日、裕仁親王を連れて近くの日光御用邸に移ってきた[19]。

翌九日、《日光田母沢御用邸御滞在中の皇太子・同妃が御来邸になり、（裕仁）親王に御対面になる。この後、しばしば皇太子・同妃の御来邸あり》と、『昭和天皇実録』が書く[20]。

この頃の節子妃は、精神的に不安定な状態を脱していた。自身で育てられないとはいえ、往来できる距離に愛するわが子がいる。そして愛する夫も——。

それまで青山御所を留守にすることが多かった嘉仁皇太子だが、出産からほぼ一カ月後に節子妃が床上げしてからは、夫婦で行動することが目立って増えた。同年六月以降の『貞明皇后実録』には、何をするにも《皇太子と倶《とも》に……》の枕詞《まくらことば》がつく。

日光田母沢御用邸に滞在中も――

八月十二日《皇太子と倶に日光町を散策あらせらる》

十四日《皇太子と倶に表謁見所に於て干瓢《かんぴよう》製造の次第を御覧あり》

十五日《皇太子と倶に伯爵川村純義を晩餐《ばんさん》に陪せしめらる》

二十一日《皇太子と倶に散策あらせられ、御途次権典侍柳原愛子《なるこ》の旅館に御立寄》

二十四日《皇太子と倶に神橋より大谷川に沿ふて（景勝地の）含満淵迄《まで》御散策》

二十五日《皇太子と倶に人力車にて中宮祠に行啓あらせらる》

二十六日《夜に入りて皇太子と倶に御泊所近傍を散策あらせらる》(21)

――と、恋人同士のようである。

この間、女官の日記に「御二方様御機嫌よし」の言葉が並んだのは言うまでもない。(22)

とはいえ皇太子妃時代の節子妃は山あり谷ありだ。道に迷いながら、汗だくになって登りつめても、すぐに転がり落ちて傷だらけになってしまう。

この頃はいわば山頂付近。その先に深い谷があることを、節子妃はまだ知らない。

九月三日、裕仁親王が日光を離れ、飯倉狸穴町の川村邸に戻ると、節子妃も同月十五日、嘉仁皇太子と一緒に帰京し、しばらくは満ち足りた日を送る。

節子妃は、第二子を懐妊していた。

四十二

明治三十四年十二月十六日《客月来御妊娠の兆あり、侍医をして屡々《しばしば》拝診せしめられしが、本日重ねて東宮拝診御用男爵橋本綱常・侍医局長岡玄卿等をして診察せしめたまふ。乃《すなわ》ち綱常等御妊娠の旨を上申す》[23]

裕仁親王の誕生から一年も経《た》たずにもたらされた吉報。だが節子妃は、初産の時よりナーバスになっていた。

それより一カ月ほど前、六歳年長の姉で山階宮菊麿王に嫁いだ範子妃が、第三子を出産したのち薨去《こうきょ》したからだ。

山階宮家の文献によれば、利発で「はれ〲しくお賑《にぎ》やか」な姉だった[24]。菊麿王との間に二人の男子をもうけ、この年の十月三十一日に女児を出産。ところが胎盤離脱困難で出血し、高熱が続いた後の十一月十一日早朝、二十二歳で帰らぬ人となった。

節子妃は皇太子妃に内定後、宮中へ入る心構えを聞こうとしたのか、範子妃を何度も訪ねている[25]。結婚後もお互いに行き来し、女官らの批判に悩む中で唯一頼れる肉親だった。

その姉を失い、深い悲しみに暮れる節子妃――。山から谷への転落である。第二子を無事出産できるかどうか、不安にもなっただろう。

しかもこの時期、励ましてくれるはずの嘉仁皇太子と、再びすれ違いが多くなってしまう。嘉仁皇太子は十二月三十日から神奈川県の葉山御用邸に滞在。節子妃は年末年始を夫不在の青山御所で過ごす。明けて一月十五日は一般の帯祝いにあたる内御着帯だが、嘉仁皇太子は戻らなかった。(26)

もっとも、これは嘉仁皇太子の意思というより、指南役であった有栖川宮威仁《たけひと》親王の影響が大きい。威仁親王は嘉仁皇太子の健康維持のため、都会よりも田舎で生活させようとした。そうと分かっていても、節子妃には辛かったはずだ。嘉仁皇太子は一月二十四日に青山御所に戻るが、三日後に静岡県の沼津御用邸などへ行啓。二月二十三日に帰京したものの同月二十六日から再び葉山御用邸へ行くなど、ほとんど東京にいなかった。

四月五日からは一カ月半ほど青山御所におり、安産を願って五月十五日に行われた御着帯の儀に参加した。しかし五日後、今度は群馬県などへの地方巡啓で、またも節子妃のそばから離れてしまう。

五月二十日、嘉仁皇太子の出発を見送る節子妃は、「いつになく御名残を惜ませ玉ひ御涙さへ濺《そそ》がせ」たと、東宮主事などを務めた桑野鋭が書き残している。(27)

その日以来、節子妃は毎夜涙ぐむようになった。

そんな節子妃を心配したのは、明治天皇である。

『貞明皇后実録』が書く。

五月二十一日《侍従職幹事公爵岩倉具定《ともさだ》（青山御所に）参殿す。天皇、皇太子御不在中の

妃の御起居を案ぜられ、具定に随時（中略）参候すべき旨を命ぜられたるを以てなり。妃、天皇の思召《おぼしめし》を深く感銘したまふ[28]》

節子妃を慰めるため、意外な人物も青山御所を訪れた。

五月二十三日《華族女学校学監下田歌子を召させられて謁《えつ》を賜《たま》ひ、種々講話せしめらる。尚此《こ》の後、五月三十日、六月六日、同十三日にも同じく此のことあり[29]》

誰より節子妃を勇気づけてくれたのは、この人だろう。

六月二日、一歳になった裕仁親王が、養育担当の川村純義に抱かれてやって来たのだ。女官の日記によれば裕仁親王は「至極御機嫌御よし〳〵さま」で、「夫《それ》は〳〵御いとほさまに有らせら」れた[30]。

わが子の屈託ない笑顔に、どんなに癒やされたことか——。

六月二十五日午前七時三十分、自身の十八歳の誕生日に、節子妃は第二子の皇孫男子を無事出産した。

四十三

明治三十五年七月一日、第二皇孫男子の誕生七日目にあたり、明治天皇は雍仁《やすひと》の名と淳宮《あつのみや》の称号を与えた。のちの秩父宮である。

出生時の身長約五〇センチ、体重約三三〇〇グラム[31]。女官いわく「誠に御しつかりさま」

だ[32]。

雍仁親王はしばらく節子妃のもとで育てられ、同年十月十六日、裕仁親王と同じく養育担当の川村純義に預けられた。

このとき節子妃の、別離の悲しみを和らげてくれたのは、嘉仁皇太子である。

出産前後にはすれ違いもみられた二人だが、再びむつまじさを取り戻していた。

それまで夫不在の青山御所で過ごしていた年末年始も、翌三十六年の元日は《皇太子と倶《とも》に葉山御用邸に於て新年を迎へさせたまふ[33]》。

一月十八日からは沼津御用邸へ行啓し、翌十九日には夫婦で近くの名勝・鮎壺の滝を見学した。

節子妃は詠む。

いろ〳〵に　わかれておつる　たきつ瀬も　あへはひとつの　ながれなりけり[34]

皇太子妃としての公的活動が増えるのも、その前後からだ。

『貞明皇后実録』によれば、三十五年十一月八日にフランス、ドイツ、イタリア、清（中国）の特命全権公使を、同月十日はイギリス、オランダ、シャム（タイ）の特命全権公使を引見した。

同月十二日には美子皇后に付き従い、《初めて観菊会に臨ませらる[35]》。

節子妃が一般国民の前に姿をあらわし、皇太子妃としての公的活動にのぞんだのは、雍仁親王の出産から十一カ月後である。

三十六年五月二十六日《第五回内国勧業博覧会御覧の為、皇太子と倶に大阪地方に行啓あらせらる》(36)

初代内務卿、大久保利通の主導で始まった内国勧業博覧会は、殖産興業のための国家的事業だ。第一回(明治十年)から第三回(二十三年)までは東京で、第四回(二十八年)は京都で開催。第五回の大阪内国博は三十六年三月一日から七月三十一日までの期間中、計四百三十五万人の入場者でにぎわった。

農業館、水産館、工業館、機械館、美術館などのほか、台湾館や外国製品を陳列する参考館があり、中でもパノラマ世界一周館や不思議館など娯楽施設が人気を呼んだという(37)。富国強兵に突き進んでいた時代。産業発展を促す上で、国民統合のシンボルである皇室の役割は欠かせない。

嘉仁皇太子と節子妃は五月二十八、二十九、三十日の三回にわたり会場内の各館を視察。出品された冷蔵庫、自動ピアノ、オートバイなどを見て回り、その様子は新聞各紙で大きく報じられた。

二十八日の夜には、二人の来場に合わせてイルミネーションが点灯され、花火が打ち上げられた。翌日の大阪朝日新聞が書く。

「東宮には御煙草を召されつゝ、妃殿下に始終御物語あり、場内一面の電燈飾より、噴水塔の五彩燦爛《さんらん》たる水簾の美はしきを御指点遊ばし、軈《やが》ては両殿下御椅子を離れ玉ひ、いと楽しげに夜色の壮観をゆる〳〵御覧ぜさせられ、其間絶えず煙火《はなび》の興、軍楽の演奏を御慰みあり(38)」

理想的な夫婦像を、広く印象づけたといえるだろう。

だが、山あり谷ありは変わらない。

大阪内国博への行啓からほぼ三カ月後の八月二十五日、節子妃は《去る二十二日夕刻より御違例にて御仮床に就かせられしが、本日午後御流産あり、(中略)御流産物は二十八日豊島岡に埋納せらる(39)》。

一方、そのころ国家と国民も、大きな試練を迎えようとしていた。

日露戦争の勃発である。

四十四

原因は、ロシアの南下政策である。

明治二十七、二十八年の日清戦争後、ロシアは弱体化した清(中国)につけ込み、満洲を支配下におさめ、さらに南下して大韓帝国への影響力を強めた。

朝鮮半島がロシアの手に落ちれば日本の独立はおぼつかない。節子妃が第三子を流産した三十六年八月、伊藤博文ら政府高官は満韓交換論(40)を提起して戦争回避に努めるも、ロシアに一蹴され、開戦やむなしの声が朝野にみなぎった。

そして始まったのが、国家の命運をかけた日露戦争だ。三十七年二月十日、日本はロシアに宣戦布告した。

当時、世界最強の陸軍国といわれたロシアの国力は日本のおよそ十倍。しかもそれまで、近代戦で有色人種の国家が白人国家に独力で勝利した例はない。

だが、日本軍は強かった。

開戦劈頭《へきとう》、海軍が仁川沖海戦と旅順口攻撃で制海権を握ると、陸軍は黒木為楨《ためもと》率いる第一軍が朝鮮半島からロシア軍を駆逐し、奥保鞏《やすかた》指揮の第二軍が遼東半島に上陸して橋頭堡《きょうとうほ》を築いた。

世界各国の大方の予想を覆し、海に陸に連戦連勝である。

皇室も戦時体制だ。節子妃はこの間、負傷兵の支援活動に取り組んだ。

開戦から一週間足らずの二月十六日、早くも東宮武官を長崎の佐世保海軍病院に派遣し、こんな慰問の言葉を伝えている。

「皇国の軍に従ひて勇しき戦を為し、傷を被ふれりと聞く。[41]余寒未だ厳しき折から傷の難《かた》みも別《わ》きて想ひやらる。一日も速く健康の旧に復せむ事をいのる」

五月三十日には《出征陸海軍の負傷者に賜はんが為、本日より御手づから繃帯を巻かせらる。仍《よ》りて暫《しばら》く御日課御休学のことと定めらる[42]》。

節子妃の巻いた包帯は各地の陸海軍病院にたびたび届けられ、病院側では「病傷兵に対し

一回繃帯に使用したる後、之を洗濯して其病傷兵に付与し、記念として永く保存」させたという。(43)

一方、快進撃を続ける日本軍の前に立ちふさがったのが、ロシアの旅順要塞だ。この要塞がある限り、旅順港に引きこもるロシア太平洋艦隊の主力（旅順艦隊）を捕捉できない。そこで大本営は第三軍を編成。乃木希典を軍司令官とし、五万人超の大軍で攻め落とそうとした。

しかし、コンクリートで固めた近代要塞の防御力は、当時の日本人の想像を絶していた。乃木は八月十九〜二十四日に第一回総攻撃を、十月二十六〜十一月一日に第二回総攻撃を強行するも、空前の死傷者を出して失敗する。(44)

その頃、節子妃は妊娠していたが、それを喜ぶ余裕はない。東宮武官らも次々に出征し、一心に包帯を巻く日々である。

十二月五日、乃木の第三軍が旅順港を見下ろす二〇三高地を攻略。山頂に観測所を設置し、港内に停泊する旅順艦隊の各艦を次々に砲撃沈した。翌三十八年の元日、第三軍は旅順高峰の望台を占領。ついに要塞は陥落する。(45)

日本中が歓喜熱狂したのは、言うまでもない。新聞各紙は特大の号外を発行し、帝都の「家々は紅白又《また》は浅黄《あさぎ》と白の幔幕《まんまく》を張り、燦然《さんぜん》花の林に入るが如し」だったと、東京朝日新聞の記事も躍る。

二日後、新たな吉報がもたらされた。

一月三日《(節子妃は)早朝より御腹痛を覚えさせられたるを以て、侍医をして診察せしめたまひしが、夕刻に至り御産御催の徴明かとなりたるにより、午後六時頃御産所に入りたまひ、七時二十八分御分娩、第三皇孫男子誕生あり[46]》

明治天皇は皇孫に宣仁《のぶひと》の名と光宮《てるのみや》の称号を与えた。のちの高松宮である。

四十五

国家の命運をかけた日露戦争が勃発し、節子妃が宣仁親王を出産するまでの間、離れて暮らす裕仁親王と雍仁親王の環境も、大きく変わろうとしていた。

明治三十七年八月十二日、養育担当の枢密顧問官、川村純義が死去したのだ。裕仁親王三歳、雍仁親王二歳の夏である。

わずかとはいえ、幼少期を実直な川村の手で育てられたことは、両親王にとって幸いだったろう。川村は、両親王のわがまま気ままを許さず、次女の花子によれば「父は何かにつけて誠心の余り、随分無遠慮に、(両親王に対して)ご注意申上げていました」という[47]。

一方で川村は、「人君たるものは御親子の愛情、御兄弟の友情、皆臣民の模範たらざるべからず」として、家族愛を育むことも忘れていなかった。それは裕仁親王の性格に、着実に実を結んでいく。

花子が述懐する。

「（裕仁親王は）御幼少から御仁慈の徳がお備はりになり、どんな些細《ささい》なものでも、御弟君の淳宮様（雍仁親王）へお分かちになることをお忘れになりませんでした」(48)

何よりの変化は、嘉仁皇太子がすっかり子煩悩になっていたことだ。

両親王の出生時、ほとんど御産所に顔をみせなかった嘉仁皇太子だが、やがて機会を見つけては子供たちに会いに行き、一緒に遊ぶようになる。東宮侍従長の木戸孝正が「あまり繁々《しげしげ》と会うのはよろしくない」といさめたほどだ。(49)

嘉仁皇太子は、子供たちがかわいくて仕方がなかったのだろう。例えば連合艦隊司令長官の東郷平八郎があいさつに訪れた際、両親王の写真を与えて自慢したりした。両親王も父親になつき、ツクシやタンポポを摘んで渡しに行ったりする様子が、『昭和天皇実録』に記されている。

川村の死後、両親王は東宮侍従長の木戸を責任者として養育されることとなった。同じ屋根の下で暮らすわけではないが、両親王が起居する皇孫仮御殿と青山御所とは庭続きだ。節子妃は、この養育方針を喜んだに違いない。

もっとも出産前後の節子妃は、嘉仁皇太子のようには子供たちに会えなかった。両親王は十一月九日に川村邸を引き払った後、すぐには皇孫仮御殿に移らず、静岡県の沼津で避寒した。

母子が久しぶりに対面するのは翌三十八年三月、節子妃が宣仁親王を抱き、静養のため沼津御用邸に行啓したときである。

以後しばらく、節子妃と宣仁親王は嘉仁皇太子とともに沼津御用邸で、裕仁親王と雍仁親王は近くの川村別邸で過ごし、相互に行き来するようになった。

ふれ合いの様子は、『昭和天皇実録』に詳しい。

三月三十一日《（裕仁親王は）御庭の土堤上より往来を隔てて、皇太子妃と御対顔になる》

四月七日《（裕仁親王は）雍仁親王と共に海岸へお出ましになり、同所を御散歩中の皇太子妃とお過ごしになる[50]》

沼津滞在中、嘉仁皇太子の依頼で三人の親王を診察したドイツ人医師のベルツが、日記にこう書いている。

「まず最初、先日拝見したばかりの、一番末の皇子を見舞う。誕生後八十日にしては立派な体格、見事な発育で、お母さん似だ。上の二人の皇子は現在、ほぼ四歳と二歳半になるが、まことに可愛らしい。行儀のよい、優しくて快活な坊やである。長男の皇子は穏やかな音声と静かな挙止とで、非常に可愛らしく優しいところがある。次男の皇子はいっそうお母さん似で、すこぶる活発で元気だ。（中略）今では東宮一家は、日本の歴史の上で皇太子としては未曽有のことだが、西洋の意味でいう本当の幸福な家庭生活、すなわち親子一緒の生活を営んでおられる[51]」

青山御所に若葉が萌《も》える五月。帰京した節子妃と、皇孫仮御殿に移居した親王たちとの、新たな生活がはじまった。

四十六

「皇孫御殿は東宮御所と庭つゞきでしたから、御両親殿下は御散歩の度にお立寄りになつて、宮様方の御様子を御覧になつてゐられました……」[52]

裕仁親王と雍仁親王が皇孫仮御殿に移居して間もない明治三十八年五月、両親王の保母として雇われた鈴木孝子が、当時の様子をこう述懐する。

「……お立寄りの時は宮様方は口々に『おもうさま（お父様）』『おたたさま（お母様）』とお呼びして駆け寄られ、御手にすがりついてお迎へになるといふ有様で、このやうな情景は普通の家庭と全く異らないことでした」[53]

やがて宣仁親王も皇孫仮御殿に移ると、週二回、水曜日の夜は嘉仁皇太子と節子妃が御殿を訪れ、土曜日の夜は三親王が青山御所にやってきて、家族で食卓を囲むようになった。

夕食後は侍従や女官をまじえての団欒《だんらん》。節子妃のピアノ伴奏で嘉仁皇太子が軍歌などを歌い、やがて子供たちも歌詞を覚えて、みんなで合唱するというにぎやかさだ[54]。

雍仁親王が振り返る。

「食事が終わると、よく食堂のうしろのピアノのある室で合唱をした。母上がピアノを弾かれ、侍従、武官、女官に、父上も加わられて軍歌が多かったように思うが、唱歌もいろいろうたわれた。（中略）何しろ調子を無視して、蛮声をはりあげるのだから、真にやかましい、にぎやかなものだった。しかしこんな雰囲気は親子水入らずではないが、思い出しても楽しいものである」(55)

一方、日露戦争はクライマックスを迎えていた。

明治三十八年三月、満洲最古の都、奉天で日本軍二十四万、ロシア軍三十六万が激突。ロシア軍の堅陣に日本軍の進撃は阻まれるも、乃木希典率いる第三軍が満身創痍《そうい》になりながら前進したため、包囲されることを恐れたロシア満洲軍総司令官、アレクセイ・クロパトキンは退却を決断。日露戦争で最大の陸戦は日本軍の勝利に終わった。

海戦では同年五月、ロシアのバルト海から回航されたバルチック艦隊と東郷平八郎指揮の連合艦隊が日本海で激突。東郷は敵前大回頭の奇策と快速を生かした戦法で敵を圧倒し、バルチック艦隊の戦闘艦二十九隻のうち二十二隻を撃沈、自沈、捕獲して文字通り撃滅した。

陸の乃木と海の東郷。のちに裕仁親王の帝王教育に深く関わる名将の活躍で、戦争の雌雄は決した。アメリカの斡旋《あっせん》で日露講和のポーツマス条約が調印されたのは、九月五日である。(56)

翌月十九日《(節子妃は）皇太子と倶《とも》に御食堂に臨ませられ、平和克復の祝賀として東宮大夫侯爵中山孝麿・東宮侍従長侯爵木戸孝正・東宮武官長村木雅美以下詰合の東宮職高等官等に立食を賜う》(57)

なお、日露戦争がその後の国際情勢に及ぼした影響は計り知れない。近代戦で初めて、有色人種の国家が独力で白人国家を打ち破ったのだ。日本は一躍列強の仲間入りを果たしたほか、植民地だったアジア諸地域の人々にも、独立への希望と勇気を与えたとされる。

だが、膨大な死傷者が出たことに、未来の天皇となる嘉仁皇太子には、複雑な思いもあったようだ。あるとき戦利品をみて、こう詠んでいる。

武夫《もののふ》の　いのちにかへし　品なれば　うれしくもまた　悲しかりけり(58)

包帯を日夜巻いていた節子妃も、同じ思いだっただろう。

三人の親王の母となったいま、平和克復の喜びをかみしめたに違いない。

四十七

日露戦争の余韻が冷めない明治三十九年一月三日、突然の悲しみが節子妃を襲う。宣仁親王の満一歳の誕生日だったこの日、父の九条道孝が急死したのだ。

『貞明皇后実録』には、危篤の知らせを受けた節子妃が(59)《午後五時十五分御出門、其《そ》の邸に行啓あり、親しく御見舞あらせられ、六時頃還啓したまふ》とあるが、道孝はすでに息を引き取っており、臨終には間に合わなかった(60)。

厳格であり、幼少期にはほとんど顔を合わせなかった父である。しかし皇太子妃となった節子妃をかげで支え、励ましてくれた父でもあった。

享年六十六――。

白布をかけられた父の前に端座し、節子妃は静かに涙を落とした。

道孝は同月十二日、京都の東福寺に埋葬された。鎌倉時代の摂政、九条道家が建立した九条家の菩提寺《ぼだいじ》である。埋葬に伴い、節子妃の生母の野間幾子も、京都に移居して隠棲することになった。

四月二日、節子妃は幾子を葉山御用邸に招き、《白絹一疋及び金百円を下賜あり、更に特別の思召を以て白紋羽二重一疋其の他種々物を賜ふ[61]》。

側室の幾子は、九条家では「老女の身分」であり、節子妃をはじめ子供たちから母と呼ばれる間柄ではなかった[62]。それがどんなに切ないことか、自身も母となった今は分かる。

女官の日記によれば節子妃はこの日、幾子を「御運動へも御つれ被遊《あそばされ》」た[63]。道孝なきあとの母子二人、葉山御用邸の庭などを歩きながら、何を語り合っただろうか。

以後、幾子は浄操院と称し、最初は鴨川にかかる三条大橋の近くに、やがて道孝が眠る東福寺の境内に居を構えた[64]。節子妃は毎年二回、三百円を下賜して生活を支え、むしろ東京にいる頃よりも母の身を気遣った。

「御生母の浄操院様への御孝養はまことに真情こもつたものでした」と、侍医の西川義方は話す[65]。

道孝死去の喪が明けてから半年後の四十年六月、節子妃は京都へ行啓。関西在住の姉で大谷光瑞《こうずい》（伯爵・浄土真宗本願寺派二十二世門主）に嫁いだ籌子《かずこ》、妹で渋谷隆教（男爵・佛光寺二十八代門主）に嫁いだ篷子《とまこ》、そして浄操院幾子が見守る中、東福寺で道孝の墓参を果たした。

訃報は続く。

四十年十月四日《従一位中山慶子病気危篤の旨聞かせられ、（中略）皇太子と倶《とも》に其の邸に臨みて親しく御存問あり》

翌五日《慶子死去するに及び、東宮御内儀監督万里小路幸子を其の邸に遣して弔問せしめたまふ》(66)

中山慶子は明治天皇の生母で、嘉仁皇太子の実の祖母である。

病弱に生まれた嘉仁皇太子が実家の中山忠能《ただやす》邸に預けられた際、漢方医の浅田宗伯とともに不眠で看病に尽くしたことはすでに書いた通りだ。

慶子も節子妃と同様、幼少期は農家へ里子に出され、素朴な環境で育てられた。数え十七歳で宮中に出仕すると、そのたくましさが並みいる女官たちの中でも新鮮にうつり、孝明天皇の寵愛を受けたと伝えられる。(67)

そのせいか、節子妃とは馬が合ったようだ。曽孫にあたる裕仁親王が生まれてからは青山御所にたびたび参殿し、夕食を囲む様子が『貞明皇后実録』に書かれている。

享年七十一——。節子妃は、深く悼んだことだろう。

だが、谷底にとどまってはいられない。その頃の節子妃は公務が増え、皇后の名代を務めるようにもなっていた。

四十八

明治四十年十一月十九日《皇太子並に妃、天皇皇后の御名代として観菊会に臨みたまふ》[68]

観菊会は英王室のガーデンパーティーに倣って明治十三年秋にはじまった、天皇および皇后が主催する立食形式の宴である。元老、元帥、首相や各大臣、各国大公使らが夫婦で招待され、十四年春から開催の観桜会とともに、皇室による社交や外交の場として機能した[69]。美しい庭園で、日本の伝統美である菊花を観賞しながら、天皇と皇后にまみえる観菊会が外国人に与える印象は鮮烈だ。

例えば十八年の宴に招かれた仏海軍士官の作家、ピエール・ロティは、それまでの侮蔑的な日本観を改め、帰国後に観菊会の様子をパリの新聞紙上などに発表。その存在が広く海外に知られるようになった[70]。

節子妃が初めて観菊会に参加したのは三十五年。その時は終始、美子皇后に付き従っていればよかった。

だが、この日は違う。

明治天皇が茨城県に行幸中だったうえ、美子皇后が風邪をひき、当日になって名代を言い渡されたのだ。

大任である。しかし節子妃は、主役の座を難なく務め上げた。

午後二時十五分、青山御所を出門した馬車の列が赤坂離宮に到着する。降り立った嘉仁皇太子は陸軍少将の軍装、節子妃はビジティングドレスの洋装。華やかな衣服の各皇族妃、女官十数人を従え、紅葉の輝く庭園をゆっくり歩く。この日招待された内外の有識者ら三千百人余は、その優雅さに息をのんだ。

丹精込めて育てられた数千鉢の菊花を観賞したあとは、立食所へ入る。ここで各大臣夫妻、各国大公使夫妻らの拝謁を受けるのである。

嘉仁皇太子とともに外国要人と次々に握手を交わし、通訳を介して談笑する節子妃。その立ち居振る舞いは、未来の皇后としての風格を十分に備えていた[71]。翌日の読売新聞によれば、二人は「御気色麗はしく内外の臣民と共に玉盞《ぎょくさん》（盃）を傾けさせられ同三時還啓仰出されたり」。

ライフワークとなる養蚕を手がけたのもこの頃からだ。

明治から昭和初期にかけ、生糸は日本の輸出の七〇%から四〇%を占め、最大の外貨獲得手段だった[72]。生糸が売れなければ海外から機械や兵器を購入できず、養蚕の発展なくして日本の近代化は成り立たない。国家ぐるみの奨励策がとられ、その先頭に立ったのが歴代皇后である。

早くも美子皇后は明治四年、皇居内に養蚕所をつくって自ら育てた。六年の宮城火災などで中断したが、十二年からは英照皇太后が青山御所で養蚕を行い、崩御直前の二十九年まで続けている。

そして四十一年五月、節子妃が《本年より御養蚕を始めさせられ》、六月《御収穫の繭《まゆ》の繰糸を東京蚕業講習所に仰付けられ》る。(73)

節子妃は、華族女学校時代から養蚕に関心を抱いていた。皇太子妃になる前、こんな和歌を詠んでいる。

かきりなき　みくにのとみや　こもるらむ　しつかかふこの　まゆのうちにも(74)

皇太子妃となって七年余り、山と谷とを繰り返しつつ、三人の皇孫男子を出産した節子妃は当時二十三歳。皇后の名代を見事に果たすまでに成長したといえよう。

ただ、のちに元老からも恐れられるほどの威厳はまだみせていない。

気丈な国母となるには、さらに深い谷を越えなければならなかった。

註

(1) 皇孫誕生の様子は『昭和天皇実録』一巻、『聖上御盛徳録』から

(2) 『貞明皇后実録』二巻一〇～一一頁から引用。なお、当時の新聞は産気づいた時間について、節子妃が御産所に入った午後七時頃としている

(3) 『聖上御盛徳録』所収の「田中信子謹話」から引用

(4) 『昭和天皇実録』一巻二頁から引用

(5)、(6) 同一巻八頁から引用

(7) 『人間 昭和天皇』上巻から

(8) 明治三十四年五月一日の都新聞から引用。文中の「辛丑」は干支《えと》のひとつで、三十八番目の組み合わせ。暦では一九〇一年。「祥雲」はめでたい雲、「瑞靄」はめでたい靄《もや》で、ともに吉兆を示す

(9) 『貞明皇后実録』二巻一二頁から引用

(10) 明治三十四年五月六日の読売新聞掲載の「御命名式余聞」から。宮中ではそれまで、厳粛を保って万歳を唱えることはなかったという

(11) 『昭和天皇実録』一巻、明治三十四年六月十七、二十八日の読売新聞から

(12) 『貞明皇后実録』二巻一三頁から引用

(13) 「稿本一〇」所収の「桑野鋭手記」から引用

(14) 『ベルツの日記』上巻二三〇～二三一頁から引用（三十四年九月十六日）

(15)、(16) 明治三十四年五月五日の国民新聞から引用。句読点は筆者

(17) 『貞明皇后実録』二巻二五頁から引用

(18) 同年七月十八日の「典侍日記」（「稿本一〇」所収）から引用

(19) 日光御用邸は主に内親王が宿泊する施設だが、明治天皇は川村の願いを聞き入れ、皇孫の避暑先としても利用されることになった

(20) 『昭和天皇実録』一巻十八頁から引用

(21) 『貞明皇后実録』二巻三一～三五頁から引用

(22) 「稿本一一」所収の「典侍日記」から

(23) 『貞明皇后実録』二巻五二頁から引用

(24)、(25) 『山階宮三代』下巻から

(26) 『大正天皇実録』二五巻から。以下、御用邸への行啓日程なども同巻から

(27) 皇儲紀略「桑野鋭手記」（「稿本一四」所収）から引用

(28)、(29) 『貞明皇后実録』三巻一五～一六頁から引用。下田歌子は節子妃を励ますため、妊娠中に朝鮮半島へ出兵し、新羅などを日本の支配下においた神功皇后について講話したという

(30) 明治三十五年六月二日の典侍日記（「稿本一四」所収）から引用

(31) 鈴木昌鑑監修『秩父宮雍仁親王』から

（32）明治三十五年六月二十五日の典侍日記（「稿本二四」所収）から引用
（33）『貞明皇后実録』四巻一頁から引用
（34）同四巻五頁から引用。原文はスペースなし
（35）同三巻三七～三九頁から引用
（36）同四巻二八頁から引用
（37）国立国会図書館ホームページ掲載の「博覧会——近代技術の展示場」から
（38）句読点は筆者
（39）『貞明皇后実録』四巻四三頁から引用
（40）満洲でのロシアの優越権を認めさせる代わりに、朝鮮半島での日本の優越権を認めさせる構想
（41）「稿本二一」所収の「日露戦役録・皇太子妃殿下御詞」から引用。句読点は筆者
（42）『貞明皇后実録』五巻一八頁から引用
（43）明治三十七年九月二十二日の東京日日新聞から
（44）第一回総攻撃の死傷者は一万五千八百六十人、第二回総攻撃の死傷者は三千八百三十人に上った（参謀本部編『明治卅七八年日露戦史』から）
（45）旅順要塞攻略までの経緯は『明治卅七八年日露戦史』、長南政義編『日露戦争第三軍関係史料集』から
（46）『貞明皇后実録』六巻二頁から引用
（47）、（48）『聖上御盛徳録』所収の柳原花子回想録から引用
（49）明治三十八年二月二十二日の「木戸孝正日記」（宮内庁編『書陵部紀要　第五四号』所収）から
（50）『昭和天皇実録』一巻七八頁から引用
（51）『ベルツの日記』下巻三六六～六七頁から引用
（52）、（53）「関係者談話聴取」所収の「鈴木孝子談話」から引用
（54）主婦の友社編『貞明皇后』から
（55）『秩父宮雍仁親王』二九～三〇頁から引用
（56）日露戦争の経緯は参謀本部編『日本の戦史　日露戦争』下巻、海軍軍令部編『明治三十七八年海戦史』から
（57）『貞明皇后実録』六巻四〇頁から引用
（58）大正天皇御集刊行会編『大正天皇御集』一二頁から引用。原文はスペースなし。この和歌が詠まれた時期は不明だが、同御集には「明治時代」とあり、日露戦争の頃とみられる
（59）『貞明皇后実録』七巻三頁から引用
（60）「稿本二七」所収の「内事課日録」には、「九條公爵病気危篤（内実薨去《こうきょ》）ニ付……」と書かれている
（61）『貞明皇后実録』七巻一三頁から引用
（62）「関係者談話聴取」所収の「中島八千子談話」から
（63）四月二日の「典侍日記」（「稿本二七」所収）から引用

(64)「関係者談話聴取」所収の「森津倫雄談話」から
(65)同「西川義方談話」から引用
(66)『貞明皇后実録』八巻四〇～四一頁から引用
(67)松崎敏弥「孝明天皇の妻　中山慶子」(雑誌『歴史読本』平成十一年九月号所収)から
(68)『貞明皇后実録』八巻五一頁から引用
(69)、(70)川上寿代『事典　観桜会』から。なお、日中戦争の影響で観菊会は昭和十二年に、観桜会は同十三年に廃止されたが、戦後の二十八年に園遊会として事実上復活。天皇、皇后両陛下はじめ皇族の方々が各界の功労者らと親しく言葉を交わされる場として、現在に続いている
(71)観菊会の様子は同書、『貞明皇后実録』八巻、明治四十年十一月二十日の読売新聞から
(72)大日本蚕糸会ホームページから
(73)『貞明皇后実録』九巻三一、四一頁から引用
(74)早川卓郎編『貞明皇后』七一頁から引用。原文はスペースなし

第五章　皇后への道

四十九

天皇、皇后になる前の嘉仁《よしひと》皇太子と節子《さだこ》妃を語る上で、欠かせない人物がいる。英親王李垠《りぎん》――。五百年余の歴史をもつ朝鮮半島の王朝「李氏朝鮮」の王統につらなる、大韓帝国最後の皇太子だ。

李氏朝鮮が国号を大韓帝国に改めた一八九七（明治三十）年、初代皇帝の高宗（李氏朝鮮第二十六代国王）の第七皇男子に生まれた李垠は、その瞬間から数奇な運命を背負わされていた。

六歳のときに日露戦争が勃発。勝利した日本は韓国を保護国化するも、初代統監の伊藤博文は韓国宮廷が近代化を阻んでいるとみて、幼い李垠を日本へ留学させようとする。日本式の帝王教育で、ゆくゆくは日韓融和の主軸としたかったのだろう。

一九〇七（明治四十）年のハーグ密使事件[1]で高宗が退位すると、伊藤は第二代皇帝の純宗に李垠の留学を奏請した。しかし李垠の生母、厳妃が強く反対。「わが国の皇太子を人質にするつもりか」とする疑心は宮廷を越え、韓国内に広がった。[2]

この時、日韓両国の緊張緩和に一役買ったのは、嘉仁皇太子である。

韓国内の反発を和らげるため、伊藤がとった策は、李垠の留学に先立って嘉仁皇太子に訪韓してもらい、日本の誠意を示そうというものだった。躊躇《ちゅうちょ》する明治天皇を説得し、四十年十月、皇室史上初の皇太子外遊が実現する。[3]

一方、節子妃は心配だった。

抗日機運が高まっていた時期、万が一が起きないとも限らない。節子妃は《皇太子行啓中の御無事を祈念したまひ、（出発の日から）二十一日間賢所へ御祈願を籠めさせられ》たと、『貞明皇后実録』に記されている。[4]

懸念を払拭すべく、伊藤は陸海軍の大物を随員に加えた。前首相で陸軍大将の桂太郎と、日本海海戦の英雄、東郷平八郎だ。さらに第一艦隊の軍艦数隻が随航するという物々しさである。

こうした対応は軍事圧力として逆効果にもなりかねないが、それをカバーしたのは嘉仁皇太子の、持ち前の気さくさだろう。

嘉仁皇太子は五日間の韓国滞在中、純宗はもちろん、十歳になったばかりの李垠と親しく交際した。

例えば韓帝室の離宮・昌徳宮の庭園を李垠と散策した時のこと。記念写真を撮ろうということになり、日韓双方の随員が並んでいると、嘉仁皇太子が李垠の手をとって誘い出し、カメラを渡して言った。

「ここから（ファインダーを）のぞいてごらん。みんな逆さに見えるよ」

李垠がのぞくと、なるほど東郷も桂も、厳《いか》つい日本の将官たちが逆さに見える。

「ほらね」

嘉仁皇太子は明るく笑った。[5]

初対面でも和やかな雰囲気をつくるのは、嘉仁皇太子の〝特技〟の一つだ。韓国の宮廷は日本の皇室の誠意を受け止め、同年十二月、李垠は日本に留学する。

来日した李垠を嘉仁皇太子と節子妃が歓待したのは言うまでもない。

二人は十二月二十六日、李垠を青山御所に招いて晩餐会を開き、嘉仁皇太子は村田銃を、節子妃は活動写真機を贈ってもてなした。

明くる四十一年二月二十四日、李垠が葉山御用邸を訪れたときの様子が『貞明皇后実録』に記されている。

《韓国皇太子英親王垠参邸せるを以て、（節子妃は）皇太子と倶《とも》に御対面あり、尋《つ》いで同皇太子と午餐《ごさん》を会食あらせられ、（中略）畢《おわ》りて後、皇太子と倶に同皇太子を海岸に御誘引、御逍遙あり……[6]》

その日、節子妃は詠んだ。

へたてなく　たのしくかたり　給ふこそ　くにと〱の　すかたなるらめ[7]

家族ぐるみの親交は、その後もしばしば繰り返された。

同年五月十八日《韓国皇太子英親王垠参殿せるにより、（節子妃は）皇太子並びに裕仁・雍仁《やすひと》・宣仁《のぶひと》三親王と倶《とも》に対面あらせらる》

七月二十一日《韓国皇太子英親王垠、皇太子の午餐に召され参殿せるにより、御会食畢《おわ》れる後対面あらせられ、尋《つ》いで倶に撞球（ビリヤード）の御慰に興じたまふ》

同月二十八日《韓国皇太子英親王垠、同国皇帝より妃に御贈進の勲章捧呈の為、午前十時四十分参殿せるにより、皇太子と倶に御中殿に於いて御対面、勲章を受納あらせられ、直ちに御佩用《はいよう》の上御答詞あり……[8]》

四十一年中に節子妃と李垠が対面したのは、『貞明皇后実録』の記述だけでも六回に及ぶ。李垠は当時十歳。あどけなさを残す少年が、故国を離れて暮らす寂しさはどれほどだったか。嘉仁皇太子も節子妃もそれを察し、ことに嘉仁皇太子は兄弟のように接した。李垠と通訳を介さずに話そうと、自ら韓国語を学びはじめたほどだ[9]。留学を主導した伊藤博文の思惑通り、李垠が日本の皇室と親交を深めて韓国に戻れば、その後の日韓関係は変わったかもしれない。

だが、歴史は残酷だった。

一九〇九（明治四十二）年十月二十六日、満洲のハルビン駅に降り立った伊藤を、三発の凶弾が襲う。

その場で取り押さえられた犯人の名は安重根。伊藤は、自分を撃ったのが韓国人テロリストだと知り、「馬鹿な奴じゃ」の言葉を残して絶命した。[10]

韓国に理解のあった伊藤の死により、日本の統治政策は一気に武断色を強める。山県有朋らの主導で翌年、日韓併合条約が調印され、韓国は日本の一部となった。

大韓帝国は消滅し、李垠が皇帝となる道は完全に閉ざされたのである。

その後の李垠について触れておこう。

韓国皇太子の地位は失ったものの、李垠は日本で、皇族に準じる王族としての待遇を受け、学習院、陸軍幼年学校、同士官学校を経て帝国軍人となる。

二十二歳で結婚。その相手は、皇族随一の美女といわれた梨本宮伊都子《いつこ》妃の長女、方子《まさこ》女王だ。

「日鮮融和」を目的とする、究極の政略結婚――。方子は自分が婚約したことを、新聞報道で初めて知った。[11]

それまで方子は、裕仁親王の妃候補の一人だった。しかし李垠に会い、その寂しさを知るや、決然と心に誓う。

「政治などどうでもよい。あたたかい愛の家庭を育んでいこう」[12]

夫婦関係は円満で、李垠は陸軍中将へと順調に昇進した。

だが、先の大戦で日本が敗れたことにより、多くの皇族とともに特権を失う。李垠の本当の苦難は、ここからだった。

韓国初代大統領の李承晩は李垠に韓国籍を許さず、収入を失った一家は多額の負債を背負ってしまう。首相の吉田茂らが支援に乗り出すも生活は苦しかった。心労が重なったせいか、李垠は病に倒れた。

一九六一（昭和三十六）年に朴正熙軍事政権が発足し、朴のはからいで韓国への帰国が実現したのは六十三年の晩秋だ。明治四十年の来日以来、五十六年の歳月が経っていた。

李垠は、すでに寝たきりの状態だった。金浦空港からソウル聖母病院に直行。病室を一歩も出られないまま、七〇年に死去する。七十二歳だった。(13)

一方、方子は韓国に永住する。夫の遺志を継ぎ、当時の韓国で遅れていた障害者福祉に尽力。障害児のための施設「明暉園」や「慈恵学校」を設立し、「オモニ（母）」と慕われるまでになった。(14)

八九年に八十七歳で死去。その葬儀は韓国政府の支援の下、王朝葬列を再現して行われ、沿道を埋めた市民から「ウリナラ（わが国の）イ・バンジャ（李方子）王妃」の声が上がったという。(15)

五十

本筋に戻る。

大韓帝国最後の皇太子、英親王李垠が日本で留学生活を本格化させた明治四十一年、日本の皇太子一家も節目の春を迎えた。

七歳になる裕仁親王が、学習院初等科に入学したのだ。

それより前、青山御所と庭続きの皇孫仮御殿で暮らす裕仁、雍仁、宣仁三親王の生活環境は一変していた。三十七年八月から養育責任者を兼務していた東宮侍従長の木戸孝正が、体調不良を理由に一年余りで担当を外れ、それを機に、養育体制が見直されたのである。

新たに責任者（皇孫御養育掛長）となったのは、東宮侍従の丸尾錦作だ。

丸尾は嘉仁皇太子の少年時代、教育担当を務めた経験がある。その指導方法は厳しく、「頗《すこぶ》る硬骨を以て聞えた人」だった。(16)

当時の丸尾を知る、保母の鈴木孝子が述懐する。

「算術を御教へするに当つても御幼少時の大正天皇が御自身で問題をお解きになるまでは、たとへ泣き出されても決して答をお教へしないので、明治天皇の御生母の中山一位局《いちいのつぼね》（慶子）が見るに見かねて手心をしてもらふため、丸尾氏の御機嫌を取るのに苦労されたといふ逸話も残つている位です(17)」

皇孫御養育掛長に丸尾を推したのは、東宮大夫の中山孝麿だ。嘉仁皇太子の指南役だった有栖川宮威仁《たけひと》親王も賛同し、明治天皇の内諾を得た。

しかし嘉仁皇太子は即答せず、一週間ほど熟考したのち、ようやく同意したという(18)。まだ幼いわが子に、自分と同じような辛い思いをさせたくないと、逡巡《しゆんじゆん》したのではないか。

事実、丸尾は厳格に三親王を育てた。裕仁親王が庭遊びに夢中になり、帰りが遅くなると、「時間をお忘れになるとは何事です。うちへお入れしません」と叱りつけ、玄関に立ちふさがって通さないこともあった(19)。

一方、節子妃は三親王の養育に、どう関わったか。

侍従や女官らの回想によれば、嘉仁皇太子に比べ、子供たちと無邪気に遊ぶことは少なかったようである。その頃には皇后の名代も務めるようになっており、親子でふれ合うときも、皇太子妃としての立場を強く意識していたのだろう。

華族女学校の後輩、松平信子が語る。

「宮中の慣習や御身分上の拘束があるため、皇子様方に対して一般の母親の様に遊ばしたくても遊ばすことが出来ないのを飽き足りなく思召されたことも多かつたと存ぜられます(20)」

とはいえ三親王は甘えたい盛りだ。庭で節子妃を見かければ競って駆け寄り、おんぶをせがむこともあった。節子妃は、おんぶでもだっこでもしてあげたかったが、ぐっと我慢した。あるとき宣仁親王に、「友達はおたたさま（お母さま）におんぶしてもらってるのに、どうしておたたさまはおんぶしてくれないの」と聞かれ、返事につまることもあった(21)。

節子妃は詠む。

人のおやの　つとめなしえぬ　我身には　子らはくゝめる　人うらやまし(22)

そんな節子妃にとって、裕仁親王が学習院初等科に入学し、帝王教育の一歩を踏み出したことは、今後の母子関係を考えるうえでも大きな岐路となる。

当時の学習院長が、丸尾以上に厳格で、強烈な個性を放つ人物だったからだ。

難攻不落の旅順要塞を攻略した名将、乃木希典である。

この乃木のもとで早くも、節子妃の〝恩師〟が学習院から追放されるという事件が起きてしまう。

五十一

日露戦争の英雄、乃木希典が学習院の第十代院長になったのは、裕仁親王が入学する一年余り前の明治四十年一月である。

乃木を抜擢《ばつてき》したのは明治天皇その人だ。乃木は当初、「自分の任務ではない。恐懼《きようく》に堪へ無い」と周囲に漏らしたが、知人に「恐れ多くも陛下が御命じになつたのは、普通の教育をしろといふ意味ではあるまい。華冑《かちゆう》子弟の精神教育をしろと御命じになつたのであらう」と

諭され、俄然《がぜん》やる気を出した。(23)

以後、乃木は「華美柔弱の弊に流れている」と批判されていた学習院に、質実剛健の気風を持ち込もうと奮闘する。その際、最初に実施したのが当時の女学部長、下田歌子を追放することだった。

長く華族女学校の学監を務めた下田は、三十九年に同校が併合されて学習院女子部になると、トップの女学部長に就任。しかし、元老や政府高官らと親密な下田への批判や反発も根強く、その美貌と才能も災いして、しばしば醜聞にまみれた。

典型的な例が、四十年二月から四月にかけて平民新聞に連載された、「妖婦《ようふ》下田歌子」の暴露記事だろう。

二月二十三日の同紙が書く。

「彼女の一眄《べん》に悩殺され、彼女の掌裡に翻弄せられたる者抑《そ》も幾人ぞ。彼女を傷つけたる色魔狂は曰《いわ》く伊藤博文、井上馨、土方久元、山県有朋。彼女が玩《もてあそ》びたる情夫は曰く黒田長成、秋山定輔、望月小太郎、田中光顕、林田亀太郎、三島通良。多情を経とし、多恨を緯とする者は彼女の歴史也、生涯也……(24)」

この連載記事の狙いは、ときの権力者を手玉にとった下田を中傷するより、返す刀で伊藤博文らを失墜させる狙いがあったとされる。(25)内容も真偽不明の風聞が多かった。

が、潔癖症の乃木が顔をしかめたのは言うまでもない。

四十年十一月、乃木の強い意向で下田は女学部長を辞任した。

美子《はるこ》皇后（昭憲皇太后）に才能を見いだされ、宮中に深く出入りしていた下田は、節子妃にとって〝恩師〟といえる。二転三転の末に皇太子妃となったのも、選考過程で下田の助言が影響したことはすでに書いた通りだ。雍仁親王の出産直前、ナーバスになっていた節子妃をたびたび訪ね、神功皇后の話などで勇気づけてくれたのも下田だった。

名将乃木が妖婦下田を〝退治〟したことに世論は拍手喝采だが、節子妃は、複雑な思いだったのではないか。

下田を追放した乃木は翌四十一年、裕仁親王が初等科に入学するにあたり、強烈な個性で学習院を一変させる。

乃木は自ら寄宿舎に寝泊まりし、折に触れて訓示した。

一、口を結べ。口を開いて居るやうな人間は心にもしまりがない

一、眼のつけ方に注意せよ。始終きよろ〳〵して居るのは心の定まらない証拠である

一、決して贅沢をするな。贅沢ほど人を馬鹿にするものはない

一、洋服や靴は大きく作れ。恰好《かっこう》などはかまふな

一、寒い時は暑いと思ひ、暑い時は寒いと思へ

一、人力車には成るべく乗るな。家で人力車をよこしても乗らないで帰る位にせよ

一、男子は男子らしくなくてはいかん。弁当の風呂敷でも赤いのや美しい模様のあるのを

喜ぶやうでは駄目だ

一、恥を知れ。道にはづれたことをして、恥を知らないものは禽獣《きんじゅう》に劣る……(26)

華族の子弟が中心の学習院に持ち込まれた、乃木式の質実剛健教育。それは必ずしも、全校生徒の賛同をえられたわけではない。当時、学習院の一部生徒や卒業生らが文芸雑誌『白樺』を創刊し、のちに白樺派として文学界をリードするが、彼ら文学青年の多くは乃木に批判的だった。

白樺派の一人、長與善郎は戦後の自伝小説で、学習院には質実も剛健も結局根付かなかったとし、乃木を「いわば古武士の悲劇的ドン・キホーテ」と評している。(27)

だが一方、全身全霊で訓育に打ち込む乃木に、心底感化される生徒もいた。

裕仁親王である。

五十二

「ある日、（裕仁親王が）お帰りになって、『院長閣下が、着物の穴の開いてるのを着ちゃいけないが、つぎの当ったのを着るのはちっとも恥じゃない、とおっしゃるから、穴の開いてるのにつぎを当てろ』とおっしゃられて、私どもは穴のあいてる御洋服や靴下につぎを当てました(28)」

裕仁親王の保母だった鈴木孝子が、学習院初等科時代を振り返る。

「乃木さんが御機嫌伺いにお上がりになった時、(裕仁親王に)『今日、乃木大将が拝謁でございます』と申し上げますと、『いや、違う』『どういたしました?』『それは乃木大将じゃいけない、院長閣下と申し上げなきゃいけない』とおっしゃる。(中略)そのくらい尊敬を持っておいでになりました[29]」

裕仁親王は、入学当初は馬車で通学していたが、半年もすると歩いて通うようになる。教員の小松耕輔[30]によれば、消しゴムは豆粒くらいになるまで、鉛筆も一センチほどの短さまで使ったという。

いずれも第十代学習院長、乃木希典の影響である。

乃木式の質実剛健を実践し、その人間性にも日に日に感化されていく裕仁親王――。それを節子妃はどう受け止めたか。

自身も華族女学校時代に徒歩通学し、質素倹約で通しただけに、乃木の教育方針には賛同する点が多かっただろう。ただ、真偽不明の風聞で下田歌子を切り捨てたような一面には、微妙な感情を抱いていたとも考えられる。

のちに詳述するが、節子妃は裕仁親王の「お妃候補」選考などをめぐり、裕仁親王の教育担当者らと激しく対立する。

ところでこの時期、節子妃の活動範囲もぐんと広がるようになった。

明治四十二年五月二十九日には嘉仁皇太子とともに横須賀軍港へ行啓し、初めて軍艦に乗っている。

海相の斎藤実や海軍軍令部長の東郷平八郎らと会食した後、第一艦隊の戦艦敷島で《午後一時三十分御出港、軍艦日進・駆逐艦春雨以下を従へて観音崎方面に向はせられ、艦内御巡覧の後、戦闘準備及び水雷発射等各種の演習を御覧あり、三時四十分帰港あらせらる。（中略）艦内及び各種の操練を覧たまひて詩並に和歌の御作あり。左に其《そ》の御詩を掲ぐ(31)》

海色蒼茫大艦《かいしょくそうぼうだいこう》ニ上ル
始メテ看ル操練勇威揚《あが》リ
兵丁整々敵ニ臨ムガ如《ごと》シ
追思ス玄洋ノ旧戦場(32)

同年六月四日は初めて日本赤十字社の総会に出席。同月七日には貧困家庭のための医療法人・東京慈恵会に行啓した。いずれも美子皇后の「御誘引（お誘い）」だ。

日本赤十字社も東京慈恵会も、美子皇后が賜金を下して毎年総会に出席するなど、設立当初から手厚く支援してきた。美子皇后の寄付金で創設された国際赤十字の「昭憲皇太后基金」は世界で最も歴史の古い開発協力基金として知られ、海外からも高い評価を得ている(33)。

美子皇后は、自身の活動を節子妃に引きつがせようとしたのだろう。赤十字社への支援は美子皇后から節子妃、そして歴代皇后へとバトンタッチされ、現在は皇后さまが名誉総裁を務められている。

海外要人との交流も盛んだ。韓国皇太子の李垠《りぎん》をはじめ、四十二年にはオランダ公使夫妻（一月）、オーストリア・ハンガリー大使夫妻（四月）、スイス公使夫妻（六月）、アルゼンチン代理公使夫妻（十月）らと引見している。

明くる四十三年。結婚十年を迎えた節子妃は二十六歳。だがこの頃、心に深い傷を負っていた。

五十三

いかにせむ　あゝいかにせむ　くるしさの　やるせだになき　わが思ひ川

明治四十三年に節子妃が詠んだ和歌だ。

この年、こうも詠んでいる。

はてもなく　千ゞに思ひの　みだれては　わが身の程も　忘れつるかな

こしかたは　たゞ夢にして　行末の　空ながむれば　まづなみだなり(34)

一言一句からほとばしる、胸の痛みはどこからくるのか。

一万三千余首の和歌を収めた宮内庁書陵部編集の『貞明皇后御集』は、これらの和歌に「もの思ふころ」の小題をつけつつ、具体的な背景を記していない。節子妃自身、悩みの内容を周囲に明かさなかったのだろう。当時の心境や和歌にこめられた真意をめぐっては、歴史家らの間でも解釈が分かれている。(35)

ただ、結婚十年を迎えた節子妃が、健康を害するほど悩んでいたのは確かだ。『貞明皇后実録』によれば同年六月九日、美子皇后が節子妃を誘い、一緒に浜離宮を散策しているが、それは美子皇后が《妃の御体量減少の趣を聞かせられて深く之を案ぜら》れたからだった。(36)

心を千々に乱し、日に日にやせていく節子妃――。

考えられる悩みの一つは、女官との軋轢《あつれき》である。

それより前、宮中内部の事情に通じた内親王養育主任、佐佐木高行が三十六年三月十六日の日記に、気になることを書いている。

東宮大夫の斎藤桃太郎が華族女学校学監（当時）の下田歌子を訪ね、こう依頼したというのだ。

――節子妃は性格などが「何分御六ツケ敷《むずかしく》」、女官の申し上げることを聞き入れないので大変困っている。あなたの言うことなら節子妃も「御合点」するだろうから、女官とうまくやっていくよう、節子妃に話してくれないか――(37)

下田はこの依頼を佐佐木の娘の繁子に打ち明け、こう嘆息した。

――節子妃の性格にも問題はあるが、お付きの女官たちは「世上ノ空気」を少しも知らない。一方、節子妃は女学校にも通い、世情の「種々ノ模様ハ十分御通ジニ」なっているから、女官たちの申し上げることに随分お困りになって、聞き入れられないのだろう――[38]

このやりとりを佐佐木が日記に書いたのは、節子妃が第二子の雍仁親王を出産してから八カ月余りたった頃である。もはや節子妃は、女官から「御軽々」などと侮られる存在ではない。公務にも慣れ、貫禄もつき、そろそろ自分の意思で新しいことにも取り組みはじめた時期だ。

ところがその途端、古参の女官たちと衝突した。双方の軋轢が、そう簡単に解消したとは思えない。不協和音を奏でたまま、節子妃を悩ませ続けたのではないか。

かつて節子妃に批判的だった佐佐木も、このときは「下田ノ云如《いうごと》ク今日御附ノ女官ハ何モ分ラズ又何モ出来ズ所謂《いわゆる》昔流ノ人々ナレバ随分御思召ニ不被為叶《かなわせられず》……」と同情的だ。[39]

当時の東宮女官は御内儀監督の万里小路《までのこうじ》幸子をはじめ、「所謂昔流ノ人々」が大半だった。節子妃からみれば祖母の世代で、気軽に相談できる存在ではない。節子妃の孤独感は増すばかりである。

そんな心中を察したのか、四十三年十月二十六日、新たな人事が発令された。

「大使館二等書記官松平恒雄ノ妻信子、皇太子妃殿下ノ容儀等ニ関スル臨時御用ノ為、東宮職御用掛被仰付《おおせつけらる》……」[40]

松平信子は華族女学校時代の二年後輩。抜群の社交性の持ち主で、のちに「常磐会」[41]の会長を務める人物だ。

ここに節子妃は、生涯を通じての格好の話し相手を得る。

しかし……。

五十四

女官——。その生活空間は特異で、一般社会とは隔絶している。

宮中の「奥」[42]に出仕する女官は華族、京都士族、社寺家出身の未婚女性に限られ、一生の大半を皇居内で過ごす。外出の機会は少なく、恋愛はご法度だ。

伝統と格式はあるものの、現代の視点でみれば非人間的ともいえよう。それが抜本的に改まるのは、昭和天皇の登場を待たなければならない。

当時の奥の様子は、明治四十二年に出仕した女官、山川三千子の著書に詳しい。

女官には、尚侍《しょうじ》を筆頭に典侍《てんじ》、権典侍《ごんのてんじ》、掌侍《しょうじ》、権掌侍、命婦《みょうぶ》、権命婦の七階級があり[43]、その下に女嬬《にょじゅ》、権女嬬と呼ばれる判任女官、雑仕《ぞうし》や針女《しんめ》などの女中がいた。明治四十年代の女官は二十人余、判任女官は三十人余で、女官に仕える侍女も合わせると二百人余の規模になる。

天皇や皇后の身の回りの世話をし、神事と不可分の生活だけに、何をするにもまず手を洗う。言葉遣いも独特で、『おひる』は天皇などの「お目覚め」、『御格子《みこうし》』は「おやすみ」、『おとう』は「トイレ」、『しとね』は「座布団」……。

むろん皇居に比べると、青山御所の奥は規模がはるかに小さい。それでも節子妃につけられた女官の大半は英照皇太后時代からのベテランで、思考や行動様式はあまり変わらなかった。

「老女のめんどうな躾《しつ》けや、外出も思うにまかされぬので、田舎などの自由な環境に育った人にとっては、或いは修道院のような暗い感じがしたかも知れません」と、山川が書く。(44)

そんな世界の一端に入ってきたのが、華族女学校の後輩だった松平信子だ。身分は臨時の「東宮職御用掛」。一生奉公の女官ではないが、勤務中は一緒に行動することが多いので、その影響を受けないわけにはいかない。

松平は出仕早々、東宮御内儀監督の万里小路幸子から〝洗礼〟を受けた。ほんの少し髪が乱れていただけなのに、「局に行つて（整えて）来やせ」と、身のすくむ叱声である。(45)

あるとき、出勤すると節子妃は不在で、幸子と一緒に留守番をする羽目になってしまった。松平いわく「頗《すこぶ》る畏怖の思ひ」のする時間だ。暑かったので団扇《うちわ》をあおぐと、幸子にピシャリと言われた。

「団扇を使ひたいと思ふ様な心のゆとりがあつては、御用を充分に御勤めすることは出来ない」(46)

ここでは団扇も使えないのかと、仰天したことだろう。

「不器量な小さい御婆さんでしたが、紫の袿《うちき》を着て座りこんだ姿は、今思ひ出してもまことに厳然たるものでした」と、松平は振り返る。(47)

とはいえ松平は、少々しぼられてもへこたれず、節子妃との会話のネタにしてしまうような明るさがあった。

「今日も御内儀監督に叱られてしまいましたわ」

「何をしたの？」

「足がちょっと触れただけなのにお次《つぎ》（清浄でないもの）がどうのこうのと……。妃殿下はよく我慢しておられますね。私が同じ立場なら三日で逃げ出してしまうでしょう」

おそらく、こんな会話も交わされたのではないか。孤独感にさいなまれていた節子妃にとって、松平はうってつけの話し相手といえる。

それでも、節子妃の表情が晴れることはなかった。悩みの種がもう一つ、胸臆でくすぶっていたからだ。

嘉仁皇太子のことである。

五十五

裕仁、雍仁両親王の保母だった鈴木孝子には、皇后になる前の節子妃の、忘れられない光景がある。

節子妃が自ら果物の皮をむき、嘉仁皇太子に渡しているのを、偶然目にしたのだ。それは青山御所の日常の、ほんのささいな一コマだったが、鈴木の胸に強い印象として残った。

「その頃天皇（嘉仁皇太子）は『節子、々々』と御呼びになつて非常に御いたはりのやうに覗ひましたが、皇后（節子妃）も亦《また》よくお仕えになつてゐました……」(48)

明治四十年代の嘉仁皇太子が、利発な妻を深く愛し、頼りにしていたのは疑いない。ただ、鈴木は気付かなかったが、節子妃のほうは、夫を愛するがゆえの悩みを抱えていたようである。

思ったことを何でも口にし、行動する嘉仁皇太子の性格が、なかなか改まらなかったからだ。

例えば美子皇后付の女官だった山川三千子は出仕間もない頃、参内した嘉仁皇太子に火のついた葉巻を渡され、「退出するまでお前が持っていておくれ」といわれたことがある。まだ日の浅い女官が皇太子から声をかけられれば、たちまち嫉妬の目でみられ、あらぬ噂を立てられるのが当時の風潮だ。

山川は身のすくむ思いで、手にした葉巻の「紫になびく煙をうらめしく眺めておりました」と述懐する。(49)

皇太子付の女官もいたが、いずれもベテランの年長者ばかり。山川のような若い女官が珍しくもあったのだろう。即位して間もない頃にも、わざわざ用事を言いつけたりして山川を困惑させている。

あらぬ噂は、節子妃の耳にも入る。当然、穏やかではいられない。しかもこの頃、嘉仁皇太子をめぐっては軍部からも批判が漏れるようになっていた。

戦前の天皇は、言うまでもなく陸海軍の大元帥だ。嘉仁皇太子も明治四十年以降、従来の地方行啓に加え、軍事目的の行啓が増えるようになった。未来の大元帥としての資質を磨くためである。

ところが嘉仁皇太子は、軍務にはあまり身が入らなかったようだ。行啓でも、軍部高官と接するより民情を知ることに熱を入れている。勢い余って、軍事演習の合間に蕎麦屋《そば》へ立ち寄ったところを新聞に書かれたりもした(50)。

四十四年十一月に兵庫県で行われた第四師団と第一六師団の対抗演習では、休戦の間に近くに住んでいた学習院時代の旧友宅をふらりと訪れ、恐縮する旧友に――

「演習は（午前）九時からだから其の間遊びに来た」「お前は学校に居る時、俺と鬼ごっこの相手でないか、今は此処《ここ》に住んで何をしてゐるか」

――などと、いつもの気さくさでひとしきり話した後、「どうも騒がしたなア」といって帰っていった。

が、時計の針はすでに九時……(51)。

遅刻である。四十二年に三十歳となった嘉仁皇太子だが、こんな調子では国民の大半に慕われても、軍部の一部から批判が漏れるのも無理はない。

四十三年七月、東宮武官の千坂智次郎が海軍次官の財部彪《たけし》に、こう報告している。

「陸海軍ノ御用掛等ガ進講スル軍事上ノ事等ハ、恐レナガラ毫モ御会得アラセラル、ノ実ヲ見ル事ヲ得ザル……」(52)

こうした批判も、節子妃の耳に入る。悲しくもあり、もどかしくもあり、あるいは自分が責められているようにも感じたことだろう。

いかにせむ　あゝいかにせむ……

節子妃は嘉仁皇太子に、懸命に寄り添おうとしていた。

五十六

皇后の存在と役割は、ことに天皇が何らかの問題を抱えているとき、重要かつ甚大である。明治天皇とて、最初から絶大なカリスマがあったわけではない。西郷隆盛を慕う明治天皇は西南戦争の頃、気がふさいで政務がおろそかになり、乗馬と酒に気を紛らせることが多かった。(53)

憂慮した元勲の大久保利通、伊藤博文、元田永孚《ながざね》らは君臣一如のため、天皇と臣下が毎夜懇談し、週に一度は食事を共にする機会をつくった。

その際、同席して間をとりもったのが美子皇后だ。ときに議論を盛り上げ、意見が対立す

ると調停役に回り、両者の間に、やがて盤石となる絆を築いたのである。(54)

節子妃もまた、未来の天皇に寄り添おうと必死だった。

嘉仁皇太子が漢詩を好むため、自ら学んで詩作するようになったのも、その一端だろう。

明治四十年代の和歌には苦悩がにじむが、漢詩では君徳に関する題材が目立つ。

四十二年の紀元節、節子妃は詠んだ。

回顧ス二千六百年
聖明世世《しゆせい》守成全シ
鶯吟《おうぎん》紀元節ヲ祝フニ似タリ
晛睆《けいかん》卜来リテ鳴ク旭旆《きよくはい》ノ前(55)

――神武創業以来の二千六百年を顧みれば、歴代天皇が先代の事績を守り抜く（守成）ことで、わが国は成り立ってきた。いまや鶯《うぐいす》も紀元節を祝うかのように、日章旗（旭旆）の前で清らか（晛睆）に鳴いている――

漢詩によせて、嘉仁皇太子に自覚を促そうとしたのかもしれない。

一方、嘉仁皇太子はどこまでも陽気で、かつ楽天的だった。地方巡啓も相変わらず多く、まだ訪れたことのない県からは「次はぜひわが県に」と、知事が上京して請願するほどである。(56)

「行ってくるよ、節子」——

そう言って出発すると、しばらくは帰ってこない。寂しさを紛らわせようとしたのか、節子妃はこの頃、白い犬を飼って「みゆき」と名づけ、かわいがった。

四十三年九月、関西地方に行啓する嘉仁皇太子を見送った節子妃は、その夜どうしても眠れず、枕元で詠んだ。

いでましの　あとしづかなる　秋のよに　犬さへ早く　味寝《うまい》するかな[57]

そんな節子妃を、さらなる悲しみが襲う。四十四年一月二十七日、二歳年長の姉、大谷籌《かず》子《こ》が死去したのだ。

九条道孝の三女に生まれた籌子は、かつては節子妃とともに、皇太子妃候補に名を連ねたこともある。しかし伏見宮禎子《さちこ》女王の内定が有力となるや、籌子はわずか九歳で京都の西本願寺法主、大谷光瑞《こうずい》と婚約させられ、九条家を出て同寺に入山した。

十六歳で正式に光瑞と結婚すると、籌子は仏教婦人会の総帥として社会事業、ことに女子教育の発展に尽力する。欧州で孤児院などを調査し、その成果を日本で実践しようとしていた矢先に発病、二十八歳の若さで帰らぬ人となった[58]。

幼いときから離れて暮らす姉妹だが、年齢が近いこともあり、節子妃と籌子との精神的な結びつきは強い。

万感の思いを込め、節子妃は詠む。

ふりつみし　みゆきはいまだ　残れ共　はかなく消ゆる　つゆの玉の緒(59)

そして、二カ月後の四十四年三月二十七日、ついに節子妃は病に倒れる。高熱を発して腸チフスと診断され、神奈川県の葉山御用邸で三カ月以上におよぶ闘病生活を送ることになるのだ。

この大病が、節子妃の精神を劇的に変えることになる。

五十七

明治四十四年三月二十七日《（葉山御用邸に滞在中の節子妃は）数日前より稍《やや》御違例の気味にあらせられしが、本日俄《にわか》に御発熱、悪寒を覚えさせられたるにより、御仮床に就きたまふ。乃《すなわ》ち侍医片山芳林をして拝診せしめられしところ、御体温三十九度を超え、御脈拍百余を算し、爾後御体温三十九度乃至四十度を上下す……》(60)

右の『貞明皇后実録』には記されていないが、病に倒れたのは、嘉仁皇太子が長崎県の佐世保軍港での進水式に臨場するため、葉山御用邸を出発した日だった。節子妃は嘉仁皇太子を見送った後、高熱を発して寝込んだのである。

続けて実録が書く。

《……三十日侍医頭男爵岡玄卿をして拝診せしめられしが、翌三十一日に至り玄卿等更に拝診して腸窒扶斯《チフス》症と診断し奉る……》[61]

当時、腸チフスといえば生死にかかわる伝染病だ。明治四十年に東京市で感染した患者数は一千二十八人で、うち三割以上の三百五十五人が死亡している。[62]

節子妃は絶対安静とされ、侍医、女官、日本赤十字社派遣の看護婦が不眠で看病に努めた。四月初旬に危険な状態を脱したものの、同月下旬には《膀胱《ぼうこう》加答児《カタル》に加えて右側腎盂《じんう》炎御併発の為、御体温は依然昇騰あらせらるる》状態となる。[63]

宮中に激震が走った。

『大正天皇実録』によれば、佐世保に向かう軍艦で急報を受けた嘉仁皇太子は《頗《すこぶ》ル御憂《ゆう》戚《せき》》で、東宮大夫の村木雅美を即座に葉山御用邸へ派遣したほか、《草花鉢植七鉢ヲ賜ヘルヲ始メトシ、屢〃《しばしば》物ヲ賜ヒ、又御使ヲ遣シテ慰問アラセラル》[64]。

美子皇后は《妃の病状を案ぜられ、全快を祈願したまひ》、賢所の供米を二週間にわたり葉山御用邸に送り届けた。[65]

高熱にうなされること一カ月余り。病床で節子妃は、何を考えたことだろう。

人生初の大病。しかも二カ月前には姉の籌子が他界している。おそらく節子妃は、かつてないほど強く、「死」というものに向き合っていたのではないか。

こんなエピソードがある。

節子妃が「みゆき」という名の犬を飼っていたことはすでに書いた。そのみゆきが闘病中に、死んでしまったのだ。翌日、東宮職の属官が埋葬するため、近くの寺に頼みに行くと、住職が言った。

「白い犬なら昨夜きましたよ」

事実みゆきは真っ白な犬で、女官らは「きっと身代わりになったのだ」と、ささやき合ったという。(66)

こうした話はふだんなら聞き流しても、死と向き合っている時には深く胸に残る。もともと信仰心の篤かった節子妃は、愛犬の死に、何かを感じたに違いない。(67)

一方、皇太子妃となって十年余り、山あり谷ありの歳月を、ふり返ってもみたはずだ。

例えば女官のこと――。

軋轢はあっても、こうしていま、女官らは感染の恐れもいとわず自分に尽くしてくれている。一般社会と隔絶した特異な世界ではあるが、だからこそ時代の波に流されず、二千年に及ぶ皇統が維持されてきたのではないか。

そして嘉仁皇太子のこと――。

しばしば「軽率」と批判され、元老や軍部などから「天皇陛下を見習ってほしい」と苦言を呈されているが、嘉仁皇太子ならではの人間的な魅力を誰より理解し、支えなければならないのは、妃である自分ではないのか。

病床で節子妃は、「いかにせむ　あゝいかにせむ」と詠んだ苦悩の出口を、見つけようとしていた。

五十八

明治四十四年の晩春、青葉が茂る葉山御用邸の一室に、病身の節子妃が、やせた体を横たえている。

「ご機嫌よう、今日はいかがでございますか」

女官が声をかけ、節子妃の額に冷たいおしぼりをあてた。

「ありがとう。だいぶ楽になりました」

「それはそれは、ご安心さま……」

三月下旬に腸チフスに罹患《りかん》し、膀胱《ぼうこう》炎と腎盂《じんう》炎を併発して高熱にうなされた。ようやく体温が下がったのは五月初旬。しかし体力の衰えが激しく、しばらく起き上がることができないでいた。(68)

その間、病床で節子妃はひとり、苦悩の出口を見つけようとしている。

女官らの手厚い看病により、体力は徐々に回復した。五月三十一日には室内を歩けるようになり、六月九日には庭先にも出られるようになった。(69)

ちょうどその頃、東京から便りが届く。

――おたたさま日一日とおよろしくおなりあそばしてうれしうございます。もうおにはさき（お庭先）のごうんどうもあそばしますか、おしよくじもようめしあがりますか。私共はまいにちげんきよく学校にかよつてをりますからごあんしんくださいませ。（中略）おたたさま　ます〳〵お暑くなりますからなほ〳〵おだいじにあそばして一日も早くごぜんかいをいのります。

六月十日　　裕仁

御母上様――(70)

この春、裕仁親王は学習院初等科四年に、雍仁親王は三年に進級し、宣仁親王も入学した。三人の晴れの姿を間近で見られなかった節子妃は、手紙を何度も読み返したに違いない。六月十五日、節子妃は入浴して身を清め、寝室となっていた御座所や女官部屋などは数日かけて消毒された。すると、待ちかねたように嘉仁皇太子がやってきた。

以下、『貞明皇后実録』が書く。

六月二十二日《久々にて皇太子と御対面、歓談あらせられ、又皇太子より御見舞の品を拝領したまふ》

七月一日《御床払あらせらる》

二日《裕仁・雍仁・宣仁三親王参邸せるにより、久々にて御対面あり、尋《つ》いで午餐を倶《とも》にしたまふ。畢《おわ》りて倶にピアノ及び唱歌の御慰あり、又庭内を散策あらせられ、折しも葉山村村民の打揚ぐる御平癒奉祝の煙火（花火）に興じたまふ(71)》

さて、出口は見つかっただろうか――。

見つけたはずだ。

これまでの日々を振り返ってみよう。

十五歳で宮中に入った節子妃は、女官との関係や複雑なしきたりに迷い、嘉仁皇太子とのすれ違いに悩み続けた。

おそらく皇太子妃としての自分に、確信が持てなかったのではないか。

節子妃は四十二年末――

一すぢに　まことをもちて　つかへなば　神もよそには　いかで見まさむ(72)

――と詠んだが、そこには、一心に仕えれば神も見捨てはしまいという決意の半面、自分に対する自信のなさもうかがえる。

しかし、人生初の大病を乗り越えたことで、ようやく確信を持つに至ったようだ。

やがて生まれる第四皇男子の崇仁《たかひと》親王（三笠宮）が、のちに聞いたこととして語る。

「闘病のお陰ですっかり心の中もお変わりになって強くなられたと。それがその後のことに

も関係して、一番重要なことだったんじゃないでしょうか……」(73)

事実この後、節子妃はがらりと変わり、本来の気丈さをはばかることなく示すようになる。全快して青山御所に戻った節子妃は、力強く詠んだ。

限りなき　世をてらします　天津日の　光りにまさる　光あらめや(74)

天照大神（天津日）の光りにまさるものはない——と、皇室を支える揺るぎない信念がうかがえよう。

明くる四十五年、節子妃は二十八歳。皇后となる日が近づいていた。

註

(1) オランダのハーグで開催中の第二回万国平和会議に高宗が密使を派遣し、各国に日本の非を訴えようとした事件。伊藤は憤慨し、高宗に退位を迫った

(2)、(3) 李垠の日本留学までの経緯は李王垠伝記刊行会編『英親王李垠伝』、梅崎大夢『李王朝最後の皇太子・英親王李垠と伊藤博文』から。李垠は純宗の異母弟で、純宗の即位とともに皇太子となった

(4)『貞明皇后実録』八巻四二頁から引用

(5) 明治四十年十月二十四日の大阪朝日新聞から

(6)、(7)『貞明皇后実録』九巻一一、一二頁から引用。原文はスペースなし

(8)『貞明皇后実録』九巻三三、四二、四四頁から引用

(9) 原武史『大正天皇』から。嘉仁皇太子は天皇となってからも韓国語の勉強を続けたという

(10) 春畝《しゅんぽう》公追頌《ついしょう》会（金子堅太郎代表）編『伊藤博文伝』下巻から

(11)、(12) 李方子『歳月よ王朝よ』から

(13) 李垠のその後については『歳月よ王朝よ』、『英親王李垠伝』、小田部雄次『李方子』から

(14) 施設名の「明暉」は李垠の、「慈恵」は方子の雅号

(15) 平成二十一年四月二十七日の産経新聞コラム「から（韓）くに便り」から

(16)、(17)「関係者談話聴取」所収の「鈴木孝子談話」から引用

(18) 同談話から

(19) 甘露寺受長『背広の天皇』から。甘露寺によればのちに裕仁親王は、人と会うときなど「一分も早くなく、一分も遅くなく」を自らに律するようになるが、それは丸尾の影響もあったという

(20)「関係者談話聴取」所収の「松平信子談話」から引用

(21) 同談話から

(22) 宮内庁編『貞明皇后御集』上巻一五四頁から引用。明治四十三年の和歌

(23) 鹿野千代夫『乃木大将言行録』から。文中の「華冑《かちゅう》」は貴族や名門のこと

(24) 平民新聞の連載「妖婦下田歌子」の予告文から引用

(25) 前田愛「下田歌子 明治宮廷政治のヒロイン」（雑誌『思想の科学』昭和五十年九月号所収）から

(26)『乃木院長記念録』九一～九二頁から抜粋

(27) 長與善郎『わが心の遍歴』から

(28)、(29) 鈴木孝（子）「天皇・運命の誕生」（文藝春秋編『昭和天皇の時代』所収）から引用

(30) 小松耕輔講話「師を敬し御学友を愛し給ふ」（『聖

上御盛徳録』所収）から
（31）『貞明皇后実録』一〇巻三二～三三頁から引用
（32）同一〇巻三三頁から引用。原文は「海色蒼茫上大艖　始看操練勇威揚　兵丁整々如臨敵　追思玄洋旧戦場」。書き下し文は『貞明皇后　その御歌と御詩の世界』著者の西川泰彦氏による
（33）日本赤十字社ホームページから。昭憲皇太后基金は一九一二（明治四十五）年開催の第九回赤十字国際会議で、美子皇后が十万円（現在の三億五千万円相当）を寄付したことで創設され、これまでの配分実績は平成二十八年四月現在で計百六十三カ国・地域、計約十五億円に上る
（34）『貞明皇后御集』上巻一五四頁から引用。原文は濁点なし
（35）例えば『昭憲皇太后・貞明皇后』では「皇太子妃となった重責につぶされそうになった貞明皇后の内面」、『皇后考』では「節子以外の女性に興味を示す嘉仁の『御癖』がなおらないことにあったのではないか」と推測している
（36）『貞明皇后実録』十一巻三〇頁から引用
（37）、（38）「稿本一七」所収の「佐佐木高行日記」から。なお、この時のやり取りで斎藤が「（節子妃は）何分御六ケ敷御生質ナレバ甚タ困ル次第ナリ」と漏らしたことに対し、下田は「夫レハ分リタル事ニテ学校ニテモ随分御世話ヤケ申候就テハ御縁組被為在候前以テ宮内大臣同次官東宮大夫皇后大夫等御列座ニテ御下問ニ相成候間有様申上候事ナレバ皆々様十分御承知ト存候」と答えており、皇太子妃選考の際、下田が必ずしも節子姫を推薦していなかったことがうかがえる
（39）同「佐佐木高行日記」から引用
（40）「稿本四四」所収の「進退録」（明治四十三年十月二十六日付）から
（41）学習院女子中・高等科卒業生（前身の華族女学校を含む）でつくる同窓会
（42）宮中では天皇が公的活動を行う場所を「表」といい、天皇や皇后が日常生活を送る場所を「奥」と呼んだ
（43）明治以降、最高位の尚侍は任命された例がなく、実質六階級だった。また、華族出身者は権掌侍以上、士族出身者は命婦以下と、出仕の時に階級も決まっていた
（44）『女官』一三頁から引用
（45）、（46）、（47）「関係者談話聴取」所収の「松平信子談話」から引用
（48）同「鈴木孝子談話」から引用
（49）『女官』八一～八二頁から引用
（50）原武史『大正天皇』から。当時の蕎麦屋は風紀が乱れていたとされる
（51）明治四十四年十一月二十一日の大阪朝日新聞か

ら

(52) 坂野潤治ほか編『財部彪日記』上巻一一八頁から引用

(53)、(54)『皇后の近代』から

(55)『貞明皇后その御歌と御詩の世界』三三〇頁から。原文は「回顧二千六百年　聖明世世守成全　鶯吟似祝紀元節　晛睆来鳴旭旆前」。書き下し文は筆者

(56) 巡啓を待ち望む地方の声は強く、四十一年には北海道議会が招請を満場一致で決議。四十二年には富山、石川、福井三県の知事が上京して北陸巡啓を請願し、いずれも実現した

(57)『貞明皇后実録』一一巻四七頁から引用。原文は濁点なし。「味寝」はぐっすり寝ることで、原文はひらがな

(58) 高松茅村『本願寺裏方 大谷籌子』から

(59)『貞明皇后御集』上巻二六三頁から引用。原文は濁点なし

(60)、(61)『貞明皇后実録』一二巻五～六頁から引用。腸チフスと診断された後、宮内省では感染経路を調べたが分からず、「恐ラク御突発ノ御症」とされた（「稿本四五」所収の侍医頭・岡玄卿の報告から）

(62)『皇后考』から

(63)『貞明皇后実録』一二巻七頁から引用

(64)『大正天皇実録』四五巻二七～二八頁から引用

(65)『貞明皇后実録』一二巻から

(66)「関係者談話聴取」所収の「入谷恒子談話」から

(67) 節子妃は大正十三年、「みゆきと申たる犬の十三回忌にあたれは」と題して、「犬のこと　か丶るもあやし　奇〃しきは　われにかはれる　いのちなりけり」と詠んでいる（『貞明皇后御集』下巻四二頁から引用）

(68)、(69)『貞明皇后実録』一二巻から

(70)『昭和天皇実録』三巻一〇二～〇三頁から抜粋

(71)『貞明皇后実録』一二巻一一～一六頁から引用

(72)『貞明皇后御集』上巻一二〇頁から引用。原文は濁点なし

(73)『母宮貞明皇后とその時代』二四頁から引用

(74)『貞明皇后御集』上巻一八〇頁から引用。なお、明治四十三年の御歌には苦悩のにじむ和歌が多いが、四十四年は神仏について詠んだものが目立つ

第六章　即位と政変

五十九

その年の夏は、格別に暑かったと伝えられる。

明治四十五（一九一二）年七月十五日、皇居東溜の間で開かれた枢密院会議。日露の秘密協定をめぐる交渉経過を説明していた首相の西園寺《さいおんじ》公望《きんもち》は、途中で言葉を失った。

ふだんは端然として微動だにしない明治天皇が、頭を揺らして居眠りをはじめたからだ。

「陛下……」

はじめて目にする異変である。西園寺は狼狽《ろうばい》した。

明治天皇自身、はっと目覚めて驚いた。会議が終わり、侍医頭の岡玄卿が拝診した際、

「夜分の熱《ママ》さに、熟《よ》く眠れぬ」と漏らしたが、そう弁明するしかなかったのだろう。[1]

だが、異変の原因は、連夜の蒸し暑さではなかった。

『明治天皇紀』によれば、天皇は翌十六、十七日も公務につくが、《御歩行著しく緩慢》となり、十八日は《終日恍惚《こうこつ》として仮睡したまふ》状態となる。そして十九日の夕食時、「目がかすむようだ」といって椅子から立ち上がり、よろけるように倒れた。

《左右大に驚き、御仮床を御座の間に設けて扶臥したてまつる、侍医頭及び侍医森永友健報を得て至り、直に拝診するに、御体温四十度五分、御脈拍百四至、御呼吸三十八回を算し、既に昏睡《こんすい》の状態に陥りたまへり[2]》

翌朝、尿毒症と診断され、急ぎ参内した元老、閣僚、枢密顧問官らは《皆愕然《がくぜん》として色を失》った[3]。

「天皇御違例」の一報が青山御所に伝えられたのは、二十日の午後だ。節子《さだこ》妃は即日参内し、厚く見舞った。

このとき明治天皇は、まだ《御覚醒の際は御意識較々《やや》明瞭》の状態だった。しかし依然として三十九度を超える高熱で、いつもの超然とした姿ではない。

「きっとすぐによくなります。私も昨年は高熱にうなされましたが、こうして今、元気でおりますから……」

おそらく、そんな言葉もかけたことだろう。節子妃は《本日より七日間賢所に御平癒の祈願を籠《こ》めさせらる[4]》。

アジアの小国を強国となさしめた明治天皇は、当時は神のごとき存在である。二十一日に新聞各紙が「聖上陛下御重態」と報じると、皇居の二重橋前には連日数千の群衆が集まり、砂利の上で正座し、炎天の下でひたすら回復を祈った。(5)

一方、国民には神でも、節子妃にとっては慈父のような存在だ。一般にはうかがい知れない人間的な優しさにも接している。かつて嘉仁《よしひと》皇太子とのすれ違いに悩み、涙に暮れていたとき、誰より早く側近の侍従を派遣して気遣ってくれたのも、明治天皇だった。

節子妃は二十二、二十四、二十六、二十八日と参内。枕元で看病に努めた。憔悴《しょうすい》している美子《はるこ》皇后（昭憲皇太后）のそばにも寄り、慰め、励ました。

だが、祈りは届かなかった——。

明治天皇の病状は日に日に悪化し、二十八日の夜、《四肢已に厥冷し、時々全身に痙攣《けいれん》を発し、甚だ危険の状態に陥りたまふ》(6)。

以下、崩御までの様子を、『貞明皇后実録』はこう記している。

《（節子妃は）皇太子と倶《とも》に昨二十八日に引続き天皇の御褥側に侍し、一意御平癒を祈念あらせられたるも、御病状益々悪化し、午後八時頃より御危険愈々《いよいよ》加はり、十時に及びて御脈拍漸次微弱に陥りて御呼吸は刻々浅薄に赴きたまひ、遂に十時四十三分天皇崩御あらせらる。喪を秘すること二時間、三十日午前零時四十三分始めて之を発せらる》(7)

この日、節子妃は皇后となった。

六十

大正元年七月三十日《皇太子践祚《せんそ》あらせられ、祖宗の神器を継承したまふ。乃《すなわ》ち天皇、登極令の定むるところに従ひ、午前一時賢所に祭典を行はしめ、且践祚の旨を皇霊殿神殿に奉告せしめたまひ、同時宮中に於て剣璽《けんじ》渡《と》御《ぎょ》の儀を行はせらる。仍《よ》りて皇后は掌典宮地厳夫をして賢所皇霊殿神殿に代拝せしめたまふ》《是の日、天皇は皇室典範及び登極令に基き改元を行はせられ、枢密顧問の諮詢を経て大正と定めたまふ》[8]

明治天皇が崩御したのは二十九日午後十時四十三分。明治二十二年勅定の皇室典範に従えば、この瞬間をもって嘉仁皇太子は天皇、節子妃は皇后となる。だが、同日中に即位の儀式などを行うのは困難で、《喪を秘すること二時間》、三十日午前零時四十三分をもって崩御時間とした。

ときに大正天皇三十二歳、貞明皇后二十八歳。公務の内容も周囲の対応も、この瞬間から一変する。

翌三十一日は践祚後朝見の儀。即位した天皇がはじめて公式に元老や首相（現在は三権の長）らの拝謁を受ける儀式だ。

午前十時、皇居正殿に山県有朋をはじめ大山巖、松方正義、井上馨の四元老、首相の西園寺公望、海軍大将の東郷平八郎、そのほか政軍高官二百七十人余が整列する中、大正天皇が各皇族、王族、侍従長、侍従武官長を従えて現れ、玉座につく。続いて貞明皇后が各皇族妃、女官を従えて姿をみせ、玉座の隣席についた。政軍高官が一斉に頭を下げる。その頭上に大正天皇の、初の勅語が響いた。

「朕俄《にわか》ニ大喪ニ遭ヒ　哀痛極リ罔《な》シ　但《た》タ皇位一日モ曠《むなし》クスヘカラス（中略）朕今萬世一系ノ帝位ヲ践《ふ》ミ　統治ノ大権ヲ継承ス」(9)

明治天皇の大喪儀が行われたのは、九月十三日である。

霊柩《れいきゆう》を乗せた轜車《じしや》が五頭の牛に引かれ、午後八時に皇居を出発すると、陸軍の弔砲が帝都の夜空にこだまし、群衆の嗚咽《おえつ》が沿道をふるわせた。

大正天皇と貞明皇后は皇居で霊柩を見送った後、葬場殿が設置された青山練兵場へ先回りして霊柩を迎える。皇族、元老、閣僚ら高位高官、英皇族コンノート親王、独皇族ハインリヒ親王はじめ世界中から来日した各国使節団も参列した。

午後十一時十五分、葬場殿の儀が始まった。神饌と幣物が供えられ、祭官長の鷹司熙通《たかつかさひろみち》が祭詞を奏し、日付が変わった十四日午前零時二十分、大正天皇が拝礼して明治天皇をしのぶ御誄《おんるい》を奏す。

このとき、汽車も市電も一時停止し、全国民が皇居に向かって遥拝した。

霊柩はその後、汽車で京都に移送され、十五日午前七時、伏見桃山陵に埋葬された。(10)

歴代天皇の中で、大帝とも呼ばれるのは平安京を造営した桓武天皇と明治天皇のふたりである。偉業を成し遂げた大帝にふさわしい、荘厳な葬儀だった。

この間、皇太后となった美子皇后、すなわち昭憲皇太后が誰より悲しみに打ちひしがれていたのは言うまでもない。貞明皇后は十四日、《皇太后の御起居を案ぜられ、皇后宮女官吉見光子を宮城に遣して御機嫌を候せしめらる》[11]。

打ちひしがれた人物がもうひとりいる。裕仁親王が尊敬する学習院院長、乃木希典だ。乃木は大喪儀の夜、妻の静子とともに自刃した。

大帝崩御――。それは明治の文豪、夏目漱石が代表作『こゝろ』の中でつづったように、「明治の精神」の終焉であった。

同時にそれは、やがて大正ロマンと呼ばれる新しい精神が、大正天皇と貞明皇后の歩みとともに生み出されるスタートラインでもあった。

六十一

「(貞明皇后は)明治天皇に対しては御生前に色々とお教へ頂いたことを有難がつてゐられ、賜はつたお品は大変大事にしてゐられました。御命日に当る毎月の三十日には、天皇のお好きだつたものを旧女官からお聞きになつて、これを色々と御写真にお供へになられました」

(川上民枝)

「皇后になられた時、奥向《おくむき》の事は何もかも明治天皇の時と同じにする様にとのことで、お内儀祭もその通りにされました。（中略）明治の旧女官には『明治天皇の御家来だから』とて後々まで色々とよくして下さいました」[12]（入谷恒子）

いずれも貞明皇后に仕えた女官の回想だ。

雍仁《やすひと》親王も戦後にこう振り返る。

「皇后になられてからの母上は、宮中の伝統、特に明治天皇と昭憲皇太后の先例を正しく継承されることをつとめられたのであって、世の中の移り変わりに従って宮中の例を改めるということには、きわめて消極的であった」[13]

一方、大正天皇はどうだったか。

むろん明治天皇にならい、先例を大切にした。ただ、「何もかも明治天皇の時と同じに」とまでは考えなかったようだ。

大正元年十一月五日から七日、明治天皇の百日祭にあたり、大正天皇は貞明皇后と京都の伏見桃山陵へ行幸した。地方への行幸で、明治天皇が皇后と一緒に行動することはめったになかったが、貞明皇后を伴ったのは大正天皇の、新しい行幸スタイルといえる[14]。

京都への往路、随行した内相の原敬は、大正天皇と貞明皇后が乗る御料車に呼ばれ、「両陛下の御前に於て種々の御物語」をした。これも明治の御代《みよ》にはなかったことだ。御料車は天皇専用の車両で、随行の政府関係者は同乗しなかった[15]。

気さくな大正天皇ならではの変更だろう。原も日記に、「先帝の御時代には此くの如き事なし」と書いている。[16]

なお、翌年八、九月に栃木県の日光田母沢御用邸へ行幸した時も、大正天皇は原を御料車に呼び、「種々の御物語」をしている。原はアイスクリームをふるまわれ、貞明皇后からも「余及び内務省随行員に御菓子を賜はる」。感激した原は、その菓子を盛岡の母に送り届けた。[17]

大正の御代となり、天皇、皇后と臣下の距離はぐっと縮まったようだ。

最大の変化は、側室の廃止である。これは大正天皇より貞明皇后の意向が強い。

侍医の荒井恵が語る。

「貞明皇后は宮中の一夫一婦制を確立されるのに大変御苦労をなさつたと拝察します。（中略）天皇専属の女官もゐたわけですから、自然の勢に任せたならば明治時代の様になる可能性も十分あつたと思ひますが、皇后はその様にならないやうに気を配られました」[18]

もう一つ、以前は奥の住居部分に立ち入れなかった侍従が、のちに出入りするようになった点も大きい。

侍従の黒田長敬によれば、「それは皇后が天皇にお仕へすることが頗《すこぶ》る厳重でありまして、その御健康を少しづゝでも快方に向ふ様にと心掛けられるの余り、時には少し位天皇の御気に入らぬことでも申し上げ、（中略）又女官達も皇后から命ぜられてゐたらしく、天皇の御気に召さぬことも少なくなかつたので、自然日常に侍従をよく御使ひに」なったからだという。[19]

意図的ではないが、これも新しいスタイルといえなくもない。

ところで明治天皇が崩御した後も、大正天皇と貞明皇后は引き続き青山御所で暮らしていた。[20]ふたりが皇居に移居するのは大正二年七月、昭憲皇太后が青山御所に移るのと入れ替えである。

皇居の新生活はどんな様子だったか——。

六十二

明治宮殿——。明治二十一年十月に落成し、昭和二十年五月の空襲で焼失するまで、明治—大正—昭和の三代天皇が皇后とともに暮らした、皇室の中心施設である。

外観は和風、内装は洋風を加味した和洋折衷で、床面積五千八百五十五坪。公的活動を行う「表宮殿」と、住居部分の「奥宮殿」があり、廊下でつながっていた。[21]

ここに大正天皇と貞明皇后が移居したのは大正二年七月二十五日。新生活の一日を、女官や侍従らの回想をもとに再現してみると——

【午前六時半】皇居の朝は、宿直の女官の甲高い一声で始まる。「おひーる」。天皇陛下がお目覚め——という合図だ。洗顔と朝拝の後に朝食。大正天皇は食堂で、貞明皇后は自室で身支度をしながらとる。

【午前九時】大正天皇が表宮殿で公務につく。毎日三十人前後の拝謁者がおり、分刻みのスケジュールだ。貞明皇后も表宮殿に出るが、政治的なことには関わらない。大正天皇の執務中はいつも「皇后のお控へ所にて御座布団や御机もお用ひにならないで、絨毯の上に直かにお座りになつてゐられました」(権命婦《ごんのみようぶ》の川上民枝)。

【正午】大正天皇と貞明皇后が奥宮殿に戻り、一緒に昼食をとる。なお、朝夕は和食だが昼はフランス料理。これは「天皇が特にお好きだつたと云ふわけではなく、大膳(厨房)がフランス流のためです」(侍従の加藤泰通)。

【午後一時】大正天皇は再び公務。裁可を求める書類が次々に持ち込まれ、その一枚一枚に丹念に目を通す。残業することもしばしばあった。

【午後三時】乗馬や散策など運動時間。四時半に入浴し、賢所へ拝礼する。

【午後六時】夕食、そして団欒《だんらん》のひとときだ。食堂で大正天皇と貞明皇后が向き合い、侍従二人と女官一人が相伴にあずかる。話題をふりまくのは主に貞明皇后で、大正天皇は聞き役である。侍従がときどき割って入った。たとえば――

貞明皇后「男は誰でも御酒を少し位は飲まないといけません。家をつぶしては困りますが、道楽も少しはよいでせう」
侍従「私も少しその方を勉強いたしませう」
貞明皇后「いやお前はそれ以上やらなくてもよい(22)」

――和気藹々《あいあい》だったようである。

【午後九時】大正天皇は別室の玉突き所で、侍従らを相手にビリヤードを楽しむ。貞明皇后は同席せず、いわば自由時間だ。

【午後九時半】大正天皇が貞明皇后に送られ、寝所に入る。貞明皇后はいったん自室に下がり、着替えてから寝所へ。ただしすぐには眠らず、読み物や書き物をする。新聞を読むのもこのときで、隅から隅まで、広告にも目を通した。

大正天皇「三河屋のうなぎは、おいしいそうだよ」

貞明皇后「そのようですね」

就寝はいつも十二時近くだったという――(23)。

なお、明治四十四年の大病を乗り越えた貞明皇后は気丈そのもので、皇太子妃時代にみられた精神的な弱さはない。かつて軋轢《あつれき》のあった女官もしっかり掌握している様子が関係者談話などからもうかがえる。

一方、大正天皇の〝軽率〟ともみられる言動は、即位後も少し残っていたようだ。玉突き所で女官と追いかけっこのようなことをし、貞明皇后の目を気にした女官が役を替えてもらうこともあった。

その女官、椿こと坂東登女子《とめこ》が語る。

「皇后さまはかしこいお方さんであらしゃったですよ、九条家のお姫さんです。(お上《かみ》と)けんかなんかしたことないですね」(24)

大正天皇の生活をしっかり支える貞明皇后。だが、立ち入れない領域もあった――。

六十三

貞明皇后が立ち入れない領域――。それは、激動する政治情勢である。

話は明治天皇の崩御直後、大正元年七月三十日にさかのぼる。その夜、首相の西園寺公望は元老の山県有朋とともに、大正天皇のもとを訪れた。

「新帝となられた以上、政事(政治上の事柄)について十分ご注意いただかなければなりません」

西園寺はこの時、大正天皇の言動を〝軽率〟だとして、先帝を見習うよう、こまごまと苦言を呈した。

大正天皇はうなずいた。

「十分注意しよう」(25)

だが、西園寺と山県は心もとなかったようだ。侍従長の徳大寺実則《さねつね》を通じて昭憲皇太后にも「篤《とく》と新帝に御話下さる、様」求めている。

昭憲皇太后は首をふった。

「政事向きのことであれば（新帝に話すことは）できません。先帝は、皇后であっても政事に容喙《ようかい》してはならないと戒めておられました。先帝のお言葉を守りたいと思います」[26]

この姿勢を、貞明皇后も引き継がないわけにはいかない。宮中の「奥」、すなわち生活面では大正天皇を支えることができても、公的活動である「表」、とりわけ政治面には全く関与できなかった。

とはいえ、心配は募るばかりだ。当時の新聞表現を借りるなら、山県らが大正天皇に「自己に都合よきことのみ奏上し、而して聖明を壅塞《ようそく》したる」ことが[27]、しばしば見られたからである。

最たる例が側近人事。明治天皇の崩御を受け、内大臣を兼ねていた侍従長の徳大寺が退任することになった。その後任に山県らは、およそふさわしくない人物を据える。前首相の桂太郎である。

内大臣や侍従長は、政治的中立性が絶対条件である。本気で新帝を支えたいなら、政界を事実上引退している元老の大山巌か松方正義が適任といえよう[28]。ことに大山は日露戦争を勝利に導いた元満洲軍総司令官で、国民の人気も高い。

一方の桂は、首相復帰を狙っていることが誰の目にも明らかな野心家だ。

長州藩出身の当時六十四歳。藩閥を牛耳る山県の筆頭子分格で、この人事が明らかになるや各界から批判が巻き起こった。

大正天皇を敬愛する原敬が日記に書く。

「（桂の起用は）山県一派の陰謀にて枢府並に宮中を一切彼等の手に収めんとの企に出たること明かなり」(29)

もっとも当時の桂は山県から離れ、立憲政友会に接近したり新党結成を画策したりと、権謀術数を弄《ろう》していた。山県が桂を内大臣にしたのは、宮中に押し込めるためだったようである。(30)どちらにせよ、即位間もない大正天皇の立場を第一に考えての人事ではなかった。

山県から「新帝輔翼《ほよく》」の重要性を説かれ、大正元年八月二十一日に内大臣兼侍従長に就任した桂は、いったんは「一切の私情をなげうって新帝に奉仕しよう」と決意を固める。(31)大正天皇の日課や進講案を作成したり、皇太子となった裕仁親王の教育方針を検討したりと、しばらく宮中の職務に専念した。

だが、首相復帰の野望がむくむくと頭をもたげてくるのに、そう時間はかからなかった。十月二十三日、大正天皇は陸軍大将の肩書をもつ桂を、元帥に任命する沙汰を下す。ところが桂は辞退し、予備役に編入される道を選んだ。終身現役の元帥となれば、政治関与を禁じた軍人勅諭があるため、首相復帰が困難になるからだろう。

こうして、私欲を捨てて大正天皇を支える「表」の補佐役が不在なまま、政局が大きく揺れる。

大正政変である。

六十四

日本が藩閥政治から脱却し、より民主的な政治体制へ向かう発火点となった大正政変は、気さくな大正天皇の登場と無関係ではない。

かつて明治天皇を大黒柱とし、維新元勲の強力なリーダーシップで小国日本を強国となした藩閥政治だが、一部の元老らに権力が集中することに、国民の心は離反していた。大日本帝国憲法の施行から二十余年、政治的意識を深めた国民は、明治の終焉をきっかけに新たな体制を求めはじめる。

大正元年八月三日、東京朝日新聞は書いた。

「吾人は英邁《えいまい》なる新皇帝の勇断を以て新人物の活躍する新時代の一日も速かに来らんことを期待して止《や》まざる……」

だが、山県有朋や桂太郎らは国民世論に背を向け、自分たちに都合のよい君主像を押し付けることで、従来の体制を維持しようとする。

それが「閥族打破、憲政擁護」を求める爆発的な国民運動につながったのだ。

導火線に火がついたのは、同年十二月である。かねて陸軍は政府に二個師団増設を要求していたが、閣議で拒否されるや二日、陸相の上原勇作が単独で上奏し、大正天皇に辞表を提出した。

背後で、西園寺公望内閣の対外政策などに反発する山県と桂が動いていたのは疑いない。ことに桂は内大臣兼侍従長の立場にありながら、政府に圧力をかけるよう上原を焚《た》きつけた(32)。

大正天皇は驚いた。上原の辞表を受理せず、西園寺を呼んだ。

「どうなっているのだ」

西園寺は恐懼《きょうく》して事情を説明し、退室後、陸軍に絶大な発言力を持つ山県のもとへ向かった。

「後任の陸相を推薦していただきたい」

山県は冷たく突き放す。

「引受ける者はいないだろう(33)」

当時は軍部大臣現役武官制があり、陸軍から後任を得られなければ内閣は維持できない。ただし山県は、倒閣までは考えていなかった。西園寺を揺さぶり、政策変更を迫ろうとしたのである。

一方の西園寺は、山県の言いなりになってまで首相を続けようとは思わなかった。四日に閣議を開いて辞表をとりまとめ、五日、大正天皇に提出した。

この展開にほくそ笑んだのは、桂である。内大臣として後任首相の下問を受けた桂は、慣例に従い元老会議を招集した。

頭を抱えたのは山県だ。まさか西園寺があっさり政権を投げ出すとは思わず、次の策を用意していなかった。西園寺を総裁とする立憲政友会が激しく反発しており、誰を後任にしても潰されるのは目に見えている。

唯一、乗り切れるとすれば権謀術数に長《た》けた桂だが、わずか四カ月前、内大臣にして宮中に押し込めた自分から言い出すわけにはいかない。

半ばやけっぱちで言った。

「やむをえん、わしが立とう」

桂は、この瞬間を待っていた。

「老体の先輩をしてこの難局に当らしむことはできません。自分がやりましょう」

「そうしてくれるか……[34]」

桂、してやったりである。

しかし……。

桂の出馬が明らかになった十六日、東京・日本橋の明治座で開かれた政友会の演説会は、四千人を超える聴衆の熱気、いや殺気にあふれた。

東京日日新聞が書く。

「（政友会系の弁士が元老らによる倒閣の陰謀を批判すると）聴衆激昂《げきこう》、逆賊を殺せ、桂、山県を倒せと叫び殺気満場に漲《みなぎ》る[35]」

轟々《ごうごう》たる世論の反発。

それを桂は、大正天皇の権威をかりて強引に乗り切ろうとする。

六十五

確かな日付は分からない。大正元年十二月十四日か、十五日だろう。内大臣兼侍従長の桂太郎が参内し、大正天皇に言った。

「陛下からご下問のありました後任首相でございますが、元老会議で協議したところ、この私に出馬せよとの結論に至りました……」

大正天皇は黙っている。桂は続けた。

「……しかしながら私は、四カ月ほど前に常侍輔弼《じょうじほひつ》(36)の大命を受けた身。首相となることはできません……」

「どうしようというのだ」

「……恐れながら、私の首相復帰をお許しになる勅語をたまわりたく、お願い申し上げます」

大正天皇は苦悩しただろう。西園寺公望内閣の退陣をめぐり、桂や山県有朋らに対する世論の批判が日増しに高まっていたからだ。しかし立憲君主である以上、元老会議の決定と内大臣の進言をはねつける選択肢はなかった。

十七日、大正天皇は桂に、勅語を与えた。

「朕登極ノ初メニ当リ　卿カ多年ノ忠亮ニ倚信シ常侍輔弼ノ任ニ膺《あた》ラシム　然ルニ今ヤ時局

ニ鑑ミ　更ニ卿ヲシテ輔国ノ重任ニ就カシメンコトヲ惟《おも》フ　卿克《よ》ク朕カ意ヲ体シ奨順匡救ノ誠ヲ尽セ[37]」

組閣を命じる大命降下は通常、元老会議の結果を後任候補に伝えるだけだ。任命責任を天皇に負わせないためである。ところが桂はこの時、勅語に天皇の意思（優詔）を含ませることで、内大臣辞任と首相復帰を正当化しようとした。

この勅語により、大手を振って組閣に乗り出した桂の前に、まず立ちふさがったのは海軍である。

桂は西園寺内閣の海相を留任させようとしたが、西園寺内閣と連携していた海軍は首を振った。海軍から海相を得られなければ組閣を断念するよりない。

そこで桂は、またも天皇の権威にすがろうとする。元老会議を通じ、海相の留任を求める勅語を発してもらったのだ。

だが、今も昔も、特定勢力に皇室が利用されることを国民は最も嫌う。桂の策略は、結果的に逆効果だった。

十九日、東京・木挽《こびき》町の歌舞伎座で当時の二大政党である立憲政友会、立憲国民党の有志議員らによる憲政擁護連合大会が開かれ、約三千人の参加者が「閥族政治を根絶し以て憲政を擁護せん」とする決議案を万雷の拍手で可決。のちに〝憲政の神様〟とうたわれる政治家二人が舌鋒鋭く桂を攻撃した。

尾崎行雄「畏《おそれ》多くも大詔を奏請し、以て自ら宮中を出づるの辞柄《じへい》となし、袞竜《こんりゅう》の袖に隠れたり、之れ皇室をして攻撃の矢面に立たしめんとするものに非らずや――」

犬養毅「今や憲政の始めて行はるべき端緒なりと信ず、（中略）真に憲政を思ふ者を結束して起たば藩閥何かあらんや――[38]」

それでも桂は懲りなかった。二十一日に組閣し（第三次桂内閣）、明くる大正二年一月、みたび詔勅に頼って議会を停会。批判の沈静化を図ろうとした。

ますます逆効果である。

停会期限の切れた二月五日、衆院本会議で桂は、いきなり内閣不信任案を突きつけられる。尾崎行雄が議会史に残る名演説をしたのもこの時だ。

「（桂や山県らは）常に玉座の蔭に隠れて、政敵を狙撃するが如き挙動を執って居るのである、彼等は玉座を以て胸壁となし、詔勅を以て弾丸に代へて政敵を倒さんとするものではないか[39]」

議場に響く拍手の嵐。さすがの桂も青ざめた。といって、やれることは一つしかない。不信任案の可決が避けられないとみるや、ただちに停会の詔勅を求めた。

この悪あがきに、今度は国民が黙っていなかった。

六十六

大正二年二月十日、国会は数万の群衆に囲まれた。大正天皇の勅語を再三利用し、議会を二度も停会させて権力の座に居座る首相、桂太郎に対する国民の憤慨が、最高潮に達していたのだ。

停会期限が切れ、桂内閣の不信任案が可決されるはずだったこの日、国会を取り囲む群衆は、内閣総辞職か議会解散か、後者ならば「閥族打破、憲政擁護」の雄叫《おたけ》びを上げようと構えていた。だが、伝えられた一報は何と「議会復々《またまた》停会」――。

ここに群衆の一部は暴徒化し、流血の騒動が始まる。

最初に標的にされたのは警備の警官隊だ。騎馬で追い散らそうとする警官に対し、群衆は投石するなどして抵抗。「一巡査は抜剣したのでこれを角帽の一大学生が奪ひ取つて『非立憲だッ』と大喝する、群衆は『それやつ付けろ』と数ヶ所で巡査を包囲し帽を奪ひ服を裂くなど修羅の巷《ちまた》を現出」(40)した。

続いて群衆は次々に交番を焼き打ちし、政府寄りとみられた都新聞、国民新聞、読売新聞などの社屋を襲撃。通行する馬車も押し倒して破壊した。(41)

翌日の東京朝日新聞が書く。

「議会は三度《みたび》停会を宣せられぬ、民党二百五十の白薔薇《ばら》は哀れ閥族の狂嵐《きようらん》に蹂躙《じゆうりん》され天下の事既に休《や》んぬ、左《さ》なきだに閥族の横暴を慨する民衆の公憤終《つい》に突発して日比谷原頭再び大修羅場を現出し警官の狼藉《ろうぜき》は更に狂瀾怒濤《きょうらんどとう》を捲起《けんき》して往年の焼打事件[42]を回想せしむ、嗚呼《ああ》是れ誰の罪ぞ」

帝都を揺るがす国民の怒号――。それを大正天皇は、皇居で聞いた。同紙によれば「群集の激昂及火災等の起りし情況を聞召され深く御軫念《しんねん》相成り近侍に対し種々の御下問を賜ひ」たという。

貞明皇后の耳にも届いた。国母となって初めて直面する混乱への不安もさることながら、国政を憂慮する大正天皇の姿に、激しく心を痛めたことだろう。

翌日の紀元節、万事休した桂は閣僚の辞表をまとめて大正天皇に提出。未曽有の政変劇はひとまず終息した。

なお、大正政変をめぐり、「大正天皇は、世論からは閥族政治打破を期待されながら、ひたすら逆の行動をとり続けた」[43]などと批評する戦後の文献が少なくないが、随分と酷な見方だ。

当時の世論は藩閥勢力を攻撃しても、その矛先が皇室に向かうことは決してなかった。むしろ世論は、新聞表現を借りるなら「（藩閥勢力の）跋扈《ばっこ》は我《わが》憲政の危機たるのみならず恐れ多くも我帝室の尊厳を冒瀆《ぼうとく》せんとするものなりと慷慨《こうがい》」したのであって、気さくな大正天皇への敬愛はいささかも揺らいでいない。

とはいえ、大正の御代《みよ》となってわずか半年あまり、自身が初めて召集した国会で起きた混乱に、大正天皇が思い悩んだのも確かだ。現に政変後の五月、体調を悪化させて数日間寝込んでいる。

そんな大正天皇に、貞明皇后はつねに寄り添うことで、懸命に支えようとした。

雍仁親王が述懐する。

「母上が大正時代、宮城にお住まいの頃、奥の父上の洋式のお居間で、低い屏風《びょうぶ》を立てた一角に、椅子はもちろん、座布団もなく、絨毯《じゅうたん》の上にじかに坐っておられ、書き物も座文庫と称する机の代用のようなものの上でされていた当時のことを、思いださずにはいられない……」(44)

大正政変により、政界では藩閥勢力が後退した。だが、宮中では依然として、大正天皇の人間性を理解しようとしない元老筆頭格、山県有朋らの勢力が強い。

しかもこの後、大正天皇と貞明皇后は、宮中で最大の理解者を失ってしまう。

六十七

大正政変から一年余り、それは、突然のことだった。

大正三年三月二十七日《沼津御用邸御滞在中の皇太后、昨二十六日午後二時強度の狭心症を発せられしにより、天皇皇后、侍従日野西資博を同御用邸に遣して御機嫌を候せしめられ、

又皇后宮典侍《てんじ》千種任子をして皇太后宮権典侍《ごんのてんじ》姉小路良子に電報を発し、皇太后の御容体を伺はしめたまふ[45]》

明治天皇の崩御後、昭憲皇太后は公的活動から離れ、沼津御用邸で静養することが多かった。裕仁、雍仁、宣仁《のぶひと》三親王の成長ぶりを見るのが何よりの楽しみだったようで、ふれ合いの様子が『昭和天皇実録』にもしばしば出てくる。

その一方、大正天皇や貞明皇后のすることに、口をさしはさむことはなかった。ことに貞明皇后については、あとを任せておけると安心していたのだろう。

とはいえ貞明皇后からみれば、昭憲皇太后にはまだまだ教えてほしいことがたくさんある。直接指導を受けなくとも、存在そのものがお手本であり、励みであった。病で倒れたとの悲報に、衝撃を受けたのは言うまでもない。

二十八日《天皇皇后、皇后宮職御用掛柳原愛子《なるこ》を沼津御用邸に遣され、皇太后に五種交魚一折・菓子百個を進ぜらる》

二十九日《皇后宮主事馬場三郎を沼津御用邸に遣して皇太后の御機嫌を候せしめらる。更に三十日も皇后宮典侍千種任子を同御用邸へ遣したまふ[46]》

昭憲皇太后の病状は、ひとまず小康を得た。周囲は安堵したが、貞明皇后は不安をぬぐえなかったようだ。

四月八日は、ことのほか寒い日だった。桜の散りかけた皇居に冷たい雨が降り、午後にはみぞれとなった。帝都は黒雲に厚く覆われ、ときおり稲妻が走った。

その雷鳴を耳にし、貞明皇后は、はっと口に手を当てる。

大宮さま――。

《（八日）午後雨霙《みぞれ》を交へ、加ふるに雷鳴あるを以て、皇后は特に皇太后の御起居を案じたまひ、皇后宮典侍千種任子をして皇太后宮典侍高倉寿子に電報を発して御機嫌を候せしめたまふ》(47)

その数時間後だった。

《沼津御用邸に於て御療養中の皇太后御病勢急変あり、（九日）午前一時五十分激烈なる狭心症を発せらる。（貞明皇后は）午前二時四十分頃この報を聞かせられて御憂慮浅からず、六時四十五分天皇と倶《とも》に御出門、遽《にわ》かに御見舞の為同御用邸に行啓あらせらる》(48)

右の『貞明皇后実録』には事実が伏せられているが、昭憲皇太后はこのとき、すなわち九日午前二時十分、二度の発作の後に崩御した。大正天皇と貞明皇后が沼津御用邸に到着し、慌ただしく邸内に入ると、二十畳ほどの日本間の、白羽二重の布団に横たわる昭憲皇太后の顔には、すでに白布がかけられていた(49)。

震える手で白布を上げる。

優しく、美しく、安らかな顔だった。

「ご安心ください。必ずご遺志を引き継ぎ、国家と皇室をお護り致します」

おそらくそう、誓ったのではないか。

悲報は二日間伏せられ、十一日午前二時十分に崩御と発表された。実は当時、宮相の渡辺千秋に収賄の嫌疑がかけられており、渡辺を急遽《きゆうきよ》更迭するため崩御時間がずらされたという。

もう一つ、宮内省は重大なミスをした。追号を決める際、「昭憲皇后」ではなく、皇太后のまま上奏してしまったのだ。生前に皇后を務めながら「昭憲皇太后」と呼ばれるのは、このためである。(50)

五月二十六日、昭憲皇太后は明治天皇が眠る京都の伏見桃山陵のとなり、伏見桃山東陵に斂葬《れんそう》(埋葬)された。

六十八

昭憲皇太后が崩御した大正三年の前後、大正天皇と貞明皇后は、それぞれの指南役とも別れの日を迎える。

大正天皇の別れは前年夏の七月五日。元東宮輔導の有栖川宮威仁《たけひと》親王が、五十一歳で薨去《こうきよ》したのだ。皇太子時代、生活全般の指導に尽くしてくれた〝恩師〟だった。明治三十二年に東宮輔導になると、それまでの健康管理体制や教育方針を抜本的に見直し、地方行啓を推進して一緒に全国を巡ってくれた〝盟友〟でもあった。(51)

成人するまで病弱だった大正天皇が、結婚後は見違えるほど健康になったのは、貞明皇后の支えと、威仁親王の指南があればこそである。薨去の報に、大正天皇が悲嘆に暮れたのは言うまでもない。

なお、威仁親王の第一王子、栽仁《たねひと》王はすでに薨去しており、有栖川宮家には継承者がいなかった。そこで大正天皇は宣仁親王に有栖川宮の旧称、高松宮の称号を与えて祭祀《さいし》を継がせることにした。

《威仁親王に対する厚き叡慮《えいりょ》に由るなり》と、『貞明皇后実録』が書く。(52)

むろん、貞明皇后にとっても大きな悲しみである。在りし日を偲《しの》び、貞明皇后は詩作した。

春秋冬夏忠ヲ輸《いた》サント欲ス
歳月頻《しきり》ニ移ル感慨ノ中
一夜疾風燭ヲ吹キ滅ス
聞クニ堪ヘンヤ暗壁咽鳴ノ蟲《むし》(53)

一方、昭憲皇太后崩御の翌年六月、今度は貞明皇后が指南役に別れを告げる。

皇后宮職御用掛の万里小路《までのこうじ》幸子が、退任することになったのだ。

この頃の貞明皇后は宮中の複雑な伝統慣習に精通し、名実共に「奥」の世界で最も重きを置かれる存在となっていた。

それは皇太子妃時代、東宮御内儀監督だった幸子が心を鬼にして指導してくれたおかげだ。あまりの厳しさに当初は泣かされたが、いまとなっては感謝でしかない。

それに幸子は、厳格一辺倒では決してなかった。酒好きの伊藤博文が参殿すると「御茶を一杯」といって酒を出すような、お茶目なところもあった[54]。

女嬬《にょじゅ》の入谷恒子が語る。

「万里小路さんは柔かい、とてもよいお人でした。人が困るだらうと云ふ時は見ない振りをすると云ふ思ひ遣りの深い方でした。妃殿下に対してきつく云はれた事もあるとすれば、それはお為めになる時にはさう申出られた事でせう[55]」

かつて英照皇太后の典侍を長く務め、その姪の貞明皇后を育てた幸子はこの年八十歳。

(立派な国母になられた。もうお教えすることはなにもない)――

おそらくそう、思ったことだろう。退任後は英照皇太后が眠る京都に戻り、そのまま隠棲《いんせい》した。

貞明皇后は詠む。

宮人の　代々《よよ》のしをりと　仰かれて　いやさかえつ、　たてるくれたけ[56]

後日談がある。

京都に移居した幸子は、どんな人混みでもまっすぐに歩き、決して道を譲ろうとしなかった。自分が譲るのは皇族だけという女官トップの矜持《きょうじ》が、染みついていたのだろう。人だけでなく、市電が近づいてきても平気で道を渡るので、幸子を見つけると市電の方が止まったという。[57]

幸子らしいエピソードである。

それぞれの指南役と別離し、名実ともに自立した大正天皇と貞明皇后。

いよいよその存在を、世界中に知らしめる日が来た。

時に大正四年十一月十日、万世一系の皇位継承を内外に示す皇室最大の儀式、即位の礼である。

六十九

平成二十八年七月から通年公開されている京都御所で、外国人観光客らを含む参観者がはっと息をのむ場所がある。戦前まで即位の礼が行われていた紫宸殿《ししんでん》の中にある、高御座《たかみくら》と御帳台《みちょうだい》が見える場所だ。

荘厳華麗な屋形の御座。八本の柱が支える高御座の屋根には金色の鳳凰《ほうおう》が、ひとまわり小さい御帳台には鸞鳥《らんちょう》（伝説の神鳥）が飾られ、この世でここに座れるのは一人しかいないと告げている。

昭和三年の即位の礼では、高御座に昭和天皇、御帳台に香淳皇后が着座した。平成二年の即位の礼では陸上自衛隊第一ヘリ団が東京に空輸し、皇居に運ばれて上皇さま、上皇后さまが使われた。令和元年の式典でも皇居に陸送され、天皇、皇后両陛下が上られた。

古くは日本書紀にもその名がみられる高御座だが、現存するのは大正四年十一月の即位の礼にあわせ、古制に則して造られたものだ(58)。はじめて着座したのは、むろん大正天皇である。だが、隣の御帳台に貞明皇后が座ることはなかった。妊娠していたからである。

安産を祈って十月に御着帯の儀を行った貞明皇后は、裕仁、雍仁、宣仁三親王を産んだ青山御所に御産殿を設けて過ごしていた(59)。

それでもその日、十一月十日、貞明皇后の心は十二単をまとい、京都御所にいる大正天皇の隣、御帳台の上にあった――

即位の礼は、天皇が自ら皇位継承を内外に宣明する最高の皇室儀礼だ。続いて行われる大《だい》嘗祭《じょうさい》(60)と合わせ、とくに「大礼」と呼ばれる。

明治以降、皇室典範を根拠とする皇室行事の制度化が進み、多くは大正天皇と貞明皇后の事績が先例とされるようになる。大礼もその一つ。政府は「永ク軌度ヲ後世ニ貽《のこ》スモノ」として二年前から準備に着手し、本番を迎えた(61)。

京都御所は十一月十日、前日までの雨が上がり、爽やかな秋晴れに恵まれた。紫宸殿の南庭に、政府高官、陸海軍首脳、各国大公使、各界有力者ら千七百人が並ぶ。高御座の近くには各皇族、そして皇太子となった裕仁親王の姿もある。

午後三時十分、自ら即位を皇祖の神霊に奉告する賢所大前の儀を終え、黄櫨染御袍《こうろぜんのごほう》(62)をまとった大正天皇が紫宸殿に姿をみせ、高御座にのぼる。

勅語が響いた。

朕 祖宗ノ遺烈ヲ承《う》ケ 惟神《かんながら》ノ寶祚《ほうそ》ヲ践《ふ》ミ 爰《ここ》ニ即位ノ禮ヲ行ヒ 普《あまね》ク爾《なんじ》臣民ニ誥《つ》ク……[63]

晩秋の古都に染み入る玉音。

続いて首相の大隈重信が紫宸殿の前に進み、万歳を三唱しようとしたその瞬間、大爆発でも起きたような轟音《ごうおん》が京都御所を揺るがした。

「万歳!」

ときに午後三時三十分、御所の周囲を埋めた十数万人の群衆が大隈の発声より先に、歓喜の雄叫《おたけ》びを上げたのだ。万歳の波は京都市街全域に広がり、遠く東山三十六峰までこだました。[64]

——と、ここで御帳台の上にあった貞明皇后の心は青山御所に引き戻される。帝都でも万歳の轟音が巻き起こったからだ。

翌日の読売新聞が書く。

「(皇居前広場を埋めた)黒雲の如き群衆は『萬歳!萬歳!』と大地を動かす大歓呼を上げた。(中略)此の刹那《せつな》、百一発の礼砲の響《ひびき》、空中の爆音、各工場の汽笛一斉に鳴り、日比谷の天《そら》は唯一種の豪壮な唸《うな》りを生んだ」
この日、列島は万歳の大合唱に包まれ、夜を徹しての提灯行列が各地で行われた。それは
全国民が、気さくな大正天皇を支持する熱誠にほかならなかった。

七十

大正四年十一月二十八日、列島が万歳の大合唱に揺れた即位の大礼を終え、大正天皇が二十二日ぶりに皇居に戻ってきた。

四日後の十二月二日、《午後七時御産御催の兆あらせられ、七時三十五分御分娩、第四皇男子誕生あり》(65)

皇統をさらに盤石なものとした貞明皇后は当時三十一歳、大正天皇は三十六歳だ。

親王誕生七日目の十二月八日、大正天皇は崇仁《たかひと》の名と澄宮《すみのみや》の称号を与えた。のちの三笠宮である。

ところで大正天皇の即位により、裕仁、雍仁、宣仁三親王の生活および教育環境は大きく変わった。

中でも皇太子となった裕仁親王は大正元年の年の瀬、兄弟一緒に暮らしていた皇孫仮御殿を離れ、東京・高輪の東宮仮御殿に移り住んだ。

一歳下の雍仁親王が述懐する。

「いつかは来るべきものではあったにしろ、その時が、いつであろうなどとは考えたこともなかったのだから、さびしさこの上もないものがあった。僕の方は（宣仁親王と）二人だからまだよいとして、一人ぼっちになる兄上は、言葉以上につらいものがあられたに相違ない[66]」

実際、弟思いの裕仁親王にとって、この別離はつらかっただろう。

軍務も行う皇太子とはいえ、まだ小学生（学習院初等学科）だ。ある日、東宮武官長から近衛連隊を視察するよう言われた裕仁親王は、《同日は雍仁親王・宣仁親王との御対面を恒例とする土曜日であることを涙ながらに訴えられ、土曜日以外への変更を求められ》たと、『昭和天皇実録』に書かれている[67]。

そんな親王たちに、貞明皇后はどう接したか。

皇太子妃時代は養育担当者らの方針に口をはさむことはあまりなかった。だが、皇后としての自覚を強めてからは、侍従らに内意を示すことがしばしばあったようだ。

侍医の山川一郎が言う。

「皇子方の御教育についてもよく留意せられ、御附の者がみだりに御成績などを誉《ほ》めはやすのは御本人のためによろしくないといふ御考へから、そのやうなことのないやうに御附の人々を戒められてゐました[68]」

例えば崇仁親王は幼少の頃から器用で運動神経もよく、新聞でも称賛されたところ、貞明皇后は言った。

「自分は殿下が器用にお出来になる事を却《かえ》つて心配してゐる。殿下は人の上に立たれるもので、下々の者は苦労してその位置についてゐるのであるからよくその苦労を察してやらねばならない。自分が器用であると、とかく下の者の苦労が判らないのではないかと心配される」(69)

なお、侍従次長を務めた甘露寺受長によれば、親王たちの中でも「東宮」、すなわち裕仁親王の教育には、とくに「深い御関心」があった。

貞明皇后は大正二年頃、裕仁親王の教育方針について考えていることを、侍従らに伝えた。具体的な内容を示す資料は見つかっていないが、それは「君徳にか丶はる所のもの」だったという。(70)

ただ、大正三年になると「御教育について特に御意見を仰出されるやうなこと」はなくなる。裕仁親王が学習院を卒業し、新設の東宮御学問所に進学したからだ。同所の総裁は日本海海戦の英雄、東郷平八郎である。

大正天皇の即位の礼がおわり、崇仁親王を出産した貞明皇后は四年十二月三十一日に床上げし、公務に復帰した。

すでに宮中の「奥」はしっかり掌握している。

しかし明くる五年以降、「表」の世界が揺れる。貞明皇后を待っていたのは、究極の苦悩だった。

註

(1)『明治天皇御一代記』から
(2)、(3)『明治天皇紀』一二巻八〇六、八〇八頁から引用。枢密院会議での様子や病状の推移についても同書から
(4)『貞明皇后実録』一三巻二七頁から引用
(5)秩父宮雍仁親王『皇族に生まれて』から。雍仁親王は見舞いで参内した際、砂利の上に座り込む数千の群衆をみて、祖父である明治天皇が「これほどにお偉いのか、といまさらのように驚嘆の瞳を見開かないわけにはいかなかった」と述懐している
(6)『明治天皇紀』一二巻八一七頁から引用
(7)『貞明皇后実録』一三巻二九～三〇頁から引用
(8)同一三巻三一、三三頁から引用。「剣璽渡御の儀」とは三種の神器のうち天叢雲剣《あめのむらくものつるぎ》の形代と八尺瓊《やさかにの》勾玉《まがたま》を、明治天皇の寝所から移して大正天皇の側に置き、継承する儀式。神体が自ら動くという建前から「渡御」と呼ばれる。もう一つの神器、八《や》咫鏡《たのかがみ》の形代は皇居の賢所に安置されたまま動かず、渡御の儀と同時刻に行われる賢所の祭典で、代拝の掌典長が皇位継承を奉告する
(9)『大正天皇実録』四八巻一四～一五頁から引用
(10)大喪儀については『貞明皇后実録』一三巻、『大正天皇実録』四八巻、『人間 昭和天皇』上巻から
(11)『貞明皇后実録』一三巻五七頁から引用
(12)「関係者談話聴取」所収の「川上民枝談話」、「入谷恒子談話」から引用
(13)『秩父宮雍仁親王』二七二頁から引用
(14)、(15)原武史『大正天皇』から
(16)、(17)『原敬日記』三巻二六〇、三三一頁から引用
(18)「関係者談話聴取」所収の「荒井恵談話」から引用
(19)同「黒田長敬談話」から引用
(20)大正天皇と貞明皇后は青山御所（当時の正式名称は青山離宮）から皇居へ連日通っていたが、明治天皇の大喪儀が終わった大正元年九月二十六日以降、青山御所を御在所として執務を行うようになった
(21)山崎鯛介「明治宮殿の建設経緯に見る表宮殿の設計経緯」（平成十五年十月発行の『日本建築学会計画系論文集』五七二号所収）から
(22)「関係者談話聴取」所収の「加藤泰通談話」から引用
(23)皇居の一日は同「川上民枝談話」、「加藤泰通談話」、山口幸洋『椿の局の記』、『女官』から
(24)『椿の局の記』九一頁から引用。登女子は「お上もおみ腹《なか》立《だ》つっちゅうことない。ご辛抱強《つよ》です

よ」とも語っている

(25)、(26)『原敬日記』四、三巻から。原敬の日記には、昭憲皇太后の言葉として「政事向のことの様に思はる、が之を避けたし、先帝の御戒に女は政事に容喙すべきものに非ずとあり、之を守りたし」と書かれている（三巻二七五頁から引用）

(27) 大正元年十二月十七日の東京朝日新聞から引用。「壅塞」はふさぐ、さえぎるの意味

(28) 古川隆久『大正天皇』から

(29)『原敬日記』三巻二四五頁から引用

(30) 小林道彦『大正政変』から

(31) 小林道彦『桂太郎』から

(32)『大正政変』から

(33)『原敬日記』三巻から

(34)『桂太郎』から。このほか西園寺内閣の崩壊から桂内大臣の出馬までの経緯は『大正政変』、『原敬日記』、古川隆久『大正天皇』、千葉功「大正政変前夜『遅れてきた元老』桂太郎を中心として」（学習院大学文学部編『研究年報』五八所収）から

(35) 大正元年十二月十七日の東京日日新聞から引用。太字部分の原文は大文字

(36) 国政については国務大臣が天皇に進言し（輔弼）、その責任を負うのに対し、内大臣は常に天皇のそばで奉仕し（常侍）、国務大臣が輔弼できない場合など、下問に応じて輔弼するとされた

(37)『大正天皇実録』五〇巻三六～三七頁から引用

(38) 大正元年十二月二十日の読売新聞から引用。句読点は筆者

(39) 大正二年二月六日の官報号外「第三十回帝国議会 衆議院議事速記録第三号」（国立国会図書館所蔵）から引用。原文はカタカナ。傍点は筆者

(40) 大正二年二月十一日の東京日日新聞から引用

(41) 暴動の様子は同日の東京日日新聞、東京朝日新聞、読売新聞から。なお、当時の桂は藩閥と距離を置いていたが、国民世論からみた桂は藩閥勢力そのもので、側近の立場を利用して勅語の奉請を繰り返したことに批判が集中した

(42) 明治三十八年の日比谷焼打事件。日露戦争後の講和条約で賠償金を得られなかったため群衆が暴徒化し、内相官邸、新聞社、交番などが焼き打ちされた。大正政変の暴動はその再来とみられた

(43) 古川隆久『大正天皇』一三九頁から引用

(44)『秩父宮雍仁親王』二七二頁から引用

(45)、(46)、(47)、(48)『貞明皇后実録』一五巻二三～二四、二四～二五、二七、二七～二八頁から引用

(49)『原敬日記』三巻から

(50) 明治神宮ホームページから。のちに宮内省はミスに気付いたが、大正天皇が裁可し発表した後だったため、訂正できなかった。明治神宮では大正九、昭和三十八、同四十二年に宮内省（庁）

に訂正を請願したが、いったん天皇が裁可したものは変えられないとして、認められなかった。なお、英照皇太后は皇后ではなく、「准后《じゅごう》」（皇后、太皇太后、皇太后に準じた処遇）で皇太后となったため、追号も英照皇太后が正しい

(51) 原武史『大正天皇』から

(52)『貞明皇后実録』一四巻三三頁から引用。叡慮は天子の気持ち

(53)『貞明皇后 その御歌と御詩の世界』三八五頁から引用。意味は「威仁親王はいかなる時も忠義を尽くそうとした。そんな歳月が威仁親王を偲ぶ感慨の中に移りゆく。一夜の疾風に蝋燭《ろうそく》が吹き消されるように薨去し、暗い壁に咽《むせ》び泣く虫の声すら聞くに堪えられない」

(54)「関係者談話聴取」所収の「鈴木孝子談話」から

(55) 同「入谷恒子談話」から引用

(56)『貞明皇后実録』一六巻二八頁から引用。原文はスペースなし

(57) 主婦の友社編『貞明皇后』から

(58) 高御座の歴史は古いが、御帳台は大正四年に初めて造られた

(59)『貞明皇后実録』一六巻から

(60) 即位の礼後に初めて行われる新嘗祭《にいなめさい》

(61) 古川隆久『大正天皇』から。即位の礼は本来、三年十一月に挙行される予定だったが、昭憲皇太后の崩御により一年延期された

(62) 天皇が重要儀式の際に着用する束帯装束

(63)『大正天皇実録』六一巻二三頁から引用。原文はスペースなし

(64) 四年十一月十一日の東京日日新聞、読売新聞から。大隈重信が万歳を三唱する予定の午後三時三十分に合わせ、全国一斉に万歳を唱えるはずだったが、大隈の発声が遅れたため、それより前に国民の万歳がはじまった

(65)『貞明皇后実録』一六巻五五頁から引用

(66)『皇族に生まれて』四一頁から引用

(67)『昭和天皇実録』四巻五八頁から引用

(68)「関係者談話聴取」所収の「山川一郎談話」から引用

(69) 同「三室戸敬光談話」から引用

(70) 同「甘露寺受長談話」から引用。甘露寺によれば、貞明皇后が教育方針について示した内意を侍女の清水はなが筆録し、「大正二年九月頃の記述に特に思召を拝することの出来る記事がある」としている

第七章　天皇発病

七十一

大正天皇の洋間の執務室――。

屏風《びょうぶ》を立てた一角で、貞明皇后が絨毯《じゅうたん》の上に座り、宮中の「奥」向きの上奏文に目を通している。その耳に、いつもの明るい声が響いた。

「節子《さだこ》、お前もこっちへ来てごらん」

貞明皇后が屏風を越え、「表」の境界へ歩み寄る。大正天皇のそばで椅子を与えられていた老人が、慌てて立ち上がった。

「これはこれは、皇后陛下――」

大正三（一九一四）年から五年にかけて首相を務めた、大隈重信である。

「大隈から面白い話を聞いたよ。さあ、節子にも話してやってくれ」

「それはもう、喜んで。しかしお耳に合いますかどうか……」

と、部屋の片隅にいた侍従が、困惑気味に口をはさんだ。

「陛下、次の拝謁者が待っておりますので、この辺でそろそろ……」

「まあ、もう少しよいではないか」

こんなときの大正天皇が、貞明皇后は好きだ。気さくな笑顔に、つられて頬が緩んだ——(1)。

藩閥打破の国民運動で第三次桂太郎内閣が倒れた大正二年の政変後、海軍長老の山本権兵衛内閣が発足したが、山本も薩摩閥とみられていたため世論の支持は低く、シーメンス事件(2)後の三年四月、反政府運動の再燃により退陣した。

ここまでくると元老筆頭格の山県有朋も、藩閥政治を放棄しないわけにはいかない。世論をなだめる後任首相として、しぶしぶ推薦したのが大隈だった(3)。

早稲田大学の創立者で、かつて自由民権運動の一翼を担った旧佐賀藩士は当時七十六歳。明治三十一年に初の政党内閣を率いて以来、二度目の首相就任である。

この人選を大正天皇は喜んだ。大隈が、山県らほかの重臣たちとはまるで異なるタイプだったからだ。

枢密顧問官の三浦梧楼が山県に語ったところによれば、「君等が奏上は動《やや》もすれば先帝(明治天皇)を云々《うんぬん》するも、大隈は先帝は先帝なり、今上陛下は其御考によらざるべからずと云ふが如き事を中上げて陛下の御心を動かし」ていた(4)。

当然、山県は面白くない。

別の日、いつものように貞明皇后が絨毯の上に座っていると、屏風の向こうから、しわがれた声が聞こえてきた。

「陛下、相手が誰であれ拝謁者を待たせて長話するとは何事です。先帝は決してなさりませんでしたぞ」

「……分かった。以後注意しよう」

「恐れながら今日は、ほかにも幾つか苦言を申し上げねばなりません。そもそも陛下は……」

山県が大正天皇に、小言を並べているのである。

こうしたやり取りは、おそらく何度かあったはずだ。大正天皇が周囲に「山県はとても怒るよ」と漏らすことも一度や二度ではなかった[5]。

屏風越しに響く叱声——。貞明皇后は、いたたまれなかっただろう。

なお、大正天皇に取り入る大隈に、山県が嫌悪感を募らせるのも一理ある。大隈の政治手法が、ポピュリズムに陥っていたからだ。

当時のジャーナリスト、西野雄治が著書に書く。

「(大隈内閣の本質は)人気取政策を濫発《らんぱつ》したる点に存じて居る。甘言を以て一時の人気を集め得たるも、実行之に反し失政行詰の結果土崩瓦解《がかい》し、末路殊に惨憺《さんたん》たりしは、人気取政治の弊を極端に顕《あら》はしたるものである[6]」

しかも、大隈は首相在任中、取り返しのつかない失敗をしていた。

七十二

時は一九一四（大正三）年の夏、場所は欧州、ボスニア・ヘルツェゴビナの首都サラエボに飛ぶ。

オーストリア＝ハンガリー帝国の統治領だったこの都市で六月、同帝国の皇位継承者フランツ・フェルディナント大公がセルビアの民族主義者に銃撃され、妻とともに死亡した。報復のためオーストリアは七月、セルビアに宣戦を布告。これに対しセルビアを支援するロシアが総動員令を発令。するとオーストリアの同盟国ドイツがロシアとフランスに宣戦して中立国ベルギーに侵攻し、怒ったイギリスがフランス側に立って参戦……と、ドミノ倒しのように戦火が拡大していった。

第一次世界大戦の勃発である。

これに飛びついたのが首相の大隈重信とその腹心、外相の加藤高明だった。日本も参戦することで、懸案の中国問題を一気に解決しようとしたのだ。(7)

日露戦争後、日本はロシアから満洲権益を引き継いだが、その期間はロシアが中国と結んだ条約の残余期間（一八九八年から二十五年間）にすぎず、延長するには中国との間に新たな条約を結ばなければならない。そこで山東省にあるドイツの租借地を奪取し、条件付きで

中国に返還することで、見返りに満洲権益を認めさせよう——というのが加藤の狙いである。(8)

八月初旬に同盟国のイギリスから参戦要請があると、加藤は大隈の了承のもと、元老にも相談せず、日光田母沢御用邸で静養中の大正天皇のもとを訪れた。

「陛下、日英同盟もあることですし、ドイツと開戦するよりほかにありません」

大正天皇は苦悩した。国防上の参戦ならともかく、欧州の戦火を自らアジアに広げ、国民の血を流す必要があるのか——。

前内相の原敬によれば、「(加藤は)拝謁して二時間も奏上し、結局裁可を得たる積《つもり》にて退出せんとせしに、陛下御呼留ありて、『諒闇《りょうあん》中だから』との御詞を三回も賜りて『能《よ》く協議せよ』との御沙汰」を下したという。(9)

同年四月に崩御した昭憲皇太后の喪が明けていないと、三回も繰り返したところに、大正天皇の真意がうかがえる。

だが、大隈と加藤は猪突《ちょとつ》猛進する。不信を強める元老らを強引に押し切り、八月二十三日、日本はドイツに宣戦布告した。

大元帥となって初めての戦争。大正天皇は詩作した。

西陸風雲惨禍多シ
列強勝敗竟《つい》ニ如何

山河到ル処《ところ》血海ヲ成ス
神武誰ニ憑《よ》リテ能ク戈《ほこ》ヲ止メン(10)

戦争の勝敗を気にしつつも、おびただしい血が流れるのを神の力(神武)によって何とか食い止めたいという、叡慮《えいりょ》が込められている。

戦地の将兵を心配する気持ちは貞明皇后も同じだ。

九月二十八日《出征軍負傷将兵に賜はんが為に御手づから繃帯《ほうたい》を巻かせられ、女官一同にも繃帯巻を仰付けたまふ(11)》

一方、戦力に劣るドイツ軍は、日本軍の敵ではなかった。

陸軍は山東省にあるドイツ租借地の青島と膠州湾を攻略。海軍は太平洋にあるドイツ植民地のヤップ、パラオ、サイパンなど南洋諸島を次々に占領。相次ぐ勝報に、日本中が沸いた。

と、ここから大隈と加藤の計算が狂い始める。

七十三

大隈重信内閣が中国政府に、日本の運命を狂わせる要求を突きつけたのは、大正四年一月半ばである。

満洲権益の延長と山東省権益の継承など十四カ条の「要求条項」に加え、日本人顧問の採用や警察行政への関与など、内政干渉をうかがわせる七カ条の「希望条項」を盛り込んでいた。

いわゆる対華二十一カ条要求である。

外相の加藤高明は当初、山東省権益を条件付きで中国に返還し、見返りに満洲権益を認めさせるつもりだった。だが、日本軍の連戦連勝によって権益拡大を求める国内世論が高まり、それに押されて要求をどんどん膨らませてしまったのだ[12]。

当時の中国は、二百八十年近く続いた清朝が辛亥革命で倒され、一九一二（明治四十五）年に共和制の中華民国が成立したばかりだった。大統領となった袁世凱《えんせいがい》の政治基盤はもろく、加藤は第一次世界大戦の混乱に乗じて要求を押し通そうとする。

だが、袁は加藤より、役者が一枚も二枚も上だった。

二十一カ条で問題となったのは、列国の利害とも絡む七カ条の希望条項だ。袁は、日本との交渉を長引かせる一方、秘密とされた要求内容を国内外にリークし、反日世論をあおった。慌てた加藤は列国に理解を求めようとするも、希望条項を隠そうとしたため、かえって疑心を招くことになる。

しかも加藤は、交渉過程を山県有朋ら元老にもほとんど知らせず、独断で進めた。最終的に希望条項を撤回し、残りの要求条項を最後通牒《つうちょう》により強引に認めさせたものの、中国の対日感情を決定的に悪化させてしまう。

それればかりか対華二十一カ条要求は対英、対米関係に深い溝をつくり、日英同盟の解消や日米開戦の遠因にもなった。[13]

稚拙な外交に、山県らが歯ぎしりしたのは言うまでもない。

国会も荒れた。

弾劾決議案や内閣不信任案が次々と上程され、大隈内閣は針のむしろである。大正四年六月三日の衆院本会議で弾劾演説に立ったのは、立憲政友会の原敬だ。

「（対華二十一カ条要求をめぐる不手際で）親善なるべき支那の反感を買ひ、また親密なるべき列国の誤解を招いた。（中略）取りも直さず日本は将来孤立の地位に立つのである」[14]

首相の大隈は、内政面でもつまずいた。不当な選挙干渉や閣僚の収賄事件で猛批判を浴び、内閣改造で人気回復を狙うも効果はなく、五年十月、ほうほうの体で退陣する。

ポピュリズム政治の混乱と崩壊。

大隈を信頼する大正天皇の嘆きは大きかった。『大正天皇実録』によればこの頃から、外部に気付かれないほど軽微とはいえ、歩行時によろけたり、言葉がもつれたりする症状をみせている。[15]

いつも気さくにふるまい、「決しておみ腹立《なかだ》ったようなお顔遊ばしたことない」[16]といわれる大正天皇だが、その実、健康を害するほどのストレスを感じていたのだろう。

加えて、後継内閣が難題だった。大隈の辞表に、こう書かれていたからだ。

「伏シテ冀《こいねがわ》クハ陛下愛憐《あいれん》ヲ垂レサセラレ、臣カ後継トシテ（加藤）高明ヲ抜擢《ばってき》セラレムコトヲ[17]」

あろうことか大隈は、対中関係を悪化させた張本人の加藤を、次期首相に推してきたのである。

一方、山県ら元老は、山県の子分格で初代朝鮮総督の寺内正毅（陸軍元帥）を推薦した。何のことはない、こちらは藩閥政治の復活だ。

大正天皇は頭を抱えた——。

七十四

「大隈は只今《ただいま》辞表を提出したり、然《しか》れども之れ通常の辞表に非《あらざ》るが如《ごと》し、今後の処置如何——[18]」

対中政策の失敗や閣僚の収賄事件などで人気が凋落《ちょうらく》した首相の大隈重信が、閣僚の辞表をとりまとめて奉呈した大正五年十月四日、大正天皇は元老筆頭格の山県有朋を呼び、困惑の表情で聞いた。

慣例上、後任首相を天皇に推薦するのは元老である。明治末期には退陣する首相が後任を推薦することもあったが、これも事実上、元老の同意を前提としていた。

ところが大隈の辞表には、前外相の加藤高明を後任とするよう明記されていた。山県ら元老が加藤に反対し、朝鮮総督の寺内正毅を推していることは大正天皇も知っている。首相と元老の相反する人選に、困惑を隠せなかったのも無理はない。

山県は答えた。

「今陛下後任を命じ給ふに当り、能《よ》く利害得失を講究あらせられ、然る後に御判断あらせらるるを要す」[19]

そういわれても、加藤は日中関係を悪化させた張本人。寺内は藩閥の超然主義者。どちらを選んでも混乱は必至だ。

そもそも首相と元老は、任命責任を含む一切の責任を天皇に負わせてはならない。事前に推薦を一本化しなかった大隈と山県は、輔弼《ほひつ》の責任を果たしていないといえよう。

結局、慣例に従うしかなかった。大正天皇は山県が主導する元老会議を召集し、その決定を受け、組閣の大命は寺内に下る。

日韓併合後に初代朝鮮総督となり、武断的な統治を行ったことで知られる寺内は当時六十四歳。十月九日に発足した内閣の顔ぶれは、海相を除く大半が山県系で占められ、「ビリケン（非立憲）内閣」と揶揄《やゆ》されるなど早くも人気はどん底である。[20]

大正天皇の心痛は、深まる一方だっただろう。即位して四年余り。政党勢力と藩閥勢力のせめぎ合いで政局は絶えず混沌とし、五人目の首相も波乱含みだ。

そんな大正天皇に寄り添いながら、貞明皇后はどんな気持ちだったか。

最愛の夫が日に日に疲労の色を濃くし、わずかだが、歩行時によろけるようなこともあった。それに貞明皇后が気付かないはずはない。

侍医の荒井恵が述懐する。

「(大正期の内政や外交は)全く重大事件の連続であつた。この間における生真面目で、人なみはずれて心配性であられた大正天皇様の御境涯は、実に御気の毒と申しあげたいくらいだつた。またそれをたえず御側《そば》でお附添いになつて種々ご配慮遊ばされた皇后陛下のご苦労が並たいていのものでないことは、実に想像以上のものであつたにちがいないと思う」(21)

事実この年以降、大正天皇の心身に明らかな異常がみられるようになるのだが、それは後述する。

ところで一九一四(大正三)年に第一次世界大戦が勃発して以来、戦場となった欧州各国にかわり日本製品の輸出が激増。国内経済は空前の大戦景気に沸いた。半面、物価の高騰に賃金の上昇が追いつかず、貧富の差が拡大。労働争議も頻発し、社会不安が高まっていた。(22)

そんな中、一九一七年にロシア革命が起きてロマノフ王朝が崩壊。共産主義者らが主導する世界で初の社会主義国家ソビエトが誕生する。

この革命に、各国政府は干渉しようとした。中でもしゃかりきになったのが、日本の寺内内閣だ。

大正七年の夏、寺内はシベリアへの出兵を宣言。すると米価の高騰に拍車がかかり、全国各地で未曽有の騒乱が起きる。

米騒動である。

七十五

大正七年七月二十三日、富山県魚津町（現魚津市）の海岸に、漁師の妻女らおよそ五十人が集まった。いずれも貧しい身なりで、悲壮な表情を浮かべている。妻女らは海岸にある米倉庫に近づくと、そこで米俵を汽船に積み込んでいた男たちの服をつかみ、口々に叫んだ。

「米を運び出すのをやめろ！」

あまりの剣幕に男たちは作業を中止し、汽船は逃げ出すように出航した。[23]

これが、かつてない規模の大衆暴動、すなわち米騒動の発火点である。[23]

全国的に米価が高騰したこの年、魚津では白米一升あたりの小売り相場が、一月下旬の二十四銭から七月末には三十五銭、八月半ばには四十一銭と跳ね上がった。[24]主因は米の需要増を見込んだ買い占めや、売り惜しみだったとされる。

富山県の各港では、県産米を北海道などへ移出していた。米俵が次々に運び出されていくのを見た貧困層、ことに不漁続きだった漁民の妻女らが、さらなる高騰を危惧して直接行動に出たのだ。

ほぼ十日後の八月三日、同県西水橋町（現富山市）でも二百人近くが米屋などに押しかけ、米の県外搬出停止と廉価販売を懇請。それができないなら「家を焼き払い一家を鏖殺《おうさつ》（皆殺

し）せん」と脅迫する騒動があった。(25)

翌日以降の新聞各紙が書き立てる。

「女一揆起る　有力者を脅迫し米屋を襲ひ　警官に抵抗し負傷者を出す」（五日、大阪毎日新聞）

「女房一揆拡大す　更に六七百名の新集団起り　瓦石《がせき》を投じ戸障子を破壊す」（六日、大阪朝日新聞）

実際には負傷者もなく、警察の説得で解散しているので「一揆」のイメージとはやや異なる。だが、誇張された報道の影響は大きかった。(26)

寺内正毅内閣がロシア革命に干渉すべく、シベリア出兵を宣言したのは、そんな最中《さなか》の八月二日だ。軍が大量消費するとの見込みで米価の暴騰に拍車がかかり、富山の「越中女一揆」に続けと、文字通りの一揆が都市部で続発した。

米価が一升五十銭を突破した京都では同月十日、柳原町の町民四百人が米屋の打ちこわしをはじめ、暴動が全市に広がった。

大阪では十一日、釜ケ崎の住民ら三千人が米屋に押し寄せて一升二十五銭での販売を求め、断った店を破壊するなどした。

神戸では十二日、米を買い占めていると疑われた大手商社の鈴木商店が数千の群衆に襲撃され、焼き打ちされた。

続く十三日、ついに帝都が騒乱に巻き込まれる。米価問題演説会を開いていた群衆が警察から解散を命じられ、周辺の各商店に投石するなど暴徒化した。[27]

以後、暴動は連鎖的に全国へ拡大する。

これに対し寺内内閣は、騒乱を煽《あお》っているとみた新聞記事の掲載を禁止するとともに、延べ十万人の軍隊を投入して強引に鎮圧しようとした。

「ビリケン（非立憲）内閣」のあだ名を地で行く手法だが、世論の反発に油を注いだのは言うまでもない。

炭鉱騒動にも飛び火し、ようやく収束したのは九月十二日。発生地域は一道三府三十八県に及び、計七十万人が参加。死者三十人、逮捕者八千人余を数えた。[28]

この間、貞明皇后はどうしていただろう。

実は騒乱の激しかった八月中旬、大正天皇とともに栃木県の日光田母沢御用邸に滞在し、ほとんど外出しなかった。

帰京したのは八月二十一日で、『貞明皇后実録』によれば、米騒動の収束から四日後の九月十六日、《内々の思召あるにより、本日より一七箇日賢所に祈願あらせらる》とある。[29]

宮中祭祀《さいし》や儀式とは別に、賢所へ祈願をこめるのはただ事ではない。

いったい何があったのか――。

七十六

大正七年九月十六日、貞明皇后付の女官は日記に書いた。

「（皇后の）御内々思召あらせられ候に付今日より一七ケ日御祈念御願被遊《あそばされ》賢所へ御鈴上《たてまつ》る　猶《なお》月々一日より七日間当分御鈴上る[30]」

三種の神器のひとつ、八咫鏡《やたのかがみ》を祀《まつ》る賢所は、宮中で最も神聖な場所だ。祈願をこめる際、玉串をささげて平伏し、その間、掌典職が鳴らす鈴の音が厳かに響きわたる[31]。ただし、神嘗祭《かんなめさい》や結婚の儀など重要な祭祀・儀式をのぞき、個々の問題で祈願をこめることはほとんどない。

『貞明皇后実録』にも、明治四十年十月に大正天皇（当時は皇太子）が渡韓した際、無事を祈念し《二十一日間賢所へ御祈願を籠《こ》めさせられ》たのと、四十五年七月に明治天皇が倒れた際、《七日間賢所に御平癒の祈願を籠めさせられ》た例など、わずかな記録があるのみだ[32]。「内々の思召」が何であるか、女官の日記には書かれていないが、右の例から推測するに、特別な人の安全もしくは病気回復の祈願とみていいだろう。

むろん、大正天皇のことだ。

大正天皇が脳の病気により政務がとれなくなったことはよく知られている。だが、いつ頃から症状が重くなり、貞明皇后が深刻に受け止めるようになったかは、これまで確かなことは分からなかった。

宮内省は大正十年十一月二十五日、大正天皇が「大正三四年の頃より御起居以前の如くならず御姿勢は端正を欠き御歩行は安定ならず御言語に渋滞を来す」と発表したものの、当初は軽微であり、政務に支障が出はじめたのは「大正八年以後」とされていた。(33)

しかし、七年の夏頃には、すでに憂慮すべき状態だったのである。

八月六日に日光田母沢御用邸へ行幸啓した大正天皇と貞明皇后は、全国に米騒動の暴風が吹き荒れても、しばらく皇居に戻らなかった。同日の『大正天皇実録』に、こう記されている。

《一昨年頃ヨリ聖体御異状アリ、御言語漸《ようや》ク明瞭ヲ欠カセラレ、御歩行ノ困難ヲ訴へサセ給ヒ、御乗馬等ハ次第ニ止メラレ、加フルニ斜坂等ニ際シテハ側近者ヲシテ扶助セシメ給ヒシガ、御悩今ニ癒エサセラレズ。従ヒテ今次駐蹕《ちゆうひつ》中ハ御遠行ヲ拝セズ、僅《わずか》ニ十二日裏見滝ニ出デサセラレタルノミ……(34)》

大正天皇は喧噪《けんそう》の帝都を離れ、懸命に回復に努めていたのだ。

それでも混乱する政治、社会情勢からは逃れられなかった。シベリア出兵があり、米騒動が起きた。大正天皇と貞明皇后は、極寒の地へ出征する将兵らを案じ、防寒服を取り寄せて調べてみたり、米価高騰に苦しむ貧困層の救済に三百万円を下賜したり、対策として政府が外国産米の廉価販売に乗り出すと、すぐにその米を試食したりしている。(35)

天皇としての心痛は、どれほど大きかったことか。

貞明皇后が賢所に異例の祈願をこめ、その後も毎月一日から七日まで祈願するようになったのは、この間に大正天皇の病状が悪化したからだと考えていいだろう。[36]

もっとも病状は、侍医とごく一部の側近者を除いて徹底的に秘匿された。大正天皇を敬愛する政界実力者の原敬でさえ、「御脳の方に何か御病気あるに非《あ》らずや」と知らされるのは八年二月になってからだ。[37]

その原が九月二十九日、米騒動の責任をとって退陣した寺内正毅内閣に代わって組閣する。貞明皇后が賢所に祈願をこめた、およそ半月後だ。

ここに大正天皇は、ようやく信頼すべき首相を得た。だが、すでに時は遅かった。

七十七

大正七年の秋、皇居吹上御苑の馬場。大正天皇が、十月末に挙行される天長節観兵式に向けて乗馬の練習をしている。

その姿を遠くから、貞明皇后が見つめていた。穏やかに晴れた昼下がり。乾いた秋風が時おり頬を撫《な》でる。

「お好きなのはお馬《んま》ですね」と女官が語るように、[38]大正天皇は皇太子時代から乗馬を楽しむことが多かった。颯爽《さっそう》と人馬一体、風を切って進む姿は、それが夫でなくても凛々《りり》しく、頼もしく見えたことだろう。

だが、近頃は違った。姿勢が安定せず、ときにぐらついた。そのたびに貞明皇后は「あっ」と小さな声を立てる。

練習が終わり、落ち込んでいる様子の大正天皇に、貞明皇后はつとめて明るくふるまった。しかし大正天皇は、「節子……」と言いかけたまま、口をつぐんでしまう。

言葉がうまく出てこないのだ。症状は、徐々にではあるが悪化していた。

迎えた天長節観兵式。大正天皇は《不豫（病気）ニヨリ》欠席した。(39)

大正天皇の病気が何だったのかは、現在でもはっきりしない。発病初期から言語障害（失語症）がみられたことから、侍医の西川義方はアルツハイマー病を疑い、あるいはパーキンソン病の一種と推測する近年の研究もある。(40)

いずれにせよ、即位後の政治や社会の混乱でストレスが高まったことが、症状を悪化させた要因のひとつだろう。

雍仁《やすひと》親王が述懐する。

「父上は天皇の位につかれた為に、確かに寿命を縮められたと思う。東宮御所時代には乗馬をなさつているのを見ても、御殿の中での御動作でも、子供の目にも潑剌《はつらつ》としてうつっていた。それが天皇となられて数年で別人のようになられたのだから」(41)

そんな中、「ビリケン（非立憲）」と批判された寺内正毅内閣が退陣し、「平民宰相」としたわれた原敬が組閣したことは、遅きに失したとはいえ幸いだった。

七年九月二十九日に発足した原内閣は、陸海両相と外相を除く全閣僚が立憲政友会員という、本格的政党内閣である。

原、ときに六十二歳。大正天皇を敬愛し、気さくな人柄を日記につづっていたことは、すでに何度も書いた通りだ。

組閣二日後の十月一日、全閣僚を連れて参内した原は、その日の日記に書いた。

「午前十時半閣僚一同皇后陛下に拝謁仰付らる。余には陛下より時局中殊《こと》に御苦労に思召さる、旨御沙汰あり、微力の限りを尽して聖旨に答ふべき旨言上せり。一同に御菓子を賜はる(42)」

憂愁の皇后は、原をはじめ新内閣の顔ぶれを喜んだことだろう。

同時に気丈な国母は、立ち入ってはならない「表」の境界ぎりぎりのところまで、足を進めようとする。

この頃、最も心を砕いた活動のひとつは、第一次世界大戦やシベリア出兵で負傷した将兵の支援だ。

九月十四日から女官とともに包帯を巻く作業をはじめ、シベリアの陸軍部隊などへ送った。十月二十五日には重度の傷病兵が生活する東京廃兵院を視察。入所者に「何処《いずこ》の戦ひに負傷せるか」「手足を失ひて嘸《さぞ》不自由ならん」と声をかけて回り、院内で製作された貝細工などを熱心に見て十数点を買い上げた(43)。

貞明皇后は、軍務などに支障をきたしはじめた大正天皇を、カバーするつもりだったのではないか。

しかし、皇后にできることには限度がある。天皇の不例を、いつまでも秘匿しておくわけにはいかなかった。

七十八

首相の原敬が政務報告のため、大正天皇が滞在する葉山御用邸に参邸したのは、大正八年二月十五日である。

原は、予算が無事に通過した内政問題や、前年十一月に停戦した第一次世界大戦に絡む国際情勢などを説明。さらに、このとき病気療養中だった山県有朋が万一死去した場合は枢密院議長の後任に西園寺公望の起用を求めるなど、かなり踏み込んだ話までした(44)。

大正天皇は、いつもの笑顔で「よかろう」とうなずいた。

そのあと原は貞明皇后にも拝謁。「現下御苦労に思召さる、旨種種御物語りあり、御下賜品等もありたり」と、日記に書いている。

貞明皇后が何を「御物語り」したかは不明だが、少なくとも原は、いつもと違う空気を察したようだ。退出後、すぐに宮相の部屋へ行き、何かあったのかと次官の石原健三に聞いている。

石原は答えた。

「実は、先月二十八日に当地へ御避寒遊ばされて以来、お上は入浴もされず、御庭での御運動もなさっておりません……」

原の日記に、大正天皇の病気のことが出てくるのはこの日が初めてである。

「御脳の方に何か御病気あるに非《あら》ずやと云ふ事なりと、甚だ恐懼《きょうく》に堪へざる次第なり、去りながら拝謁したる処にては別段の御様子もなし」(45)——

脳に病気の疑いがあるとは一大事だ。ただ、見た目に異常はなく、首をかしげるしかない。原は大正天皇が避寒を終え、皇居に戻ってからもしばしば拝謁しているが、通常通りの政務報告をしている。

しかし夏になると、原もいよいよ異変に気づく。七月十九日に参内した際、大正天皇の言葉が分かりづらかったのだ。原は日記に「少々御趣旨不明の点あれども……」と、困惑気味に書いた(46)。

以後、原の日記に病状のことが頻出するようになる。

一方、元老筆頭格の山県も、ほぼ同時期に異変を知らされた。七月二十二日、宮内次官の石原が山県に書簡を送り、「兼々《かねがね》御賢察も被為在候《あらせられそうろう》通り昨冬頃より諸御様子殊《こと》に近来之御情態は誠に恐入《おそれいり》候次第に有之《これあり》、此際玉体之御安静を相願候事最も急務……」と報告(47)。「兼々」とあることから、その前から察していたのだろう。

時代の波に乗れず、乗ろうともしないため誤解されることの多い山県だが、国家と皇室への忠誠心は人一倍強い。おそらく原以上に愕然とし、憂慮したはずだ。

幸い、原の力量で国政は安定している。大正天皇と貞明皇后は七月二十一日から九月十八日まで、二カ月近くも帝都を離れ、日光田母沢御用邸で静養した。

『大正天皇実録』が書く。

「今回ハ前年ト異リ御遊幸ノコト尠《すくな》ク、御運動モ概シテ行ハセ給ハズ、植物園等ヨリ高山植物其ノ他ヲ齎《もたら》サシメ、御慰アラセラレタリ。蓋《けだ》シ頃時聖体ニ御異状アリ、御脚御不自由ニ渉ラセラレタル為ナリ……[48]」

すでに大正天皇は、階段や坂などは侍従らに背負ってもらわなければ移動できないほどになっていた。

当時は原因も分からず、日に日に悪化する症状に、どれほど不安だったことか。前年より少なくなったとはいえ、日光田母沢御用邸に滞在中の大正天皇は、何度か外出を試みている[49]。

「……而シテ御脚部ノ御不自由ヲ顧ミサセ給ハズ、努メテ斯ク御遊幸アリシ所以ハ、只管《ひたすら》御保健ヲ叡念アラセラレタルガ為メナリ[50]」

そんな大正天皇を、貞明皇后は懸命に支えていた。

七十九

日光田母沢御用邸の庭園に、奇妙な集団が現れた。色取り取りの袿《うちき》を重ね着し、昔の絵巻物から抜け出してきたかのよう。しかしよく見ると、仰々しく白粉《おしろい》をぬった顔が男だったりする。かと思えば狩衣姿の女がいて、そのひょうきんな仕草や表情に、周囲がどっと笑い崩れた。

侍従や女官らが、仮装行列をしているのだ。企画したのは貞明皇后。大正天皇と並んで椅子に座り、工夫をこらした衣装を見つけては声を弾ませ、大正天皇に話しかけている。

と、ぶかぶかの軍服をまとった侍従がやってきて、長い軍刀を引きずって歩き、大げさな仕草で怒り出すのが見えた。

貞明皇后が目を丸くして笑う。

「まあ、あれは山県（有朋）のつもりよ。本人が見たらどんな顔をするかしら」

大正天皇も噴き出し、声を立てて笑った[51]。

大正八年の夏。言語障害や運動障害が顕著になりはじめた大正天皇は、ほとんど外出せず、回復に努めている。病状への不安からか、いつもの陽気は影をひそめ、この頃には神経質な様子をみせることもあった[52]。

そんな大正天皇を励まそうと、貞明皇后は必死だった。

侍従の加藤泰通が述懐する。

「大正天皇が御病気になられてからは、皇后は常に天皇をお慰めする事について考へてゐられました。あゝしたらお喜びになるか、かうしたらお慰めになるかとそればかりお考へになつてをられ、お側《そば》にお仕へしてゐて本当においたはしい程でありました[53]」

だが、病気の進行は止まらなかった。

九月十八日に帰京した大正天皇は、しばらくは皇居内で通常通り政務をみる。しかし皇居外での公務となると、周囲にも異変が明らかに分かるような症状をみせた。

首相の原敬がつづった日記によれば、十月二十八日の海軍観艦式で「御朗読相成難きに因り」軍令部長が勅語を代読した。十一月十一～十四日に兵庫で行われた陸軍大演習では、「御左足の御不自由は（中略）拝観せし者の知る所」になるほどだった。[54]

さらに十二月、大正天皇は帝国議会開院式で読み上げる勅語の練習を数日間行ったが、「何分にも御朗読御困難にて」欠席。原が「勅命を奉じて」代読した。[55]

聖上異変――。

まだ一般には知らされていないが、政府高官らの間に動揺が広がったのは言うまでもない。それを、自らの態度で懸命に食い止めようとしたのが、貞明皇后である。

ある日のこと、皇居・豊明殿で複数の高官らが陪食にあずかった。誰もが喜んで参内したものの、大正天皇の様子に唖然とする。姿勢は安定せず、言葉も不明瞭だ。

食後は廊下に出て整列し、退室する天皇を最敬礼で見送るのが慣例である。しかし高官らはささやき合い、天皇が姿を見せても非礼を改めなかった。

その時だ。貞明皇后がひとり、静かに頭を下げて最敬礼した。

毛髪一本の乱れも許さぬ厳粛。誰もが一瞬にして姿勢を正し、深く低頭した。[56]

宮中で、貞明皇后の威厳が急速に高まっていくのは、実にこの頃からである。

仕人《つこうど》の小川金男が語る。

「(貞明皇后は)御自分を引き立てて毅然としておられたのであろう。このことは天皇が御病気になられてからは、ことによくうかゞえた(中略)毅然としなければならぬという御意志が強くおありになつたように思われた」(57)

やがて気丈な国母は、大正天皇のストレスの一因でもあった元老筆頭格、山県有朋とも対立するようになる。

八十

「元帥はいつも通常軍服を着ていた。外套を着ている時には、必ずその特別に広い外套の襟を立てまるで顔をかくすように帽子を眼深かにかぶり、両手は外套のポケットにつゝこんだまゝ長い軍刀をひきずるようにして歩く人であつた」

宮中の仕人だった小川金男が見た、元老筆頭格の陸軍元帥、山県有朋の様子だ。

小川によれば山県は、廊下で皇族の軍人と出会っても、階級が尉官や佐官クラスであれば「ジロリと鋭い一瞥《いちべつ》をあたえただけで、そのまゝ通り過ぎて行つた」という。(58)

大正七年九月に原敬内閣が発足してからも、宮中における山県の影響力は依然絶大だった。首相の原は、「政府は政事の全責任を負ふべく、而して宮中に関しては今日の場合(山県ら)元老全責任を負ふの外なし」と語っており、(59)山県もそのつもりでいたようだ。

その山県がある日、東宮武官長の奈良武次を呼んで言った。

「東宮（裕仁皇太子）もやがて大元帥となられる。ついては先帝（明治天皇）の如く、御自ら部隊を指揮された如くに御教育申し上げねばならない。東宮御所での御生活はどうなっておるのか。たまには射撃訓練や鴨猟などもおさせすべきだ」

直立不動で聞いていた奈良は、御所に戻って東宮大夫の浜尾新《あらた》に相談した。すると数日後、浜尾が困惑気味に言った。

「山県閣下のお考えも分るが、射撃訓練や鴨猟には皇后陛下が反対しておられる。皇后陛下は、『帝王のお徳は仁愛でなければならない、徳は禽獣《きんじゅう》にも及ぶ』として、東宮に射撃や鴨猟を勧めないでほしいという思し召しだ……」

浜尾から山県の方針を聞いた貞明皇后が、それをはねつけたのである。

大正天皇の発病後、裕仁皇太子の教育方針などをめぐり、貞明皇后と山県が対立することはほかにもあった。二人が直接衝突することはなかったが、奈良は「（両者の間に立って）困惑いたしたものです」と率直に語っている(60)。

貞明皇后は、軍務を軽んじていたわけではない。六年四月に雍仁親王が陸軍中央幼年学校予科に入学した際には銃剣を贈り、こんな手紙を書いている。

――古《いにし》へより吾が日本刀は男児の魂と伝へ承り候　諺に花は桜木人は武士と申習はし候
此《こ》の桜花爛漫《らんまん》の好時節に御入学相成候事転《うた》た感慨の深きを覚え申候

（中略）希《ねが》わくは常に血気の勇にはやり給はず　事に中《あた》りて能《よ》く精神を鍛錬し　細密なる思慮と寛厚なる温情とを養ひ給ひ　仰ぎては
御父天皇陛下及び御兄皇太子殿下の御心にそひ　伏しては弟宮達の為に好範を示し給ひ臣民衆庶の忠誠を奮起せしむべき御覚悟あらまほしく　神かけて願ひ申候
——母より(61)

後年、皇太后となった貞明皇后のもとには昭和期の軍人が多数訪れるようになるが、その理由が分かるような文面だ。

そんな貞明皇后を、山県はどう見ていたか。ある時こう言っている。

「兎に角近来何もかも皇后陛下に申し上ぐる様になり、斯くては或は将来意外の弊を生ぜずとも限らず甚だ憂慮し居れり……」(62)

貞明皇后の威厳が高まり、宮中で山県の意向が唯一通らない存在となりつつあることへの警戒感がうかがえる。

話を戻そう。大正天皇の病状は九年になると、公の場に出られなくなるほど悪化した。『貞明皇后実録』によれば同年四月以降、《天皇御静養の為公式の儀礼に出御を止められしを以て、爾後は外国使臣に陪食を賜ふに当りても天皇臨御のことなく、皇后のみ出御する》ことになる。(63)

姿を見せなくなった大正天皇——。首相の原は、重大な決断を迫られていた。

八十一

大正天皇の病状が悪化し、公務に支障が出るようになった大正八年の晩秋、首相の原敬と元老筆頭格の山県有朋がひそかに会談した。現下の内政、外交問題について意見を交わした後、大正天皇の病気について話を切り出したのは、山県である。

「先日の海軍観艦式で、陛下が勅語を朗読なさることができず、軍令部長が代読したのは残念であった。皇太子殿下が代わって朗読なされたなら誠にありがたく、軍人は感泣したであろう」

「陛下のご病気については私も大変憂慮しております。この際、皇太子殿下にもう少し政事のこと、および社交などにも慣れていただく必要があるでしょう」

「同感だ。それには殿下がご結婚される前に欧州諸国へご遊歴され、見聞を広めていただくのがよい」

「そうですね。殿下にはぜひ、ご洋行を願いたいものです……」(64)

裕仁皇太子に欧州外遊で社交性などを磨いてもらい、帰国後に大正天皇の公務を務めてもらおうと、相談しているのだ。原も山県も口にこそ出さないが、頭に「摂政」の一語があったに違いない。

原は日記に書いた。

「余実に本件を国家の重大事件と思ひ常に憂慮し可成奏上事《そうじようなるべき》も余自身に之をなし居る位の事なり、山県、松方（正義）、西園寺（公望）皆な此点に付ては真に憂慮し居れり」(65)

首相や元老がここまで思い詰める背景には、一九一八（大正七）年に終結した第一次世界大戦による各国の、ことに君主国の惨状がある。すでに大戦前の一九一二年、辛亥革命で中国の清王朝が滅亡。大戦中の一九一七年にはロシア革命でロマノフ王朝が倒され、皇帝ニコライ二世は家族もろとも処刑された。

さらに大戦末期の一九一八年、敗戦するドイツのヴィルヘルム二世が退位して帝政が崩壊。同時期にオーストリア＝ハンガリー帝国の皇帝カール一世も退位し、中欧で六百五十年君臨した名門ハプスブルク家の歴史にピリオドが打たれた。

国際社会で影響力を持つ主要国のうち、君主国は日本、イギリス、イタリアなど数カ国のみになってしまったのだ。

国内ではこの時期、普選運動(66)や被差別部落解放運動、大正九年の第一回メーデーをはじめとする労働運動などが高まり、いわゆる大正デモクラシーの真っ最中である。

原や山県らは、海外における帝政打破の風潮や共産主義の策動が、国内の各種運動と結びつくことを恐れた。国民統合のシンボルである大正天皇が姿を見せられない状況が続けば、天皇統治の正当性が揺らぐことにもなりかねない(67)。

一方で原は、九年四月二十九日に十九歳の誕生日を迎えた裕仁皇太子に、磨けば光る王者のカリスマを感じていた。

例えば誕生日直前の四月十四日、皇居・牡丹ノ間で行われた各国大公使の信任状奉呈式で、裕仁皇太子が初めて大正天皇の代理を務め、イギリスやメキシコなどの大公使から信任状の奉呈を受けた時の様子を、原は日記にこう書いている。

「御態度並に御言葉等実に立派にて宮内官一同と共に実に感嘆せりと云へり(68)」

以後、裕仁皇太子の摂政就任を前提とした欧州外遊の準備に、政府首脳と元老が一致して取り組むことになる。だが、大正天皇の権威を低下させるこの動きに、敢然と立ちふさがる人がいた。

貞明皇后である。

ちょうどこの頃、裕仁皇太子のお妃問題が大きく動く。それが外遊問題とも重なり、宮中を揺るがす大事件へと発展するのである。

註

（1）『大隈侯八十五年史』三巻によれば、大正天皇は大隈の話を聞くのが好きで、ほかの拝謁者をしばらく待たせたり、「稀《ま》れに人払ひをされて、皇后陛下と御二人限りで、（大隈の話を）聴し召された事もあった」という
（2）ドイツの軍需会社「シーメンス」と日本の海軍首脳らによる贈収賄事件
（3）山県が大隈を首相に推薦したのは、立憲政友会に打撃を与えるためでもあった
（4）『原敬日記』四巻一六六頁から引用
（5）「関係者談話聴取」所収の「穂積英子談話」から
（6）西野雄治『大隈内閣の真相』三〇頁から引用
（7）、（8）奈良岡聰智「第一次世界大戦初期の日本外交　参戦から二十一カ条要求まで」（山室信一ほか編『現代の起点　第一次世界大戦（一）世界戦争』所収）から
（9）『原敬日記』四巻四一頁から引用
（10）『大正天皇御集』六九頁から。原文は「西陸風雲惨禍多　列強勝敗竟如何　山河到處血成海　神武憑誰能止戈」
（11）『貞明皇后実録』一五巻六八～六九頁から引用
（12）、（13）いわゆる「対華二十一カ条要求」をめぐる経緯は奈良岡聰智「加藤高明と二十一カ条要求」（小林道彦ほか編『歴史の桎梏を越えて』所収）、伊藤之雄『政党政治と天皇』、中村尚美「第一七代 第二次大隈内閣」（林茂ほか編『日本内閣史録』二巻所収）から
（14）川田稔『原敬 転換期の構想』四八頁から引用
（15）『大正天皇実録』七〇巻から
（16）『椿の局の記』九一頁から引用
（17）「第一七代 第二次大隈内閣」から引用
（18）、（19）伊藤隆ほか編『大正初期山県有朋談話筆記』一三五、一三六頁から引用。句読点は筆者
（20）ややとがった寺内の禿頭が大阪の通天閣にあるビリケン人形に似ていたため、非立憲とからめてビリケンとあだ名された。なお、寺内内閣について全国記者大会が「元老の政権」「私議閥族」「官僚政治」とみなして排斥を決議するなど、組閣当初から人気は低かった（金原左門「第一八代 寺内内閣」（『日本内閣史録』二巻所収）から）
（21）早川卓郎編『貞明皇后』二三頁から引用
（22）「第一七代 第二次大隈内閣」、「第一八代 寺内内閣」から
（23）中田尚「米騒動に学ぶ 発祥の地魚津発」（機関誌『税経新報』平成二十八年二月号所収）から。米騒動の端緒には諸説ある
（24）、（25）金沢敏子ほか『米騒動とジャーナリズム』から

(26) 米騒動について司法当局は、「各新聞紙の誇大又は虚偽の報道」が原因の一つであり、「各新聞紙の煽動《せんどう》的役割は実に甚大」とみていた（吉河光貞『所謂米騒動事件の研究』から）
(27)『米騒動とジャーナリズム』から
(28)「第一八代 寺内内閣」、『米騒動とジャーナリズム』、『所謂米騒動事件の研究』から
(29)『貞明皇后実録』一九巻五六頁から引用
(30) 大正七年九月十六日の「典侍日記」（「稿本九二」所収）から引用。傍点は筆者
(31) 通常、鈴が鳴るのは天皇が祈願をこめる時のみという
(32)『貞明皇后実録』八巻四二頁、一三巻二七頁から引用
(33) 大正十年十一月二十六日の東京日日新聞から引用
(34)『大正天皇実録』七〇巻五六頁から引用
(35) 同七〇巻、『貞明皇后実録』一九巻から
(36) 小田部雄次・静岡福祉大学教授は賢所への祈願について、「米騒動やシベリア出兵などもあるが、天皇の病状悪化に対する祈願の意味があったのではないか」としている
(37)『原敬日記』五巻七〇頁から引用
(38)『椿の局の記』七五頁から引用
(39)『大正天皇実録』七一巻三二頁から引用
(40) 杉下守弘「大正天皇の御病気に関する文献的考察」（医学誌『認知神経科学』一四巻一号所収）では、大正天皇の病名を「大脳皮質基底核症候群」や「原発性進行性失語症」と推測している
(41) 早川卓郎編『貞明皇后』一二二頁から引用
(42)『原敬日記』五巻一八頁から引用
(43) 大正七年十月二十六日の東京日日新聞から
(44)『原敬日記』五巻から
(45) 同五巻七〇頁から引用
(46) 同五巻一一九頁から引用
(47)『山縣有朋関係文書』一巻八四頁から引用
(48)『大正天皇実録』七三巻二五頁から引用
(49) 大正天皇はこの間、御用邸近郊の景勝地である《裏見瀧・小倉山・朝陽閣等御遊幸ニ当リ険路・階段等ハ供奉ノ侍従武官長内山小二郎ヲシテ扶助シ奉ラシム》とある（同七三巻二五頁から引用）
(50) 同七三巻二五頁から引用
(51) 大正天皇の気晴らしにと、貞明皇后は側近者による園遊会や仮装行列を企画することがしばしばあった（「関係者談話聴取」所収の「加藤泰通談話」から）
(52) 小川金男『宮廷』から
(53)「加藤泰通談話」から引用
(54)『原敬日記』五巻一六六、一九三頁から引用
(55) 同五巻一九三～九四頁から引用

(56)『宮廷』から。著者の小川金男によれば大正天皇の病状が悪化して以降、「公式のお席にもいつも皇后陛下が御同席」になり、威厳が保たれるよう気を配っていたという

(57)『宮廷』一六八頁から引用。仕人は宮中の雑務にあたる職員

(58)『宮廷』二一七〜一八頁から引用

(59)『原敬日記』五巻二八二頁から引用。原の発言は、山県を政界から遠ざけるためだったとも考えられる

(60)「関係者談話聴取」所収の「奈良武次談話」から。なお、射撃訓練は行われたものの、「東宮もお好きではないので一回でお止《や》めになりました」という

(61)主婦の友社編『貞明皇后』一〇〇〜一〇一頁から引用

(62)『国母の気品』一〇八頁から引用

(63)『貞明皇后実録』二一巻二七頁から引用

(64)『原敬日記』五巻から

(65)同五巻二六六頁から引用

(66)納税額などの制限のない普通選挙権を求める運動。原敬内閣は大正八年、有権者資格の納税額をそれまでの十円以上から三円以上に切り下げたが、全廃を求める声が強く、大正十四年に加藤高明内閣によって普通選挙法（満二十五歳以上の成年男子）が制定された。女子を含む完全普通選挙は戦後の昭和二十年に実現した

(67)黒沢文貴『大戦間期の宮中と政治家』、鳥海靖「第一九代 原内閣」（林茂ほか編『日本内閣史録』二巻所収）から

(68)『原敬日記』五巻二三二頁から引用

第八章　皇后の涙

八十二

大正九（一九二〇）年十一月のある日、元老筆頭格の山県有朋が、険しい表情で書類に目を通している。侍医寮御用掛の医師が作成し、宮相に提出した極秘扱いの報告書だ。読み進むほどに眉間のしわを深くし、やがて瞑目した山県は、憤怒に満ちた声を絞り出した。

「何たることだ。これは是が非でも、皇太子妃の内定を取り消さねばならぬ」……

山県を憤慨させた報告書の内容は後述する。その前に、裕仁皇太子のお妃選びの動きを追ってみよう。

話は三年前にさかのぼる。

大正六年十月八日、華族の子女らが通う学習院女学部は、いつもより緊張した朝を迎えていた。貞明皇后が行啓すると、連絡があったからだ。

午前九時に到着した貞明皇后は、《女学部長松本源太郎の御先導にて各学科の授業を御巡覧あり、畢《おわ》りて便殿に於て在学中の（伏見宮）敦子女王・（同）知子女王其の他皇族女子に対面あらせらる》と、『貞明皇后実録』が書く(1)。

入学式や卒業式でもないのに行啓した理由の一つは、お妃選びだろう。前年に立太子の礼をあげた裕仁皇太子は当時十六歳。皇太子妃選考を本格化させてもいい時期だ。

授業を視察し、皇族女子と対面した貞明皇后は、ひとりの少女に目をとめる。久邇宮《くにのみや》邦彦王の第一王女、十四歳の良子《ながこ》女王である。

真偽は定かでないが、こんな逸話がある。貞明皇后が何人かの生徒の手を見たら、お嬢様らしい白い手の中に、あかぎれの手があった。あとで教員に聞くと、誰もが嫌がる便所掃除を率先して行っている生徒の手だという。

それが、良子女王だった(2)。

ふくよかな顔立ちをした色白の美人。温和な性格で、何より健康だ。「良さまはテニスと薙刀(3)、それにピンポンがお得意で、とても活発でいらっしゃいました」と、同級生の一人が語る。

貞明皇后は、感じるものがあったのではないか。東京日日新聞の宮内省記者だった藤樫準二によると、この日、「（貞明皇后は）『あのような姫』ならば申し分がないと、固くお胸にやきつけてお帰りになった」[4]。

むろん、最後に決めるのは大正天皇だ。裕仁皇太子の意思も尊重しなければならない。貞明皇后は後日、まだ病状の軽かった大正天皇と裕仁皇太子に、自身の考えを伝えて相談したことだろう。

大正天皇が笑顔でうなずく。

「節子がそれほどいいと言うなら、私に異存はないよ。皇太子はどうかね」

裕仁皇太子も、やや頬を赤くして言う。

「おもうさまとおたたさまのご意見が同じなら、私も異存はありません」……

以後、話はとんとん拍子に進んだ。貞明皇后の意向を受けた宮相の波多野敬直が学業成績や健康状態を調査し、同年十二月には元老の山県、松方正義、西園寺公望に、良子女王が最有力であると伝えた。

山県は内心、面白くなかっただろう。誰が皇太子妃になるかで、宮中の勢力図は大きく変わる。その選考に最初から関われなかったことに、苦虫をかみつぶしたのではないか。

とはいえ貞明皇后が強く推し、大正天皇も同意しているとなれば、覆すことはできない。

『昭和天皇実録』によれば同年十二月二十二日、山県ら三元老は会同し、《良子女王を皇太子妃に御予定すること然るべしと一決する》[5]。

だが、それを伝えられた父宮の邦彦王は、喜ぶよりも当惑した。久邇宮家に、結婚の障害となりかねない事情があったからだ。

八十三

宮相の波多野敬直が久邇宮邦彦王のもとを訪れ、第一王女の良子女王を「皇太子妃に御予定」するという大正天皇の沙汰を伝えたのは、大正七年一月十四日である。(6)

願ってもないことだ。邦彦王は相好を崩した。が、しばらくして思い直し、喜色を憂色に変えた。

「せっかくの御沙汰ですが……」

実は、良子女王の母、俔子《ちかこ》妃は薩摩の島津家出身で色覚障害の近親がおり、遺伝の可能性が疑われていた。良子女王に異常はなかったものの、邦彦王は「あとで御迷惑をかけても」と思い、辞退することにしたのである。(7)

波多野は驚いた。貞明皇后が落胆する様子が、頭をよぎっただろう。

しかし内々に調べたところ、良子女王には遺伝の心配がないとされ、波多野は二日後、改めて「是非《ぜひ》とも……」と要請。今度は邦彦王も謹んで承諾した。(8)

となると善は急げだ。良子女王は学習院女学部を退学。貞明皇后がそうだったように、邸内の御学問所で仏語、和歌、礼法などの家庭教育を受けることになった。

翌八年六月十日、正式に《良子女王を皇太子裕仁親王の妃に御内定あり、本日宮内大臣子爵波多野敬直内旨を奉じて其《そ》の由を皇太子並に女王の父邦彦王に言上す》。(9)

内定後の良子女王と貞明皇后が対面したのは五カ月後である。『貞明皇后実録』によれば十一月四日、母の俔子妃に伴われて参内した良子女王に《皇后より腕輪及び指輪を贈らせらる》[10]。

ダイヤモンドの輝く腕輪はおよそ二十年前、自身の婚約時に昭憲皇太后から贈られたものだ。それを譲り渡した貞明皇后の感慨は、一入《ひとしお》だっただろう。

なお、貞明皇后は結婚前、大正天皇に会うことができなかったが、裕仁皇太子に同じ思いはさせなかった。明くる九年一月六日、裕仁皇太子は皇居で《約一時間、皇后御同席のもと初めて良子女王に御対面になる》と、『昭和天皇実録』に記されている[11]。

貞明皇后の見込み通り、裕仁皇太子は一目で良子女王に好意を抱いたようだ。やがて自室に良子女王の写真を飾り、結婚の日取りが決まるのを待った。

ところが、ここから事態は変転する。

発端は、学習院で行われた学生たちの定期健康診断だった。ここで良子女王の兄宮に色覚障害があることを嘱託の軍医が発見。軍医は島津家の血統に興味を抱き、研究の上、兄宮の名前を伏せて医学雑誌に発表した。

その医学雑誌[12]が元老筆頭格、山県有朋のもとに持ち込まれたのだ。九年の晩春、五月頃だったとされる。

伏せられた名前も知った山県は、目をつり上げた。皇太子妃選考では蚊帳の外に置かれていただけに、それみたことかと思ったのではないか。以後、山県は猛然と巻き返しに動く。まずしたことは、良子女王の擁立に深く関わった宮相の波多野を、辞職に追い込むことだった。表向きの理由は「老齢」。波多野は当時六十九歳で、八十一歳の山県が言うのは道理に合わないが、宮中に絶大な影響力を持つ山県ににらまれれば、波多野としては辞職するほかない。(13)

後任は陸軍出身の中村雄次郎（貴族院議員）。むろん山県の腹心の一人である。首相の原敬が日記につづった言葉を借りるなら、「畢竟《ひっきょう》宮中を全部山縣系となすの考に出たる事云ふ迄《まで》もなき」露骨な人事だった。(14)

その上で山県は、中村に色覚障害と遺伝について詳細な調査を指示する。

十一月、侍医寮御用掛の医師が作成した、驚愕の報告書がもたらされた。

八十四

ここで話は本章の冒頭に戻る。

皇太子妃に内定した良子女王の兄宮ら久邇宮家の色覚障害について、侍医寮御用掛の医師が作成した報告書を山県有朋が読み終えた場面だ。

「これは是が非でも、皇太子妃の内定を取り消さねばならぬ……」

大正九年十一月十一日付で宮相の中村雄次郎に提出された報告書の内容は、おおよそ次のようなものだった。

一、色覚障害の家系に生まれた女子と健全な男子とが結婚すれば、生まれてくる子が女子であれば健全だが、男子は半数が色覚障害になる

一、色覚障害の場合、紅緑の色覚が欠乏もしくは減弱するが、視力などには少しも異常はない

その上で、こう書かれていた。

「然レドモ只《ただ》現行徴兵令存在スル限リ、（中略）法律上陸海軍人トナラセラルルコトハ絶体ニ不可能トナラセラルル……」[15]

つまり良子女王と裕仁皇太子が結婚すれば、生まれてくる親王の半数は法律上、大元帥たる軍人になれないというのだ。

陸軍長老でもある山県にとって、この婚約を認めるわけにはいかない。

山県は早速、ほかの元老の松方正義、西園寺公望、宮相の中村、側近で宮内省御用掛の平田東助を呼び、善後策を協議した。

山県が力説する。

「このままでは皇統に瑕疵《かし》を残すことになる。良子女王との婚約は、断じて解消せねばなるまい」

中村が追随した。

「（良子女王の父の）邦彦王に辞退していただくようにしよう」

西園寺は懸念を示した。

「邦彦王はひと癖あるお方だ。ご承知しなければどうするのか」

平田が楽観して言う。

「それは大丈夫だ。（皇族筆頭の）伏見宮からお話ししていただけば、邦彦王もご承知くださるだろう」[16]

口数の少なかった松方も含め、婚約解消への反論は出なかった。[17] 山県とは距離を置く西園寺も、医師の報告書を見せられ「皇統に瑕疵を残す」と言われては、従うしかなかっただろう。

加えて良子女王の父、邦彦王に対する懸念もあった。

西園寺が「ひと癖ある」と言った通り、邦彦王は性格が難しかったといわれる。現に九年五月、臣籍降下の要件変更をめぐって開かれた皇族会議で、宮内省が提出した案に強く反対し、会議を紛糾させていた。[18]

（邦彦王が裕仁皇太子の義父の立場になれば、より大きな混乱を天皇家にもたらすかもしれない）……

結局、三元老らの協議は「婚約御辞退の勧告」でまとまる。それを受けて宮相の中村が伏見宮貞愛《さだなる》親王のもとを訪れ、邦彦王に伝達してもらうよう依頼。貞愛親王は久邇宮家の事務官を呼び、医師の報告書を示して勧告を伝達――と、山県の思惑通りにことは運んだ。[19]

一方、突然の辞退勧告に、邦彦王が愕然としたのは言うまでもない。色覚障害の遺伝の可能性があることは、最初から宮内省に伝えてある。良子女王を「皇太子妃に御予定」するという大正天皇の沙汰を受けてからおよそ三年、婚約が正式に内定し、新聞発表もされた今になって解消されれば、娘の将来への悪影響は計り知れないだろう。

とはいえ、三元老と宮中幹部の意見が婚約解消でまとまり、皇族筆頭の貞愛親王までもが同意しているとなれば、邦彦王がひとり拒絶したところで、どうしようもなかった。

（この状況を覆せるとしたら、あの御方しかいない）――

十一月二十八日、邦彦王は意を決して参内する。貞明皇后に直訴するためである。

八十五

皇太子妃に内定した良子女王の母系に色覚障害の遺伝の疑いがあることを、貞明皇后はいつ知っただろうか。

『貞明皇后実録』には記述がなく、確かなことは分からない。ただ、山県有朋ら元老が良子女王の父、久邇宮邦彦王に婚約辞退を迫る一、二カ月前には、山県に近い前日本赤十字社社長の石黒忠悳《ただのり》らが概略を伝えていたようだ[20]。

貞明皇后の苦悩は大きかっただろう。良子女王に白羽の矢を立てたのは、貞明皇后である。できることなら婚約を続行させたいが、内定解消の動きに反対しにくい事情もあった。

ひとつは、裕仁皇太子が近眼だったことだ。自分も目が悪かった貞明皇后は、「私の責任」と感じていた。[21]

もうひとつ、そもそも貞明皇后自身が、内定解消により皇太子妃となった経緯がある。かつて伏見宮禎子《さちこ》女王に肺病の疑いがあるとされ、「体質の丈夫と申す一点」で自分が選ばれなければ、四人の親王が生まれることもなかった。

婚約続行か内定解消か。煩悶《はんもん》していたところに拝謁を求めてきたのが、邦彦王である。大正九年十一月二十八日のことだ。

貞明皇后は、努めて明るく邦彦王を迎えた。わが子の将来を案ずる気持ちは痛いほど分かる。慰めたい気持ちもあったのではないか。

そんな貞明皇后に、邦彦王は用意していた書面を差し出し、深く頭を下げた。

「陛下にご内覧いただきたく、お願い申し上げます」

書面に目を通した貞明皇后は、顔色を変えた。こう書かれていたからだ。

「帝室の御事は衆庶臣民が常に敬虔《けいけん》の念をもって耳目を傾けざるはなし。いやしくも事が一《いっ》旦《たん》御決定あらせられたると伝わりたる後、軽々しくこれを改めようとするは、民間の物議をかもすことと容易なことと拝信す……[22]」

元老らの方針に、真っ向から反対する内容。しかも邦彦王が「御婚約を拝辞すべき場合」として、両陛下もしくは皇太子殿下が取り消しを望まれる時か、皇室の「御血統に必ず弱点」が発生すると邦彦王が自覚した時の二点を挙げていた。

「謹みて命を待つ」と結ばれた書面は、元老らと久邇宮家との対立に天皇家を巻き込むものにほかならない。

異例の書面提出を知った首相の原敬も、「久邇宮の御挙動は穏当ならず」と日記に書いている。(23)

貞明皇后は公私の別に厳格だ。生母の野間幾子（浄操院）に対してさえ、「公私の別は厳格にお守りになり、その御孝養にも種々と御遠慮致してをられました」と、侍医の西川義方が語る。(24)

まして、身内が天皇家に無理難題を持ち込むなど、もってのほかだった。

（結婚する前からこれでは）――

貞明皇后が婚約解消に傾いたのは、おそらくこの時だろう。邦彦王の直訴は、逆効果だったわけだ。

一方、貞明皇后の内意を知って、胸をなで下ろした人物がいる。

山県有朋だ。

大正天皇の病状が進んで以来、山県にとって貞明皇后は、唯一頭の上がらない存在となりつつあった。気丈な国母が婚約続行を主張すれば、山県といえども反論しにくい。逆に、山県と貞明皇后の考えが一致したなら、宮中でこれ以上強力なタッグはないだろう。

貞明皇后を味方につけ、いずれ邦彦王から辞退の申し出があるとみた山県は、事前に十分な調査をしなかった元老の自分にも責任があるとして、宮相に「待罪書」を提出して神奈川

県小田原市の別邸に謹慎した。(25)

〝勝利〟を確信したからこそできる、余裕のポーズといっていい。

ところがそこへ、思わぬ伏兵が現れる。

八十六

博学多才にして気骨稜稜《りょうりょう》、その名を杉浦重剛という。

安政二（一八五五）年に近江国膳所《ぜぜ》藩の儒者の家に生まれ、二十七歳で大学予備門（のちの一高）校長に抜擢された英才だ。東京英語学校（のちの日本中学）を設立したほか、雑誌『日本人』などの刊行に尽力し、明治中期以降の言論・教育界に多大な影響を与えた国粋主義者としても知られる。

杉浦は大正三年以降、裕仁皇太子が学ぶ東宮御学問所の教授を務めていた。担当教科は倫理。未来の天皇に学問としての帝王学を教える、最重要科目と言っていい。

同時に七年以降、皇太子妃に内定した良子女王の家庭教師も務め、修身を教えていた。

その杉浦が、良子女王の教育係だった後閑菊野（のちの桜蔭高等女学校初代校長）から、驚くべきことを伝えられたのは九年十一月十八日である。(26)

「ご婚約の内定が、取り消されることになりそうです」

「何っ！」

良子女王に色覚障害の遺伝の可能性があること、それを理由に山県有朋ら元老、宮中高官が婚約解消を画策していること――を知った杉浦は、獅子のごとく伸びた髭《ひげ》をピリピリ震わせた。

「閥族めが。綸言《りんげん》汗の如《ごと》し(27)の格言を知らんのか」

それまで杉浦は裕仁皇太子に、帝王に必要な知・仁・勇を説き、頭で理解するだけでなく「実践躬行《きゆうこう》」こそ大切である――と指導してきた(28)。そして杉浦のみるところ、裕仁皇太子への帝王教育は期待以上の成果を上げていた。

「内定を取り消せば、これまで教えてきたことが水泡となろう。山県らの陰謀を断固阻止しなければならぬ」

以後、杉浦は猛然と婚約続行の運動を展開する。十二月四日に東宮御学問所へ辞表を提出して不退転の決意を示すと、その前後から各界の有識者に内定解消の不義を連日説いて回った。その様子は、杉浦の日誌からもうかがえる。

二日「後閑氏ト大ニ談ズル所アリ。学校ニ於テ、畑、猪狩、池田三氏ト談ズ」

三日「浜尾氏ト大ニ談ズル所アリ。猶《なお》同僚トモ談ズ(29)」

五日「小笠原氏ヲ訪ヒ、大ニ説スル所アリ」……

このうち浜尾（新《あらた》）は杉浦を東宮御学問所の教授に推薦した東宮大夫。小笠原（長生《ながなり》）は東宮御学問所幹事で、東郷平八郎の腹心である。ほかに古島一雄（犬養毅の側近）、穂積陳《のぶ》重《しげ》（のちの枢密院議長）らも杉浦のもとに集まった。

杉浦は訴える。

「（婚約破棄は）不仁も甚だしきものなり。尋常人に於てもこれを為すに忍びず、況《いわ》んや仁愛の本体たる皇室に於てをや」[30]

一方、山県らは当初、杉浦のことなど眼中になかったようだ。宮内次官の石原健三も、こう言っている。

「（婚約解消は）既ニ皇后陛下ノ御内諾ヲ得タルモノナリ、之に反対ナルハ杉浦一人アルノミ」[31]

貞明皇后さえ味方につければ、もう何も怖くない、といった意識がうかがえよう。

だが、杉浦を中心とする婚約続行の運動は日に日に高まり、やがて右翼の巨頭、頭山満をも動かすほどになった。年が明けるとほかの大物右翼も続々と反山県の声を上げ、一気に不穏な空気が漂いはじめる。

山県らは、杉浦が持つ影響力を甘く見ていたのだ。

貞明皇后はどう見ていたか――。

実は、それどころではなかった。

八十七

裕仁皇太子と良子女王の婚約をめぐり、解消すべしとする元老筆頭格の山県有朋らと、続行すべしとする東宮御学問所教授、杉浦重剛らの対立が表面化しはじめた頃、宮中の水面下では、もうひとつの対立が火を噴いていた。

裕仁皇太子の欧州外遊を推進する政府・宮中首脳と、反対する貞明皇后との対立である。

そしてここにも、宮中の隅々まで掌中に収めようとする、山県の意向が絡んでいた。

大正九年八月、山県は東宮武官長の奈良武次に、憤懣《ふんまん》やる方なくこぼした。

「皇太子殿下に拝謁の際、何か御伺ひ申上げても御返詞なく、又何にも御下問もなく、恰《あたか》も石地蔵の如《ごと》き御態度……甚《はなはだ》遺憾を感ず[32]」

ひどい言い方である。

裕仁皇太子が本当に「石地蔵」のようであれば、東宮御学問所でも問題になっていたはずだが、杉浦はじめ教授陣からそうした声は聞かれない。

おそらく山県は拝謁した際、元老としての重みを示そうとしたのに、裕仁皇太子に素っ気なくされたのではないか。

むくれた山県は裕仁皇太子の性格に問題があるとし、東宮御学問所副総裁を兼務する東宮大夫、浜尾新による「箱入り御教育の如き方針」が原因だと批判した。

山県は言う。

「今后《こんご》一層開放的に御教育申上げ、御自由御活発の御気性を養成せざるべからず、御外遊も之に依て必要を感ずるなり、是非実行せざるべからず[33]」

それ以前にも山県は、裕仁皇太子の教育方針に何度か口を差しはさんできたが、東郷平八郎が総裁を務める東宮御学問所には響かなかった。外遊により、御学問所から裕仁皇太子を切り離そうとする狙いもあったようである。

一方、裕仁皇太子の外遊を、より切実に進めようとした人物がもう一人いた。

首相の原敬だ。

すでに書いたように、原は、裕仁皇太子の摂政就任を念頭に置いていた。第一次世界大戦後の政治、社会、国際情勢がいずれも混沌とする中、天皇がもつ求心力なくして国家は正常に運営できない。大正天皇の病状が悪化し、国民の前に姿を現せない以上、裕仁皇太子に代わりを務めてもらうしかないと、原は考えたのだ。

ただ、大正天皇への国民の敬慕は依然として強く、いきなり摂政にすれば反発を招く恐れもある。裕仁皇太子には、摂政にふさわしい実績づくりが必要であり、それが外遊だった[34]。

原は日記に書く。

「殿下が海外の事情御視察あると云ふ事は、国民の感情の上に大切の事なり」

「何《いず》れ摂政とならるるに至るべしと思へば、其場合にも尤《もっと》も必要の事と考へ、切に御実行を希望し居れり[35]」

大正八年の終わり頃から、原は周到に準備を進めた。元老らに外遊の必要性を説くとともに、宮内省を通じ、まずは大正天皇の病状を段階的に公表する。

一回目は九年三月三十日、「(大正天皇は) 昨秋以来極《ご》く軽微の坐《ざ》骨《こつ》神経痛を発せられてゐる」などとし、しばらく静養するとした。

二回目は同年七月二十四日、「御疲労事《こと》に臨んで依然生じ易く、加之《しかのみならず》御倦怠《けんたい》の折節には御態度に弛緩《しかん》を来し、御発語に障害起り明晰《めいせき》を欠くこと偶之《たまたまこれ》あり」と、やや踏み込んで症状を明らかにした。(36)

こうして徐々に、病気がちな天皇の代役が必要であると、国民の理解を得ようとしたのだ。

むろん、まだ摂政のことはおくびにも出せない。その前に、どうしても越えなければならない障壁がある。

貞明皇后である。

八十八

大正九年の夏。大正天皇と貞明皇后が滞在する日光田母沢御用邸は、幾重にも重なる蟬《せみ》の声に包まれている。

そこへ、首相の原敬が訪ねてきた。八月四日のことだ。

大正天皇に拝謁した後、原は別室で貞明皇后に面会。「(皇后)陛下には常とは異り何人も侍立《じりつ》せず全く単独にて拝謁し、且《か》つ椅子を賜りたり」と、その日の日記に書かれている。(37)

原はまず、「議会の状況等奏上《そうじょう》」した。政事向きのことは本来、皇后に報告する内容ではないが、天皇の病状が悪化している以上、伝えておこうと考えたのだろう。

ひと通り話が済んだ後、貞明皇后が口を開いた。

「皇太子を洋行させる話があるようですが、どういうことですか」

原はギクリとした。その様子から、洋行に反対しているのは明らかだ。まさか自分が仕掛けているとは言えない。

「ええ……、一度はご洋行していただき、各国の状況をご視察されてはどうかという意見があり、私もそう思いますが、ただ最近は天皇陛下のご名代《みようだい》もなさっておられますので、日本を離れられるのはいかがかと、多少の懸念もございます……」

原は言葉を濁しつつ、話題を変え、各国大公使の信任状奉呈式で裕仁皇太子の「御態度と云ひ御詞と云ひ誠に御立派にて一同感泣」したことや、ルーマニア皇太子が来日した際の応接が「更《さら》に御立派なる御態度」だったと持ち上げた。

退室した原は、「皇后陛下御喜びの御様子なりき」と日記に書く[38]。何とかごまかせたと、冷や汗をぬぐったのではないか。

貞明皇后が反対している以上、裕仁皇太子の外遊に向けた準備は進まない。以後、原は山県有朋、松方正義、西園寺公望の三元老と協議を重ね、説得工作に本腰を入れていく。トップバッターは松方だ。三年前から内大臣を務めており、元老の中では貞明皇后に接する機会が多い。だが、いまひとつ政治力に欠ける松方は、貞明皇后の相手にはならなかったようだ。

「陛下……。本日は折り入ってご相談したいことが……」

「皇太子の洋行の件なら、私は反対ですよ」

「いえ、その……」

おそらくこうした会話が何度か交わされたのだろう。十月二十日に松方を訪問した原は日記に書いた。

「皇后陛下未《いま》だ御許容無之《これなく》……」(39)

二番手は西園寺である。かつて伊藤博文の側近であり、のちに昭和天皇を支える西園寺は、松方よりは説得力があった。

貞明皇后「お上《かみ》がご病気の今、皇太子が洋行するなどということが、孝道上許されると思いますか」

西園寺「皇太子殿下が各国をご視察され、ご見聞を広められることは皇室の私事ではございません。国家の将来のためでございます。皇祖皇宗に対せられましても、孝道にかなっております」

貞明皇后「政事上必要とあれば、私は干渉しないつもりですが……」

このやり取りを聞いた山県は十月二十一日、原に向かって「政事上の事に干渉しないというお返事ならば、ご承認いただいたのと同じではないか」と喜んだが、当の西園寺は全くそう思っていなかった。(40)

原は日記に書く。

「全然御快諾とも思はれざることは、昨日西園寺の内話にても知る……」(41)

ついに山県も腰を上げ、貞明皇后に拝謁したが、色よい返事はもらえなかった。元老らの代わる代わるの説得に、かたくなに首を振り続ける貞明皇后。なぜそれほどまでに、裕仁皇太子の外遊に反対したのか――。

八十九

首相の原敬が日光田母沢御用邸で貞明皇后に拝謁し、裕仁皇太子の外遊について問われてから数日たった大正九年八月十日、官邸に意外な老婦人が訪ねてきた。元華族女学校学監、下田歌子である。

下田は当時六十五歳、かつて伊藤博文をはじめ政府高官らを次々に籠絡したと噂された美貌はすでにないが、有力者の心をくすぐる話術は健在だったようだ。

下田は原に、どれほど自分が貞明皇后に気に入られているかを語り出した。

――自分は九条家にも出入りし皇后陛下の幼少の頃から教育をみてきた。華族女学校時代の皇后陛下は「別段優れたる御長所なきも、又何等の御欠点も之なき」ため、皇太子妃にどうかと「伊藤公に内話」したのも自分だ。それゆえ今も信頼されている。皇后陛下のそばには諸事に明るい女官がいないので、自分がしばしばご下問を受けている――等々である(42)。

二人はこの日が初対面。今後も「時々必要の場合には来訪を約し」て別れた原は、日記にこう書いた。

「下田は兎角《とかく》の評ある婦人なれども、教育も十分にある人なればにや其云ふ処は誠実にして尤《もっとも》の次第なり」(43)

かくして原にも取り入った下田は、一カ月後の九月七日、再び官邸を訪れる。

今度の下田は単刀直入だった。

「閣下は先日、皇太子殿下のご洋行は中止してもよいと、皇后陛下におっしゃったそうですね」

「それは誤解です。私は、ご洋行していただくべきだけれども、殿下が天皇陛下のご名代をしておられる点も考慮しなければならないと申し上げたのです」

原は警戒した。下田の狙いが、裕仁皇太子の外遊計画を断念させることにあると察したからだ。(44)

現にその頃、外遊問題が気になっていた貞明皇后は「政事上の事」に直接関与できないため、下田を使って情報収集などに努めていたふしがある。

下田は十月十六、二十八日にも原を訪問。外遊問題で「(皇后) 陛下は殊の外の御心痛」であると話した。さらに下田の紹介で、神道行者の飯野吉三郎も原に接近し、「皇太子殿下御洋行の事に付 (皇后) 陛下は御心配の事多く御渡欧を好ませられざる」と伝えてきた。(45)

二人の話に、原は注意深く耳を傾けた。貞明皇后がなぜ、外遊に強く反対するのか、真意を知りたかったからだ。そして二人の話から、次の二点が理由だろうと思うようになる。

ひとつは「天皇陛下の御病気」だ。裕仁皇太子の外遊中に万が一のことがあれば、皇位継承の儀にも問題が生じかねない。

もうひとつは母子の情。「（皇后）陛下は御長子の事にて何分御案じありて外国に赴るゝ事を好せられざる御趣旨」と、日記に書いている。[46]

だが、原は誤解していたようだ。貞明皇后は公私に厳格で、少なくとも母子の情で外遊に反対することはありえない。

すでに書いたように、貞明皇后は四人の親王が甘やかされることを嫌い、雍仁親王が陸軍中央幼年学校に入学した際には、銃剣を与えて激励したほどである。

ではなぜ、外遊に反対したのか。

勘の鋭い貞明皇后は、外遊の目的が裕仁皇太子の修学のためでなく、摂政就任に向けた実績づくりであることに気づいていただろう。しかしそれは「政事上の事」であり、反対の理由にできない。このため母子の情を前面に出したのではないか。

つまり貞明皇后は、外遊そのものではなく、その先にある摂政就任に反対していたのである。

なぜなら大正天皇が、公務に復帰しようと、懸命の努力を続けていたからだ。

九十

相模湾の海浜沿いにある葉山御用邸。御座所《ござしょ》に通じる長い廊下を、大正天皇が気を奮い立たせるように、軍歌を口ずさみながら歩いている。

〽道は六百八十里、長門の……

と、そこまで歌って足を止め、口を閉じる。次の歌詞が出てこないのだ。しばらくしてまた歌う。

〽道は六百八十里、長門の……

宮中で長年仕人《つこうど》を務めた小川金男が見た、大正天皇の様子である。

「その後（の歌詞）をどうしてもお思い出しになれない。それでまた『道は六百八十里、長門の……』とお唱《うた》いになる。それをしよつちゆう繰り返えされながら、力づけるような御様子で、陛下が廊下を歩いておいでになる。そのお姿を拝して、わたしはなんともいえないおいたわしい感じを受けたものであつた[47]」

小川によれば大正天皇は発病後、かなり早い段階から「御自分が病気であつて、健忘症であるということを常に気にしておいでになつた」という[48]。

病状が悪化した大正九年以降、国民の前に姿を見せなくなった大正天皇だが、少しでも回復したい、そして公務に復帰したいと、強く思っていたのだ。神経痛をこらえて廊下を歩き回り、覚えているだけの歌詞を繰り返すのも、そのためである。

そんな大正天皇を、貞明皇后は最も身近で励まし続けた。

「お上の元気なお姿を、国民は待っていますよ」——

そんな言葉を、何度かけたことか。

裕仁皇太子の摂政就任を前提とする外遊計画が持ち上がったのは、まさに大正天皇が、懸命に回復に努めている頃だった。元老、宮中高官、そして首相の原敬までもが大正天皇の公務復帰をあきらめ、裕仁皇太子に期待を寄せるようになったことを、貞明皇后はどう感じただろう。

誰が何と言おうと、私だけはお上の回復を信じ、お気持ちに添いたいと、心に誓ったのではなかったか。

元老らによる貞明皇后への説得工作は、九年の秋以降も続いた。

原が日記に書く。

十一月十二日「(山県有朋に)東宮御洋行の件は決定せしやと尋ねたるに、(中略)皇后陛下御不同意にて御決行に至らずと……」

十二月七日「(西園寺公望に)皇太子殿下御洋行の事如何《いか》に決定せしやを尋ねたるに、皇后陛下の御快諾未《いま》だ得ざるも……」(49)

西園寺がのちに語ったところでは、貞明皇后は当時、外遊に「絶対に反対され、誰の言葉もきかれなかった」ほどで、西園寺に「お怒りになったり、お泣きになった」という。(50)

苦慮した山県や西園寺らは、伏見宮貞愛親王に働きかけ、皇族からも説得してもらおうとした。しかし貞愛親王は、元老が束になっても了承しないなら、どうにもならぬと首をふった。(51)

ここに至り元老は、ついに強硬手段に出る。外遊は「政事上の事」として、貞明皇后の了承を得ないまま、大正天皇に直接裁可を求めることにしたのだ。

年が明けた十年一月十六日、内大臣の松方正義が葉山御用邸に参邸。貞明皇后に拝謁し、皇太子殿下の外遊は政事上必要であること、ゆえにこれから天皇陛下にご裁可いただくことを、最後の説得を試みるとともに伝えた。(52)

貞明皇后が、がっくり首を垂れる。これ以上反対すれば、却《かえ》って大正天皇の負担になりかねない。

「いいでしょう……」

貞明皇后は、ついに外遊を了承した。

この後、外遊問題と連動する形で、裕仁皇太子の婚約問題も一気にクライマックスを迎える。

九十一

「宮内省の横暴不逞《ふてい》」――。そんなタイトルの怪文書が永田町界隈《かいわい》にばらまかれたのは、裕仁皇太子の外遊を貞明皇后が了承した八日後、大正十年一月二十四日である。

怪文書には、おおよそ次のようなことが書かれていた。

——皇太子妃に内定した久邇宮良子女王の母系に色覚障害の兆候があるとして、宮相らが父宮の邦彦王に婚約辞退を迫っている。宮相らは陰謀の一環として「やんごとなき御方」にも色覚障害の恐ろしさを講話するなどした。この陰謀の背後には「攪乱《かくらん》常習犯ともいうべき○○公」がいる。婚約破棄は一般家庭においても不徳とされるのに、皇室が行えばわが国の道徳は地に落ちる——(53)

右の文中、「やんごとなき御方」が貞明皇后であり、「○○公」が山県有朋を指すのは言うまでもない。

首相の原敬は愕然とし、日記に「(怪文書は)多分久邇宮家関係者の処為と思はるゝも、如此《かくのごとき》事にては世間の注目する所となり、甚だ妙ならざる次第に付、岡(喜七郎)警視総監より宮相に注意せしむる事となしたり」と書いた(54)。

極秘で進められていた婚約解消の動きが明るみに出ることで、政治問題化することを恐れたのだ。

既述のように、解消を画策する山県ら元老、宮中高官と、続行を求める東宮御学問所教授、杉浦重剛らの対立は、貞明皇后が前者に傾いたことにより、やがて決着するとみられていた。ところが怪文書により状況は一変する。二日後の二月二十六日、読売新聞が「杉浦翁、憤慨して(東宮御学問所に)辞表を提出」と報じ(55)、直ちに発売禁止処分となるも、国会でも野党が政府を追及する構えをみせはじめた。

しかも山県らにとって頭が痛いのは、頭山満をはじめ右翼が杉浦の側に立ち、動き出したことである。

当初、杉浦ら続行派の主張は《人道上、取るに足らぬ些少《さしょう》の欠点をもって御内定を取り消すことは、満天下に悪模範を示す》という〝人倫論〟だった。[56]

一方、右翼などは〝陰謀論〟を展開。婚約解消は山県一派が宮中を私物化するためだ、山県らが推進する裕仁皇太子の外遊も「御成婚を延ばす手段に外ならず」として、外遊問題にまで枠を広げて反対の声を強めていった。[57]

こうなると原も座視できない。

二月二日、宮相の中村雄次郎を官邸に呼んで言った。

「本問題を長く未定の間に置かるゝは皇室の御為めにも宜《よろ》しからず、又行政上に於ても如何《いか》にも憂慮に堪へざる次第なれば、何《いず》れとも速かに決定ありたし」[58]

むろん、中村も原以上に追い詰められていた。右翼が結集し、二月十一日の紀元節に決起大会を開くという情報がもたらされたからだ。

この時点で動いていたのは頭山のほか内田良平、小美田隆義、杉山茂丸、北一輝、大川周明……。大物右翼そろい踏みである。彼らが騒ぎを起こせば大混乱となり、累を皇室に及ぼしかねない。

迎えた紀元節の朝、新聞各紙に、宮内省発表の記事が一斉に掲載された。

「良子女王殿下東宮妃御内定の事に関し世上種種の噂あるやに聞くも右御決定は何等変更な

い」(59)

中村が、右翼の大会の前に婚約続行を明らかにすることで、事態の収束を図ったのだ。同時に中村は責任をとって辞任した。

山県ら婚約解消派の、完敗である。

茫然自失の山県は、枢密院議長職を含むすべての官職の辞表を大正天皇に提出。許可されなかったが、神奈川県小田原市の別邸に謹慎し、以後、二度と表舞台に立つことはなかった。(60)

がっくりとうなだれたのは、貞明皇后も同じだ。外遊問題に続き婚約問題でも、意を通すことが出来なかった。しかし山県のように、自らの責務を投げ出すわけにはいかない。

いまはただ、わが子である裕仁皇太子の、前途に幸あれと祈るしかなかった。

九十二

紺碧《こんぺき》の海に皇太子旗をひるがえし、戦艦香取が航走する。潮風を受けて艦橋に立つのは、半月前に東宮御学問所を修了したばかりの、裕仁皇太子だ。

時に大正十年三月三日、欧州歴訪への旅立ちである。

この日午前十一時半、首相の原敬が音頭をとる万歳の大合唱を背に、数万の群衆が奉送する横浜埠頭《ふとう》を出航した香取は、東京湾を出て三浦半島を回り、葉山沖で減速した。

海岸近くの松林の奥に、一旒《いちりゅう》の日章旗がたなびいている。葉山御用邸だ。裕仁皇太子は姿勢を正した。

行って参ります――。

その時、貞明皇后は大正天皇とともに、御用邸の庭に出て海を見つめていた。

無事を祈ります――。

やがて香取は増速し、艦影が霞んでいくのを、うるむ瞳《ひとみ》が追い続けた。(61)

日本の皇太子が初めて渡欧する今回の外遊は、半ば見切り発車で決行された。出発時に決まっていた訪問予定国は英仏のみ。航海中にエジプト、ベルギー、オランダ、イタリアおよびローマ法王庁の訪問日程が組まれるという慌ただしさである。

原をはじめとする政府首脳、元老らは、それほど外遊を急いでいたのだ。

表向きの目的は《主として皇太子御自身の御見学》だが、(62)摂政就任に向けた実績づくりという秘めた狙いもある。そのためか特例として、新聞各社や活動写真会社の同行取材も許されていた。

航海中に二十歳となった裕仁皇太子は、これら内外メディアの前で、政府首脳らの期待以上の君徳を輝かせることになる。

戦艦香取は沖縄、英領香港、地中海マルタ島などに寄港し、五月九日、イギリスに到着した。

同夜、ロンドンのバッキンガム宮殿で開かれた公式晩餐《ばんさん》会。英国王ジョージ五世の歓迎の辞に続き、あいさつに立った裕仁皇太子は、当時駐英大使館の書記官だった吉田茂によれば「玉音朗々、正に四筵《しえん》を圧するの概があった」(63)。

四日後に行われた日本側主催の晩餐会でも、裕仁皇太子はエドワード英皇太子やロイド・ジョージ英首相らに「豊富な御話題と悠々迫らぬ御態度」で話しかけ、「社交界の勇者」そのものだったと、随行員が書き残している(64)。

このほか行く先々で各国元首らと親交を重ね、その様子は日本でも連日大きく報じられた。六月以降は活動写真の映写会が国内各地で開かれ、延べ七百万人が観覧したという(65)。

貞明皇后も見た。

三月二十三日《天皇と倶《とも》に皇太子裕仁親王外遊出発当日の実況活動写真を覧たまふ。尚是より後も、屢々《しばしば》(新聞社などから提供された)皇太子の動静に関する活動写真を御覧あらせらる(66)》

むろん、うれしかっただろう。皇后としても、母親としてもだ。三月二十八日、葉山御用邸に参邸した首相の原が、日記にこう書いている。

「(貞明皇后に)皇太子殿下御旅行中の御模様を奏上したるに御満足の御詞あり。又英皇室並政府に於て非常の御歓迎に付、却《かえっ》て御疲労あらんかと恐察し奉る程なりと申上げたるに、左様の事と思ふが、其位の事には耐ゆべき事と思ふ、又左なくては叶はぬ事なりなど御物語りありたり。終つて、反物並に巻煙草入等御下賜ありたり(67)」

日に日に高まる皇太子人気――。原は、機は熟しつつあると思ったようだ。

五月三十一日、山県有朋を訪ねて言った。

「殿下御帰朝の上は速かに摂政の御必要あるべき……」[68]

九十三

裕仁皇太子の摂政就任に向け、早期決行を模索する首相の原敬を、宮中で支えた人物がいる。婚約解消か続行かで揺れた皇太子妃問題の混乱後、大正十年二月十九日に宮相となった牧野伸顕《のぶあき》だ。

維新の元勲、大久保利通の次男で、外務省に入省してイタリア公使やオーストリア公使を歴任。その後は文相、農商務相、外相を務め、将来の首相候補と目されていたエリート中のエリートである。

その牧野が五月九日、貞明皇后に拝謁し、「聖上の御負担如何《いか》にも多端《たたん》に渉《わた》り、今後は何とか省略の事を講じなければならぬ趣を縷々《るる》申上」げたと、日記に書いている。[69] 言葉を選びつつ、摂政設置の必要性をにおわせたのだ。

これに対し貞明皇后は、「(昔の)日記抔《など》を視るに京都時代は只今より(天皇の公務が)余《よ》程《ほど》簡単であつた」と指摘し、こう言った。

「日記には祭事に付、女官が代理したるもの少からず、御代〳〵の中に御弱き方も入らせられ夫《そ》れが為め右の如《ごと》き取計らひありたるものと考へらる」[70]

政府首脳や元老らの狙いを見抜いた貞明皇后は、独力で宮中の慣習を研究し、大正天皇が病気であっても公務を続けられると主張したのである。

だが、貞明皇后が孤軍奮闘する間にも、病状は日に日に悪化していく。

大正天皇は七月十五日、栃木県の塩原御用邸へ行幸した。牧野の日記によれば上野駅で、「侍従左右に侍し御手を支へながらプラットフォームを御歩行、(中略)近来一人御側《そば》にて腋《わき》若《も》しくは御手を支へたるに、両人左右より御支へ致す事は今日が始めて」だったといい、運動機能が一段と低下している。(71)

記憶力も減退した。例えば日光田母沢御用邸で静養中の八月、かつて兄弟のように親しくした元韓国皇太子の李垠《りぎん》が近く参邸すると聞き、大正天皇は「御自分(で習った)朝鮮語を話すとの兼ての御抱負もあり、(中略)頻《しき》りに御待」していた。ところが実際に会うと「何《なん》等《ら》御言葉もなく」「陛下には全く世子(李垠)を御忘れ」になっていたという。(72)

一方、外遊中の裕仁皇太子はその頃、欧州各国の元首らと親交を重ね、生来の君徳に磨きをかけていた。

中でも裕仁皇太子に大きな影響を与えたのは、英国王ジョージ五世だ。裕仁皇太子がバッキンガム宮殿に宿泊中、その部屋を前触れもなく訪れ、第一次世界大戦後の《英国の現状、大戦中における同国の努力、その他万般につき》懇々と話したと、『昭和天皇実録』に記されている。(73)

その際、ジョージ五世が強調したのは、戦争の惨禍だった。ベルギーの激戦地、イープルを視察した裕仁皇太子は、ジョージ五世にこんな電報を送っている。

「予ガ佇立《ちょりつ》スル目前ノ光景ハ、陛下ノ予ニ告ゲ給ヒシ如ク『イープル戦場ノ流血凄惨《せいさん》』ノ語ヲ痛切ニ想起セシメ、予ヲシテ感激・敬虔《けいけん》ノ念、無量ナラシム　――裕仁」[74]

このほか各国元首らは、〝日出づる国〟の未来の天皇をこぞって歓待した。ベルギーのアルベール国王、オランダのウィルヘルミナ女王、フランスのミルラン大統領、イタリアのエマヌエーレ国王……。

儀礼を超えた交流を通じて裕仁皇太子は、立憲君主のあり方について意識を深めていく。[75]

半年に及ぶ外遊日程を終え、皇太子旗をひるがえす戦艦香取が横浜埠頭に帰着したのは、初秋の九月三日だ。

このとき、裕仁皇太子がみせた態度が、摂政設置を決定づけることになる。

九十四

大正十年九月三日、東京朝日新聞は書いた。

「御物腰も軽やかに　東宮横浜埠頭へ　皇礼砲と煙火轟《とどろ》き渡る中に　英姿尊く御召艇を捨て給ふ　水と陸との壮観に　数万人の歓呼の声」[76]――

半年に及ぶ欧州歴訪を終え、裕仁皇太子が帰国したのだ。この日、横浜埠頭を埋めた群衆はおよそ三万人。海軍礼装の〝われらが皇太子〟が桟橋を渡って上陸するのを、万歳の絶叫が包み込んだ。

外遊中、新聞各紙が連日報じた裕仁皇太子の成長ぶりは本物だったと、誰もが感じたことだろう。

横浜から御召列車に乗り、東京駅のホームに降り立った裕仁皇太子は、皇族、政府首脳、両院議長、各界代表者らが出迎える中、自ら各国大使の前に歩み寄り、握手を求めて言った。

「貴国で絶大な歓迎を受けたことを感謝します[77]」

その気品、その自信――。そばで見ていた内大臣の松方正義は「感極まつて」落涙し、首相の原敬は「電気に打たれた様に」身動きもできなかったと、読売新聞が報じている。

同日夜、帝都の市民はさらに熱狂する。二万人が参加した提灯行列の最中、東宮御所の正門が開かれたのだ。団体ごとに参入が許され、車寄前で万歳するたびに、裕仁皇太子が車寄階上に姿をみせ、会釈で応えた[78]。明治天皇はもちろん、気さくな大正天皇でさえみせなかった対応に、国民は新しい時代の到来を感じた。

この日、裕仁皇太子の摂政就任は確定したと言っていい。

裕仁皇太子は翌日、日光田母沢御用邸に行啓し、静養中の大正天皇と貞明皇后に帰国の報告をした。貞明皇后は《天皇を始め皇太子・雍仁親王・宣仁親王と打揃ひて晩餐を御会食あり、御食事の後、昨三日東京・横浜に於ける皇太子歓迎の実況活動写真を倶《とも》に覧たまふ[79]》。

半年ぶりに目にするわが子が、夫の公務を代行できるほどの貫禄を備え、国民もそれを望みつつあることを、認めないわけにはいかなかっただろう。

一方、首相の原と宮相の牧野伸顕は、摂政設置に向けた準備を着実に進めていく。

十月四日、宮内省は大正天皇の病状を発表。「御態度の弛緩《しかん》及御発語の故障も近頃其度を増させられ、又動《やや》もすれば御倦怠《けんたい》起り易く、御注意力御記憶力も減退し、要するに一般の御容態《ようだい》は時々消長を免れざるも、概して快方に向はせられざる……」と、回復困難な状況を明らかにした。

その上で十月十一日、内大臣の松方が貞明皇后に拝謁。摂政設置の方針を言上《ごんじょう》する。牧野の日記によれば、貞明皇后は「已《すで》に御覚悟の色十分顕《あら》はれ、御言葉中に今まで新聞に奥の事が記載されざるは仕合《しあ》はせなりと仰せられた(80)」。

とはいえ、大正天皇の気持ちを考えると、やり切れなかったようだ。

このとき松方に、こう頼んでいる。

「御上《かみ》は内閣の伺ひものを御楽みに御思召《おぼしめ》すに付、何とか取扱上急に此種の御仕事の無くならざる工夫はなきか。要するに全く御仕事の無くならざる便法はなきや。特に心配して貰ひたし……(81)」

母の立場と妻の立場の、身を裂かれる思いで摂政設置を了承したのだろう。唯一の救いは、当時の首相が大正天皇を敬愛する原だったことだ。

原は摂政設置の推進者だが、十月に入っても四日と十一日に参内して大正天皇に人事案件を内奏《ないそう》するなど、忠誠は変わらなかった。あとは原に、すべてを任せるしかない――。
しかし、そんなわずかな望みさえも、無残に打ち砕かれてしまう。

九十五

大正十年十一月四日午後七時二十分、人混みにあふれる東京駅を、首相の原敬が少数の側近らとともに歩いている。

四年目に入った政権は安定し、懸案の摂政問題にも目途《めど》がついた。京都で開かれる立憲政友会近畿大会に向かう〝平民宰相〟の足は軽かっただろう。

改札口にさしかかった時だ。突然、男が原の前に飛び出し、側近らが気づく間もなく体当たりしてきた。男が握りしめていた短刀は、無防備だった原の肺を破り、心臓まで達した。(82)

午後七時二十五分、ほぼ即死だった。

衆議院議員として初めて首相となった原は、抜群のバランス感覚を持つ政治家だった。政党嫌いで知られる山県有朋でさえ、原の手腕を高く評価し、首相退任後は内大臣にしたいと考えていたふしもある。

そうなれば、病気の天皇と摂政の皇太子を支える名補佐役となったに違いない。

悲報に接した山県は、暗殺の場面を夢にまで見て「馬鹿な、馬鹿な」とうなされたという。(83)

貞明皇后のショックはさらに大きかった。二十日ほど前、原を信じて裕仁皇太子の摂政就任を了承したばかりだ。

翌日、宮相の牧野伸顕が拝謁して「此度の出来事に付御機嫌を伺」った際、落涙して言った。

「原は何《い》つもにこにこして能《よ》くあの様の襟度《きんど》が保てるものと考へ居りたり。日常容易ならざる心配重なりたらんに実に珍しき人なり……」[84]

原なき後、摂政問題は牧野を中心に、これまで以上に性急に進められる。

十一月二十一日、伏見宮邸に皇族が集まり、摂政設置に向けた皇族会議の開催を決定。二十二日に牧野と内大臣の松方正義が大正天皇に拝謁し、「此上は尚一層御静養を必要とするに付政務は皇太子殿下、摂政として御代理遊ばさる、事」の了承を求めた。

その際、大正天皇は「唯々アーアーと切り目切り目に仰せられ御点頭」するだけで、「恐れながら両人より言上《ごんじょう》の意味は御会得遊ばされざりし」状態だったと、牧野が日記に書いている。[85]

随分と冷めた見方だ。

たとえそれが事実でも、原ならこんな書き方はしまい。当時の牧野は、大正天皇への理解が不足していた。

同月二十五日、皇族会議と枢密院会議は裕仁皇太子の摂政就任を議決する。

それに合わせて宮内省は、改めて大正天皇の病状および病因を明らかにした。

「（歩行困難や言語障害などは）総《すべ》て御脳力の衰退に原因し御脳力の衰退は御幼少の時御悩み遊ばされたる御脳病に原因するものと拝察……」[86]

大正天皇への国民の敬慕を断ち切るような、配慮を欠いた発表といえよう。「御脳力の衰退」が強調されたことで、大正天皇に対する誤ったイメージが広がることとなり、それは現在も続いている。

牧野らがどう考えようと、大正天皇は最後まで公務復帰を望んでいた。

侍従武官の四《し》竈《かま》孝輔によればこの日、侍従長が「摂政殿下に捧《ささ》ぐべき」として、書類などに押す御印の受け渡しを求めた際、大正天皇は「一度は之を拒ませられたり」という[87]。言語障害や記憶障害が進み、十分な判断力を喪失していたが、それでも天皇の責務を果たさなければならないと、本能的に思っていたのだ。

天皇不在で決まった摂政設置――。

その夜おそらく、貞明皇后は泣いた。

日中の出来事を忘れ、寝息を立てる大正天皇のそばで、声を押し殺し、一晩中泣き続けた。

註

（1）『貞明皇后実録』一八巻七六頁から引用

（2）『皇后の近代』から

（3）女性自身編集部『御素顔の皇后さま』八一頁から引用

（4）藤樫準二「皇太子妃・色盲事件」（鶴見俊輔ほか編『天皇百話』上巻所収）八七頁から引用

（5）『昭和天皇実録』五巻一四〇頁から引用。なお、皇太子妃の有力候補には良子女王のほか、一条実輝（公爵）の三女の朝子、梨本宮守正王の第一王女の方子《まさこ》女王が挙げられていたが、朝子は昭憲皇太后と同じ一条家出身で、血縁的に近いことが問題とされた。方子女王は出産できない体質とされ（事実は異なる）、のちに李王家の李垠《りぎん》と結婚した

（6）『昭和天皇実録』五巻から

（7）、（8）「皇太子妃・色盲事件」から

（9）、（10）『貞明皇后実録』二〇巻六三、九六頁から引用

（11）『昭和天皇実録』六巻九四頁から引用

（12）、（13）大野芳『宮中某重大事件』から

（14）『原敬日記』五巻二四八頁から引用

（15）猪狩史山編『申酉回瀾《しんゆうかいらん》録』から引用。傍点は筆者。なお、当時の徴兵令では、色覚障害は軍務に支障が出るとして兵役が免除されていた

（16）協議のやりとりは『宮中某重大事件』、『原敬日記』五巻、『大戦間期の宮中と政治家』から

（17）色覚障害の遺伝は良子女王の母、島津家出身の俔子《ちかこ》妃の家系にあり、旧薩摩藩士の松方は発言しにくかったとされる

（18）『宮中某重大事件』から

（19）『大戦間期の宮中と政治家』から

（20）『宮中某重大事件』から。石黒らは貞明皇后が教育展覧会に行啓した際、「同展覧会とはあまりに関係のないのに『恐るべき色盲症』と題せる講話を御前でお聴きに達し、それとなく皇后陛下の御心理に衝撃を感ぜしめるなどの策謀」もしたという（藤本尚則『国師杉浦重剛先生』二六二頁から引用）

（21）『人間 昭和天皇』上巻から

（22）『宮中某重大事件』一八一～八三頁から引用

（23）『原敬日記』五巻三二九頁から引用

（24）「関係者談話聴取」所収の「西川義方談話」から引用

（25）『大戦間期の宮中と政治家』から

（26）『昭和天皇実録』六巻から

（27）天子が一度口にした言葉（綸言）は、一度流した汗が戻らないように取り消せないということわざ。当時、婚約続行の論拠のひとつとなった

（28）大竹秀一『天皇の学校』から

（29）『杉浦重剛全集』六巻所収の「致誠日誌」から引用。なお、東宮大夫の浜尾は山県系の宮中高官らの圧力を受け、杉浦の運動には後ろ向きだったとされる
（30）杉浦が宮相の中村雄次郎に送った建白書から引用（『国師杉浦重剛先生』二六六頁掲載）
（31）『申酉回瀾録』から引用
（32）、（33）『侍従武官長奈良武次日記・回顧録』四巻一一六頁から引用。傍点は筆者。なお、山県に近い枢密顧問官の三浦梧楼も裕仁皇太子の成年式祝賀会に出席した際、「何か御話し申上ても殆《ほと》んど御応答なき状態」だったと批判している。一方、東宮御学問所で杉浦らは裕仁皇太子に、何事にも泰然とした態度を示すよう教えており、それが軽々に話しかけない姿勢につながったとする見方もある
（34）『大戦間期の宮中と政治家』から
（35）『原敬日記』五巻三一九頁から引用
（36）大正九年三月三十一日、七月二十五日の東京日日新聞から引用。句読点は筆者
（37）、（38）『原敬日記』五巻二六四頁から引用。やり取りも同五巻から
（39）同五巻二九九頁から引用
（40）貞明皇后と西園寺、山県らとのやり取りは同五巻、『大戦間期の宮中と政治家』、東久邇稔彦『一皇族の戦争日記』から
（41）『原敬日記』五巻三〇一頁から引用
（42）同五巻から。カッコ内は同五巻二七〇頁から引用
（43）同五巻二七一頁から引用
（44）下田とのやり取りの後、原は日記に「多分下田は皇后陛下御望なきに付御中止然るべしと考へたるならん」と書いている（同五巻二七八頁から引用）
（45）同五巻二九八、二九五頁から引用。なお、下田は原の気を引こうとしたのか、自分も貞明皇后に「御洋行の事御勧め申上げた」と語っている
（46）同五巻三〇〇、二四三頁から引用
（47）『宮廷』一五五～五六頁から引用。小川がみたのは大正十四年頃の様子だが、大正天皇がそれ以前から病状回復に向けた運動などを続けていたことは、『大正天皇実録』にも記述がある
（48）『宮廷』一五三頁から引用
（49）『原敬日記』五巻三一二、三一八頁から引用
（50）『一皇族の戦争日記』一六頁から引用
（51）『原敬日記』五巻から
（52）徳富猪一郎編述『公爵松方正義伝』坤巻から。松方が山県に宛てた書状によれば、松方はこの日、直ちに大正天皇に裁可を求めようとしたが、その前に貞明皇后に拝謁してほしいと宮相に強

く求められ、最後の説得をすることになった
(53)『宮中某重大事件』から
(54)『原敬日記』五巻三四一頁から引用
(55)怪文書がまかれた直後、政府は婚約問題を報道禁止としたが、読売以外の新聞も見出しだけで「宮中某重大事件」と報じた
(56)『昭和天皇実録』六巻一九四頁から引用
(57)波多野勝『裕仁皇太子ヨーロッパ外遊記』から
(58)『原敬日記』五巻三四四頁から引用
(59)十年二月十一日の東京朝日新聞から引用。傍点は筆者
(60)婚約問題をめぐる一連の経緯は『宮中某重大事件』、『大戦間期の宮中と政治家』、『原敬日記』五巻から
(61)出航の様子は『昭和天皇実録』七巻、「稿本一一〇」所収の「典侍日記」、「皇太子殿下海外御巡遊日誌」から
(62)『昭和天皇実録』七巻二八頁から引用
(63)吉田茂『回想十年』四巻八七頁から引用
(64)二荒芳徳ほか『皇太子殿下御外遊記』一五三〜五五頁から引用
(65)原武史『大正天皇』から
(66)『貞明皇后実録』二二巻二五頁から引用
(67)『原敬日記』五巻三六六頁から引用
(68)同五巻三九五頁から引用
(69)、(70)『牧野伸顕日記』一一〜一二頁から引用。傍点は筆者
(71)同日記一四頁から引用
(72)同日記二〇頁から引用
(73)『昭和天皇実録』七巻一一三頁から引用
(74)同八巻三七頁から引用
(75)外遊に供奉《ぐぶ》した東宮武官長の奈良武次は、「理性に富ませらるヽ殿下は（中略）天皇が神として国民と全く遊離し居るは過ぎたることヽ考へ居らるヽが如く、皇室は英国の皇室の程度にて、国家国民との関係は君臨すれども統治せずと云ふ程度を可とすとの御感想を洩らさるヽを拝したることあり」と書き残している（『侍従武官長奈良武次日記・回顧録』四巻一一七頁から引用）
(76)紙面の日付は九月四日。上陸の様子も同日付の東京朝日新聞から
(77)九月四日の読売新聞から。東京駅の様子も同紙から
(78)『昭和天皇実録』八巻から
(79)『貞明皇后実録』二二巻七三頁から引用
(80)、(81)『牧野伸顕日記』二九頁から引用。なお、貞明皇后はこのほか、摂政となる裕仁皇太子に輔導をつければ「権力が自然輔導たる皇族に加はる」恐れがあるとして、松方に対し「輔導を置く事は御不賛成なり」と求めた

(82) 原を暗殺した男は当時十八歳の鉄道職員で、原内閣の政策に反感を持つ単独犯として無期懲役の判決を受けたが、皇太子外遊に反対していた右翼が背後にいたともされ、真相は定かでない
(83) 伊藤之雄『山県有朋』四五四頁から引用
(84) 『牧野伸顕日記』三四頁から引用
(85) 同日記三七〜三八頁から引用
(86) 大正十年十一月二十六日の東京日日新聞から引用
(87) 四竈孝輔『侍従武官日記』から

第九章　天皇崩御

九十六

——英雄ヤマトタケルの子、仲哀《ちゅうあい》天皇は強く美しい神功《じんぐう》皇后と夫婦になり、香椎《かしい》でひとときを過ごすことになりました。ある日、仲哀天皇は神の怒りに触れ亡くなってしまいます。神功皇后は悲しみをこらえて、天皇のかわりに男装をして海を行き交い、そして愛する夫のために香椎にほこらを建てました——

およそ千三百年の歴史を持つ福岡市の神社、香椎宮の現在の案内板に書かれている由緒書の一節だ。

——そして時は流れ、愛する夫のそばにいたいと願った神功皇后のお宮も、香椎の地に築かれました。こうしてご夫婦は再びご一緒になり、この地は香椎宮と呼ばれるようになりました——(1)

夫婦和合や武運長久などを祈る香椎宮の、朱色の柱が鮮やかな本殿を、貞明皇后が参拝したのは大正十一（一九二二）年三月二十一日、裕仁皇太子の摂政就任から四カ月後である。《玉串を捧《ささ》げて拝礼あらせられ、暫《しば》し御黙禱《もくとう》の後、神前を退下あらせらる》と、『貞明皇后実録』が書く[2]。

「暫し黙禱」した貞明皇后は、何を祈ったのか。

実録によれば、葉山御用邸に大正天皇を残し、単独で行われた今回の行啓は、前年の欧州歴訪で裕仁皇太子が無事帰国できたことへの「報賽《ほうさい》（お礼参り）」とされる。

だが、それだけではなかったようだ。

侍医の西川義方が語る。

「大正天皇の大患御平癒の祈願が第一であつたと思ひます。それは当時の御日常が全く天皇の御看病の事のみに専心してをられた際であり、且《か》つこの行啓を非常に重大なこととせられ、御出発に際してはお身体の具合が悪かつたのをお隠しになつてまで出発された御事情などによつてもうかゞはれます」[3]

香椎宮は、大正天皇が皇太子時代、最も生き生きと取り組んだ地方巡啓の、最初の行啓先の一つでもある[4]。

貞明皇后はこの日、近くの筥崎宮《はこざきぐう》にも参拝、《楼門外に於て天皇御手植の松其の他を御覧あらせられ、又神鳩の群れ集ふを興がらせたまひて御手づから餌を与えたまふ》[5]。

摂政設置以来、宮中を取り巻く環境は、一気に世代交代が進んだ。

一月十日に元首相の大隈重信が死去。二月一日には元老筆頭格の山県有朋が病没する。両者の葬儀は対照的で、「国民葬」といわれた前者の葬儀に約三十万人の一般市民が参列したのに対し、国葬だった後者には陸海軍関係者ら約千人が訪れただけで、閑散としたものだった[6]。

しかし貞明皇后は、どんなに嫌われようと信念を枉《ま》げなかった山県の死を悼んだ。死の直前、こんな和歌をおくっている。

むら雲の　はるゝあしたに　立いて、　あふけは高き　みねの松かな[7]

変転する時勢──。貞明皇后は、公務から離れた大正天皇に妻として寄り添う傍ら、皇后として何をなすべきかを、問い続けたことだろう。

香椎宮をはじめ神功皇后ゆかりの旧跡などを見て回った行啓も、その一環だったのかもしれない。

葉山御用邸への帰途、貞明皇后は皇后旗を揚げた軍艦摂津に乗艦し、宣仁《のぶひと》親王が学ぶ江田島（広島県）の海軍兵学校に行啓した。その際、海軍は第一艦隊の戦艦など十四隻を海上に並べ、天皇並みに奉迎した。

軍艦内で宿泊した貞明皇后は《早朝来上甲板に出御して眺望を楽しませたまふ(8)》。凛然と朝日を浴びて立つ孤高の国母。

その姿は、歴代皇后の中で最も勇ましかったとされる神功皇后を、彷彿《ほうふつ》とさせたに違いない。

貞明皇后は以後、国母としての責務に、これまで以上に励むことになる。

九十七

仲哀天皇と神功皇后を祀《まつ》る香椎宮などへの巡啓から半月足らず、大正十一年四月十二日《今般来邦のイギリス国皇太子エドワード・アルバート親王本日入京し、東京駅に出迎へし摂政裕仁親王と同車にて参内す。仍《よ》りて午前十時五十分頃桐の間に出御、摂政の誘引にて参進せる同皇太子に御対面あり(9)》。

〝王冠をかけた恋(10)〟で知られるエドワード皇太子は、前年に裕仁皇太子が訪英した際、出迎えから見送りまで付き添って歓待してくれた日英友好のキーパーソンだ。貞明皇后はその夜、盛大な晩餐会と夜会でもてなしたほか、十六日には観桜会に招待し、《摂政並に英国皇太子と御同席にて茶菓を召させられ、又参苑の諸員に茶菓を賜ふ(11)》。

大正天皇の病状が悪化した九年春以降、外国要人の応接は貞明皇后の重要な公務となっていた。それは裕仁皇太子が摂政となってからも、変わらなかったようだ。

エドワード皇太子のほか、同月二十二日に《ベルギー国皇族コント・ド・フランドル・シャルル親王に対面あらせられ》、翌月二十日には《万国基督教学生同盟委員長アメリカ合衆国人ジョン・アール・モット及び其の妻に謁を賜ふ》[12]と、皇室外交を主導する様子が『貞明皇后実録』からもうかがえる。

皇室はいわば日本の〝顔〟。外国要人の応接には、気品と威厳を保たなければならない。貞明皇后はいつも、入念に準備してから引見した。

御用掛だった松平信子が語る。

「外国人に対しての御心遣ひは殊に淳《あつ》う御座いました。外国使臣その他外人の拝謁の際は、式部職でその者の人柄、経歴などを一応調査して申上げるのですが、それだけでは満足されず、私共に更に詳しく調査する様に命ぜられました。（中略）この様に御つとめ遊ばされたので、謁見の際の御話題も豊富になつたのでした」[13]

女官（掌侍《しょうじ》）の穂穙英子も口をそろえる。

「予《あらかじ》めよくその人物を調べておかれて、話題の準備をされてから賜謁になつたものです。英国皇太子の御来朝の時には、少し通訳なしで（フランス語で）お話になられました……」[14]

なお、松平によれば貞明皇后の威光は海外でも知られ、「イギリスのジョージ五世、ヨーク公（後のジョージ六世）等も我が皇室の御様子を御尋ねになる度に、皇后の御平常はどんな御生活か、又どんな社会事業をされてゐるか等とよく御尋ねになつた」という[15]。

事実、貞明皇后に拝謁した外国要人は、大きな感銘を受けたようだ。

その一端がつい最近、イタリアで見つかった資料からも明らかになった。

一九二〇（大正九）年五月、ローマから東京まで複葉機による初飛行を成功させ、貞明皇后に謁見したイタリア軍パイロット、アルトゥーロ・フェラリンの自伝をイタリア在住の日本人画家、道原聡氏が平成二十八年に入手して翻訳したところ、こう書かれていた。

「（通訳を通じて話していた）皇后は私達がフランス語を話せる事にお気づきになられ、日本の環境では信じられないようなことですが、私達と直接フランス語で言葉を交わすことを望まれました。この時から公的で尊厳的な話し方をおやめになり、（東京までの飛行中に不慮の死を遂げた）私達の同僚ゴルデスコ大尉とグラッサ中尉の功績をたたえ、彼らをお悔やみ下さいました。（中略）私達はこの慈悲深いお心遣いに深く感激しました」(16)

余談だが、フェラリンは平成四年公開のアニメ映画「紅の豚」に登場する同名の空軍少佐のモデルとされる。(17)そのフェラリンが、貞明皇后との会見により大の親日家となったのは、言うまでもない。

九十八

皇居のほぼ中央、現在の宮殿の北側に、紅葉山と呼ばれる小高い丘がある。

その紅葉山の、まばらな木立の中に建つ農家風の蚕室《さんしつ》。貞明皇后が慣れた手つきで蚕《かいこ》に桑の葉を与えている。大正十一年五月のことだ。

明治四十一年に養蚕を始めてから十五年。貞明皇后は毎年春から初夏にかけて、蚕の飼育に励んできた。大正三年には紅葉山に御養蚕所を建設し、六年からは製糸も始めた。この頃の養蚕に関する知識や技量は本職並みだったと言っていい。

御用掛の吉田鞆子が語る。

「養蚕期にはお差支へのない限りは毎日の様に御養蚕所にお成りになりました。御養蚕所には御茶屋も附属してゐますので、そこでお休みになられることもあり、成らせられるといつもなかなか還御になりませんでした」[18]

生半可な気持ちで養蚕はできない。多数の蚕を飼育すれば異臭が発するし、担当御用掛の有泉善三によれば、「紅葉山御養蚕所を拝観に来た人が、相当大きくなつた蚕が桑を食べてゐるのを見て卒倒したと云ふ事もある位」[19]だ。

貞明皇后はへっちゃらだった。幼少の頃、里子に出された東京郊外の農村で、見慣れていたからだろう。貞明皇后は蚕のことを「おこさま」と呼んだが、多くの農家でもそう呼んでいた。[20]

もっとも、公家出身の女官やお嬢様育ちの側近の中には、蚕が苦手なものもいる。相談相手だった御用掛の松平信子もその一人。あるとき、「持つてごらん」と蚕を差し出され、思わず顔をそむけると、貞明皇后は茶目っ気たっぷりに言った。

「絹物を着る資格がないね」[21]

貞明皇后は、単に好きだから養蚕に取り組んだのではない。皇后の役割だと、明確に自覚していた。

宮中における養蚕の歴史は古い。日本書紀の雄略天皇六年（五世紀後半）に「天皇欲使后妃親桑以勸蠶事」とあり、天皇が皇后に桑を摘ませて養蚕を勧めたことが記されている。[22]

明治以降、養蚕・製糸業が外貨獲得の主要手段となり、昭憲皇太后や英照皇太后が率先して取り組んだことはすでに書いた。貞明皇后はそれを引き継ぐだけでなく、歴代皇后の伝統として根付かせようとしたのだ。

確たる意思は、蚕の品種にもあらわれている。

大正の中期以降、一般の農家では収繭量の多い外来種や交雑種の飼育が主流になっていた。しかし貞明皇后は、小石丸と呼ばれる日本古来の在来種にこだわった。

生産性は低いものの、小石丸は上質な極細の糸を吐く。貞明皇后は「奈良朝この方、日本の昔の絹がたぐいなき優秀さを保ってきたことには、（中略）一つには、それが純日本種の蚕の吐いた糸によって織られた」からだと考え、自ら品種の保存に努めたのである。[23]

なお、小石丸は後年、絶滅しかけたことがある。昭和後期になると小石丸を飼育する農家はなくなり、唯一飼育していた宮内庁でも中止が検討されるようになった。それを継続と決めたのは、香淳皇后から養蚕を受け継いだ上皇后さまだ。

小石丸は、令和元年に開設百五年を迎えた紅葉山御養蚕所で、現在も皇后さまによって飼育されている。

話を戻そう。大正十一年に養蚕歴十五年となった貞明皇后は、《之を記念したまはんとの思召《おぼしめし》により、大日本蚕糸会役員に色紙・短冊を賜ひ、養蚕に関する和歌を詠進すべき旨を仰出さる》(25)。

貞明皇后は詠んだ。

神代より　つたはりきぬる　蚕《こ》がひわざ　すゑもさかゆく　法《のり》さだめてむ(26)

九十九

大正十二年六月十九日《女子学習院に御歌を賜ふ。即ち女子学習院長大島義脩《よしなが》を召され、皇后宮大夫男爵大森鍾一《しょういち》をして御染筆の色紙を伝達せしめらる。其の御歌に曰《いわ》く

うつふして　にほふはる野の　はなすみれ　人のこゝろに　うつしてしかな

因《ちな》みに同院に於ては翌十三年東京音楽学校教授信時潔に委嘱して此《こ》の御歌に曲譜を付せしめ、爾後学生をして式日等に之を奉唱せしむることとなせり》(27)

貞明皇后が詠んで下賜した「はなすみれ」は、昭憲皇太后の「金剛石」「水は器」とともに、現在でも学習院女子中等科などで歌い継がれている。

ただ、宮中顧問官の三室戸《みむろど》敬光《ゆきみつ》によれば貞明皇后は当初、「既に同院には昭憲皇太后の御歌が下賜になつてゐるからと御謙遜になつて」[28]いたといい、和歌を下賜したのは女子学習院から再三にわたる要請を受けたためだった。

右の例からも分かるように、貞明皇后が力を入れた社会事業の多くは、昭憲皇太后が切り開いた事業を継承し、発展させることにあり[29]、自分よりも昭憲皇太后の名を立てた。

歴代皇后の事績として貞明皇后の印象がやや薄いのも、そのせいだろう。

とはいえ、貞明皇后が女子教育の発展に及ぼした影響は、昭憲皇太后に勝るとも劣らない。貞明皇后は地方行啓の際、可能な限り現地の女学校訪問をスケジュールに入れた。十一年十一月に伊勢神宮や歴代天皇陵などを参拝したときも、京都女子師範学校と桃山高等女学校を視察。十三年十一、十二月の京都・大阪行啓では神道系の精華高等女学校、仏教系の京都女子高等専門学校、キリスト教系の同志社女学校を視察した[30]。

このうち同志社女学校を訪れた際は——

「同校の付近に伝染病が発生しましたので、当然行啓は取止められるべきところだつたのですが、特に行啓されたのでした」

——と、侍医の西川義方が語る。

「この折の京都行啓は種々の都合で日程がつまりましたので、折角お楽しみにしてをられた東福寺の九条家の御墓参を私事だからと仰せられてお取止めになり、供奉《ぐぶ》の者達を恐縮せしめられました[31]」

女学校などへの行啓を重要な公務ととらえ、優先して取り組んだ様子がうかがえよう。在京中も女子学習院のほか東京女子高等師範学校などを視察したり、日本女子大学に資金援助したりした。

こうした活動は大きく報じられて国民各層を啓蒙《けいもう》し、女子教育のさらなる普及につながったのは言うまでもない。

一方、貞明皇后のパーソナリティーが強く反映された教育支援もある。

平成四年に創立百周年を迎え、天皇、皇后両陛下が行幸啓された東京都国立市の滝乃川学園は、日本で最初の知的障害児福祉施設だ。

創立者は立教女学校（現立教女学院）の教頭だった石井亮一。その妻で、「知的障害児教育の母」とも呼ばれる筆子は、かつて貞明皇后の華族女学校時代に仏語を教えた同校教師である。(32)

知的障害児への差別や偏見が激しかった時代。滝乃川学園の運営は困難を極めたが、陰に陽に支援したのが貞明皇后だった。大正七年に千円を下賜したほか、九年三月に園児六人が焼死する火災があった際にも、閉園やむなしと考えた石井夫妻に対し「貞明皇后より学園の事業存続の内旨あり、継続を決意」したと、滝乃川学園の沿革史に書かれている。(33)

このほか東京聾唖《ろうあ》学校、貧困児童のための二葉保育園、特殊小学校などの活動に心を寄せた。

支援の手は、外国人の子供たちにも及んだ。

シベリアで両親を殺され、餓死寸前のところを助けられた三歳のポーランド女児、ボグダノヴィッチは、日本で最も高貴な女性からやさしく頭をなでられたときの感触を、長く忘れなかったに違いない。

百

ロシア革命前のシベリアには、ロシアが実質支配するポーランドで独立運動などを行った流刑者や、第一次世界大戦の戦争難民ら計十五万から二十万人ものポーランド人が暮らす居留地が幾つかあった(34)。

彼らはロシア革命後、生き地獄さながらの苦難を味わう。パルチザンの襲撃におびえ、居留地を追われた避難民の多くがシベリアの凍土をさまよいながら、餓死、もしくは凍死した。

避難民が目指したのは、シベリア出兵の日本軍や米軍などが駐屯し、比較的安全が保たれていたウラジオストクなどだ。しかし避難民を運ぶ汽車は少なく、席は奪い合いになった。その際、最も虐げられたのは婦女子ら弱者である。

「ある車両には複数の死体があり、冷えた母の死体に寄り添って、まさに凍死せんとする幼児の姿もあった。青ざめた頰の涙が凍っている小児もいた」と、避難民のひとりが語る(35)。

同胞の惨状を受け、ウラジオストク在住のポーランド人は一九一九(大正八)年十月に救済委員会を設立。せめて孤児だけでも救い、母国に送り届けようと、まずは米国に支援を求めた。だが、米国の反応は鈍く、欧州各国も難色を示す。

こうした中、動いたのは日本だ。

翌年六月に救済委員会から支援を求められた外務省は日本赤十字社に相談し、同社が中心となって早くも翌月から、孤児を日本に移送する事業が始まった。

大正九年七月から十年七月の第一回救済事業では計三百七十五人を東京へ、十一年の第二回救済事業では計三百九十人を大阪へ運んで保護し、大半が栄養失調だった孤児の健康を回復させた上でポーランドに送り届けた(36)。

この事業に強い関心を寄せ、側面支援したのが貞明皇后である。菓子料名目でたびたび資金を下賜したほか、収容先の病院を訪問し、孤児を励ました。

『貞明皇后実録』が書く。

《皇后は此等児童のことを頗《すこぶ》る御心に懸けたまひ、十年四月日本赤十字社病院行啓の際親しく其の状況を御覧ありたる外、或は菓子料を賜ひて之を慰問せしめられ、又時に御使を遣して保護状況を視察せしめたまへり(37)》

右の文中、十年四月の病院行啓で貞明皇后は、一人の女児を近くに呼び寄せた。

冒頭のボグダノヴィッチである。

ポーランド貴族の血を引くボグダノヴィッチは、両親をパルチザンに惨殺され、四日後に救出されたときは餓死寸前だった。日本に移送されて赤十字病院に入院し、ようやく健康を回復したのだ。

その頭にやさしく手をあて、貞明皇后は言った。

「大事に育てよ」(38)

このことは、のちにポーランドでも広く伝えられた。

再び『貞明皇后実録』が書く。

《本日の如く皇后の親しく孤児に接したまへるは蓋《けだ》し異例のことなるを以て、(中略)孤児等の母国ポーランドに於ても一女流作家は「慈愛の御手」と題する一書を著はして皇后の御徳を記念するに至れりと云ふ(39)》

十二年三月、ポーランドの各協会連合会から貞明皇后は《孤児救助に関する礼状を受けたまふ(40)》。

なお、ポーランド孤児の救済には、障害児教育などへの支援と同様、貞明皇后の一貫した姿勢がうかがえる。

弱者や孤立者に、寄り添おうとする姿勢である。

百一

孤立者に寄り添う——。おそらくそれが、動機だったのだろう。

大正十二年五月四日、貞明皇后は葉山御用邸を車で出て、日本武尊《やまとたけるのみこと》と妃の弟橘媛命《おとたちばなひめのみこと》を祀る神奈川県横須賀市の走水《はしりみず》神社へ行啓。参拝した後、さらに車を走らせ、三浦半島の東端で下車した。

小高い丘の細道を五百メートルほど登り、たどりついたのは日本最古の洋式灯台、観音埼灯台である。

小休止してから螺旋《らせん》階段を上がる。最上階の灯室に入ると、開け放たれた窓の外に東京湾が広がり、遠く房総の山々も見えた。

額の汗を、潮風がさます。

灯台守の生活は過酷だ。人里離れた断崖絶壁や孤島に住み込み、近くには子供を通わせる学校も、病院もない。夏の灯室はうだるような暑さで、冬は凍りつくほどの寒さだが、一日も休むことはできなかった。

航路標識管理所長の吉国兼三から灯台守の職務などについて説明を聞いていた貞明皇后は、少女がひとり、灯室の隅にたたずんでいるのに目をとめた。

「あの子は？」

「この灯台の看守長の娘で、花江と申します」

東京朝日新聞によれば貞明皇后は、数え五歳の花江を「傍近くに召され御手づからお菓子を賜はつた」[41]。

貞明皇后は詠む。

さひしさを　つねとなれぬる　をさな子は　けふの人出に　おとろきぬらし
船のため　所せき身を　よそにして　ともし火守る　人のけなけさ[42]

貞明皇后の三大事業の一つとして知られる、灯台守への支援に力を入れ始めたのは、実にこのときからだ。

『貞明皇后実録』にも《今回の行啓によりて親しく燈台の実況を覧たまひ、燈台従事員並に家族の労苦に深く御同情を寄せられしが、此《こ》の後六月六日従事員家族御慰安の思召を以て金五千円を燈光会に下賜あらせらる》と書かれている。[43]

貞明皇后は、社会から孤立しかけている人をみると、放っておけなかった。

それは愛する夫、大正天皇の境遇と無関係ではないだろう。摂政設置からおよそ一年半。大正天皇の動向を伝える新聞報道などはめっきり少なくなっていた。

健康だった皇太子時代、軍務よりも民情を知ることに熱心で、国民の輪の中に割って入ろうとした気さくな天皇。だがこの頃は、側近とさえ意思疎通が困難になるほど半ば孤立していた。

そのせいか貞明皇后は、どこへ行っても大正天皇のことが、頭から離れなかったようである。

「例へば行啓の時などには、『この事を陛下に申上げたらさぞ御満足に思召されるであらう』と仰せられ、これは何処へ行啓になつてもよく仰せられてゐました。然《しか》しもう申上げてもお判りにならない御病状であつて、実際に天皇に申上げられたかどうかは存じ上げませんが、行啓先では申上げればお判りになられると思はれたのでありませう」と、女官（権命《ごんのみょう》婦《ぶ》）の川上民枝が追想する。[44]

公務のない日は、大正天皇につねに付き添うとともに、裕仁皇太子や雍仁《やすひと》、宣仁《のぶひと》両親王を代わる代わる招き、崇仁《たかひと》親王も交えて親子団欒の会食などを楽しんだ。子煩悩な大正天皇を思ってのことだろう。

大正天皇四十四歳の誕生日の十二年八月三十一日も、避暑先の日光田母沢御用邸で《天皇と倶《とも》に雍仁親王と午餐並に晩餐を御会食あり、尚午餐の後、天皇を始め雍仁親王・崇仁親王と倶に守衛隊兵士の余興等を御覧あらせらる》[45]。

その翌日、帝都を壊滅させる非常事態が起きる。

百二

二万五千人近くの死者・負傷者・行方不明者を出した平成二十三年三月十一日の東日本大震災。首都圏でも最大震度六強を観測した同日午後二時四十六分に、自分がどこで何をしていたか、いまも多くの人が鮮明に覚えているだろう。

この三・一一が起きるまで、東日本で「震災」といえば、大正十二年九月一日の関東大震災だった。

その日、都心から百二十キロ離れた栃木県の日光田母沢御用邸は、穏やかな週末を迎えていた。前日に大正天皇の誕生日を祝った雍仁親王が引き続き参邸し、大正天皇と貞明皇后と、昼の食卓を囲んでいた午前十一時五十八分、大地が揺れた。

侍従や女官の日記などによると、最初にグラッときて、しばらくしてまたグラグラと、かなり長く、激しく揺れ続けた。同県宇都宮地方気象台では震度五を観測しており、日光でも相当な震度だっただろう。[46]

揺れが収まらないうちから女官が次々と食堂に駆け込んできた。

「地震のためご機嫌うかがいます」

「呉竹（女官の源氏名）からもご機嫌うかがいます」

貞明皇后が応える。

「ありがとう。お上《かみ》も私も大丈夫です」[47]

余震が続き、建物の倒壊も懸念されたが、貞明皇后は少しも動じなかったようだ。その様子を、『貞明皇后実録』が記す。

《時に皇后、天皇と倶《とも》に雍仁親王と午餐を御会食中なりしが、何等異常あらせられず、侍従・内舎人等御避難の準備を整へ、又前庭に天幕を張り仮御立退《たちのき》所を設くるも遂《つい》に御移座のことなく、軈《やが》て御食事を終へさせらる》[48]

天皇と皇后が平常心を保っていたため、側近らが混乱することはなかった。被害も《土塀の一部崩壊し、御座所前庭に亀裂を生》じた程度である。(49)

なお、このとき側近らが「大きな悲鳴をあげて、右往左往、立ちさわぐばかり」だったと書く文献もあるが、(50)実録の編纂資料を読む限り事実ではない。侍従も女官も、迅速かつ適切に行動している。

むしろ問題は、それからだった。

天皇と皇后の無事を東京にいる摂政、裕仁皇太子に伝えたいのに、電話も電信も一切通じず、外部との連絡手段が断たれてしまったのだ。

この時点で御用邸側では、震源地がどこかも、ほかの地域がどんな様子かも全く分からない。何とか栃木県庁と連絡がとれた夕方、同庁の理事官が自動車隊を組織して急ぎ東京へ出発したものの、無事に着けるかどうかさえ不明だった。(51)

状況が把握できないまま、貞明皇后は不安な一夜を過ごす。赤黒く染まる南の空を、あるいは見たかもしれない。

その空の下、東京では、激烈な被害が発生していた。各所で火災が起き、死傷者が続出。警察や消防、軍隊が非常出動して鎮火と救助に全力を尽くすも、とても追いつかない状況だ。

裕仁皇太子は無事だった。

皇居が一部倒壊したため赤坂離宮内に避難所兼政務所を設け、摂政として刻々と寄せられる《震災の状況、救助方法、軍隊の配備等に関する言上を御聴取になる》と、『昭和天皇実録』に記されている。[52]

気がかりなのは、日光田母沢御用邸との連絡がとれないことだ。日付が変わった二日未明、栃木県庁の自動車隊が到着し、天皇と皇后の無事を知って胸をなで下ろしたが、今度は自分が無事であること、および各地の状況を伝えなければならない。

裕仁皇太子の命を受け、当時東宮侍従だった甘露寺受長《おさなが》が日光に着いたのは二日午前十一時である。[53]

ここに初めて状況を把握した貞明皇后は、国母としての責務を果たすべく、敢然と動いた。

百二

帝都を壊滅させた大正十二年九月一日の関東大震災。被害は東京、神奈川、千葉を中心に死者・行方不明者十万五千人以上、家屋の倒壊・焼失・流失など三十七万棟以上、被害総額五十五億から百億円（当時の国家予算の四から七倍）に達した。[54]

東京朝日新聞、読売新聞、国民新聞など新聞各社の社屋も焼失。唯一残った東京日日新聞に、凄惨な見出しが連日並ぶ。

「東京全市火の海に化す」「日本橋、京橋、下谷、浅草、本所、深川、神田殆んど全滅死傷十数万」「電信、電話、電車、瓦斯、山手線全部途絶」（二日）

「横浜市は全滅　死傷数万」「避難民餓死に迫る」（三日）
「江東方面死体累々」「火ぜめの深川　生存者は餓死」「横浜灰となる　あ、東京……」（四日）

裕仁皇太子が日光田母沢御用邸に急派した東宮侍従の甘露寺受長により、帝都の惨状を知った貞明皇后は戦慄した。その後も裕仁皇太子は日光との電話がつながった宇都宮に陸軍機を飛ばして続報を伝え、[55]そのたびに胸が締めつけられた。

（何か私にできることは……）

以後、危機に直面して貞明皇后がとった処置は特筆して余りある。

実は震災発生時、政府の対応は十分ではなかった。八月二十四日に首相の加藤友三郎が急死し、司令塔が不在だったからだ。後継の山本権兵衛内閣が発足するのは震災翌日の夕方である。

こうした中、積極的に動いたのが宮中だった。いまだ火の手がおさまらない被災地に三日以降、次々と侍従が派遣され、天皇と皇后の名の下に罹災《りさい》者を慰問。侍従は各地の被害状況を裕仁皇太子に報告し、日光にも伝えた。

その上で、（一）糧食の配布と炊き出し（二）土地・建物の無料使用許可（三）建築用材の下賜（四）木綿綿入の下賜──など救護策に取りかかった。[56]

矢継ぎ早な対応の背景には、裕仁皇太子の指示だけでなく、貞明皇后の内意があったのは疑いない。中でも注目すべきは、乳幼児や妊産婦の保護だ。

貞明皇后は日々寄せられる情報をもとに、被災地では重傷者の救助が優先され、婦女子の救助が手薄になっていると判断。とりわけ小児科医と産科医が不足しているとし、宮内省直轄の巡回救療班を組織することにした。

巡回救療班は各班三人の医師（小児科、産科、内科）と五人の看護婦（うち一人は助産婦）で九月十三日に編成され、翌日から無料往診などを開始。最終的に九班体制となり、翌年三月二十五日まで半年間にわたり活動する。(57)

同班が貞明皇后の内意を受けていたことは、宮内省が被災地に配布もしくは掲示した以下の宣伝ビラからも明らかだ。

——今回の震災に付て　皇后陛下には日夜御心を労《いため》せられ　お産の前後や小児の疾者《べいき》等にも此の騒《さわぎ》で手当の行届かぬやうなことがありはしないかとの御心から　宮内省巡回救護班を設けられること丶なつたのです　何分にも急な事で充分な設備は出来ませぬが　成るたけ親切にお世話したいと思ひます

一、巡回救護班は朝から晩まで自動車で市内を巡回して一切無料で診察もしお薬もあげ又簡単な手術もします

二、小児科と産婦人科とを主とし内科や外科の患者も取扱ひます

三、入院を要するものは最寄の病院に入院も出来るやうに連絡を着けます

宮内省——[58]

『貞明皇后実録』によれば、同班が東京と横浜で治療した罹災者は計二十二万四千三百人余に上る。加えて翌年一月に天然痘流行の兆しがみられたため、計約九千三百人に無料で種痘を施した。

《而して皇后は此の間十五回に亘り報告書を上申せしめられ、又侍従出仕の時を以て班務の詳細に就き屢々《しばしば》御下問あり、更《さら》に東京・横浜両市巡啓の折は救療班の診療状況を視察して班員を慰労あらせらるる等頗《すこぶ》る御心を之に用ひたまへり[59]》

ほかにも、震災のショックで母乳が出なくなる母親が複数いるとの情報を得ると、地方の御料牧場から乳牛を東京市内に移し、罹災者に配給するよう指示も出した。当時は交通機関がマヒして牛乳の入手が困難だったため、乳児を抱える母親には何よりの救いとなる[60]。

国家の非常時に、人心を鎮める上で皇室が果たす役割は計り知れない。その点でも貞明皇后は、何をなすべきかを明確に認識していたといえる。

ただし自身は大正天皇のもとを離れられず、しばらく日光田母沢御用邸に留まっていた。震災発生から三週間余の九月二十五日、内相の後藤新平が参邸して被害状況の詳細を報告した時、こう言っている。

「自分等も仮令一汁一菜でも凌ぐゆゑ、国民も亦節約を旨とし、殊に其向々の役人達は徹底

的に罹災民を救ひ帝都復興に尽して貰ひたい」(61)

被災地のことを思うと居ても立ってもいられない心情がうかがえよう。

その四日後、ついに貞明皇后は御用邸を出門。汽車で上京する。

上野駅に到着して向かった先は、皇居ではなく、救療班の活動現場だった。

百四

関東大震災からほぼ一カ月、西郷隆盛像がたつ上野公園の、高台から見渡す帝都に、花の都の面影は片鱗《へんりん》もなかった。

一面の焼け野原と瓦礫《がれき》の山。粗末なバラックが点在し、ぼろぼろの衣服の罹災者が路上にしゃがみ込んだり、あてもなく彷徨《さまよ》ったりしている――。

大正十二年九月二十九日、日光田母沢御用邸から上京した貞明皇后が、上野駅で降りて最初に目にした光景である。

「付近一帯の焦土と化した凄惨な帝都の光景に畏《かしこ》くも御傷心の御模様いと深く、玉顔を曇らせたまひ」たと、翌日の東京日日新聞が書く。

出迎えた内相の後藤新平、警視総監の湯浅倉平から被害状況を聞いた貞明皇后は、近くの帝室博物館構内で活動する宮内省巡回救療班へと足を運んだ。

自ら組織した同班の、陣頭指揮に立ったのだ。班員の医師や看護婦に診療の様子を尋ね、患者にも声をかけて回った。

「家族中に死傷等はなかりしか」

「大切にせよ」[62]

続いて《不忍池畔の博覧会場跡に設けられたる東京市営罹災者収容所を御巡覧の後、泉橋病院に成らせられ、収容傷病者を慰問したまふ[63]》。

この時代、天皇や皇后が一般国民に直接声をかけるのは、異例中の異例である。しかし貞明皇后は、罹災者とふれ合う姿勢に徹した。

翌日も朝から傷病者を慰問。日本赤十字社病院へ足を運んだ際には、最も気にかけていた妊産婦や幼児の収容状況をとくに視察し、「産児には一々《いちいち》御手を触れさせ賜はんばかりに近より慈愛の御目を注がせられた」という[64]。

貞明皇后は詠んだ。

石の床　うすへりひとつ　しきのへて　みをよこたへる　をの子いたはし

やめるみを　しのひてまもる　おのか子に　おやはいくたひ　手をあはしけん[65]

帝都と同様、ほぼ壊滅状態となった横浜に行啓したのは十一月五日である。

ここでも貞明皇后は臨時病院の「外科病室から内科病室妊婦室の各室を隈《くま》なく御慰問にな

り、一々有難き御言葉さへ賜はり、特に重症者に対しては一々容態を御下問あらせられ、瘠《や》せ衰へた児童患者に御目を注がせられ、院長に『よくなりませうか』などの御下問があり、（中略）玄関に奉送申上げた院長を御かへりみさせられ、『どうか患者を大切にしてやるよう』との有難き御言葉を残させ給ひ、諸員奉送裡に還啓あらせられた」[66]。

同月十九日にも東京・本郷の臨時産院を視察。寝ている乳児を起こさないよう「畏くも靴音をしのばせられ、静かに御歩みになり、産婦には一々御慰問の御言葉を賜はり、枕元の嬰《えい》児《じ》には一々手を触れさせられ、御いたわりになり畏くも御自らハンケチで涙をふいて御やりに」なったり、「ゴム管の乳首を落して泣き叫ぶ赤ん坊を御覧になつてはいろいろとあやし給ひ、乳首を御手づから含ませておやりに」なったりしたと、日本赤十字社の機関誌に書かれている[67]。

すでに帝都は秋色深く、日増しに冷気が強まっていたが、貞明皇后は十二月中旬まで繰り返し病院を慰問し、その間は夏服で通した[68]。冬用の衣服が十分に行き届かない罹災者を思ってのことである。

再び詠む。

木枯の　風ふきとほす　板いへの　夜のふしとを　おもひやるかな[69]

それから八十八年――。東日本大震災の被災地では、避難所の床に膝をつかれ、被災者に励ましの声をかけられる天皇、皇后両陛下（当時）をはじめ皇族の方々のお姿があった[70]。

その原形は、貞明皇后にあったといえるかもしれない。

百五

大正十二年九月の関東大震災後、貞明皇后の生活ぶりに変化がみられる。それまで二汁三菜だった食事を、一汁二菜に減らしたのだ[71]。

食費を切り詰めて捻出した資金は後年、ある社会事業にあてられた。養蚕奨励や灯台支援と並んで貞明皇后の〝三大事業〟として知られる、ハンセン病患者への救援活動である。

日本のハンセン病政策を主導した国立療養所「長島愛生園」の初代所長、光田健輔によれば、直接の動機は震災後、日光田母沢御用邸から上京して目にした帝都の惨状だった。

「上野公園で惨憺《さんたん》たる浮浪者の様子が御目に止まつた。このことが皇后の社会事業への御関心を一層強くしたものの様に拝され、御救癩《らい》についてもこれが最も直接的な動機となつたものと思はれる」[72]

加えて、究極の孤立者を救いたいという気持ちが高まったのだろう。

かつて「癩」と呼ばれたハンセン病は微弱な感染症で発症力も弱く、治療により完治することは現在ではよく知られている。しかし近年になるまで不治の病と誤解され、患者とその家族は激しい差別にさらされてきた。

貞明皇后は華族女学校時代、通学路にある雑貨屋の娘がハンセン病と知って心を痛めたといわれる(73)。皇后となった大正四年十月には、イギリス人宣教師のハンナ・リデルが設立したハンセン病施設「回春病院」(熊本市)に二千円を下賜しており(74)、以前から関心を持っていたようだ。

同じ頃、静岡県の沼津御用邸へ汽車で向かう際、車窓をながめつつ、こうつぶやいたとも伝えられる。

「フランス人が病者の世話をしているのは、どの辺だろうか(75)」

日本初のハンセン病施設、静岡県御殿場市の「神山復生病院」がフランス人宣教師のテストウィドによって設立されたのは、明治二十二年である。カトリック教会を中心とした地道な救援活動だったが、貞明皇后はひそかに心を寄せていた。

関東大震災の翌年十二月、貞明皇后は《静岡県神山復生病院に金五百円を、同院入院癩患者に木綿縞衣服一着宛を下賜あらせらる(76)》。

同院長の神父レゼーは、日本の国母からの〝クリスマスプレゼント〟に感激した。ところが症状の重い患者は手足の自由がきかず、袖を通してやることができない。苦慮していると、聞きつけた市内の女学校生徒たちが仕立て直しのボランティアを申し出たという(77)。患者に新しい衣服で年越しさせてあげたい――。そんな貞明皇后の配慮が、思わぬ交流につながった格好だ。

神山復生病院をめぐっては、こんなエピソードもある(78)。

貞明皇后からの支援に感謝の気持ちを伝えたい同院の患者たちは、せめてお召し列車だけでも見送りたいと希望したものの、差別の激しかった時代、警備当局は患者が沿線に立つのを許さなかった。

それを聞いた貞明皇后が言った。

「遠慮はいらない」

鶴の一声で沿線の見送りが実現したのは、大正の末頃のことだ。

その日、病院近くの線路沿いで、目印の日の丸をもって立つ患者約三十人は、信じられない光景を目の当たりにする。

沼津から東京へ戻るお召し列車が近づき、菊の紋章がまばゆい車両が通り過ぎようとしたとき、その窓がするすると開き、奥に貞明皇后が、頭を傾けて答礼していた。

姿がはっきり見えたのは、ほんの数秒だった。

あふれる涙でにじんでしまったのだ。

ぬぐってもぬぐっても涙は止まらない。

お召し列車の汽笛と、嗚咽《おえつ》混じりの万歳が、御殿場の山々にこだました。

百六

大正十二年の年の瀬、列島に再び激震が走った。

十二月二十七日《摂政裕仁親王帝国議会開院式へ行啓の途次、虎ノ門付近にて凶漢の為狙撃せらる。弾丸車窓を破壊し、陪乗の東宮侍従長子爵入江為守軽傷を負ひたるも、幸にして摂政の身に何等の異状なく、犯人は直ちに捕縛せらる》(79)

関東大震災からおよそ四カ月、帝都復興の槌音《つちおと》をかき消すかのような、白昼のテロリズムだ。

首相の山本権兵衛は恐懼戦慄《きょうくせんりつ》し、同日中に全閣僚の辞表を提出。裕仁皇太子は慰留したが、やがて総辞職した。ほかに警視総監と警視庁警務部長が免官。犯人の通った小学校校長と担任教諭が辞職。犯人の郷里の山口県知事が減俸となるなど、関係者総懺悔《ざんげ》の様相となった。(80)もっとも裕仁皇太子は、いささかも動じなかったようだ。事件後も予定通り、帝国議会開院式に臨んでいる。

宮相の牧野伸顕《のぶあき》が日記に書く。

「殿下には平常と毫《ごう》も御変はりなく、(中略)御渇きにても在らせられずやと飲物にても差上げてはと、武官長より伺はしめたるに、入用なしと被仰《おおせられ》、直に式場に臨ませられ、常よりは一層目立ちて御立派に勅語を賜はり、一同感激の状壇上より見受けたり」(81)

一方、急報を受けた貞明皇后の衝撃は大きかった。

狙撃に使われたのはステッキに仕込んだ散弾銃で、英国製の御召自動車の窓ガラスを砕いたほか、車内に五カ所の弾痕をつけている。(82)裕仁皇太子が負傷しなかったのは天佑《てんゆう》といっていい。

貞明皇后は、《摂政の無異なりしを神明に謝したまひて――

か丶らむと　神の守りを　たのみしも　忝《かたじけ》なさに　そてしほるなり

――と詠ませられ、更《さら》に又凶漢は早く母に死別せる者なる由を聞かせられ、其の境遇を憐《あわれ》みたまひて――

いろつきし　小草の上そ　あはれなる　は丶その枯し　為とおもへは

――と詠ませたまふ(83)》。

犯人の難波大助は二十四歳の共産主義者。翌年十一月十三日に死刑判決を受け、法廷で「日本共産党万歳、ソビエト共和国万歳」と叫んだ二日後に処刑された(84)。

それでも貞明皇后が憐みを抱いたのは、震災で親を失った子、子を失った親を何人も見てきたからだろう。

自らの子を殺《あや》めようとした大逆人であっても、幼少の頃に母を失った孤独と、天国にいる母の嘆きを思うとき、国母の胸は深く痛んだ。

殺伐とした世相を抜け出すきっかけは、震災翌年の十三年一月二十六日に挙行された、裕仁皇太子と良子《ながこ》女王の結婚の礼だ。

婚約内定から四年半を経た裕仁皇太子は二十二歳。良子女王は二十歳。一時は婚約解消か続行かで大騒動が起きただけに、皇居・賢所の前で神盃を受けた二人は感慨無量だっただろう。

結婚の礼は本来、前年秋の予定だったが、震災により延期されていた。この日の挙式も裕仁皇太子の意向で簡素に行われ、晩餐会もパレードもなかった。

しかし、二人が皇居から赤坂離宮へ御召自動車で戻る際には、沿道を三万人の群衆が埋め、日の丸の小旗を打ち振り、「万歳は法度になつてゐたが歓喜の高潮にせまつて思はず万歳をさけんだ」と、東京日日新聞が報じている。(85)

夜には〝バラック村〟の罹災者が提灯行列を行い、「(皇居の)お濠《ほり》の上を行列が辿《たど》ると灯の光りがお濠の水に映つて何ともいへぬ美しさを添へ」た。(86)

瓦礫の残る帝都に、ようやく戻ってきた万歳の声。

だが、貞明皇后の心は晴れなかった――。

百七

関東大震災が起きる前の、裕仁皇太子と良子女王の結婚に対する貞明皇后の心境として、『貞明皇后御集』にこう記されている。

「よの中こそりて東宮の御慶事をよろこひ申あひたるも、われのみはいかにしても其心になりかねて……」(87)

それより前、良子女王の母系に色覚障害の遺伝の疑いがあり、婚約解消派と続行派が激しく衝突したことはすでに書いた。宮内省が「婚約内定に変更なし」と発表し、問題は決着したかにみえたが、貞明皇后は納得していなかった。

右の発表から三カ月後、貞明皇后が元宮相の波多野敬直《よしなお》に言ったことを、新たに宮相となった牧野伸顕が日記に書き残している。大正十年五月九日のことだ。

「(良子女王の父の）久邇宮《くにのみや》様が御自分様が勝つたと云ふ御態度では宜しからず、(中略）未だ真の御内約であるから御取り消しになれぬ分けでもない」(88)

波多野は驚き、宮内省が婚約続行を発表した以上、それを取り消せば「此度《このたび》は国民は陛下に直接其御処置の不当を訴ふる様になり、甚だ憂慮すべき事になります」と指摘した。その上で、宮相の牧野が適当な時期に処置するまでは「何も御話しのない方が御宜かるべし」と進言すると、貞明皇后は「左様か」といって、口をつぐんだ。

しかし、その後も婚約解消の選択肢を捨てていなかったようだ。久邇宮邦彦王が良子女王とともに拝謁を求めても会おうとせず、取り次ぎの女官が困惑するほどだったという。(89)

牧野の日記によれば貞明皇后は、良子女王には「御好感」を持っていた。問題は邦彦王の「御態度」である。

それまで天皇や皇太子の后妃は、九条、一条、九条と五摂家出身で引き継がれてきた。共通して言えるのは、実家が臣下の立場をわきまえ、宮中の「奥」には決して介入しなかったことだ。ところが邦彦王は個性が強く、貞明皇后に婚約続行を直訴するなど、公私混同のふるまいもみられた。

貞明皇后は、「他日皇太子様が御困まりなさる事もあるべし」と懸念したのである。[90]

一方、裕仁皇太子の心は決まっていた。欧州歴訪中、随員にこう言っている。

「邦彦王と自分とは意見の違うこともある。自分の妻の父君になる人なので、他日意見が合わずに困る場合も生じるだろう。しかし、そういう時は公私の区別を立てて処置すれば差し支えない」[91]

正論だ。律義な裕仁皇太子は自室に良子女王の写真を飾り、結婚の日を心待ちにしていた。

ともあれ宮内省に婚約解消の選択肢はない。宮相の牧野は慎重にことを進め、一年以上が過ぎた十一年六月九日、貞明皇后に「此際《このさい》御内定通り勅許ありて御発表ある方、大なる意味におゐて皇室の御為め宜敷かるべく」と進言した。[92]

その頃には貞明皇后も、もはや内定をくつがえせないと思っていたのだろう。牧野の話を「余程《よほど》御緊張被遊《あそばされ》」た様子で聞き終わると、こう言った。

「已《すで》に熟議を遂られ御進行の外なしとの事なれば涙を呑みて勅許被遊止むを得ざるべし」[93]

同月二十日、裕仁皇太子は摂政として、自分の結婚を勅許する親書に署名する。同年九月二十八日には一般の結納にあたる納采の儀が行われ、翌月六日に良子女王が参内。貞明皇后は大正天皇とともに対面した。

それでもわだかまりは消えなかったのか、十三年一月二十六日に挙行された結婚の礼の前日、貞明皇后は風邪をひいて寝込んでいる。

国家的慶事を素直に喜べない複雑な心境――。それに輪をかけたのが、裕仁皇太子が結婚を機に進めようとした、女官制度の改革だった。

百八

裕仁皇太子（昭和天皇）と貞明皇后。歴史上の名君・名后と比べても、まれにみるほど聡《そう》明《めい》な二人だが、その分、意見が異なると思わぬ混乱を招くことになる。

裕仁皇太子が摂政に就任して間もない頃だ。宮相の牧野伸顕を呼んで言った。

「自分の結婚も其内《そのうち》行ふ事とならんが、夫《そ》れに付特に話して置き度く考ふるは女官の問題なり、現在の通り、勤務者が奥に住込む事は全部之を廃止し日勤する事に改めたし」(94)

一生の大半を皇居内で過ごす女官の生活は、現代からみれば非人間的な面も少なくない。それを改革し、時代に合わせた制度にすることには、牧野も賛成だった。

ただし拙速は禁物だ。宮中の伝統と慣習を重んじる貞明皇后の反対が、目に見えていたからである。牧野は、改革に意欲的な裕仁皇太子の姿勢を「頼母《たのも》敷《しく》」感じつつ、その日の日記に書いた。

「（裕仁皇太子は）諸事進歩的に御在しまし、少しく極端に御奔《はし》り易《やす》き御意向伺はる。然るに皇后様は御女性としては実に御聡明に渉せらる、事は乍恐《おそれながら》毎々直接拝する事なるが、総《すべ》て御考へは伝聞的に入らせらる、を以て、御親子の間、将来御調和の持続せらる、事は実に必要……[95]」

牧野はこの時、早くも将来の〝母子対立〟を懸念したようである。

大正十三年一月の結婚を機に、裕仁皇太子は東宮女官の改革を実行する。女官の職務を宮務（祭事や儀式）と用務（日常生活）に区分し、既婚女性を採用して通勤制を導入した[96]。その際、牧野は貞明皇后に拝謁し、宮務女官の割譲を願い出た。良子皇太子妃付の女官と貞明皇后付の女官との、融和を図る意味もあったのだろう。

だが、貞明皇后は断った。

「新旧女官の混同は折合上到底面白からず、（中略）折合と云ふ事には自分も経験を重ねたるが、一と通りの心痛にあらず、良宮《ながみや》様にはそふ云ふ御苦労は御為せ申さぬ方好ましく、矢《や》張《は》り全部新任の事に若かずと思ふ[97]」

貞明皇后は皇太子妃時代、ベテラン女官の厳格な指導に何度も泣かされている。良子皇太子妃に「そふ云ふ御苦労」をさせたくないという思いに、偽りはなかっただろう。しかし一方で、「そふ云ふ御苦労」があったからこそ、今の自分があると感謝もしている。ゆえに女官制度の改革を快く思わず、皇后付の女官は従来の体制を変えなかった。

このため異なる女官制度が併存することになり、やがて牧野が懸念したように、両者に感情のもつれも出てくるのだが、それは後述する。

ともあれ良子皇太子妃は、貞明皇后に比べれば気苦労も少なく、順風な新婚生活を送れたようだ。

それには裕仁皇太子が夫婦の時間を大切にしたことも大きい。二人はお互いを「良宮」「お上《かみ》」と呼び合い、貞明皇后が経験したようなすれ違いもなかった(98)。

十四年十二月六日には第一子の成子《しげこ》内親王が誕生。『昭和天皇実録』によれば、裕仁皇太子は出産から二時間余りで《御産室にお入りになり、皇太子妃並びに新誕の内親王に御対顔になる(99)》。

裕仁皇太子が生まれたとき、大正天皇と対面したのが四日後だったことを考えると格段の違いだ。養育も臣下に委ねず、学齢期になるまで手元で育てた。

新時代にふさわしい、模範的な家庭を築こうとする裕仁皇太子と良子皇太子妃。

一方、貞明皇后の苦悩は尽きない。皇后として関東大震災の復興に、母として皇太子夫妻との関係に、妻として大正天皇の病状に……。悩める国母はこの頃、救いの道を宗教に見いだそうとする。

百九

関東大震災の翌年、大正十三年一月十九日の歌御会始で、「新年言志」の御題に裕仁皇太子はこう詠んだ。

あらたまの　年を迎へて　いやますは　民をあわれむ　心なりけり(100)

一方、貞明皇后の和歌はこうだ。

あら玉の　年のはじめに　ちかふかな　神《かむ》ながらなる　道をふまむと(101)

ここに二人の、ベクトルの違いを読み取ることができる。いずれも未曽有の災害を受け、皇室の責務を果たそうとする意志にあふれているが、裕仁皇太子が立憲君主的な立場で現実を直視しているのに対し、貞明皇后は天皇家の、祭祀王という伝統的役割を重視していた。

右の和歌で「神ながら」は、「神随」と漢字をあてる。意味は「神でおありになるまま」「神の御心のままで人為を加えないさま」だ。(102)

裕仁皇太子の結婚から一カ月後の十三年二月二十六日、貞明皇后は東京帝国大学教授の筧《かけい》克彦を沼津御用邸に招き、「神ながらの道」と題する古神道の進講を受けた。

筧は六年間のドイツ留学で法学、神学、哲学を学び、帰国後に東京帝国大学で行政法や法理学を講じた法学者である。一方で独自の神道思想を唱道し、注目を集めていた。

その主張は、日本人が天皇中心の「皇国体《みくにがら》」を維持してきたことは貴ぶべき「心の道」であり、すべての宗教的信仰は天皇のもとに通じている――というものだ[103]。

国粋的ではあるが、キリスト教など外来宗教を排除せず、日本化して受け入れようとする特色もあった。

貞明皇后は大正三年頃から筧の著書を読み、関心を寄せていた。その後に大正天皇の発病、裕仁皇太子の婚約と外遊、関東大震災の発生などで苦悩が深まり、信仰に救いを求めようとしたのではないか。

二月下旬に始まった筧の進講は、五月下旬まで計十回に及び、《其の間皇后は頗《すこぶ》る御熱心に御聴講あり、（中略）其の教説に深く傾倒あらせられ》たと『貞明皇后実録』が書く。進講のほかにも《克彦の所説に従ひて万歳の代りに弥栄《いやさか》の呼称を用ひ》たり、《克彦の創案せる皇国体操をも側近の者に奨励》したりと、一時は相当に熱を入れたようである[104]。

のちに筧が語ったところでは、貞明皇后は進講を受ける前から「あらゆる方面の思想・信仰などを人の考へるよりは深く研究されてゐました」といい、それは「深刻な御体験を公私の全生活に於て経験されて」いたからだと推測する。

「皇后の御理解力・感得力といふものは人並ではなかつたのです。私の接した人の中でも、その点皇后は類例を見ない御方であつたと今でも思つてゐます[105]」

もっとも、一緒に進講を受けた侍従や女官らは、ついていけなかったようだ。

侍医の山川一郎が苦笑をもらす。

「神ながらの道の理解はなかなか容易ではなく、陪聴を許されたわれわれ側近の者は誰も理解出来るものはなかつたかと思つてゐます。中にはイビキを立てて居眠りをするものもあつたやうでした」[106]

この進講後も、筧の古神道に関することが『貞明皇后実録』にしばしば出てくる。

八月一日《侍医西川義方をして（筧が創案した）皇国体操の生理と実技に就きて説明せしめられ、御自ら体操を試みたまふ》

十月三十一日《（女官や侍従らに）皇国体操を行はしめられ、御自ら体操の指揮を執りたまひ、且《かつ》ピアノを弾かせられて天皇の御覧に供したまへり》

十四年三月十八日《筧克彦に謁を賜ひ、古神道に関する御進講案の出版に就きて種々御指示あり》[107]

おそらく当時の貞明皇后は、わらにもすがりたい心境だったのだろう。

大正天皇の病状が、一段と悪化していたからだ……。

百十

大正十四年五月十日《御結婚満二十五年の佳辰《かしん》を迎えたまふ。仍《よ》りて掌侍《しょうじ》吉見光子をして賢所皇霊殿神殿の祭典に代拝せしめられ、又午前十時御内儀に於て皇太子裕仁親王・雍仁親王・宣仁親王・崇仁親王に御対面、賀詞を受けたまふ》[108]

節目を迎えた大正天皇は四十五歳。貞明皇后は四十歳。この日は久々にそろって謁見所に出御し、皇族総代や首相、枢密院議長から祝賀を受けた。

もっとも、各国の大公使夫妻らを招いた饗宴には《天皇皇后共に御都合により臨御あらせられざるを以て、摂政裕仁親王代りて之に臨》んだ。[109] 大正天皇が姿を見せる場は、極めて限られたものになっていたのだ。

そんな中、貞明皇后の発案で同月十七日、《侍従其の他側近奉仕者等の余興及び模擬店の催》が開かれた。[110] 内廷の各部局ごとに趣向を凝らした出し物を披露する、心のこもった〝銀婚式〟である。

侍医寮はユーモラスな芝居、女官ら皇后宮職はお祭り行列……。

会場の一段高いところに貞明皇后と並んで座り、余興をみる大正天皇がたびたび笑う。貞明皇后はそれが見たかった。

「終わって酒肴《しゅこう》を賜わったが、皇后陛下から、『今日の余興はよく出来ました、御苦労でした』と仰せられ、御手ずからお酌をして下さった」と、侍医の山川一郎が書き残している。[111]

摂政設置から四年余り。外出の機会がめっきり減った大正天皇は、皇居や御用邸の廊下を何度も往復し、少しでも病気の進行を遅らせようと必死だった。誰が教えたのか廊下の九官鳥が時折、「テンノウヘイカバンザイ」「コレ見テチョウダイナ」などと鳴き、大正天皇の頬を緩ませたという。[112]

だが、病気の進行は止まらなかった。言語障害や記憶障害、歩行困難に加え、神経痛も悪化し、仕人《つこうど》だった小川金男によれば「手の指を自由にお曲げになれないので、侍従が手の平にリンゴをおのせして、それから一本一本指を曲げてさし上げ」るような状態となる。[113]貞明皇后も必死だ。大正天皇の健康管理のため、時には「煙たい」と思われるようなこともした。[114]

例えば大正天皇は、若い頃から洋酒が好きだった。天皇としての務めを十分に果たし得ない自責や、ますます自由が利かなくなる病身への不安で、酒量が増えてもおかしくないが、そうならなかったのは、貞明皇后が抑制していたのだろう。

のちに侍従次長などを務める甘露寺受長によれば、貞明皇后は明治の末頃から「御酒量について特に周到な御配慮を払って」おり、「ブランデーを一日にコップ一杯ときまって」いたという。[115]

一方で貞明皇后は、大正天皇が喜びそうな企画を次々に行った。

日光田母沢御用邸で避暑していた十四年八月二十一日には裕仁皇太子を招き、《天皇と倶《とも》に皇太子及び附属邸に滞在中の宣仁親王と午餐を会食あらせられ、又晩餐も天皇並に皇太子と会食あらせらる》。[116]

皇居に還啓後の十一月十七日には《観菊の御内宴を催したまふにより、正午近く天皇と倶に内苑に出御して馬場跡に装植せる菊花を御賞覧あり、尋《つ》いで御座所縁座敷に於て午餐を召させらる》。[117]

十二月六日に初孫である内親王が生まれ、七日目の十二日、大正天皇により成子《しげこ》の名と照《てるの》宮《みや》の称号が与えられた。

恐れていたことが起きたのは、その一週間後である。

百十一

大正十四年十二月十九日《午後四時四十分頃天皇俄《にわか》に脳貧血を発したまひ、一時人事不省に陥らせらるるにより、（貞明皇后は）午前一時過迄《まで》御看護に努めたまふ……》(118)

右の『貞明皇后実録』の記述からは伝わりにくいが、大正天皇の発作は深刻だった。侍従武官長の奈良武次が日記にこう書き留めている。

「本日午后四時四十五分頃（中略）御厠の前にて急に脳貧血を起され御倒れ遊ばされ、一時呼吸も脈拍も絶へさせられたり、依て侍医より直に人工呼吸四十回程差上げ且《か》つカンフル注射をなし、約二分間にして回復遊ばされ、次で葡萄《ぶどう》酒を差上げ、御寝の間に御移りの上御休み遊ばされ、只今牛乳若干を差上げたり……」(119)

長年の闘病生活の中でも、これほどの発作は初めてだ。貞明皇后は驚愕し、翌日未明まで看病を続けた。この時の心労で二十一日、貞明皇后自身も体調を崩し、半月ほど寝込んでいる。

幸いにも大正天皇は持ち直し、国民には「御軽微の脳貧血」と発表された。(120)だが、実際の病状はより深刻で、大正天皇は以後四カ月にわたり、ほぼ寝たきりの状態となる。

貞明皇后がのちに語り継がれるほどの、献身的な介護を行うのはこの頃からだ。侍医や女官が昼夜交代で寝室に詰める態勢がとられ、その中心にいつも、貞明皇后がいた。女官や侍従が語る。(121)

「大抵午前十二時過まで御病室に御付添ひになつてゐられました。お痰《たん》や咳《せき》などのお世話も御自身でなさいましたし、又御小水の折に御床(ベッド)の上り下りが御不自由でしたから、その度毎《ごと》に御手をとつて御動作を御助けなさいました」(命婦《みょうぶ》、西京子)

「お上《かみ》の羽二重のお召物を御自身でお取換へになつたり、又侍従が湯桶の水でタオルを絞つて皇后に差上げると、皇后はこれでお上のお汗を拭取つたりお身体を拭いたりされました。お小水の事までも皇后がお世話をなさいました」(侍従、万里小路《までのこうじ》元秀)

肉体的な介護だけでなく、精神面のケアにも心を砕いている。

十五年の春、侍医の山川一郎が、幼稚園児の娘がつくった折り紙のひな人形を持って出勤したところ、貞明皇后はそれを大正天皇の枕元に吊《つ》って飾った。(122)

大正天皇は子供好きで、元気だった頃にはこんな和歌も詠んでいる。

しばらくは　世のうきことも　忘れけり　幼き子らの　遊ぶさまみて(123)

病室に高価なひな人形を飾るより、幼児がつくった折り紙の方が慰めになると、貞明皇后は思ったのだ。かわりに山川の自宅には、貞明皇后から贈られた「立派な人形の置き物二個」が飾られることになった。[124]

時には徹夜に及ぶ介護により、大正天皇は徐々に回復する。同年五月八日には病床を離れ、歩行もできるようになった。しかし同月十一日、《天皇再び脳貧血様の御発作あり、御病床に就きたまへり》[125]。

一進一退を繰り返す中、気候のよい葉山御用邸で療養させる案が侍医の間で持ち上がったのは、六月下旬の梅雨時である。

貞明皇后はそれまで、侍医の進言にはすべて従ってきたが、この時だけは難色を示した。そばで見ていて、とても動かせる状態ではなかったからだ。その意を受けた典侍の正親町《おおぎまち》鐘子が侍医らに、「あのご容態で、お転地はご無理ではないか」と懸念を伝えたものの[126]、侍医寮で協議した結果、転地と決定する。

八月十日、大正天皇は帯で縛りつけられるようにして車に乗せられ、原宿駅から葉山へ向かった。

貞明皇后は思うところがあったのだろう。出発の際、女官らに言った。

「今度は最後の行幸だからそのつもりでいなさい」[127]

百十二

松林に囲まれた葉山御用邸の、日本間に置かれたベッドの上に、大正天皇が身を横たえている。そのそばで貞明皇后が、硬い畳の上に座り、タオルを絞って大正天皇の胸や額にあてる。

「ご気分はいかがですか」

大正天皇は言葉を発しない。ただ時折、貞明皇后にほほ笑んでみせる。それだけで二人は、十分に意思疎通ができた。

大正十五年八月十日に葉山御用邸に転地して以来、大正天皇の病状はしばらく落ち着いていたが、九月十一日に脳貧血の発作を再発し、十月下旬になると食欲が減退。日中でも眠っている時間が増えた。(128)

その間、貞明皇后は九月に来日したスウェーデン皇太子夫妻の応接と、十一月三日の日本赤十字社創立五十年祝典で短期間上京した以外は、東京での公務を一切取りやめ、ほぼつきっきりで看病している。

日中は大正天皇の手足をさするなどし、筋肉をほぐしたり、少しでも血行を良くしようとした。

夜は寝ていても、大正天皇が咳《せき》をしたり痰《たん》がからんだりするたびに起き、枕元に置いた紐《ひも》を結んで回数を数えた。

やがて貞明皇后自身の足もむくみ、周囲が心配するほどだったという。(129)

当時の様子を、侍医の山川一郎が書き残している。

「皇后陛下は、常にご病室に成らせられて、氷嚢《ひょうのう》のお取り更え、お召し更え、お食事、その他何もかもみ手ずから遊ばされた。（中略）主婦でこれ程までに、行き届く看護の出来得る人は、全く見たこともないので、ひそかに驚嘆したのであった」(130)

女官の坂東登女子《とめこ》も振り返る。

「皇后様はおまってても（寝ていても）おミヤ（足）をお動かし遊ばすわけじゃなくお行儀よくお休みになって、呻《うな》ったり苦しがったりすることはあらっしゃいませんでした。（中略）お召し（着物）をお解き遊ばす間も無しで、お側《そば》離れずずっとおつき遊ばしてました」(131)

右の文中、貞明皇后が「お行儀よくお休み」になったのは、大正天皇を起こさないためだ。(132)

自分がトイレに行く時も音を立てないよう、ふすまの開け閉めにも細心の注意を払った。

秋も深まった頃だろうか、侍従の加藤泰通が大正天皇の着物を替えようと布団に手を入れ、「早くお着せしようとしてお手を急いで引いたところ、皇后が『私の手ですよ』と仰せられたのでびっくり」したこともある。(133)

貞明皇后は、最愛の夫の手を握りながら看病していたのだ。

だが、病勢は日に日に悪化した。

十月下旬に気管支炎の症状をみせ、十一月下旬以降は体温が上昇。やがて流動食しか喉を通せなくなる。すると貞明皇后は、「お上のお食事と同じきものを」と、自身も流動食にするよう望んだ。それでは体力を維持できないため、厨房《ちゅうぼう》では流動食のほか普通食を二人分用意し、聖上と同じですからと促されてやっと箸をつけたという。(134)

師走――、いよいよ容体は切迫したものとなる。十二月八日に気管支炎が一層悪化し、体温も著しく上昇した。翌日以降も症状は改善せず、《漸次御重態に陥らせたまひし》と、『貞明皇后実録』が書く。[135]

知らせを受けて裕仁皇太子と良子皇太子妃が十一日に駆けつけ、いったん帰京したものの、十三日からは泊まりがけで貞明皇后の看病を手伝った。

宣仁親王と崇仁親王も同日に参邸。英国留学中の雍仁親王も急遽《きゅうきょ》帰国することとなる。

冬の潮風が松林を揺らす葉山御用邸に、悲しみの時が訪れようとしていた。

百十三

「天皇陛下御異例」──。そんな見出しで宮内省が、葉山御用邸で療養する大正天皇の病状経過を発表したのは、大正十五年十二月十五日である。

危機が迫っていると判断したのだろう。発表では、大正天皇が九月十一日に「脳貧血様の御症状」を再発し、十月二十七日から「御睡眠勝ちにして御食気減少」し、十一月十四日以降は「軽微なる御せきおよび少量の御かく痰《たん》あらせら」れ、十二月になると「御体温昇騰し御脈拍御呼吸数とも増進」したことが明らかにされた。[136]

その翌日、十二月十六日に《天皇御病状頗《すこぶ》る重篤》に陥り、各皇族や王族、元帥、閣僚らが続々参邸する事態となる。[137]

新聞各紙は記者を大量動員し、朝夕刊とも連日一面大見出しで一進一退する病状を速報。

時には一日に何度も号外が出された。(138)

十六日「聖上御脈御不整　食塩水御注腸」（東京日日新聞号外）
十七日「御足背に多少御浮腫　時々御結滞、御呼吸も御不利」（同朝刊）
十八日「聖上陛下御危険　食塩水注射も効現れず」（東京朝日新聞朝刊）
十九日「聖上依然御重体　妃宮と直宮が皇后をお慰め」（読売新聞朝刊）
二十日「御小康を得させらる」（東京朝日夕刊）
二十一日「御平静の侭《まま》にて聖上陛下御小康　到る処にひとまづ安堵《あんど》の色」（読売朝刊）
二十二日「今朝来や丶御不良　御呼吸増加して御譫言《うわごと》を伺ひ奉る」（東京朝日夕刊）
二十三日「御容体御急変か　東宮両陛下を始め大官連急きょ参殿す」（同第一号外）
同日「御心臓再び御衰弱」（同第二号外）

この間、貞明皇后はつねに大正天皇の枕元にいて、冷たいおしぼりで身体をふいたり、氷嚢を取り換えたりした。小康を得た大正天皇が「御看護の皇后宮に御微笑をた丶へらる」こともあったと、十六日の東京朝日新聞が報じている。

容体悪化以降、ほぼ不眠で看病する貞明皇后の顔はやつれ、左足は腫《は》れていた。極度の疲労とストレスで、心が折れそうにもなっただろう。

あるとき病室を離れ、隣室で休んでいた際、侍医の西川義方に言った。

「この控室へ下つて椅子によりますと、畏《おそれ》多いことですが、ほつと溜息《ためいき》が出るのです。聖上《おかみ》に対してまことに相済まぬことです」[139]

裕仁皇太子と良子皇太子妃も連日深夜まで看病を続けた。ことに裕仁皇太子の心痛は大きく、《御食事量は平素の半分又は三分の一に減少》したと、『昭和天皇実録』が記している。[140]

二十四日、それまで冬の陽光に照らされていた葉山御用邸は、午後から厚い雲に覆われた。いつしか雪が舞い始め、時ならぬ雷鳴も響いた。[141]

「今朝の御容体　漸次不良に拝す」（二十四日、東京朝日第一号外）
「聖上陛下御容体　御険悪に向はせ給ふ」（同第二号外）
「益々《ますます》御危険」（同第三号外）
「全く御絶望」（同第四号外）
「聖上御危篤」（二十五日、同第一号外）

以下は『貞明皇后実録』に譲る。

十二月二十五日《天皇の御症状昨二十四日より更に御増進あり、御体温昇騰し、御脈拍は益々頻数微細とならせられ、御呼吸も更に逼迫《ひっぱく》あらせられ、本日午前一時二十五分遂に崩御したまふ。時に皇后、皇太子裕仁親王・同妃良子女王・宣仁親王・崇仁親王・故恒久王妃昌子内親王・故成久王妃房子内親王・鳩彦王妃允子《のぶこ》内親王・稔彦王妃聡子内親王と倶《とも》に御病床

に侍したまへるが、茲《ここ》に於て御褥側に進御して拝訣《はいけつ》あらせらる[142]》

百十四

大正天皇の脈をとっていた侍医頭の入沢達吉が、深く息を吸って吐き出す。

「崩御でございます」

だが、貞明皇后は取り乱さなかった。

静かに綿棒を水に浸し、大正天皇の口元にあてる。裕仁皇太子、良子皇太子妃、宣仁・崇仁両親王、大正天皇の妹の昌子・房子・允子・聡子各内親王、女官一同がそれに続いた。[143]

皇位は一日も空《むな》しくできない。裕仁皇太子は直ちに践祚《せんそ》し、およそ二時間後の昭和元年十二月二十五日午前三時十五分、葉山御用邸の附属邸で神器の剣と璽（勾玉《まがたま》）を継承する剣璽《けんじ》渡御《とぎょ》の儀が行われた。

ここに裕仁皇太子は天皇に、良子皇太子妃は皇后に、貞明皇后は皇太后となる。

二十六日の朝、一般の納棺にあたる舟入の儀を前に、貞明皇后は長く伸びた髪の先を女官に持たせ、自らはさみで切り落とした。[144]

二十七日《大行天皇の霊柩《れいきゅう》に扈従《こじゅう》して東京に還啓したまふ[145]》

崩御の大正天皇は宝算四十八歳（満四十七歳）。名君といわれる父の明治天皇、子の昭和天皇に比べ、病弱な面ばかり強調されがちだが、少なくとも貞明皇后と結婚した二十歳から三十代後半までは活動的だった。

聡明だったことも疑いない。それは和歌や漢詩に、如実にあらわれている。

大正天皇は生涯、高度な知性が求められる漢詩を、御集に収録されているだけでも千三百六十八首詠んでいる(146)。

和歌は二千百九十九首。このうち一般に公開されているのは四百六十五首だが、一首一首にこめられた鋭敏な感性は明治、昭和両天皇をしのぐといわれる(147)。

公刊の御集にある最後の和歌は大正十年、「社頭暁」と題された一首——。

神まつる　わが白妙の　袖の上に　かつうすれ行く　みあかしのかげ(148)

この感性はどうだ。

国家と国民の平安を祈る未明の祭祀で、純白の御祭服に灯明の光（みあかしのかげ）が反射してゆらめき、暁が近づくとともに薄れゆく情景が、痛いほど鋭利に詠まれている。

加えて大正天皇が非凡な才能を持っていたことは、この和歌だけでも明らかだろう。

政治では大正天皇が在位したおよそ十五年間は、日本が生き生きと輝いた時代だった。政治では大正デモクラシーが、文化では大正ロマンが花開いた。労働争議をはじめ各種社会運動が活発化し、女性の社会進出も飛躍的に向上した。いずれも一般庶民の自発的なパワーによるものだ。

この時代に生み出された文化や制度の多くは、現代にも引き継がれている。

大正二年に宝塚歌劇団の前身である宝塚唱歌隊が発足。三年には「カチューシャの唄」が大ヒットし、歌謡曲ブームの先駆けとなる。字幕シネマに人気が集まり、十四年からラジオ放送が始まった。

メディアの影響力が増し、主婦之友や婦人公論など女性向け雑誌が相次いで創刊されたのもこの時代である。

青バスの運行、山手線の環状運転、モダン・ボーイ、モダン・ガール……。都市にはカフェやレストランが建ち並び、カレーライス、ポークカツレツ（とんかつ）、コロッケが大正の三大洋食と呼ばれた。

スポーツでも箱根駅伝、東京六大学野球、夏の甲子園こと全国高校野球（当時は中等学校野球）選手権大会が始まり、今に続いている。[149]

気さくな天皇を象徴する、短くも躍動した時代、大正――。

昭和二年二月七、八日、大喪儀が執り行われ、大正天皇は現在の東京都八王子市にある多《た》摩陵《まのみささぎ》に埋葬された。

時代は、激動の昭和へと突入する。

註

（1）香椎宮ホームページから引用。句読点は筆者
（2）『貞明皇后実録』二三巻二八～二九頁から引用
（3）「関係者談話聴取」所収の「西川義方談話」から引用
（4）大正天皇は明治三十三年十～十二月に九州北部を旅行し、香椎宮では境内で松茸《まつたけ》狩りを楽しんだ（第二章参照）
（5）『貞明皇后実録』二三巻二九～三〇頁から引用
（6）『山県有朋』から
（7）『貞明皇后実録』二三巻一一頁から引用
（8）同二三巻三七頁から引用
（9）同二三巻五四頁から引用
（10）エドワード皇太子は即位後の一九三六年、離婚歴のある米国人女性と結婚するため退位し、世界中の話題をさらった
（11）『貞明皇后実録』二三巻五七～五八頁から引用
（12）同二三巻六一～六二、七三頁から引用
（13）「関係者談話聴取」所収の「松平信子談話」から引用
（14）同「穂積英子談話」から引用
（15）「松平信子談話」から引用
（16）道原聡訳のフェラリン自伝から引用
（17）道原氏によれば、フェラリンは帰国後も終生日本を愛し続けた
（18）「関係者談話聴取」所収の「吉田鞆子談話」から引用
（19）同「有泉善三談話」から引用
（20）早川卓郎編『貞明皇后』八六頁から引用
（21）「関係者談話聴取」所収の「松平信子談話」から引用
（22）黒板勝美ほか編『日本書紀』前編三六九頁から引用
（23）早川卓郎編『貞明皇后』七八頁から引用
（24）岡田尚子編『皇后さまとご養蚕』から。小石丸はその後、上質であることが改めて見直され、全国で再び飼育されるようになった
（25）『貞明皇后実録』二三巻一六二頁から引用
（26）同二三巻一六三頁から引用。和歌の原文は濁点なし
（27）同二四巻五九～六〇頁から引用
（28）「関係者談話聴取」所収の「三室戸敬光談話」から引用
（29）『昭憲皇太后・貞明皇后』から
（30）『貞明皇后実録』二三、二五巻から
（31）「関係者談話聴取」所収の「西川義方談話」から引用
（32）筆子は明治十三年、昭憲皇太后（当時は皇后）の内命を受けて欧州に留学。帰国後に華族女学

校の教師となった。自身の子も知的障害があり、夫と死別後、石井亮一の人間性に惹《ひ》かれて再婚。亮一とともに知的障害者の保護・教育・自立に献身した
(33) 滝乃川学園ホームページから引用
(34) 兵藤長雄『善意の架け橋』から
(35)「稿本一〇六」所収の「日本赤十字社史続稿（下）波蘭国児童救済事業」四編三章から
(36) ポーランド孤児の救済事業については『善意の架け橋』、「波蘭国児童救済事業」、『昭憲皇太后・貞明皇后』から
(37)『貞明皇后実録』二十一巻七四頁から引用
(38) 大正十年四月七日の東京朝日新聞夕刊から引用
(39)『貞明皇后実録』二二巻三〇頁から引用
(40) 同二四巻二三頁から引用
(41) 大正十二年五月五日の東京朝日新聞から引用。灯台行啓の様子は同紙、『貞明皇后実録』二四巻、『貞明皇后御集』中巻から。なお、観音埼灯台は灯台守夫婦の生活を描いた映画「喜びも悲しみも幾歳月」（木下惠介監督、昭和三十二年公開）の舞台の一つになった
(42)『貞明皇后御集』中巻三八～三九頁から引用
(43)『貞明皇后実録』二四巻四四頁から引用
(44)「関係者談話聴取」所収の「川上民枝談話」から引用
(45)『貞明皇后実録』二四巻八三頁から引用
(46)「稿本一三四」所収の「典侍日記」や「侍従武官府日誌」には、当日の揺れを「強震」と記録している
(47) 晩年の昭憲皇太后に仕えた女官、山川三千子によれば、あまり走ることのない女官も地震があると天皇のもとへ「かけ足でご機嫌うかがい」にいったという
(48)、(49)『貞明皇后実録』二四巻八三～八四頁から引用
(50) 主婦の友社編『貞明皇后』など。同書を引用する文献も多い
(51)「稿本一三四」所収の「大森鍾一紀行」から
(52)『昭和天皇実録』一〇巻一一二頁から引用
(53)『貞明皇后実録』二四巻、「大森鍾一紀行」から
(54) 中央防災会議・災害教訓の継承に関する専門調査会報告書「１９２３関東大震災」（平成十八年七月作成）から。皇族も山階宮武彦王妃の佐紀子女王、東久邇宮家の師正王、閑院宮家の寛子女王が建物倒壊により薨去《こうきょ》した
(55)『昭和天皇実録』一〇巻から
(56) 堀口修「関東大震災と貞明皇后」（『大正大学研究紀要』九七輯収録）から
(57)『貞明皇后実録』二四巻から
(58)「関東大震災と貞明皇后」から引用

(59)『貞明皇后実録』二四巻九三~九四頁から引用
(60)「関東大震災と貞明皇后」から
(61)「関東大震災と貞明皇后」から引用
(62)「稿本一三三四」所収の「宮内省巡回救療班事業概要」から引用
(63)『貞明皇后実録』二四巻九七頁から引用
(64)「稿本一三三四」所収の日本赤十字社発行『博愛』震災号から引用
(65)『貞明皇后御集』中巻一二五頁から引用
(66)、(67)「稿本一三三五」所収の『博愛』震災号から引用
(68)主婦の友社編『貞明皇后』から
(69)『貞明皇后御集』中巻一二八頁から引用
(70)天皇陛下(当時)は平成三年の雲仙普賢岳火砕流災害で、歴代天皇で初めて膝をついて避難民を見舞われ、以後の災害被災地ご訪問でもこのスタイルを貫かれている
(71)「関係者談話聴取」所収の「多輝子談話」から
(72)同「光田健輔談話」から引用。なお、光田はハンセン病患者の救済に生涯をささげ、昭和二十六年に文化勲章を受章したが、患者の隔離政策を推進したため現在は否定的な評価が多い
(73)主婦の友社編『貞明皇后』から
(74)『貞明皇后実録』一六巻から
(75)村島帰之「貞明皇后と癩者」(雑誌『ニューエイジ』昭和二十六年八月号所収)から
(76)『貞明皇后実録』二五巻一二二頁から引用
(77)「貞明皇后と癩者」から
(78)以下、神山復生病院のエピソードは早川卓郎編『貞明皇后』から
(79)『貞明皇后実録』二四巻一二八~一二九頁から引用
(80)今井清一『日本の歴史(二三)大正デモクラシー』から
(81)『牧野伸顕日記』一〇八頁から引用
(82)森長英三郎「難波大助事件」(『天皇百話』上巻所収)から
(83)『貞明皇后実録』二四巻一二九~一三〇頁から引用。和歌の「は、」は〝葉は〟と〝母〟の掛詞《かけことば》
(84)「難波大助事件」から
(85)、(86)大正十三年一月二十七日の東京日日新聞から引用
(87)『貞明皇后御集』中巻一一一頁から引用。御集によればこの年の上半期、複数の皇族や臣下が死去し、下半期にも何か不吉なことがあると貞明皇后は危惧しており、裕仁皇太子の結婚を素直に喜べない面もあった。実際に関東大震災が起きて「心のおの、きやまさりける」心境となった
(88)『牧野伸顕日記』一〇頁から引用
(89)『宮廷』から
(90)『牧野伸顕日記』一〇頁から引用

(91)同日記二六頁から意訳
(92)、(93)同日記五四頁から引用。傍点は筆者
(94)、(95)同日記四四、四五頁から引用
(96)『皇后の近代』から
(97)『牧野伸顕日記』七九〜八〇頁から引用。従来の女官にとっても新体制で働くのは負担が大きく、貞明皇后が割譲に反対したのは、女官を守るためでもあった
(98)『皇后の近代』から
(99)『昭和天皇実録』一二巻一六〇頁から引用
(100)同一一巻一〇頁から引用
(101)『貞明皇后御集』中巻一二九頁から引用。原文は濁点なし
(102)『昭憲皇太后・貞明皇后』から
(103)西田彰一「筧克彦の皇族論について」(『立命館大学人文科学研究所紀要』一〇七号所収)から
(104)『貞明皇后実録』二五巻一五頁から引用
(105)「関係者談話聴取」所収の「筧克彦談話」から引用
(106)同「山川一郎談話」から引用
(107)『貞明皇后実録』二五巻六二、八四頁、二六巻二三頁から引用。進講案は十四年六月、「神ながらの道」と題されて刊行された
(108)、(109)、(110)『貞明皇后実録』二六巻四五、四六、五一頁から引用
(111)山川一郎『拝命』七〇頁から引用
(112)『拝命』から
(113)『宮廷』一五四頁から引用
(114)「関係者談話聴取」所収の「西京子談話」から
(115)同「甘露寺受長談話」から引用。甘露寺は明治末年頃の様子として語っているが、貞明皇后による大正天皇の健康管理はその後も続いたとみられる
(116)、(117)、(118)『貞明皇后実録』二六巻七四、一〇一、一一五頁から引用
(119)『侍従武官長奈良武次日記・回顧録』二巻二三四頁から引用
(120)大正十四年十二月二十日の東京日日新聞から引用
(121)侍従らの談話は「関係者談話聴取」から引用
(122)『拝命』から
(123)『大正天皇御集』九四頁から引用。原文はスペースなし
(124)『拝命』から
(125)『貞明皇后実録』二七巻三四頁から引用
(126)『拝命』七四頁から引用
(127)『椿の局の記』から
(128)「稿本一五八」所収の「宮廷録事」から
(129)看病の様子は「関係者談話聴取」所収の「万里小路元秀談話」、「西京子談話」、早川卓郎編『貞

明皇后』から
(130)『拝命』七七頁から引用
(131)『椿の局の記』一四二頁から引用
(132)「関係者談話聴取」所収の「西京子談話」から
(133)同「加藤泰通談話」から引用
(134)大正十五年十二月二十三日の東京日日新聞から
(135)『貞明皇后実録』二七巻八四頁から引用
(136)大正十五年十二月十五日の東京朝日新聞号外から
(137)『貞明皇后実録』二七巻から
(138)以下、日付は各紙の配達日
(139)西川義方『侍医三十年』四二頁から引用
(140)『昭和天皇実録』一三巻一五九頁から引用
(141)侍医の山川一郎は季節外れの雷鳴に驚き、「一天万乗の陛下の崩御には、こんな天界の異変も起きるものかと、不思議に思われた」と書き残している(『拝命』八二頁から引用)
(142)『貞明皇后実録』二七巻九〇～九一頁から引用。昌子、房子、允子、聡子各内親王は明治天皇の皇女で大正天皇の妹
(143)『昭和天皇実録』一三巻、『貞明皇后実録』二七巻から。雍仁親王は英国に留学中で、急遽帰国したものの臨終には間に合わなかった
(144)『拝命』から
(145)『貞明皇后実録』二七巻九四頁から引用
(146)同四一巻から
(147)岡野弘彦解題・解説『おほみやびうた』から
(148)『大正天皇御集』一〇七頁から引用。原文はスペースなし
(149)皿木喜久『大正時代を訪ねてみた』から

第十章　母子対立

百十五

赤坂御所や秋篠宮邸がある東京・元赤坂の赤坂御用地は、面積約五十一ヘクタール（東京ドームのおよそ十一倍）。中央にある赤坂御苑で毎年、春と秋に園遊会が行われることでも知られる。

明治以降、ここには天皇家となじみの深い施設が幾つか建てられてきた。昭和天皇、秩父宮雍仁《やすひと》親王、高松宮宣仁《のぶひと》親王が少年時代を過ごした、青山東御所もその一つだ[1]。

昭和二（一九二七）年の年の瀬、青山東御所の奥まった一室に、女性がひとり、壁に掲げられた肖像画に向かって話しかけている。

「首相の田中（義一）が参殿しまして、近況についていろいろ話しておりました。これは、そのとき持って参った菓子でございます……」

壁の肖像画は衣冠束帯姿の大正天皇。その前に端座する女性は、大宮様と呼ばれるようになった、四十三歳の貞明皇后である。

大正天皇の崩御後、貞明皇后はしばらく皇居に住んでいたが、二年十一月、昭和天皇と香淳皇后（良子《ながこ》皇后）に明け渡すべく、青山東御所へ移った。

歌人で絵心のある皇太后宮大夫の入江為守が肖像画を描いて献上したのは、その翌月だ。貞明皇后は喜び、御影《みえ》様と呼んで御所の一室に祀った。《爾後《じご》崩御に至る迄《まで》（御影に）奉斎ありて毎日朝夕御拝あらせらるるを例としたまへり》と、『貞明皇后実録』に書かれている。[2]

貞明皇后は御影に、「生ける人に仕へるが如《ごと》く御奉仕」した。[3]

午前は身支度を整え、十時頃に御影の間へ行く。女官が廊下まで運んだ供物を自ら膝行《しっこう》し[4]て供え、そのまま正午頃まで、ひとりで御影の間で過ごすのだ。

典侍《てんじ》の竹屋津根子が語る。

「御影様の御拝は御冥福を祈らせられるわけですが、御供物を御供へになる時には、その御供物について一々申上げてをられた様にうかがはれました。（中略）これこれの品は誰某より進献したものであります。又何処の産物でありますなど、申上げられるので御座います」[5]

午後は二時頃から来訪者の拝謁を受けるなどし、夕方に再び御影の間で一時間ほど過ごす。竹屋によれば「御影様の間では寒中といへども敷物は御用ひなさいませんでした」といい、[6]晩年までこのスタイルを貫いた。

なお、昭和天皇は諸事倹約に努め、一般からの献上品を受け取らなかった。即位の礼の前、侍従から「奉祝献上品について各府県より内々の問い合わせがありますが、何か御希望はございますか」と問われ、こう答えている。

「それなら、その府県において例えば図書館とか何か国民に役立つものをつくって献上してほしい。それを府県に下賜して意義のある記念物としたい。国民に寄与することが何よりの自分への贈り物である」[7]

一方、貞明皇后も倹約に徹したが、献上品は「国民の誠意であるものであるから」として受け取り、包装紙や帯紐《ひも》までも「決して御捨てにならず、御自分でこれを一々延ばして取置かれ、後日それぞれの用途に充て」ていた[8]。

むろん、献上品は真っ先に御影に供える。その後で、お下がりを自分で使ったり、女官らに分け与えたりするのである。

こうした対応にも、貞明皇后と昭和天皇の考え方の違いが読み取れるだろう。

そしてこの違いが、昭和の御代となった宮中の「奥」に、複雑な感情のもつれを生んでいく。

百十六

昭和になって徐々に軋《きし》み始める、天皇と皇太后の母子関係。それを最も懸念したのは、大正十四年に内大臣となった牧野伸顕《のぶあき》である。

軋轢《あつれき》の火種は二つあった。

ひとつは宮中祭祀《さいし》をめぐる姿勢だ。

昭和天皇が摂政だった大正十一年九月、当時宮相の牧野が貞明皇后に拝謁し、陸軍大演習などのため摂政が四国へ行啓するので本年の神嘗《かんなめ》祭は代拝にしたいと求めると、貞明皇后は了承しつつも、憤りをあらわに言った。

「殿下には御正座御出来ならざるに付御親祭は事実不可能なり、今後は是非《ぜひ》御練習の上正座に御堪へ相成様致度《いたした》し、昨年来殊に此種の御務め事に御怠慢の御様子あり、今後は何とか自発的に御心懸け相成る様致度し、夫《そ》れも御形式になく御心より御務めなさる丶様御自覚被為度《なされたく》……」[9]

右は牧野が日記に書き残した通りの言葉だ。「御親祭は事実不可能」だとか「御怠慢の御様子」だとか、ほぼ全否定といっていい。牧野は肝を冷やしつつ、そこまで言わなくても――と思ったのではないか。

確かに昭和天皇は正座が苦手だ。[10] 計四時間以上も端座しなければならない新嘗《にいなめ》祭などは「絶対に出来さる」と懸念する声は、ほかの宮中高官からも上がっていた。[11]

しかし昭和天皇は祭祀には熱心だ。摂政就任後の元始祭（一月）、紀元節祭（二月）、春季皇霊祭・同神殿祭（三月）、神武天皇祭（四月）――はいずれも自身で執り行っている。

貞明皇后ものちにそれを認め、満足に思うようになるが、[12] 即位後しばらくは懸念をぬぐえなかった。昭和三年の秋、元老の西園寺公望が枢密院議長の倉富勇三郎に、こんな話をしている。

「皇太后陛下敬神の念熱烈にて、天皇陛下の御態度に御満足あらせられず、天皇陛下は、明治天皇大正天皇の御時代とは異なり、賢所の御祭典等は大概御親祭にて、自分（西園寺）等の様なることはなきも、皇太后陛下は右の如き形式的の敬神にては不可なり、真実神を敬せざれば必ず神罰あるべしと云はれ居り[13]」

妥当性はともかく、相当な不満を持っていたのは確かなようだ。

もうひとつの火種は、女官である。

昭和天皇が結婚後、女官制度の改革に着手したことはすでに書いた。即位後はさらに改革を進め、典侍や命婦《みょうぶ》など従来の七階級制を廃止。女官長、女官、女孺《にょじゅ》の三階級制として人数を絞り込んだ。

一方、貞明皇后は従来の体制を維持し、本人が望まない限りは一人も辞めさせない方針をとる。このため一時[14]は皇后付の女官より皇太后付の女官のほうが三倍も多いという、異様な状態となってしまう。

数だけではない。

皇后付の女官長には、東宮女官長の島津治子がそのまま昇格した。香淳皇后の母方と同じ島津家出身で、鹿児島に女学校を設立して校長を務めた才女だが、宮中のしきたりはほとんど知らない。

皇后宮大夫の広幡忠隆が言う。
「島津さんは一種の女丈夫で皇后の御親類でもあつたし、学校の先生をしてをられたので古い慣習には関心がなく、気負つて改革をやりました」[15]
これに古くからの女官が猛反発する。新旧女官の関係悪化を懸念した貞明皇后が、「たゞ悪口を言ふのは間違つている」とたしなめたほどだ。[16]
結局、島津は就任間もない昭和二年三月、夫の急死とともに女官長を辞職した。
後任は公家出身の竹屋志計子。皇太后付女官トップの竹屋津根子の妹である。姉妹で新旧女官の融和を図り、母子の関係改善にもつなげる狙いがあったのだろう。
だが、軋轢は解消されなかった。

百十七

「御所では鯛《たい》のことを『ひら』と申しますが、大膳職などに対しては『ひら』と申しても通じないことが多いので、鯛と申すこともありました。然《しか》し、このような旧来の御所言葉をすて、用ひないことは皇后（貞明皇后）の御気に召さないところで、私も『ひらと言はなければいけないよ』と御注意を受けたことがありました」（女嬬の多輝子）
「一体に今上陛下（昭和天皇）は明治以来の奥の古い慣習はお嫌ひの様であります。従つて御所言葉なども女官達に使用させません。例へば御食事の時に鯛の刺身を『何の魚か』とお

尋ねがあつた時、『おひらでございます』などと申上げると、『鯛と言へ』と御注意になる程でした」(権命婦《ごんみようぶ》の川上民枝)
『貞明皇后実録』の編纂資料に残された、女官たちの回想だ。[17]
ここまでくると、やや滑稽である。女官だけでなく、間に立つ侍従らも混乱した。
後年の話だが、例えば昭和十一年に侍従長となった百武《ひやくたけ》三郎は貞明皇后に拝謁した際、昭和天皇への伝言を託されることがしばしばあった。
百武が頭をかく。
「困つたのは、帰つて陛下に申し上げるお言葉を御所言葉で次から次へと申されるので、御前でメモするわけにもゆかず、又間違つた事を復命するわけにもゆかず、帰りの自動車の中で暗記して行くのですが、時にはその自動車が早過ぎはしないかと思ふ事もありました」[18]
いずれも聡明な母子でありながら、言葉まで異なるのはなぜか。
恐らく、二人の思想体験も影響しているのだろう。皇太子妃時代に苦悩のどん底を味わい、「いかにせむ　あ、いかにせむ」と詠んだ貞明皇后は、信仰に救いの道を見いだし、天照大神を祖神とする天皇家の伝統慣習に忠実であろうとした。[19]
一方、日本の皇太子として初めて欧州の地を踏み、英国王ジョージ五世ら各国元首から刺激を受けた昭和天皇は、「天皇が神として国民と全く遊離し居るは過ぎたること、考へ」[20]、近代的な立憲君主像を模索した。

すなわち貞明皇后のベクトルは内側に向き、昭和天皇のそれは外側に向いていたと言っていい。

もっとも、両者に軋轢がみられたのは主に宮中の「奥」についてだ。「表」の政事面では、貞明皇后は昭和天皇の手腕を高く評価していた。

戦後の文献には、昭和初期の母子対立を深刻にとらえ、貞明皇后は秩父宮雍仁親王が皇位につくことを望んでいた——とまで推論する研究者もいるが、ありえない話である。

御用掛の小野八千雄が言う。

「（貞明皇后は昭和天皇を）あくまでも天皇として尊敬されてをり、（天皇）陛下が大宮御所に行幸になつた時なども、先づ陛下を上座に招じて御挨拶になり、それから御親子としてのうちとけた御話があるのが例でありました」(21)

対立そのものを否定する意見もあり、例えば長年侍従を務めた甘露寺受長《おさなが》は、「宮城と大宮御所との間に確執が起つたといふことがよく言はれるが、これは宮廷の実状を知らない者の単なる観念論であります」と一笑に付している。(22)

事実、『貞明皇后実録』には良好な母子関係をうかがわせる記述が少なくない。二人は頻繁に行き来し、一緒にデッキゴルフを楽しんだりもした。

一方で侍従の黒田長敬は、こんな見方を示している。

「貞明皇后の皇子方に対する御愛情は頗《すこぶ》る平等なもので、決して不公平なことはなかつたと思ひます。たゞ御身位に対しては頗る厳格に扱はれ、従つて今上陛下（昭和天皇）に対しては皇太子の時より他の皇子方とは別の御待遇をなされました。例えば皇太子が宮中に御機嫌奉伺に参内すると、必ず皇后の方から皇太子に御挨拶がありました。このため今上陛下はその様な御待遇を御自分に対する愛情の薄い故とお考へになり、参内するのを窮屈に思はれたことも、一時ではあるがあつたらしうございます」[23]

これが事実とすれば、即位間もない昭和天皇には、わだかまりが残っていたと言える。加えて両者のベクトルの違いが周囲を混乱させたのも確かだろう。

そんな二人の間にはさまれ、誰より苦慮したのは、香淳皇后だった。

百十八

香淳皇后にとって貞明皇后は、最初は近寄りがたい存在だったに違いない。

大正天皇が病床にあった頃だ。容体悪化の知らせを受け、昭和天皇とともに葉山御用邸へ駆けつけた香淳皇后（当時は皇太子妃）は、張りつめた空気にのまれ、しばし何もできなかった。

その時、貞明皇后が言った。

「おしぼり」

慌てた香淳皇后は緊張のあまり、手袋をつけたままタオルを水にひたして絞り、大正天皇の額にあてたという。[24]

当時の香淳皇后がいかに貞明皇后を畏怖していたか、両者の力関係をうかがわせるエピソードだ。

大正天皇の崩御後、貞明皇后が直ちに自身の席を下座に移したことも、〝嫁と姑《しゅうとめ》〟の関係を複雑にした。

貞明皇后は、昭和天皇を「お上《かみ》」と呼んで言った。

「私はただいまから皇太后となりました。お上が上位におつきにならなければいけません。次が皇后さまのお席です。どうか、ご自分の正しい順序におつき遊ばしますように[25]」

貞明皇后らしい、あざやかな進退だが、まだ経験の浅い香淳皇后からみれば、重荷とも感じただろう。むしろ嫁の立場で、厳しく指導されるほうがどれほど気が楽だったか。

加えて、昭和天皇の改革姿勢である。

近代的な立憲君主像を模索する昭和天皇は、夫婦関係においても国民の模範であろうとした。人目もはばからず香淳皇后に優しく接し、寝室を夫婦共同としたのもその一例だ。香淳皇后が風邪などで寝込むと、天皇自身が別室に移って就寝するという思いやりも見せた。

一方、宮中の伝統慣習を重んじる貞明皇后は、皇后といえども天皇の臣下という立場である[26]。天皇の寝室が皇位の証しである「剣璽の間と同床でないことゝなつたことに大へん心痛なされ、何か災厄があるのではないかといふことすらもらされた」と、侍従の黒田長敬が語る[27]。

批判の矛先は、香淳皇后にも向かう。

宮中周辺から「皇族の間には（香淳）皇后陛下の評判は余り宜しからず。（皇后）陛下は何事にも気付かれずとの風評あり」ともささやかれた。(28)

香淳皇后は、空気を読めなかったわけではない。『貞明皇后実録』に記録があるだけでも昭和三年一月から六月にかけて、貞明皇后のいる青山東御所を十七回も訪問し、大半は昭和天皇も一緒だが、単独でも会いに行っている。

少しでも良好な関係を築きたかったのだろう。

そんな香淳皇后にとって、自分を認めてもらう決定打となりうるのは、世継ぎの誕生である。しかし、その機会はなかなか訪れなかった。

大正十四年十二月に成子《しげこ》内親王を出産した香淳皇后は、昭和二年九月に祐子《さちこ》内親王（三年三月に薨去《こうきょ》）、四年九月に和子内親王、六年三月に厚子内親王と、二年ごとに皇女子を産んだものの、皇男子には恵まれなかった。

世継ぎの誕生は国民にとっても一大関心事だ。当時の香淳皇后は、甚大なプレッシャーを感じていたに違いない。

貞明皇后はどう見ていたか。

実は、たびたび女官を香淳皇后のもとへ遣わし、大切にしていた昭憲皇太后の遺品を譲り渡している。(29)それは香淳皇后を、自身の後継者と認めていたからにほかならない。

おそらく貞明皇后は、本音では香淳皇后に、母のように接したかったのではないか。だが、皇后は皇太后より上位であるという立場上、気安く接するわけにはいかなかった。

その反動もあってか、貞明皇后の関心は別の方向へ向かう。
秩父宮雍仁親王の結婚と、お妃教育だ。

百十九

昭和三年七月一日《曩《さき》に雍仁親王の妃に治定せる松平節《せつ》、母信子に伴はれて参殿せるにより謁を賜ひ、節の洋服試着を御覧あらせられ、又両名に反物其の他を賜ふ[30]》
昭和天皇が雍仁親王と松平節子《せつこ》[31]の結婚を勅許し、二人が婚約したのは同年一月十八日である。節子は、貞明皇后の古くからの相談相手で、大正十四年一月まで御用掛を務めた松平信子の長女だ。婚約までには貞明皇后の、配慮の行き届いた根回しがあったようである。
東京日日新聞の宮内省記者だった藤樫準二によると、貞明皇后は大正十四年の初頭、駐米大使に任じられた信子の夫、松平恒雄があいさつに訪れた際、一緒にいた節子をみて「いたくご満足」になり、後日、信子に再び節子を連れてくるよう要望した。
以下、藤樫はこう書いている。
「お招きの席には秩父宮もおいでになり、もちろん〝宮と姫〟の二人だけの歓談のチャンスも仕組まれていた。しかし、貞明皇后は『見合い』とか『内約』といったことは、ただの一言もお口にされなかった。(中略) 自然に気持が結ばれることを念願されたものだった」[32]
『貞明皇后実録』には、御用掛を辞職する信子が同年一月二十日に参内した際、《其の子女と倶《とも》に之を召して謁を賜ひ……》とある[33]。同日には雍仁親王も参内しており、右の記事は事実とみていい。

もっともその後、雍仁親王は英国へ留学し、節子は両親とともに渡米するので離ればなれになる。再会するのは昭和元年十二月二十九日、大正天皇の病状が悪化したためアメリカ経由で帰国の途についた雍仁親王が、節子のいる駐米大使館で一泊したときだ。

その直前に崩御の知らせを受け、悲嘆に暮れる雍仁親王は、節子との再会に慰められ、思いを寄せるようになった[34]。

節子の祖父は第九代会津藩主の松平容保《かたもり》。幕末維新の戊辰戦争で会津藩を平定したのが貞明皇后の父、九条道孝だから、奇《く》しき巡り合わせである。

ただ、四男の松平恒雄は分家であり〝平民〟なので、縁談を恐れ多いとして再三辞退した。貞明皇后の使者として説得にあたった実業家の樺山愛輔もついに断念し、復命したところ、貞明皇后は言った。

「民間では、一度断わられると、それで引きさがるものですか」[35]

以後は貞明皇后の後ろ盾を得て、縁談はとんとん拍子に進む。節子は松平本家（子爵）の養女となり、その際、貞明皇后の「節子《さだこ》」と同字のため「勢津子《せつこ》」と改名した。この字を選定したのも貞明皇后である[36]。

昭和三年九月二十八日《雍仁親王、子爵松平保男姪《めい》勢津子と結婚の礼を挙げ、尋《つ》いで妃と倶に参殿せるを以《もつ》て、朝見の儀を行はせらる[37]》

なお、当時の皇室典範には「皇族ノ婚嫁ハ同族又ハ勅旨《ちょくし》ニ由リ特ニ認許セラレタル華族ニ限ル」（第三十九条）とあり、本来ならこの結婚は認められない。にもかかわらず貞明皇后が縁談を進めたのは、健康で気品のあった勢津子妃の資質もさることながら、雍仁親王とうまくやっていけると確信していたのだろう。事実二人は皇族きってのおしどり夫婦となるのだから、貞明皇后の人を見る目は相当なものである。

もっとも勢津子妃はそれまで一般の教育しか受けていなかったため、結婚する前、信子が参殿してこう漏らした。

「野育ちの娘ですので、宮中生活に馴染《なじ》めるかどうか不安でございます」

貞明皇后は言った。

「今日までは、そちらの娘としての教育だけで沢山《たくさん》です。明日から私が教育します」(38)

百二十

雍仁親王と結婚する前の勢津子妃が、青山東御所で受けた最初の教えは、歩き方である。

貞明皇后は言った。

「これまでは御縁側の端を通る様に習ったこと、思ふが、妃殿下となられてからは真中を通る様に心懸ける様に、又背後のことは気に懸けない様に」(39)

このほか直々の指導は、優雅な身のこなし、古式礼服の着付けや作法、長時間の侍立《じりつ》でも微動だにしない姿勢――など、多岐に及んだ。「なかなか思うようにできなくて、人知れず涙したことも何度かございました」と、のちに勢津子妃自身が書き残している。(40)

昭和三年九月二十八日に結婚の礼を挙げてからも、厳格な指導は続く。その際、勢津子妃を困惑させたのは、「なるべくたびたび来るように、とのお言葉。それも和服を着てくるようにとの仰せ」だった。(41)

当時の宮中は、和服がご法度である。女官の生活様式の簡易化を図るため、昭和天皇が原則洋装としたからだ。一方、貞明皇后は和装を奨励しており、昭和天皇の方針には不満だった。

勢津子妃が述懐する。

「和服のときは夜になって伺いました。それも御所の正面から正式にというわけにはまいりませんので、お庭つづきにどこかから、まさにお忍びの形で、何度か殿下もご一緒にお伺いしたものです」(42)

勢津子妃に続いて貞明皇后の指導を受けたのは、四年四月十二日に高松宮宣仁親王と婚約し、五年二月四日に結婚の礼を挙げた喜久子妃である。

喜久子妃の父は徳川公爵家の慶久《よしひさ》（十五代将軍・徳川慶喜の七男）。母方の祖父は、大正天皇の皇太子時代の指南役だった有栖川宮威仁《たけひと》親王で、同宮家の祭祀を継ぐ宣仁親王との結婚は半ば既定路線だった。

とはいえ、貞明皇后の後押しも大きかったようで、喜久子妃は後年、「私たちの結婚は貞明皇后様がお決めになったような気がする」と語っている。(43)

喜久子妃は結婚二カ月半後の四月二十一日から、昭和天皇の名代としてイギリスとスペインを公式訪問する宣仁親王に付き従い、一年余り欧米各国を歴訪した。その間、貞明皇后の機嫌を損ねたくなかったのか、手紙を書いてこまめに送っている。

あるとき、貞明皇后から返信が届いた。

「御多事の折柄にもかゝはらず五月六日附迄《まで》十七回音信いたゞき誠に〳〵嬉敷《うれしく》見参候
（中略）唯《ただ》三十一文字のなかりしを残念に思ひ候て　此の御便りに御催促をいたさむと存じ
居候ところ　瑞西《スイス》よりの御便りにはじめてよみえられし事　御記事以上によろこばしく存じ
候　之にてまづやまと心も御すてなきかと存じ候」(44)

もっと和歌を詠みなさい、というのだ。

「やまと心も御すてなきか」に、貞明皇后の強烈な思いが込められている。

気丈で知られる大宮様の指導――。勢津子妃も喜久子妃も、当初は泣かされただろうが、平成になって刊行された二人の著書には、不思議と貞明皇后を懐かしむ言葉がちりばめられている。

二人とも、貞明皇后がかつて教育係の万里小路《までのこうじ》幸子に泣かされ、のちに感謝するようになった気持ちと、同じだったのではないか。

勢津子妃の母、松平信子が言う。

「(貞明皇后は)妃殿下方に対しては嫁と姑との隔りなど初めから御考へにならず、御自分の御子様同様に御指導なさいました」(45)

自身が産んだ四人の皇男子に加え、〝娘〟たちが加わったことで、貞明皇后の生活はさらに充実したものになる。

百二十一

昭和五年五月六日《今般赤坂離宮御苑内広芝に新築の御殿を皇太后の御在所と定められ、大宮御所と称することに御治定あり、仍《よ》りて本日青山東御所より大宮御所へ移転あらせらる》(46)

貞明皇后がこの日から終戦の年まで過ごす大宮御所は、現在の赤坂御所の付近に建てられた。大正天皇の肖像画(御影《みえ》)を祭る御影殿、謁見所、食堂、茶室などがあるが、御用掛の小野八千雄によると、貞明皇后は新築にあたり「隠居所であるからすべて小規模にと云ふ思召《おぼしめし》」を示し、「出来上ったものは大へん御手狭なもの」だった。(47)

ただ、貞明皇后は気に入っていたようだ。八日に大正天皇の眠る多摩陵《たまのみささぎ》を参拝、十日には明治神宮を参拝して移転を奉告し、こう詠んでいる。

まつたかき　みやしろちかく　すまひして　神のみいつを　あふくかしこさ[48]

以後、大宮御所には多くの人が訪れるようになる。

十九日《天皇皇后始めて新築の大宮御所に行幸啓あらせらる。（中略）天皇皇后は御座所を始め各室を御巡覧あり》

二十日《雍仁親王妃勢津子参殿せるを以《もっ》て、御茶室に於て晩餐を会食あらせらる》

二十二日《（閑院宮）載仁《ことひと》親王始め各皇族・王族を招かれて大宮御所新築の御披露宴を催したまふ》

二十七日《御生母九条幾子参殿せるにより謁を賜ひ、御茶室始め各室を拝見せしめらる[49]》

久々に登場する名前だ。

幾子は当時八十一歳。九条道孝の側室で、道孝の死後、浄操院と称して京都に移り住み、茶の湯や能楽に親しんでいたことは第一章に書いた。

皇太后になる前の貞明皇后は、幾子に仕送りして生活を助けつつも、私事であると遠慮して皇居に招くことはほとんどなかった。だが、自身も隠居の身となった以上、ひと目を気にせず親孝行できると考えたのだろう。

六月十七日《旧女官および正二位柳原愛子《なるこ》・九条幾子を召して謁を賜ひ、酒饌を下賜あらせらる。尋《つ》いで御食後幾子の鼓・謡曲等を聞かせられ、又御庭に蛍を放たしめて之を観賞あらせらる[50]》

この年齢で鼓や謡曲を披露するとは、幾子もなかなか達者である。

右の例でもわかるよう、貞明皇后は元来、陽気で「賑《にぎ》やかなことがお好き」だ。(51) 皇太子妃時代と皇后時代は苦悩が多く、自分を抑制しがちだったが、この頃になるとしばしば発散した。

大宮御所に移った翌月、四十六歳となった貞明皇后は《本年より始めて皇太后御誕辰《たんしん》祝賀の儀を行はせらる》。六月二十九日には雍仁親王夫妻、崇仁親王、幾子、義母の柳原愛子らを招いて誕生日パーティーを開き、再び幾子が鼓を披露したと、『貞明皇后実録』に記されている。(52)

六年五月六日は《大宮御所御移転一周年を記念せられ、(中略) 御歌会を催したまふ》。翌日には皇太后宮職の職員が移転一周年の奉祝運動会を行い、《各種運動競技を御覧あり、更に御夕餐後も(入江)為守の演ずる狂言を覧たまひ……》と、実に活動的だ。(53)

同年六月に宣仁親王夫妻が欧米歴訪を終えて帰国すると、大宮御所はさらに賑やかとなった。

ただ、午前と夕方は御影の間にひとりでこもり、手を合わせるスタイルは変わらない。そこで大正天皇に、その日にあったことを報告するのである。

そんな大宮様の、ふだんの生活はどうだったか——。

百二十二

皇太后宮の女官トップは、典侍の竹屋津根子だ。貞明皇后より十二歳年長のベテランで、「奥」の隅々まで知っている。

竹屋が語る、貞明皇后の一日に耳を傾けてみよう。

まずは朝の様子から――

「皇太后になられてからの御日常は、御起床が七時三十分前後で御座います。それから『御しまひ』と申して朝の御身支度があり、次いで御召換《おめしかえ》が行はれます。朝食は御召上りになりませんで、たゞこの御召換の前に茶碗《ちゃわん》半分程の白湯《さゆ》に梅干を入れたものを召上るだけで御座います。又薄茶だけを召上ることも御座いました……」

女嬬《にょじゅ》の多輝子によれば、朝食をとらなくなるのは先の大戦の頃からで、昭和初期にはパンを食べていたという。いずれにせよ、いたって質素だったのは間違いない。

再び竹屋の談――

「……十時頃より十二時頃までの間に御影様の御拝が行はれます。御拝が御済みになると、次に昼御膳を差上げます。これには女官が侍座致します。御昼食より御夕食までの間は、二時頃から御対面や賜謁があり、又御夕食の前に一時間許り夕方の御影様の御拝が行はれます……」

貞明皇后の生活は、一にも二にも大正天皇の供養である。皇太后となってからは黒か紫の服しか着なかったといわれるが、御影の間では白い服だった。ほかに誰も入れず、大正天皇の前で過ごす時間をどれほど大切にしていたか、貞明皇后の心情がうかがえよう。

さて、夕食後は何をしたか——

「……大抵御食堂で御影様の御供物や、贈賜進献物の御調べに過されますが、又御筆を御とりになることも御ありになりました。御格子（就寝）は十二時過ぎることも御座いました」(54)

やや夜ふかしである。それを侍医らは懸念し、たびたび諫言《かんげん》したものの、あまり守らなかったようだ。(55)

実は、貞明皇后には大正天皇の供養とは別に、日課にしていたことがあった。

御用掛の吉田鞆子が言う。

「大抵（夜の）十二時頃まで御書見やお書きものをなさいました。そのお書きものは昔からの御所風の慣習故実等のことで、お間内に一杯になる程沢山《たくさん》の御様子でした」(56)

昭和天皇が宮中改革を進めていたのに対し、貞明皇后は、古来の伝統慣習を記録だけでも残そうとしていたのだ。

それに加えて、雅楽や蹴鞠《けまり》など古文化の保存奨励にも心を砕いている。あるとき、侍医の西川義方に言った。

「凡《およ》そ雅楽とか蹴鞠とか、動《やや》もすれば衰微の惧《おそ》れある東洋特有の技芸は何としても保存したいものである」(57)

西川によれば貞明皇后は、自分がいなくなった後も「誰か又、私の志をついで斯道《しどう》のために図る」ことを、願っていたという(58)。

なお、皇太后になって「賑《にぎ》やかなこと」もするようになるが、大切な人の命日である毎月四日(父の九条道孝)、十一日(昭憲皇太后)、二十四、二十五日(大正天皇)、三十日(明治天皇)――は「謹慎の日」と定め、ラジオも止めて静かに過ごした(59)。

宮中祭祀を重視する姿勢も変わらない。一線から身を引いても、例えば「新嘗祭や御神楽の夜は宮中から祭儀の終了の通知があるまでは決して御寝されませんでした」と、侍従の黒田長敬が語る(60)。

余談だが、皇后時代に純白の五衣で参拝する姿は、はっと息をのむほど美しかった。侍医の山川一郎いわく、「まことに人間界には見るべくもなく、さすがに雲の上と思う程、その神々しさが仰がれた(61)」。

そんな貞明皇后は、国民とのつながりにおいても、以前に増して社会事業に打ち込んでいく。

百二十三

大宮御所に移転して三カ月後の昭和五年八月九日《今般昭憲皇太后の御仁慈を偲《しの》ばせられ、同皇太后の御名に於て癩《らい》(ハンセン病)救療事業を援助し、且《かつ》多年同事業に従事せる功労者を顕彰せらるる思召《おぼしめし》を以《もつ》て金品を下賜あるべき旨御沙汰あらせらる》[62]。

貞明皇后が関東大震災後、二汁三菜だった食事を一汁二菜に減らし、食費を切り詰めていたことはすでに書いた。宮内次官を務めた関屋貞三郎によれば、ほかの経費についても震災前から「かなり思ひ切つた御節約」に努めており、この頃には余剰金が相当額に達していた[63]。その大半を、ハンセン病患者の救援事業に充てようというのだ。しかも自分ではなく、昭憲皇太后の名において行うところに、貞明皇后らしさがある。

各団体に補助金などが提供されたのは三カ月後の十一月十日。内容は——

(一)予防政策などを担当する内務省に十年継続賜金の一年度分を下賜

(二)私立療養所の聖バルナバ医院、神山復生病院、熊本回春病院など内地六院、朝鮮半島三院、台湾一院の計十院に五年継続賜金の一年度分を下賜

(三)全生病院、北部保養院など官公立の療養所に患者慰安費を下賜

(四)熊本回春病院のハンナ・リデルや神山復生病院の故レゼーら救援事業に功績のあった関係者七十人余に記念品などを授与

——と、広範囲に及んだ[64]。

表彰された関係者には医者、看護婦、事務員のほか「小使」「炊事夫」も含まれ、記念品には昭憲皇太后の御印の「若葉」にちなみ、楓《かえで》の若葉が描かれていた。いずれも貞明皇后の「御気付がありまして、非常に行届いた事に相成つた」と、関屋が書き残している[65]。

以後も貞明皇后は各地の療養所関係者をしばしば招き、花梨《かりん》や楓の苗を与えている[66]。

その苗が療養所に植えられ、根付いた頃の七年十二月、貞明皇后は詠んだ。

つれづれの　友となりても　慰めよ　行くことかたき　われにかはりて[67]

なお、政府は当時、患者の隔離政策を進めていた。ハンセン病の微弱な伝染力を過大視し、不治の病と誤解していたからだ。近年、この政策に貞明皇后が利用されたとする批判が一部にあるが、孤立者に心を寄せる真情までも否定するのはどうか。右の和歌が多くの患者を慰めたことも、紛れもない事実である。

孤立者を励ますもうひとつの事業、灯台守への支援活動にも、皇太后となってからますます力を入れている。

その資金に充てたのは、衣服などの節約で得た余剰金だ。命婦《みようぶ》の西京子が言う。

「従来は良質の羽二重を御用ひのところ、一段粗末な御品を用ひられるとか、或は月に二、三回使用して御取換へになるところを、二、三ケ月に一度位の御取換へにするとかして、御節約遊ばされたものであります[68]」

社会事業への下賜金や自然災害などでの見舞金は、内廷費から支出するのが一般的である。しかし貞明皇后は、ハンセン病患者の救援と灯台守支援の資金は、自ら節約することで捻出した。それほど両者に心を寄せていたのだ。

余剰金は後年、各地の灯台に下賜され、貞明皇后の発案でラジオを設置する費用に使われた。

貞明皇后は詠む。

遠き声　とくかよはせて　みなひとの　たのしむ時の　いつか来ぬへき[69]

そして昭和八年の年の瀬――。

「みなひとのたのしむ時」が、皇居と大宮御所にも訪れる。

百二十四

昭和八年十二月、年の瀬が迫る皇居は、いつになくそわそわしていた。

香淳皇后の出産が近づいていたからだ。

それまで四人の内親王をもうけながら、世継ぎの親王に恵まれなかっただけに、今度こそ、という全国民の熱い期待が、重く皇居にのしかかる。

妊娠が明らかになった直後の七月三日、昭和天皇は大宮御所へ行幸し、《皇太后と御対面後、大正天皇御霊殿を御拝になる》と『昭和天皇実録』に書かれている。[70]

側近も容易に入れなかった御霊殿（御影殿）に、昭和天皇を誘ったのは貞明皇后だろう。

昭和天皇は素直に従い、自身も含め四人の皇男子をえた大正天皇の御影に祈りをささげた。
《ついで（貞明皇后と）御同列にてお庭を御散策になり、赤坂離宮において御昼餐《ちゅうさん》を御会食になる》[71]

しばしば衝突する二人だが、この時の気持ちは一つだった。

今も昔も、皇位の維持と安定は皇室の最重要課題だ。第四皇女子の厚子内親王が生まれた六年三月、昭和天皇は宮相の一木喜徳郎に、こう言っている。
「この際、皇室典範を改正して養子の制度を認めることの可否を（元老の西園寺公望に）聞いてきてほしい」[72]

昭和天皇は、そこまで考えていたのだ。

ところで親王が誕生すれば、そのまま皇太子となる。帝都には、サイレンを鳴らして吉報を速報する仕組みが整えられていた。内親王ならサイレン一回、皇太子なら二回だ。
香淳皇后が産気を催し、産殿に入ったのは八年十二月二十三日午前六時二十分。そのわずか十九分後、すなわち午前六時三十九分、元気な産声が響いた。

午前七時、朝日の輝く帝都に、サイレンは鳴った。

一回……、二回！

のちに昭和天皇の腹心となる内大臣府秘書官長、木戸幸一が日記に書く。
「サイレンの二声を聴く。遂《つい》に国民の熱心なる希望は満されたり。大問題は解決せられたり。

感無量、涙を禁ずる能《あた》はず[73]」

貞明皇后も聞いた。真っ先にしたことは、もちろん御影への拝礼である。

「お聴きになりましたか。皇后様が、大任を果たしてくれました……」

拝礼を終え、《祝賀の為参殿せる雍仁親王始め皇族に御対面、正二位柳原愛子其の他に謁を賜ふ。尋《つ》いで午後一時三十分御出門にて宮城へ行啓あり、天皇及び新誕の皇太子に御対面、祝詞を述べさせられ、（中略）四時二十分還御あらせらる[74]》。

右の『貞明皇后実録』には書かれていないが、翌日の東京日日新聞によれば、貞明皇后は香淳皇后を厚く見舞い、「種々お慰めの御言葉」をかけた。

二人の間にあった心の垣根も、このとき取り払われたに違いない。

誕生七日目の十二月二十九日、皇居で命名の儀が行われ、《ここに皇太子は御名を明仁《あきひと》と命じられ、継宮《つぐのみや》と称される[75]》。

現在の上皇陛下である。

同じ日の夜、大宮御所はどんちゃん騒ぎだ。秩父宮夫妻、高松宮夫妻、柳原愛子が招かれ、御所の職員と一緒に「御籤《くじ》等あり且《か》つ東京音頭などありて誠に御賑《にぎ》やかなりき。更に女官候所にてシヤンパンを挙け万歳を三唱して散会す。大膳にては夜半に及ふも歓声湧き誠に奉祝気分を遺憾なく発揮したり」と、侍医寮の日誌に記されている[76]。貞明皇后の喜びが伝わってくるようだ。

ところがこのあと、皇太子の養育方針をめぐり、母子の意見は再び衝突してしまう。

百二十五

「東宮殿下の御養育乃至《ないし》御教育の問題は、殿下御降誕直後から宮内大臣・皇后宮大夫を中心として最も苦心経営を重ねた事柄であつて……」(77)

こう語るのは、のちに侍従長を務める大金益次郎である。大金によれば東宮殿下、すなわち現在の上皇さまがお生まれになった二カ月後（昭和九年二月）に養育方針の原案が作成されたが、なかなか決定には至らなかった。

昭和天皇が、自ら膝もとで育てたいと主張したからだ。

世継ぎの御子《みこ》は臣下の家で養育するのが長年の慣行である。だが、家族生活においても国民の模範であろうとする昭和天皇は、この慣行を改めようとした。

皇太子の養育は、私事ではなく国事だ。いかに天皇の意向であれ、簡単に慣例を変えるわけにはいかない。そこで大金ら養育案づくりの担当者は、貞明皇后の意見を聞くことにした。十年二月のことだ。

貞明皇后はきっぱり言った。

「成るべく早期に両陛下の御膝下を離れさせらる、必要あり」(78)

またしても母子対立である。

ただ、この時は元老の西園寺公望はじめ宮中高官も、皇居の環境は養育の場にふさわしくないと考えていたため、貞明皇后の意見を歓迎した。「(宮内)大臣以下は頗《すこぶ》る感激し、且《か》つ勇気づけられた所が多かつたのである」と、大金は振り返る。(79)

結局、皇太子は数え三歳まで皇居で養育され、その後は赤坂の東宮仮御所(現常陸宮《ひたちのみや》邸)に移られることになった。折衷案といっていい。

幾つかの軋轢は残しつつ、皇太子のご誕生が皇室の絆を強めたことも事実だ。ことに貞明皇后と香淳皇后は以前にも増して行き来し、打ち解ける様子が『貞明皇后実録』の記述からもうかがえる。

もうひとつ、皇室が絆を強めなければならない外的要因があった。国内外の情勢が、日増しに緊迫していたのである。

昭和六年九月に満洲事変が勃発。関東軍は政府の不拡大方針を無視して戦線を広げ、清朝最後の皇帝、溥儀《ふぎ》を擁立して満洲国を建設する。これに欧米各国は猛反発し、日本は八年三月、国際連盟からの脱退を表明した。

その間、七年五月には海軍青年将校らによる五・一五事件も起きている。首相の犬養毅が殺害され、政党内閣が崩壊。大正末期に確立した「憲政の常道(80)」にピリオドが打たれた。かわって台頭したのが、軍部を中心とする国粋主義である。

皇室に新たな命が加わり、日本の国運は大きく上昇するはずだった。

その行く手に立ちはだかる不吉な黒い雲——。貞明皇后には、あるいはそれが見えていたのかもしれない。

九年二月二十三日、皇太子のご生誕を祝う内宴が宮中で開かれたときだ。参内するため御料車に乗ろうとした貞明皇后が、持っていた末広（扇子）をはたと落とした。

その現場を、侍医の山川一郎が見ていた。

「あの平素お注意深い大宮様が、このお目出度《めでた》いお日柄に、末広をお落としになったことは、何かの兆しではないかしらと、不安の感が電撃のようにひらめいた」[81]

貞明皇后自身、動揺したことだろう。敬神の念が強いだけに、こうしたことには敏感である。

何か良くないことが……。

以後、貞明皇后は、日本の孤立化を防ごうと日夜苦悶《くもん》する昭和天皇を、これまで以上に支えようとする。

百二十六

昭和十年四月六日、春爛漫《らんまん》の帝都は、紅白の日章旗と黄色の満洲国旗で埋めつくされた。

一九三二（昭和七）年三月に建国した満洲国の皇帝、愛新覚羅溥儀《あいしんかくらふぎ》が初来日したのだ。

清朝最後の皇帝である溥儀は一九一一〜一二年の辛亥革命後、紫禁城から追放されて天津《てんしん》の日本租界で暮らしていた。それを日本の陸軍が担ぎ出し、満洲国の元首としたのである。(82)

日本政府は当初、中国はもちろん各国が反対する満洲国の建国に否定的だった。だが、陸軍の圧力とマスコミ世論におされ、昭和七年九月に承認。それにより国際連盟からの脱退を余儀なくされてしまう。

恐れていた国際的孤立——。昭和天皇が苦悩したのは言うまでもない。しかし政府が承認した以上、来日した溥儀を最大限の誠意で歓待する。

昭和天皇は、横浜港から御召列車で入京した溥儀を東京駅で出迎え、夜は歓迎の晩餐会と舞楽の催しでもてなした。

「畏《かしこ》くも天皇陛下には曲目を御手に御隣席の皇帝陛下に時折御説明遊ばされ皇帝陛下にはいと御熱心に御覧、日本の崇高なる芸術に御感慨一入《ひとしお》であらせられた」と、翌日の東京日日新聞が書いている。

昭和天皇の誠意と並び、溥儀の心を強烈にとらえたのが、貞明皇后の心遣いだ。

溥儀は翌日、明治神宮を参拝してから大宮御所を表敬訪問した。貞明皇后は薩摩焼の置物を贈り、こう言った。

「これは、明治天皇から賜《たまわ》ったものですが、皇帝陛下に差し上げます」

満洲国宮内官の林出賢次郎によれば、感激した溥儀は帰国後も置物を「御身辺より離されず、御居室にをられる時も、御寝室に入られる際も、謁見等の折にも、その度毎《ごと》に御手元へ

持参せしめるといふ有様」だったという。(83)

当時五十歳の貞明皇后は、二十九歳の溥儀を、自身の息子であるかのように接した。それは溥儀のために詠んだ、こんな和歌にもあらわれている。

若松の　一本そへる　心地して　すゑたのもしき　春の庭かな(84)

四月十三日にも溥儀を赤坂離宮御苑内の洗心亭に招き、茶菓でもてなした。このとき二人は桜吹雪の舞う庭園を散策し、坂道や段差のある場所では、溥儀が「お気を付け下さい」と貞明皇后の手をとった。

別れ際、貞明皇后が言う。

「皇帝陛下が満洲へ御帰りの後は、毎日、日の西に没するのを見る毎に陛下の御ことを考へます」

溥儀が応じた。

「毎朝朝日の上るのを見る毎に東天に向ひ、両陛下および皇太后陛下を憶《おも》ひ起します」(85)

それまでの溥儀は、日本の陸軍に操られているという意識があり、「どことなく陰鬱で卑屈と思はれるやうな御様子さへ伺はれた」とされる。(86)

だが、来日して変わった。溥儀自身がのちに、こう書き残している。

「日本皇室のこのもてなしによって私はますます熱にうかされ、皇帝になってからは空気さえ変ったように感じた」[87]

昭和天皇と貞明皇后の〝連係〟による、皇室外交の成功例といえよう。

もっとも溥儀の皇位は長く続かなかった。日本の敗戦により満洲国は消滅。ソ連軍の捕虜となった溥儀は中国の戦犯管理所に収監され、釈放後は北京植物園の庭師などを務めた。一九六七年に死去。波乱に満ちた六十一年の生涯だった。

流転したのは溥儀の人生だけではない。日本の国家と皇室にも危機が迫っていた。軍靴の響きが、急速に高まってくるのだ。

もはや母子が対立している場合ではない。貞明皇后は、昭和天皇を支えて日本を守る、新たな戦いに挑んでいく。

註

（1）もとは昭和天皇が生まれた青山御産所で、改修されて皇孫仮御殿となり、大正時代は雍仁、宣仁両親王が住む皇子御殿、昭和になって貞明皇后が暮らす青山東御所と名称が変わった（『人間 昭和天皇』上巻から）
（2）『貞明皇后実録』二八巻七七頁から引用
（3）「関係者談話聴取」所収の「万里小路元秀談話」から引用
（4）ひざまずいたまま進んだり、退いたりすること
（5）、（6）「関係者談話聴取」所収の「竹屋津根子談話」から引用
（7）『昭和天皇実録』一五巻から
（8）「関係者談話聴取」所収の「黒田長敬談話」、「竹屋津根子談話」から引用
（9）『牧野伸顕日記』六五頁から引用
（10）裕仁皇太子は東宮御学問所時代、特製の椅子で姿勢を正す練習をしたこともあった
（11）『皇后考』から
（12）「関係者談話聴取」所収の「黒田長敬談話」から
（13）『皇后考』四二〇頁から引用。原文はカタカナ。傍点は筆者
（14）『昭憲皇太后・貞明皇后』から。女官の数はやがて調整された
（15）「関係者談話聴取」所収の「広幡忠隆談話」から引用
（16）同「小野八千雄談話」から引用
（17）同所収の「多輝子談話」、「川上民枝談話」から引用
（18）同「百武三郎談話」から引用
（19）『昭憲皇太后・貞明皇后』から
（20）『侍従武官長奈良武次日記・回顧録』四巻一二七頁から引用
（21）「関係者談話聴取」所収の「小野八千雄談話」から引用
（22）同「甘露寺受長談話」から引用。
（23）同「黒田長敬談話」から引用。傍点は筆者。このほか皇后宮大夫だった広幡忠隆は「一時は大分宮城と大宮御所の間の具合が悪かつた」としており、側近らの間でも意見が分かれている
（24）主婦の友社編『貞明皇后』から
（25）『御素顔の皇后さま』一一四～一一五頁から引用
（26）「関係者談話聴取」所収の「白根松介談話」から
（27）同「黒田長敬談話」から引用。神器の剣と璽（勾《まが》玉《たま》）は天皇の寝室に隣接して奉安され、同床が建前だった
（28）『人間 昭和天皇』上巻三三五頁から引用
（29）『貞明皇后実録』二八巻から
（30）同二九巻三〇～三一頁から引用

(31)『貞明皇后実録』には「節」と表記されているが、節子と名乗っていた
(32) 藤樫準二『千代田城』二五頁から引用
(33)『貞明皇后実録』二六巻二二頁から引用
(34)『秩父宮雍仁親王』から
(35) 主婦の友社編『貞明皇后』一九八頁から引用
(36)『貞明皇后実録』二九巻から
(37) 同二九巻四八頁から引用
(38) 主婦の友社編『貞明皇后』一九九頁から引用
(39)「関係者談話聴取」所収の「松平信子談話」から引用
(40)、(41) 雍仁親王妃勢津子『銀のボンボニエール』一六四、一八九頁から引用
(42)『銀のボンボニエール』一八九～一九〇頁から引用
(43) 宣仁親王妃喜久子『菊と葵のものがたり』一九頁から引用
(44) 榊原喜佐子『大宮様と妃殿下のお手紙』三五～三六頁から引用。傍点は筆者
(45)「関係者談話聴取」所収の「松平信子談話」から引用
(46)『貞明皇后実録』三一巻二八頁から引用
(47)「関係者談話聴取」所収の「小野八千雄談話」から引用
(48)『貞明皇后実録』三一巻三二頁から引用。原文はスペースなし
(49) 同三一巻三四～三七頁から引用
(50) 同三一巻四三～四四頁から引用
(51)「関係者談話聴取」所収の「黒田長敬談話」から引用
(52)『貞明皇后実録』三一巻から。以後毎年、大宮御所で祝賀の内宴が開かれることとなった
(53) 同三一巻二六～二七頁から引用
(54) 貞明皇后の一日の様子は「関係者談話聴取」所収の「竹屋津根子談話」、「多輝子談話」、「坊城俊良談話」から
(55) 同「西川義方談話」から
(56) 同「吉田鞆子談話」から引用
(57)、(58) 同「西川義方談話」から引用
(59) 同「荒井恵談話」から。のちに五日（生母の野間幾子）と十六日（大正天皇の生母の柳原愛子）も謹慎の日となった
(60) 同「黒田長敬談話」から引用
(61)『拝命』六十四頁から引用
(62)『貞明皇后実録』三一巻五五頁から引用
(63) 関屋貞三郎「皇太后陛下の御仁慈と癩予防事業」（藤野豊編『近現代日本ハンセン病問題資料集成　戦前編』四巻所収）から
(64)『貞明皇后実録』三一巻から
(65)「皇太后陛下の御仁慈と癩予防事業」から引用

(66)「関係者談話聴取」所収の「浜野規矩雄談話」から
(67)『貞明皇后実録』三三巻七四頁から引用
(68)「関係者談話聴取」所収の「西京子談話」から引用
(69)『貞明皇后実録』三七巻八三頁から引用
(70)、(71)『昭和天皇実録』二〇巻八一頁から引用
(72)『牧野伸顕日記』から
(73)『木戸幸一日記』上巻二九四頁から引用
(74)『貞明皇后実録』三四巻六五頁から引用
(75)『昭和天皇実録』二〇巻一六二頁から引用
(76)「稿本一八九」所収の「侍医日録・皇太后宮ノ部」から引用
(77)、(78)、(79)「関係者談話聴取」所収の「大金益次郎手記」から引用
(80) 議会第一党の党首が内閣を組織し、失政で退陣すれば野党第一党の党首に大命降下する政党政治の慣例。通常、政権交代の前後に総選挙があるため国民の政権選択が可能で、日本版民主主義ともいえる
(81)『拝命』一二三頁から引用
(82) 溥儀は満洲建国時に国家元首の執政となり、二年後に皇帝に即位した
(83)「関係者談話聴取」所収の「林出賢次郎・工藤忠談話」から引用
(84)『貞明皇后実録』三六巻二六頁から引用。原文はスペースなし
(85) 林出賢次郎『扈従訪日恭紀』一一三頁から引用。散策の様子も同書から
(86)「関係者談話聴取」所収の「林出賢次郎・工藤忠談話」から引用
(87) 愛新覚羅溥儀『わが半生』下巻六四頁から引用

第十一章　軍靴の響き

百二十七

東京・元赤坂の大宮御所に雪が舞ったのは、昭和十一（一九三六）年二月二十三日。発達した低気圧の影響で帝都は積雪三十センチ超の記録的大雪となり、御所の庭は一面白銀となった。

貞明皇后は雪が好きだ。

「大宮様は自然を愛せされ、雪景色などは殊の外お喜びでした。或時は小使が（降り積もった雪に）道をつけるためにお庭に入らうとしたら、このまゝ眺めたいからと云つて止められました[1]」

侍医の小原辰三の回想である。

この年は寒い日が続き、帝都の雪は翌日も、翌々日も解けなかった。

三日後──その雪が鮮血に染まる。

二月二十六日午前五時、二十人余の青年将校に率いられた歩兵第一連隊、同第三連隊、近衛歩兵第三連隊など下士官兵千四百人余が、首相官邸をはじめ内大臣私邸、侍従長官邸、蔵相私邸、陸軍教育総監私邸および警視庁などを一斉に襲撃。内大臣斎藤実、蔵相高橋是清、教育総監渡辺錠太郎ほか警護の警官ら六人を殺害し、侍従長鈴木貫太郎に重傷を負わせた。(2)

二・二六事件である。

陸軍省なども占拠した決起将校は、「国体破壊の不義不忠を誅戮《ちゅうりく》して、稜威《いつ》を遮り御維新を阻止し来れる奸賊を芟除《さんじょ》するに非ずんば皇謨《こうぼ》を一空せん」とする決起の趣旨を明らかにし、(3)陸相の川島義之に（一）決起の趣旨を天皇に奏上すること（二）決起の部隊を攻撃しないこと（三）統制派幹部らの即時逮捕もしくは罷免──などを迫った。

皇軍に絶対あるまじき反乱。加えて皇軍相撃の危機に川島は狼狽《ろうばい》し、陸軍内は混乱の坩堝《るつぼ》と化す。決起将校に同情的な皇道派の陸軍長老らが乗り出してきたこともあり、一時は反乱部隊に有利な状況さえ生まれた。(4)

ここで反乱の鎮圧に、自らリーダーシップをとったのが昭和天皇である。

事件を知ったのは午前六時二十分。当番侍従の甘露寺受長《おさなが》から緊急報告を受けた昭和天皇は言った。

「まだ他にも襲撃された者はないか」

「唯《ただ》今の所ではこれ以上の情報はありませんが、他にも被害者があるかも知れませぬ。何《いず》れ各方面に問合はせて、また奏上致します」

「さうしてくれ、自分はすぐ支度して、表の方に出るから」(5)

以後の動きは『昭和天皇実録』に詳しい。

午前七時十分《侍従武官長本庄繁に謁《えつ》を賜《たま》い、（中略）事件の早期終息を以《もっ》て禍を転じて福となすべき旨の御言葉を述べられる。（中略）以後、頻繁に武官長をお召しになり、事件の成り行きを御下問になり、事件鎮圧の督促を行われる》

同二十分《侍従次長広幡忠隆をお召しになる。以後、度々侍従次長をお召しになり、この日の侍従次長の拝謁は六回に及ぶ》

十一時十三分《陸軍大臣川島義之に謁を賜い、事件の情況につき奏上を受けられる。（中略）事件発生につき恐懼《きょうく》に堪えない旨の言上を受けられ、これに対し速やかな鎮定を命じられる》(6)

当初は首相の岡田啓介も死亡したとみられており、(7)政府機能は麻痺《まひ》していた。昭和天皇が毅然とした姿勢を示さなければ、事態はさらに悪化しただろう。

一方、大宮御所の様子はどうだったか。

『貞明皇后実録』には《今暁帝都に叛乱《はんらん》事件勃発せるを以て、皇太后宮大夫子爵入江為守を宮城へ遣して天皇の御機嫌を候せしめたまふ》とあるだけで、(8)確かなことは分からない。

周辺一帯が厳戒態勢だったこともあり、この日の大宮御所に職員ら関係者以外の出入りはなかった。空は厚い雲に覆われ、激しく雪が降っている。

貞明皇后は、その雪を見ていた。大宮御所に動きがあるのは、翌日以降である。

百二十八

昭和史に深い傷痕を残した二・二六事件で、昭和天皇を身近で支え、事態収束に努めた皇族がいる。

秩父宮雍仁《やすひと》親王と高松宮宣仁《のぶひと》親王だ。そして二人の背後に、貞明皇后がいた。

海軍大学校に在籍中の宣仁親王が、海軍省の事務官から急報を受けたのは事件発生の朝、昭和十一年二月二十六日午前七時頃である。宣仁親王は直ちに参内しようとしたが、皇居周辺は厳戒態勢で入れそうになかったため、青森県弘前市の陸軍歩兵第三一連隊第三大隊長だった雍仁親王に電話し、事件を伝えた(9)。

当時の雍仁親王の立場は微妙だ。反乱部隊を出した第三連隊にかつて所属していた雍仁親王は、決起将校とも接していた。彼らの超国家主義の影響を受けたのか、立憲主義の昭和天皇と口論したこともある。昭和天皇は雍仁親王の環境を憂慮し、侍従武官長に指示して第三連隊から転出させた経緯があった(10)。

そのせいか雍仁親王は、宣仁親王から事件を知らされても平常通り任務を続け、当初は弘前を動かなかった。上京して昭和天皇を支えたい気持ちは山々だが、決起将校の一部に雍仁親王を担ごうとする動きがあり(11)、誤解や混乱を避けたいと考えたのだろう。

夜、雍仁親王と宣仁親王は電話で相談する。(12)

雍仁親王「上京したらいいかどうか、迷っているんだ」

宣仁親王「宮内省ではデマが飛ぶことを心配していますが、陛下を支える重臣が襲撃されて不在であり、上京して陛下をお助けすべきだと思います」

雍仁親王は深夜十一時過ぎ、急遽《きゅうきょ》準備された東京行きの特別列車に飛び乗った。

それより前、宣仁親王は午後三時過ぎに参内し、昭和天皇と対面した。「御心配は申すまでもなきことながら、御元気にて安心せり」と日記に書いている。(13)

翌日の夕方、宣仁親王は大宮御所に行き、貞明皇后の機嫌をうかがった。

このとき、おそらく貞明皇后は言った。

「どこまでもお上《かみ》をお支えしなさい」

それを聞いて宣仁親王は再び参内する。やがて雍仁親王も上野駅に到着し、そのまま皇居へ向かった。昭和天皇は香淳皇后とともに二人を迎え、《お揃《そろ》いにて御夕餐を御会食になる》(14)。

すでに帝都には戒厳令が敷かれている。昭和天皇は侍従武官長らに断固たる処置を指示し、自ら鎮圧にあたる意思さえ示していた。そんな非常時に囲む弟宮たちとの食卓。事態収束に孤軍奮闘していた昭和天皇は、どれほど励まされたことか。

会食が終わって退出した雍仁親王は、大宮御所へ足を向けた。同日の典侍日記によれば、午後九時前に到着し、十時半過ぎまで貞明皇后と対面している。

貞明皇后は、再び言ったはずだ。

「どこまでもお上をお支えしなさい」

なお、侍医の山川一郎が女官から聞いた話として、このとき貞明皇后が「反乱軍の親達の身にもなって、余り極端な措置をせぬようにとのご希望を述べられ」たと、手記に書き残している。(15)

この発言をめぐり、貞明皇后が決起将校らに親近感を抱いていたと極論する戦後の文献もあるが、事実ではない。

貞明皇后が犯罪者の親の心境を推しはかり、同情的になるのはいつものことだ。昭和天皇が摂政時代に狙撃された虎ノ門事件でさえ、幼少期に母を亡くした犯人を哀れみ、和歌を詠んでいる。(16)

二十七日の夜、貞明皇后と雍仁親王が交わした会話の中心は、やはり、弟宮としていかに昭和天皇を支えていくか――ということだっただろう。

事実、雍仁親王はこのあと、事態収束に向けて独自の行動をとる。

百二十九

昭和十一年二月二十八日、二・二六事件の発生から三日目の午後、東京・赤坂表町の秩父宮邸を歩兵第三連隊第三中隊長の森田利八が訪ね、雍仁親王の前で挙手の礼をした。

森田は加わっていないが、第三連隊からは反乱部隊が出ている。雍仁親王は森田に事件の詳細を聞くと、深く嘆息した。

「安藤、野中、坂井に、高橋もか……」(17)

いずれも反乱の決起将校で、雍仁親王のかつての部下たちである。

その後の会話の内容を、森田がメモに書き残している。

――今次事件の首謀者は、当然自決すべきである

――事件が遷延すればするほど、皇軍への信頼、並びに国威を失墜する

――今後の指導に留意(18)

決起将校を自決させることで、皇軍相撃という最悪の事態を避けようとしたのだ。断固鎮圧方針の昭和天皇とはやや異なるが、事件の早期解決を意図したことに変わりはない。

陸軍首脳も自決による収拾を目指す。帰隊した森田は連隊長らとともに決起将校のリーダー格、野中四郎（大尉）と安藤輝三（同）に会い、雍仁親王の言葉を伝えて帰順するよう説得した。野中らは身を硬くし、すぐには応じなかったものの、雍仁親王の言葉は重く響いたはずだ。

昭和天皇の揺るぎない姿勢により、発生当初は反乱部隊に有利だった情勢も、この頃には一変していた。首相官邸などのある三宅坂一帯は反乱部隊に占拠されたままだが、その周囲を重武装の鎮圧部隊が取り囲み、東京湾に集結した第一艦隊の各艦も砲門を三宅坂に向けた。

各皇族も昭和天皇を支えた。二十八日午後に皇居・葡萄ノ間に集まり、対応策を協議している。その際、重鎮の伏見宮博恭《ひろやす》王が雍仁、宣仁両親王に、泣きながら言った。

「弟としてお上をおたすけして呉《く》れ」(19)

両親王は夕方、昭和天皇に対面し、どこまでも支えていく意思を伝えた。

翌二十九日、事件は最終局面を迎える。東京・日比谷の飛行会館屋上に「勅命下る　軍旗に手向ふな」のアドバルーンが上がり、反乱部隊の投降を促すラジオ放送が繰り返された。

——兵に告ぐ。勅命が発せられたのである。既に、天皇陛下の御命令が発せられたのである。

——この上お前たちが飽《あ》くまでも抵抗したならば、それは勅命に反することとなり、逆賊とならなければならない。

——速かに現在の位置を棄《す》てて帰って来い。(20)

この時代、逆賊の汚名を着ることは死ぬことより辛《つら》い。決起将校はついに抵抗を断念。同日午後二時までに大半の部隊が原隊に帰順した。前日に雍仁親王の言葉を伝えられた野中は陸相官邸で自決。最後まで抵抗の構えをみせていた安藤も午後三時、部下を集めて訓示した後、拳銃をあごの下にあてて引き金を引いた。(21)

ここに、雪の帝都を四日間にわたり震撼《しんかん》させた二・二六事件は終息する。

雍仁親王と宣仁親王は、皇居内の小高い丘の上から、反乱部隊が帰順する様子を見ていた。

「全部隊ハ対抗する態度なく、士官オラザル様子にてやがて整列し『君ケ代』のラッパを奏す。之には此方で見てゐて一種の感動あり」と、宣仁親王が日記に書いている。(22)

帝都に平穏が戻った夕方、再び昭和天皇に対面して言葉を交わした雍仁親王は、翌日に大宮御所を訪ねた。

貞明皇后は言った。

「たびたび参内してお上を支えてくれたのですね。ご苦労でした」(23)

百三十

昭和十一年二月の二・二六事件で、大宮御所には雍仁、宣仁両親王を除けばほとんど来訪者はなく、貞明皇后は、じっと雪を見ながら過ごした。

唯一、京都在住の公家出身者らでつくる旧堂上会の清岡長言《ながこと》が二十七日に上京し、貞明皇后のもとを訪れた。

貞明皇后は、寒かったろうと卵酒を出して迎えた。

「東京の華族は未だ一人も来ないが、遠い所を来てくれて嬉《うれ》しく思ふ」

「御心配なことでございませう」

「色々の事が起つてねえ」(24)

清岡によれば拝謁の間、御所にはしきりに電話がかかってきて、取り次ぎの事務官が貞明皇后に「その都度何か申上げてゐました」という。[25] 皇族や華族が心配して電話してきたのか、あるいは関係当局から刻々と事件の情報が伝えられていたのかもしれない。

政府首脳だけでなく、内大臣や侍従長ら天皇側近が襲撃された二・二六事件に、貞明皇后が心痛を極めたことは疑いないだろう。ただ、右のやり取りをみる限り、動揺している様子はうかがえない。むしろ努めて冷静に対処している。

気丈な性格だけに、これまで以上に昭和天皇を支えていかなければならないと、考えていたのではないか。

事件により岡田啓介内閣が総辞職し、広田弘毅内閣が発足した翌日の三月十日、貞明皇后は全閣僚を大宮御所に招き、一人一人に《特に激励の御言葉を賜ふ。蓋《けだ》し異例のことなり》と、『貞明皇后実録』に記されている。[26]

公務の一線を退いて十年以上になるが、威厳はなお健在だ。激励を受けた鉄道相の前田米蔵は元老の西園寺公望を訪ねて男泣きし、私設秘書の原田熊雄にこう言った。

「実はいま、大宮御所に出たところ、各閣僚が皇太后様から単独拝謁を賜はつたが、自分には『このたびはお上も非常な御苦労であつた。今度お前が鉄道大臣に就任したといふことだが、時局重大の時に一層身体を大切にして、お国のために尽くしてくれ』といふお言葉があつた。非常に有難くて、感激に堪へない。みんなにお言葉があつたので、みんなおんなじやうに感激して、期せずして一生懸命にやらうという気持になつた[27]」

二・二六事件後、皇居と大宮御所との関係は、以前に増して密接となる。ことに香淳皇后が単独で大宮御所を訪ね、昼食をともにしたり歓談したりする機会が増えた。十年十一月二十八日に第二皇男子の正仁親王（常陸宮さま）を出産した香淳皇后は三十三歳。国母としての風格も備わり、以前よりは気を楽にして大宮様と話し合えるようになっていたようだ。

貞明皇后は、二歳になられた皇太子（上皇さま）をはじめ孫たちのこともかわいがった。

十一年六月二十八日《皇太子明仁親王及び厚子内親王参殿せるにより午餐《ごさん》を俱《とも》にしたまふ[28]》

七月二十日《和子内親王、女子学習院入学の後始めて参殿せるにより御対面あり、大正天皇御手許品の文具類及び本立料金二万疋を贈らせらる[29]》

十月十四日《（参内して）天皇皇后に御対面、午餐を俱にしたまひ、夫《それ》より皇太子明仁親王及び成子《しげこ》・厚子両内親王も同席にて御歓談あり[30]》

一方、大正天皇のことは片時も忘れない。存命ならば五十七歳の誕生日にあたる同年八月三十一日、貞明皇后は大正天皇の生母の柳原愛子《なるこ》や旧側近を招き、《天皇御在世中の日光に於ける御誕辰《たんしん》祝賀の御内宴を偲《しの》ばせられ、御楽間にて軍歌合唱等の御催を種々行はせらる[31]》。

百三十一

昭和十二年六月六日、貞明皇后は、天照大神を祭る伊勢神宮の内宮で、深い祈りを捧げている。

皇太后になって初めての伊勢参り。そぼ降る雨が樹齢数百年の大樹に染み入り、周囲を厳かな静寂が包み込んでいる。

随行した宮内次官の白根松介は、貞明皇后が参拝する際、玉串を渡す役目だった。その玉串を神前に捧げ、貞明皇后が深く頭を下げる。白根もならって最敬礼した。

そろそろいいかと、白根が頭を上げる。だが、貞明皇后は最敬礼したままだ。白根は慌てて頭を下げた。

「しばらくして、もうよかろうと頭を上げたが、大宮さまのご礼拝はまだつづいていました。しずまり返った雰囲気の中で、大宮さまは神前で、なにごとかお物語りになっていられました。あるいはなにごとかを、神霊にご報告していられたのかもしれません」(32)

二・二六事件から一年三カ月余り。内外情勢は一段と悪化し、世界中で戦争の危機が高まっていた。

中国では一九三六（昭和十一）年十二月、国民党軍と共産党軍の内戦で毛沢東を追い詰めていた蔣介石が、共産党に内通していた張学良に監禁される西安事件が発生。これを機に国共両党は接近し、逆に日本との関係が極度に悪化していく。

欧州ではヒトラー率いるナチス・ドイツ政権が三五年、ベルサイユ条約を破棄してドイツの再軍備を宣言。三六年に非武装地帯のラインラントに進駐する。同じ頃、イタリアのムソリーニ政権がエチオピアに侵攻し、第二次世界大戦の前哨戦といえるスペイン内戦も勃発した。

国内では軍部大臣現役武官制が復活。[33] 軍部の政治介入に歯止めがかからなくなる。言論の自由も束縛され、軍事色が急速に強まった。

こうした中、六月から七月にかけて行われた貞明皇后の東海・関西行啓は、歴代天皇陵などへの巡礼の旅だったといっていい。

六月六日の伊勢神宮をはじめ、同月二十七日までに畝傍山《うねびやま》東北陵（神武天皇）▽桃花鳥田《つきだの》丘上《おかのえ》陵（綏靖《すいぜい》天皇）▽伏見桃山陵（明治天皇）▽同東陵（昭憲皇太后）▽後月輪《のちのつきのわ》東山陵（孝明天皇）▽後月輪東北陵（英照皇太后）▽観音寺陵（後堀河天皇）▽月輪陵（四条天皇ほか）▽後月輪陵（光格天皇ほか）▽法住寺陵（後白河天皇）▽春日率川坂上《かすがのいざかわのさかのえ》陵（開化天皇）▽佐保山南陵（聖武天皇）▽同東陵（光明皇后）――に参拝。

このほか橿原《かしはら》神宮、春日神社、賀茂神社、石清水八幡宮、枚岡《ひらおか》神社、護王神社、東福寺、仏光寺、慈照寺、法隆寺、中宮寺――などに行啓している。[34]

貞明皇后は健脚だ。石清水八幡宮を参拝した際には、ケーブルカーを使わず男山に登り、随行員が「汗を拭き拭き」ついていったと宮内省総務課長の加藤進が語る。

「そのときの大宮さまのご身辺には、女性らしい弱々しさはまるで感じられず、たいへんきびしいお姿のように拝せられました。登山路の右や左にお目をふれられることもなく、あたかも剣客が真剣勝負にのぞむときのような、凛然《りんぜん》とした気迫をお備えになっていられるように拝しました。参拝のときはよそ目をしてはならないと、かねがね仰せられていました」(35)

当時の貞明皇后が、国家の前途を憂えていたことは疑いない。歴代天皇と八百万《やおよろず》の神々に、どうか日本をお護《まも》りくださいと、祈らずにはいられなかったのだろう。

だが、歴史は残酷である。

七月六日、貞明皇后は行啓最後の目的地である熱田神宮を参拝し、七日に還啓の途についた。

日本を泥沼の戦争に引きずり込む事件が起きたのは、まさにその夜だった。

百三十二

中国・北京の南西約十五キロ、河北省で最大級の河川である永定河《えいていが》に、全長二百六十七メートルの石橋がかかる。

日中戦争発端の地、盧溝橋《ろこうきょう》だ。

一九三七(昭和十二)年七月七日午後十時四十分、この橋の北側の荒れ地で夜間演習を行っていた日本軍(支那駐屯軍)の中隊に向けて、数発の銃弾が発射された。

驚いた中隊長が兵を集合させて点呼をとると、初年兵が一人いない。銃声が聞こえた永定河の堤防付近には中国軍の塹壕《ざんごう》があり、捕虜にされた疑いもある。中隊長から連絡を受けて現場に急行した大隊長は攻撃態勢をとった。

その部隊に中国軍が一斉射撃し、なし崩し的に戦闘が始まる。時に八日午前五時三十分。盧溝橋事件である。(36)

事件はまったく偶発的だった。にもかかわらず十一日、陸軍中央が過剰反応して大々的な派兵方針を決定してしまい、蔣介石ら中国首脳は態度を硬化させた。

以後、戦線は拡大の一途をたどり、日本を泥沼の戦争に引きずり込んだのは歴史が示す通りだ。八月十三日には上海に飛び火、十二月十三日には首都の南京が陥落するも、戦争は終わらなかった。(37)

その頃から大宮御所には、陸海軍の将官が続々と訪れるようになる。

十三年三月十九日《(貞明皇后は)今般戦地より帰還せる第十一師団長山室宗武に謁を賜ひ、御紋章形手釦《ぼたん》及び金一封を下賜あらせらる》

四月二十三日《今般戦地より帰還せる第四水雷戦隊司令官細萱戊子郎《ほそがやぼしろう》に謁を賜ふ》

同二十七日《近く戦地へ出発する海軍中将及川古志郎に謁を賜ひ、酒肴《しゅこう》料を下賜あらせらる……》(38)

このほか同年一月から六月の半年間に参殿した将官は、中支那方面軍司令官松井石根、第一〇軍司令官柳川平助、元第二軍司令官西尾寿造、元支那方面艦隊司令長官長谷川清、元第

一軍司令官香月清司、元第五師団長板垣征四郎、元関東軍参謀長東条英機——ら多数に上った。(39)

四月二十七日には陸相の杉山元と海相の米内光政を呼び、《陸海軍傷病兵に菓子一缶宛を賜ふ。尚此《こ》の菓子は特に思召を以て少年保護事業団体なる至誠学舎に下命して製造せしめたまへるものなり》。(40)

気丈な大宮様に慰労されるのは、軍人にとって無上の栄誉だろう。戦地から帰還する将官はまず参内し、その後に大宮御所へ参殿するのが半ば恒例となった。

なお、訪れる軍人が多いことから、貞明皇后が好戦的であったかのように書く戦後の文献もあるが、曲解である。貞明皇后はこの頃、将兵の奮戦を讃《たた》える一方で、傷病兵に心を痛め、夫や子らを失った家族に心を寄せる和歌を何首も詠んでいる。

一日も早い平和の回復を望んでいたことは疑いない。

ところで、当時の首相は名門華族の近衛文麿《このえふみまろ》だ。各界各層に人気があり、軍部を抑えられる切り札として昭和天皇の期待も高かった。しかし、逆に軍部に引きずられてしまい、近衛は十三年の秋以降、しきりに「辞めたい」と漏らすようになる。

それを思いとどまらせるのに一役買ったのも、貞明皇后だった。同年十一月十五日、近衛は元老私設秘書の原田熊雄に、こう漏らしている。

「一昨日皇太后陛下に拝謁仰せつけられた。その際皇太后様からしきりに、どうか難局をぜひ一つ充分切抜けてもらふやうに頼む、まことに（天皇）陛下もお並々ならぬ御心配であるから、どうか陛下を輔《たす》けて……と涙ながらにお話があつたので、実に弱つちやつた」[41]

平和を希求する昭和天皇を陰ながら支えようと、貞明皇后は必死だったのだ。

百三十三

ふだんは峻厳として微塵も隙を見せない貞明皇后も、ここぞという時には意外な〝荒技〟を使う。昭和十三年十一月、しきりに辞意を漏らす首相の近衛文麿を、思いとどまらせようとしたのはその一例だろう。

元老西園寺公望の私設秘書、原田熊雄の言葉を借りて、もう一度その場面を振り返ってみると――

「皇太后様が（近衛）総理をお召しになつて、涙ながらに総理に、『どうか国家のために大いに自重するやうに』と言はれて御激励になり、『辞めないやうに』といふやうなお話のあつた」[42]――

ほとんど泣き落としである。

近衛は貞明皇后と同じ五摂家出身で、古くから家族ぐるみの交流があった。そのせいか、貞明皇后がいつもの威厳をかなぐり捨てて懇請する姿に、コロリとやられた。原田によれば近衛は、「もうよほど閉口してをるやうな様子であった」という。[43]

一方、その話を聞いた西園寺は顔をしかめた。「近衛はなぜどういふ御用でお召しか、といふことを伺って、さうしてもしそれが政治上のことならば『伺へない』と言ってお断りしなかったか」と、原田に対し「だいぶ喧《やかま》しく」苦言を漏らしている[44]。

かつて山県有朋からも恐れられた、絶頂期の貞明皇后を知る西園寺は、「表」の世界に介入されることを相当に警戒していたようだ。

しかし、貞明皇后が「表」の世界に足を踏み入れるのはよくよくのことで、昭和天皇を陰ながら支える時に限られていた。西園寺の警戒は、杞憂《きゆう》といっていい。

外交に絡む問題でも同じことがいえる。

十六年五月九日、貞明皇后は大宮御所で、ある外国人女性と会見した。

駐日アメリカ大使ジョセフ・グルーの妻、アリスである。

前年に日独伊三国軍事同盟が締結され、日米間の緊張が極度に高まっていた時期だ。アリスとの会見は、反米色が強まっていた世論の批判を招く恐れもあったが、貞明皇后は躊躇《ちゅうちょ》しなかった。

昭和天皇が破滅の日米開戦を避けようと、日夜苦悩していることを知っていたからだろう。

こうした時、事前に相手のことを入念に調べ、相手の趣味などに応じた話題で良好な関係を築くのが、貞明皇后の〝外交術〟である。

事実、グルーはこう書いている。

「アリスの話だと、皇太后はアリスのことを私自身（グルー）以外のたれよりもよく知っておられるらしい。（中略）皇太后はまたアリスが聾唖《ろうあ》学校に関心を持っていることを知っておられ、彼女がつくしたことを感謝された。アリスは皇太后がこんなにまで自分のことを知っておられるのに驚き、お礼の言葉に少々当惑したので、面白い話をいくつかしてあげ、皇太后は声を立てて笑われた……」(45)

別れ際、貞明皇后は御所の庭に咲いた蘭の花束をアリスに渡し、その手を握りしめて言った。

「外国の貴婦人たちがもう一度ここに集り、花をながめて楽しむ時が早くくればいい……」(46)

この会見が、のちに日本を救うことにもなる。アリスは「本当に皇太后を尊敬」するようになり、夫のグルーは先の大戦の末期、日本が受け入れがたい無条件降伏要求を修正し、皇統の維持を認める知日派米国人の先頭に立った。(47)

昭和天皇を支えるべく、時には「表」の世界に足を踏み入れる貞明皇后――。だがその間、宮中の「奥」でも、心痛を極めることが起こっていた。

秩父宮雍仁親王が、病に倒れたのである。

百三十四

貞明皇后が雍仁親王のただならぬ様子に愕然としたのは、昭和十五年六月十六日である。

この日、貞明皇后は正午前に出門して秩父宮邸を訪ね、《雍仁親王・同妃勢津子《せつこ》と午餐《ごさん》を倶《とも》にしたまふ》(48)。しかし、出迎えた雍仁親王の顔は透き通るように青白く、健康が極度に悪化しているのは明らかだった(49)。

雍仁親王は二・二六事件後、かつての部下から決起将校を出したのがよほどショックだったのか、陸軍参謀としての軍務と皇族としての公務に、身を粉にして励んでいた。十二年三月から十月には欧州各国を歴訪し、昭和天皇の名代で英国王ジョージ六世の戴冠《たいかん》式に参列するなど国際親善に尽力。日中戦争が悪化してからは参謀本部で和平工作に奔走した。その後も中国戦線をたびたび視察するなど、各地に出張している。

おそらく、無理に無理を重ねていたのだろう。十五年になると気がかりな咳《せき》をするようになり、参謀本部の同僚や部下らが休暇をとるよう勧めたが、雍仁親王は「いや、何でもない」と、休もうとしなかった(50)。

貞明皇后が秩父宮邸を訪ねたのは、そんな時である。

「大変顔色が悪いようですが、いったいどうなさったのですか」

「実は、三日前に風邪をひきまして……。しかしもう大丈夫です」

「いえ、とても大丈夫には見えません。しばらく公務をはなれ、静養されるのがいいでしょう」

「ええ……」(51)

だが、雍仁親王は翌日も陸軍大学校の卒業式に臨席。続いて関西方面へ出張し、十九日に奈良・橿原神宮の外苑で行われた紀元（皇紀）二千六百年奉祝式典に臨場する。折あしく降雨となったが、雍仁親王は行事が終わるまで、直立不動の姿勢を崩さなかった。

これが、病身への痛打となった。二十一日に参内し、式典について昭和天皇に復命したその夜、雍仁親王は高熱を発し病床につく。八月になって侍医から下された診断は、「肺結核」だった。[52]

ストレプトマイシンなど有効薬のない時代。結核は不治の病であり、いわば〝死の病〟だ。

「（病名を告げられた時の）私の内心の衝撃は、ほんとうに言葉にならないほどでございました」と雍仁親王の妻、勢津子妃が書く。[53]

「しかし、それをいささかなりとも表に出すことはできません。心の中で『しっかりしなくては』と自分を必死で鞭《むち》打ち、平静さを装いながら、実は宮さまへの申しわけなさでいっぱいでございました」

雍仁親王は当時三十八歳。以後十年以上に及ぶ闘病生活が始まる。勢津子妃とともに神奈川県の箱根、葉山、静岡県の御殿場などに転地を繰り返し、療養に努めた。

貞明皇后が心痛を極めたのは言うまでもない。できることなら自ら看病したかっただろう。だが、日中戦争で多数の戦死者が出ていた頃であり、公然と見舞うこともままならなかった。

貞明皇后が葉山御用邸に行啓したのは、雍仁親王の発病から一年近くたった十六年六月だ。表向きの名目は横須賀海軍病院や同航空隊、剣埼灯台などの視察だったが、十二日間の滞在中、公務の合間をぬって三回にわたり秩父宮葉山別邸を訪れ、《雍仁親王の病を問ひたまふ》。[54]

気丈な大宮様も、ひとりの母親である。不治の病に侵された次男に、どんな言葉をかけただろうか。

皇族として、さまざまな道をたどる貞明皇后の四人の息子たち。ちょうどこの頃、四男の三笠宮崇仁《たかひと》親王にも、大きな人生の転機が訪れようとしていた。

百三十五

昭和十六年一月三十一日、大宮御所で映画会が開かれ、若い男女が招かれた。陸軍大学校に在籍している二十五歳の崇仁親王と、五年前に死去した入江為守（元皇太后宮大夫）の孫の高木衣子、その妹で十七歳の百合子さまである。

上映されたのは笠智衆《りゆうちしゆう》主演の「みかへりの塔」（清水宏監督）。問題児の矯正施設を舞台に、さまざまな人間模様を描いた社会派ドラマの名作で、貞明皇后が好みそうなテーマだ。

しかし映画会を開いたのは、単にそれが見たかったから、ではないようである。始まる前、貞明皇后は崇仁親王に、そっと言った。

「妹の方をよく見ておいてね」(55)

実はそれまで、崇仁親王には幾つか縁談話があり、侍従らが写真を持ってくることもあったが、軍務に多忙な崇仁親王にはその気がなく、「まあそのうちに」と受け流していた。(56)

そんな中、貞明皇后は女子学習院に行啓し、ひとりの生徒に目をとめる。今回招かれた姉妹の妹、百合子さまだ。

貴族院議員の高木正得《まさなり》（子爵）の次女で、容姿端麗なうえ成績も優秀。温和な性格ながらしっかり者でもある。

映画会が終わり、散会したあと、貞明皇后は崇仁親王に聞いた。

「どうでしたか」

「大変結構だと思います[57]」

宮中から高木家に縁談の申し入れがあったのは、早くもその二日後だ。百合子さまは仰天した。映画会がお見合いを兼ねていたとは露も知らず、「私には青天の霹靂《へきれき》でした。でも、絶対私には勤まりません」として頑《かたく》なに辞退したと、のちのインタビューに答えている[58]。

それで引き下がる大宮様ではない。

「何と申し上げても貞明皇后様から、いや、若いのだからこれから勉強すればいいって仰せられまして。何を申し上げても駄目でした。（中略）もう雷様が落ちたみたいで、逃げようがないのです[59]」

やや強引……といえなくもないが、二人の性格をよく考えた上で、うまくやっていけると確信していたのだろう。

実際、貞明皇后が結婚をお膳立てした秩父宮雍仁親王と勢津子妃も、高松宮宣仁親王と喜久子妃も、極めて夫婦円満だ。香淳皇后も最初に白羽の矢を立てたのは貞明皇后であり、昭和天皇とは晩年までおしどり夫婦だった。

貞明皇后の人を見る目は、やはり相当なものである。

ほぼ二カ月後の三月二十九日、《崇仁親王、子爵高木正得二女百合子と結婚の儀本日勅許ありたるを以て、典侍竹屋津根子を親王の許に遣され、三種交魚一折を贈りて之を賀したまふ[60]》。

いったん決まると、とことん面倒をみるのも貞明皇后である。

百合子さまからみれば宮中は雲の上の世界。どんな服を着ればいいのかも分からない。すると「大宮様は大変ご心配で。大宮御所の女官に山中貞子という方がいらして、その人を服装の相談役に付けてくださいました[61]」。

十月二十二日、二人は結婚を遂げた。

さらに十二月七日、貞明皇后は《崇仁親王の成婚を祝して午後六時過より御内宴を催したまふ。即ち雍仁親王妃勢津子・宣仁親王・同妃喜久子・崇仁親王・同妃百合子と御会食あり[62]》。

戦争拡大の危機や雍仁親王の発病など、貞明皇后の不安の種は尽きない。それでもこの日だけは、大宮御所に笑い声があふれた。

だが、貞明皇后は知らなかった。まさにその夜、日本を遠く離れた太平洋で、空母六隻を主力とする連合艦隊の機動部隊がハワイ沖に迫っていたことを――。

百三十六

昭和十六年十二月八日未明、ハワイ沖に達した連合艦隊の機動部隊がオアフ島の真珠湾を攻撃。空母から飛び立った百八十余機の攻撃機、戦闘機が米戦艦五隻と巡洋艦二隻を撃沈し、三隻を大破させた。

日米開戦である。

貞明皇后が真珠湾攻撃を知ったのは、八日の朝だ。そのとき何を思ったか、確かな記録はない。同日付の女官の職務日記はたった二行、「午前六時西大西《ママ》洋に戦闘開始、午前十一時四十五分米英に宣戦布告、右に付大谷（正男）大夫御使にて御所御機嫌御伺被遊《あそばされる》」と記すのみである[63]。

開戦の影響は、貞明皇后にもすぐさま及んだ。帝都を離れることになったのだ。

それより前、宮中では同年夏頃から、貞明皇后を栃木県の日光田母沢御用邸などに疎開させる案が検討されていた。貞明皇后は頑なに拒んだが、昭和天皇の強い要望もあり、やがて「（静岡県の）沼津御用邸なら」と同意する[64]。沼津を選んだのは、雍仁親王が療養する同県の御殿場に近いからだろう。

十二月十七日《午後零時四十分御出門、東京駅より御乗車にて沼津御用邸に行啓あり[65]》

自分だけ安全な地方に移転することは、本意ではなかったはずだ。ただ、その頃は帝都もさほど危険ではなかった。開戦当初の日本軍は無敵で、真珠湾に続き十二月十日のマレー沖海戦で英東洋艦隊を撃破。早くも太平洋の制空、制海権を握る。翌年二月にはシンガポールを、三月にはジャワ島を攻略した。

以後、日本軍が連戦連勝を重ねている間は、貞明皇后は遠出もほとんどせず、沼津で静かに過ごす。

御殿場の秩父宮別邸を訪ねたのは九月二十八日。勢津子妃によれば、雍仁親王はその三日ほど前に理髪し、羽織袴《はかま》で貞明皇后を迎えた。

「お身体の具合は、いかがですか」

「はい。元気に療養をいたしております」(66)

母子が対面するのは一年三カ月ぶりだ。

「かかえるようにして母宮さまをお玄関にご案内になる宮さまは、お心では母宮さまにいだかれておいでになるようなお気持ちだったかもしれません」と、勢津子妃が述懐する。

「この日、富士山は、『霊峰富士』の名にふさわしく、優美に気高くそびえておりました」(67)

同じ頃、貞明皇后の心を弾ませてくれたことがあった。夏休みを沼津御用邸の西附属邸で過ごされた、皇太子（上皇さま）とのふれ合いだ。

八月六日《皇太子明仁親王を伴ひて本邸裏海岸に成らせられ、約三十分間に亘《わた》り陸軍予科士官学校生徒の水上競技を御覧あらせらる(68)》

十二日《皇太子明仁親王参邸せるにより午餐を会食あらせらる》[69]

明仁皇太子は学習院初等科三年の八歳。成長された孫の様子に、貞明皇后は目を細めたに違いない。

だが、平穏な日は長く続かなかった。

日本軍に有利に進んでいた太平洋の戦局も、十七年六月のミッドウェー海戦で空母四隻を失う敗北を喫するや一転。八月から始まったガダルカナルの戦いでも苦戦を強いられ、敗色が漂いはじめた。

貞明皇后はカンが鋭い。軍部などからもそれなりの情報は得ていただろう。

帝都の空に危険が迫っている——。

十二月五日、貞明皇后は沼津御用邸を引き払い、大宮御所に還啓した。

百三十七

戦局が下り坂となった昭和十七年の師走、沼津御用邸から帝都の大宮御所に戻った貞明皇后の生活は、それまで静かに過ごしていた頃とは一変する。

何より変わったのは、謁見を求める陸海軍の将官らがぐんと増えたことだ。

早くも十二月十四日、《今般戦地より帰還せる元支那方面艦隊司令長官古賀峯一・元第十一航空艦隊司令長官塚原二四三《にしぞう》・元第四艦隊司令長官井上成美・元第三南遣艦隊司令長官杉

山六蔵に謁を賜ひ、御慰労として夫々《それぞれ》に御紋付木盃一組及び金員を下賜あらせらる》(70)。

このほか『貞明皇后実録』に記されているだけでも、翌年十二月までの一年間に七十人余の将官らが大宮御所を訪れている。

のちに沖縄戦を指揮する牛島満、真珠湾攻撃やミッドウェー海戦で機動部隊を率いた南雲忠一、参謀総長の杉山元、終戦時に陸相を務める阿南惟幾《これちか》……。当時の首相、東条英機も数回参殿した(71)。

軍人からみても威厳のある貞明皇后が、いかに勇気づけられる存在だったか、ある種のカリスマ性がうかがえよう。

貞明皇后も、将官らを快く迎え入れた。戦局への不安はあるが、いまは国家の非常時だ。命を賭して戦っている将兵に複雑な胸の内はみせられない。皇太后としてできることは、一《いち》途《ず》に激励することだと、心に決めていたのだろう。

そんな、慌ただしく過ごしていた十八年の秋、喜びと悲しみが同時に訪れる。

前者は十月十三日、もうすぐ十八歳になる初孫の成子内親王が、結婚の礼を挙げたのだ。相手は東久邇宮稔彦《なるひこ》王の長男で二十六歳の盛厚王。またとない良縁である。

貞明皇后はこの結婚を喜び、挙式前の十月七日、大宮御所に二人を招いて午餐の会を開いた。祝いの席には勢津子妃、宣仁親王と喜久子妃、崇仁親王と百合子さまに加え、香淳皇后も参加し、二人の門出を祝福した。

一方、後者は十月十六日、大正天皇の生母、柳原愛子の死去である。

貞明皇后と愛子とのエピソードは数知れない。古くは大正天皇との結婚当初、女官から「おてんば流」などと陰口されていた貞明皇后を、いつもかばったのが愛子だった。化粧の仕方を教え、昭和天皇を懐妊した内御着帯（帯祝い）で帯をつけてくれたのも愛子である[72]。

その恩を、貞明皇后は終生忘れなかった。「一位局《いちいのつぼね》（愛子）に対しては下世話で云へば嫁が姑《しゅうとめ》に仕へる様に誠によくして下さいました」と、親戚の柳原花子が言う[73]。

ここ数年、愛子は老齢もあって病床につくことが多く、貞明皇后は女官を遣わしてしばしば見舞った。しかし十月十五日に病状が悪化、十六日払暁《ふつぎょう》に死去する。

『貞明皇后実録』によればその日、《（貞明皇后は）午前八時三十分御出門にて愛子の邸に行啓あり、親しく御見舞あらせられ、九時過還御したまふ》とあるが[74]、すでに事切れていた。

それでも愛子の親族らは遺骸に緋の袴《はかま》を着せ、生前のようにして貞明皇后を迎えた。

その前に座り、懇々と言葉をかける。

「三十三年色々とお世話になり、私も今日をなす事が出来ました。おかげでした、有難う[75]」

享年八十四。東京・目黒の祐天寺にある愛子の墓には、大宮御所にあった紅白の梅の苗が植えられ、現在も毎年早春、可憐《かれん》な花を咲かせている。

最愛の身内の、それぞれの旅立ち――。

こうした中にも、戦況は日増しに悪化していった。

百三十八

貞明皇后は、いつ頃から戦局に不安を抱きはじめただろうか。

やや先の話だが、昭和二十年六月、親しくしていた華族女学校時代の後輩、関屋衣子が参殿し、「この戦争はもうどんなにしても勝ては致しません」と漏らしたとき、貞明皇后は、「いまはじめてさう思ふのか」と聞いた上で、こう言ったという。

「私はとうからさう考へてゐた。……そのことは戦争が起つた時、湯浅（倉平・元内大臣）にも話しておいたし、宮様方にもいつも申上げてゐる。今更、私は驚かないよ」[76]

戦時中、大宮御所には陸海軍の将官らが多数訪れており、あるいは不利な戦況も伝えられていたのかもしれない。そうでなくても、新聞の大本営発表を鵜呑《うの》みにすることはなかったようだ。

侍医の山川一郎によれば、戦勝の報道のたびに御所の職員らは祝杯を挙げたが、「大宮様は臣下のように、有頂天になってお悦《よろこ》びにはなられず、（中略）何も仰せはなかったが、確かに将来を見越しておられたらしい」という。

「昭和十八年夏は、例年よりは目だってお痩せになり、お血圧も一時お高く、眼球結膜の出血もあられた、曾《かつ》てないことである。勿論《もちろん》ご苦慮の結果とひそかに拝察した」[77]

加えて、十九年になると国民生活が目に見えて悪化する。成人男性の多くが出征し、政府は同年二月、（一）中学生以上の学徒全員を工場に配置（二）十四歳から二十五歳の未婚女性を女子挺身隊《ていしんたい》として軍需工場に動員――することを決定。空襲の恐れが強まった同年八月からは学童集団疎開も始まった。

娯楽や興行施設なども次々と姿を消し、三月には宝塚歌劇団が休演、松竹少女歌劇団も解散。歌舞伎座、帝国劇場、明治座などが休場する。

食糧事情も極端に悪化。米のかわりに澱粉《でんぷん》、とうもろこし、こうりゃんなどが配給され、小麦粉の配給にも澱粉、とうもろこし粉、脱脂大豆粉が混入した(78)。

こうした中、大宮御所では庭を開墾して畑をつくり、野菜などを栽培するようになる。一方で貞明皇后は日々の食事を極端に減らし、ことに米食をひかえた。

「自分が一食でも節約すれば、それだけ国民の口に行きわたるからと仰せられて米を節約されてゐました」と、侍従の万里小路《までのこうじ》元秀が述懐する(79)。

食事をひかえ、日に日に痩せていく貞明皇后。それでも外に向かっては気丈さを失わず、戦地から帰還する将官らを慰労し、激励した。

この時期、こんな和歌を詠んでいる。

大み代の　ひかりとぞみる　靖国の　かみのそのふの　ともし火のかげ

民こぞり　守りまもりて　皇国の　つち一片も　あだになふますな(80)

あえて自身を鼓舞する意味もあったのだろう。

しかし時には、本音をのぞかせることもあった。

人として　みきゝするだに　なげかしき　たゝかひすなり　ながき年月

ますらをの　命さゝげし　物がたり　聞くだにわが身　おきどころなし[81]

十九年七月、日本が絶対国防圏と位置づけるサイパンが陥落する。帝都に米軍機が迫ったのは、その四カ月後だ。

十一月一日《午後一時四十五分空襲警報発令せられたるを以て、直ちに御文庫（地下防空壕）に御待避あり》[82]

この日の米軍機は偵察のみだったが、十一月二十四日には約七十機の米爆撃機B—29が襲来、都内各所に被害が出た。[83]

《爾後《じご》アメリカ空軍の帝都空襲日々に激しさを加ふるに及びて御待避のことも亦屢々《またしばしば》なりき》[84]

B—29の標的には、大宮御所も入っていた。

百三十九

昭和二十年の帝都。灰色にくすんだ街並みに、不気味なサイレン音が響く。

ウゥウウウゥウーーゥウ………

連続して一分間続けば「敵機来襲ノ虞《おそれ》」がある警戒警報。数秒ごとに十回唸《うな》れば「敵機来襲ノ危険」がある空襲警報だ。夜であれば徹底した灯火管制がしかれ、母は乳児を抱いて、祖父母は孫の手を引いて防空壕へ逃げ込んだ。

貞明皇后も例外ではない。サイレンが鳴ると鉄かぶとをかぶり、御文庫と呼ばれる敷地内の地下防空壕に避難した。敷地内といっても、大宮御所からは急ぎ足で五分はかかる。付き従う側近らは、その五分がもどかしかった。[85]

やがて米爆撃機B－29の大編隊が空を覆い、焼夷弾の雨を降らす。一般市民を標的にした無差別爆撃。生き残れるかどうかは運次第といっていい。

二十年二月二十五日《午後二時二十分頃空襲警報発令ありたるを以て直ちに御文庫に待避あらせらる。然《しか》るに敵爆撃機は既に帝都上空にあり、御文庫に入りたまふや、其《そ》の屋上に一弾落下して爆発し、更に御文庫周辺にも爆弾・焼夷弾数個落下せるが、幸にして御異常なく……》[86]

間一髪である。

侍医寮の業務日誌によれば、爆弾が落下したのは貞明皇后が御文庫に入った一分後で、「大音響と共に一時全電燈消えたり、然し直ちに消止めたり。同時に御文庫四周各所に爆弾焼夷弾等数ケ落下したるも皆不発なりしは全く天佑なり」という危うさだ。(87)

側近らは肝を冷やし、御文庫までのトンネル工事を急がせた。(88)

米軍による本土空襲が本格化した十九年十一月以降、終戦までに延べ約三万三千機のB-29がサイパンなどから出撃し、計約十四万七千トンの爆弾を投下、日本の都市部を焼き尽くした。このうち帝都は戦時中、百二十二回もの執拗な空襲を受け、計約十六万七千人が死傷、計約七十六万七千戸が焼失もしくは破壊された。ことに二十年三月十日の東京大空襲は凄まじく、一夜にして百万人が焼け出されている。(89)ただ、皇居は標的から外された。徹底抗戦の陸軍を抑えて終戦を実現できるのは昭和天皇しかおらず、戦後の日本をまとめられるのも昭和天皇だけだと、米軍は判断していたのだ。一方、大宮御所は対象外ではなかった。事実、何度も焼夷弾が落とされている。昭和天皇は憂慮し、空襲警報が出されて自身も避難する際には、周囲に「おたたさまは御動座なさっただろうか」と、いつもたずねたという。(90)

その頃から宮中では、貞明皇后を再び疎開させる案が強まった。しかし貞明皇后は固く拒み続けた。「それは天皇陛下を東京に残されて、御自身のみが安きに就くことは快く思召《おぼしめ》されなかつたため」だと、皇太后宮大夫の大谷正男が語る。(91)

そんな貞明皇后を説得しようと、四月二日と五月十二日、香淳皇后が大宮御所を訪れている。おそらく、こんな会話があったのではないか。

「大宮さま……。ここは危険でございます。どうか軽井沢などにお移りください。お上も大変心配されておりますから」

「国家の非常時に、私だけ安全な場所に移るわけにはまいりません。ここで国民と運命をともにしたく思います」

一方、米軍は非戦闘員の殺傷に毛ほども躊躇しない。四月になるとほぼ連日、昼夜を問わずサイレンが鳴り響いた。

四月十三日《午後十一時空襲警報発令と共に敵爆撃機大挙して帝都上空に侵入し、多量の焼夷弾・爆弾を投下す。大宮御所も亦《また》爆撃を受け、御座所を始め被害の箇所少からざりしも、当直員の防火活動によりて被害を最小限度に止め得たり(92)》

侍医の山川一郎は、その日の業務日誌に書いた。

「要するに御所は狙はれて居る(93)」

一カ月後、ついに大宮御所は炎上する。

その様子はプロローグに書いたとおりだ。空襲の間、貞明皇后は御文庫で小机の前に端座し、今夜も多数が犠牲になるであろう国民を思って、地蔵尊像などが書かれた朱印を紙に何度も何度も押した。

大宮御所が焼け落ち、長年にわたり熱心に書き写していた宮中の伝統慣習に関する記録も、皇太子妃時代につけていた日記も、みんな焼失した翌朝、見舞いに訪れた喜久子妃に、静かに言った。

「これで私も国民と一緒になった」

百四十

昭和天皇が香淳皇后とともに、被災生活を送る貞明皇后のもとを訪れたのは、大宮御所の炎上からほぼ二十日後の昭和二十年六月十四日である。

貞明皇后は防空壕の御文庫を、家具や装飾品はほとんどないながらも模様替えし、精いっぱい居心地よくして二人を迎えた[94]。

何も心配ないから、というところを見せたかったのだ。

だが、昭和天皇は笑顔をつくるのが難しかっただろう。外光の届かない御文庫は湿気が多く、長く起居すれば健康を害するのは目に見えている[95]。

貞明皇后は二人を大宮御所の焼け跡にも案内した。梅雨の合間の晴れた昼下がり。焼け跡をみていると、近くでホトトギスが鳴いた[96]。

「おや、今年も鳴きましたか……」

貞明皇后が言う。熾烈《しれつ》な空襲にもかかわらず、小動物ですらたくましく生きている。そんな感慨を込めた言葉だった。

ところで昭和天皇はこの頃、軍部や政府からの昼夜を問わぬ奏上で、寝る間もないほど多忙である。にもかかわらず貞明皇后に会いに来たのは、理由があった。

地方への疎開を了承しない〝おたたさま〟を、自ら説得するためだ。

昭和天皇は午後一時半から三時まで滞在予定のところ、三時半までいた。(97)その間、貞明皇后と何を話したか。記録は残っていないが、推測はできる。

昭和天皇は言った。

「おたたさま……、空襲がますます激しくなっており、ここは危険です。健康にもよくないので、気候のよい地方にお移りください」

「いいえ、お上と皇后さまが帝都にいるのに、私だけ疎開したくはありません」

「私は天皇です。国家の非常時に、皇居を離れるわけにはいかない」

「ならば私もここにとどまります」……

説得は不調だったようだ。滞在時間が長引いたのも、そのせいだろう。昭和天皇は皇居に戻った後、「お疲れの御様子で、御床におつきに」なったと、侍従の徳川義寛《よしひろ》が日記に書いている。(98)

どうして貞明皇后は、かくも頑なに疎開を拒んだのか。

「私だけ……」という、後ろめたさだけではあるまい。実は、戦禍に苦しむ国民のそばにいて、できれば直接慰めたいと考えていたようだ。空襲が激しくなった同年一月、訪れた喜久子妃にこう言っている。

「宮内省に人なく何にもさせぬから歌によんで神様に願つてばかりおるが、どうかして予告などせずほんとに働いてゐる人々の処《ところ》にすーと行つて一言でも言葉をかけたらと思ふ」(99)

開戦以来、国民への慰問は香淳皇后が積極的に行い、貞明皇后の出番はほとんどなかった。勝手に出歩くわけにもいかず、戦勝を祈る和歌ばかり詠んでいるが、本当は工場などにも行き、勤労動員の国民を直接励ましたいと、訴えたのである。

とはいえ、自分が帝都にとどまることが昭和天皇の心痛の種となるなら、それは本意ではない。

貞明皇后は悩んだ末、六月二十八日に参内し、昭和天皇や香淳皇后と昼食をともにした。そしてこのとき、疎開を了承したとみられている。(100)

七月十九日、香淳皇后が単独で大宮御所の御文庫に行啓した。疎開に向けた最終的な話をするためだろう。問題はどこへ移るかだが、かつて滞在した沼津御用邸は空襲で本邸が焼失しており、長野県の軽井沢にある実業家の別邸を借り上げ、八月二十日に疎開することが決まった。(101)

だが、その前に昭和天皇が、国家と国民を救う決断を下す。

百四十一

戦争終盤、長野県の軽井沢へ疎開する日が近づいた昭和二十年八月六日、貞明皇后は大宮御所に《皇后の行啓を迎へさせられて御対面あり……》[102]。

すでに戦争の余力はなかったが、軍部は本土決戦を声高に叫んでいた。日本が滅亡へとひた走る中、皇后と皇太后の絆は固く結びついていただろう。奇《く》しくもこの日、広島に人類史上初の原爆が落とされ、瞬時にして数万人の命が奪われた。

昭和天皇が動いたのは、その三日後である。

八月九日午前零時、ソ連の大軍が日ソ中立条約を破り、突如として満洲に侵攻。報告を受けた昭和天皇は決心し、内大臣の木戸幸一を通じて政府に戦局収拾の方策、すなわち終戦を指示した。

以後、日本が帝国と呼ばれた最後の一週間の、和平か抗戦かをめぐる緊迫した攻防で、昭和天皇がみせた抜群のリーダーシップについては拙著『立憲君主 昭和天皇』に詳述したのでそちらに譲る。

遅くとも昭和天皇は、十九年十月のレイテ沖海戦で日本海軍が大打撃を受けた頃から終戦を模索していた。翌年二月に元首相ら重臣を一人一人呼び、和平に向けた意見聴取をしている。沖縄戦の組織的戦闘が終結した六月二十二日にも首相、外相、陸海両相、両総長を呼んで懇親会を開き、抗戦一辺倒ではなく終戦の研究もするよう促した。一方で陸軍は「戦争完遂」の方針を捨てず、本土最終決戦に向けた戦略を立てていた。机上の空論に過ぎないが、この戦略がある限り武器を置くつもりはなかった。仮に昭和天皇が終戦の命令を下しても、和平派の側近が天皇を迷わせたとして逮捕、もしくは殺害され、天皇自身も監禁状態に置かれたはずだ。

しかし、八月九日のソ連侵攻で本土決戦の戦略がぐらつく。陸軍も侵攻を予想していたが、早くても秋以降だと楽観していたのだ。戦略の抜本的な見直しが迫られ、陸軍中央はパニックに陥った。

昭和天皇は、この瞬間を見逃さなかった。ソ連侵攻の報告からわずか十八分後に戦局収拾の指示を出している。この決断が半日遅れれば、陸軍の動揺もおさまり、再び徹底抗戦を主張して譲らなかっただろう。

以後、昭和天皇は一ミリもぶれることなく、終戦へのリーダーシップをとり続ける。軍部の巻き返しで運命の風が抗戦派になびくこともあったが、そのたびに昭和天皇が終戦派の外相らを励ますなどして風向きを変えた。

十日未明と十四日午前、昭和天皇は二度にわたる御前会議で、ポツダム宣言受諾の聖断を下す。(103)

この間、悲壮な決意の昭和天皇が、どうしても会っておきたかった人がいる。

十三日、宮相の石渡荘太郎に言った。

「十六日に大宮御所へ行きたい」

事態は切迫しており、石渡は延期を願ったが、昭和天皇は重ねて言った。

「私の身はどうなるか判《わか》らない、だからこれが最後と思つて一度お目にかゝつておきたい……」(104)

そして八月十五日正午、終戦を告げる玉音放送——。

国民は慟哭《どうこく》した。

秩父宮別邸でラジオを聞いていた勢津子妃は、たまたま訪れていた喜久子妃と声を上げて泣いた。(105)

だが、大宮御所の貞明皇后は泣かなかった。

そして言った。

「これで皇室は明治維新前に戻ります」(106)

貞明皇后には、これから始まる過酷な占領政策が見えていたのかもしれない。

五日後、新たな試練に備えるため、軽井沢へ移転した。

註

(1)「関係者談話聴取」所収の「小原辰三談話」から引用
(2) 二・二六事件の状況は、池田俊彦編『二・二六事件裁判記録』、平塚柾緒『二・二六事件』、松沢哲成ほか『二・二六と青年将校』から
(3)『二・二六事件裁判記録』所収の「蹶《けっ》起《き》趣意書」から引用
(4) 当時の陸軍には統制派と皇道派の派閥があり、決起将校には皇道派シンパが多かった
(5) 高宮太平『天皇陛下』二〇九頁から引用
(6)『昭和天皇実録』二三巻二五～二六頁から引用
(7) 岡田は首相官邸の女中部屋の押し入れに隠れており、翌日に無事脱出した
(8)『貞明皇后実録』三七巻一一頁から引用
(9) 高松宮宣仁親王記『高松宮日記』二巻から
(10) 本庄繁記『本庄日記』普及版、『昭和天皇実録』一九巻から
(11)『雍仁親王実紀』(吉川弘文館)から
(12)『高松宮日記』二巻から
(13) 同二巻三八九頁から引用
(14)『昭和天皇実録』二三巻三二頁から引用
(15)『拝命』一三五頁から引用
(16) 第九章参照
(17)、(18)『秩父宮雍仁親王』五四一頁から引用
(19)『高松宮日記』二巻三九二頁から引用
(20) 平塚柾緒『二・二六事件』一六一頁掲載のラジオ放送から引用
(21) 安藤は病院に運ばれて一命を取り留め、のちに軍法会議で死刑判決が下された
(22)『高松宮日記』二巻三九三頁から引用
(23) 宣仁親王も貞明皇后から「度々参内などして御苦労とて二種交魚、果物いたゞく」と日記に書いている
(24)、(25)「関係者談話聴取」所収の「清岡長言談話」から引用
(26)『貞明皇后実録』三七巻一六頁から引用
(27) 原田熊雄述『西園寺公と政局』五巻二一頁から引用
(28)、(29)、(30)、(31)『貞明皇后実録』三七巻四八、五一～五二、六一、五五頁から引用。成子内親王は昭和天皇の第一皇女子、和子内親王は第三皇女子、厚子内親王は第四皇女子
(32) 主婦の友社編『貞明皇后』二一八～一九頁から引用
(33) 陸海両相の就任資格を現役将官に限定する制度。明治三十三年に山県有朋内閣が軍部の政治的発言権を確保するために導入したが、大正二年に山本権兵衛内閣が廃止した。しかし二・二六事件後、

粛軍を徹底するためとして復活。以後、軍部の支持がなければ陸相や海相が得られず、内閣を組織できなくなった

(34)『貞明皇后実録』三八巻から

(35)主婦の友社編『貞明皇后』二三四〜二五頁から引用

(36)盧溝橋事件の経緯は安井三吉『盧溝橋事件』、秦郁彦「盧溝橋事件の再検討　七月七日夜の現場(一)、(二)」(日本政治経済史学研究所『政治経済史学』平成六年三、四月号所収)から。行方不明の初年兵は道に迷っていただけで、間もなく帰隊した

(37)両国とも宣戦布告を行わなかったため「支那事変」と呼ばれた

(38)『貞明皇后実録』三九巻一一〜一七頁から引用

(39)同三九巻から。将官の肩書は実録の記載に従った

(40)同三九巻一八頁から引用

(41)『西園寺公と政局』七巻二〇一頁から引用

(42)、(43)、(44)『西園寺公と政局』七巻二〇一〜二〇四頁から引用

(45)、(46)ジョセフ・C・グルー『滞日十年』下巻一六三〜六四頁から引用。ほかにも同書には貞明皇后とアリスのやりとりが詳述され、グルーは「私がこの会見のことを、こんなに長く書くのは、皇室がどんなに合衆国との親善を熱心に希望しているかを示し、またこの話が天皇から順々に伝うていくことによって役に立つと思うからである」としている

(47)グルーは日米開戦により帰米し、一九四四(昭和十九)年十二月に国務次官に就任。すでに日本の敗戦は決定的で、米国内では天皇制度の廃止を求める声が強かったが、一貫して存続を訴えた

(48)『貞明皇后実録』四一巻三七頁から引用

(49)、(50)、(51)発病時の様子は『秩父宮雍仁親王』から。『貞明皇后実録』には書かれていないが、同書では六月十六日の行啓について、「秩父宮の御健康を案じられた皇太后陛下が、御見舞に行啓になり、御静養をおすすめした……」としている

(52)『銀のボンボニエール』から

(53)同書二六三頁から引用

(54)『貞明皇后実録』四二巻四七頁から引用

(55)、(56)、(57)『母宮貞明皇后とその時代』から。崇仁親王は平成十八、十九年のインタビューで当時を振り返り、「(貞明皇后から)映画会で妹のほうをよく見ておけ、ということだったんだと思いますが、それで、大変結構でございますと……」と話している(同書七一頁から引用)

(58)、(59)同書七二頁から引用

(60)『貞明皇后実録』四二巻二十〜二一頁から引用

(61)『母宮貞明皇后とその時代』七二頁から引用
(62)『貞明皇后実録』四二巻八八頁から引用
(63)「稿本二三三」所収の「典侍日記」から引用
(64)『高松宮日記』三巻から
(65)『貞明皇后実録』四二巻九一頁から引用
(66)、(67)『銀のボンボニエール』二七八～七九頁から引用
(68)、(69)『貞明皇后実録』四三巻三八、三九頁から引用
(70)同四三巻六一頁から引用
(71)同四三、四四巻から
(72)第三章参照
(73)「関係者談話聴取」所収の「柳原花子談話」から引用。柳原愛子は生前、二位局《にいのつぼね》と呼ばれていたが、死去の当日付で従一位に追叙された
(74)『貞明皇后実録』四四巻六四頁から引用
(75)「柳原花子談話」から引用
(76)「関屋衣子談話」から引用
(77)『拝命』一七〇頁から引用
(78)毎日新聞社発行『昭和史全記録』から
(79)「関係者談話聴取」所収の「万里小路元秀談話」から引用
(80)、(81)『貞明皇后御集』下巻三三四、三二九、三三〇頁から引用。原文は濁点なし
(82)『貞明皇后実録』四五巻五〇頁から引用
(83)『昭和天皇実録』三二巻、浄法寺朝美『日本防空史』から。十一月二十四日の空襲は主に北多摩郡武蔵野町（現武蔵野市）の中島飛行機武蔵製作所が標的にされ、江戸川・品川・杉並など都内各区にも被害が出た
(84)『貞明皇后実録』四五巻五〇頁から引用
(85)主婦の友社編『貞明皇后』から
(86)『貞明皇后実録』四六巻一一頁から引用
(87)「稿本二四八」所収の「侍医日録」から引用
(88)大宮御所と御文庫を結ぶ地下トンネルは二十年三月に完成した（主婦の友社編『貞明皇后』から）
(89)『日本防空史』、『米軍が記録した日本空襲』から
(90)主婦の友社編『貞明皇后』一三五頁から引用
(91)「関係者談話聴取」所収の「大谷正男談話」から引用
(92)『貞明皇后実録』四六巻二〇頁から引用
(93)「稿本二四九」所収の「侍医日録」から引用。なお、大宮御所が米軍の標的になっているとする説は、当時から根強くあった
(94)関屋衣子「皇太后様の御ことども」（雑誌『婦人之友』昭和二十六年七月号所収）から
(95)宣仁親王妃喜久子『菊と葵のものがたり』から。御文庫には地上と地下に部屋があり、貞明皇后は風通しのよい地上に大正天皇の御影をかかげ、自身は地下に居住した。のちに湿気で喉を悪くした

という
(96)、(97)『徳川義寛終戦日記』から
(98)同日記二二七頁から引用
(99)『高松宮日記』八巻一九頁から引用。原文はカタカナ
(100)、(101)『昭憲皇太后・貞明皇后』から
(102)『貞明皇后実録』四六巻四三頁から引用
(103)ソ連侵攻からポツダム宣言受諾までの経緯は川瀬弘至『立憲君主 昭和天皇』から
(104)昭和二十一年八月十五日の朝日新聞から。石渡が強く反対したため、昭和天皇は大宮御所への行幸を思いとどまったが、終戦後の十七日に貞明皇后が参内し、二人は対面した
(105)『菊と葵のものがたり』から
(106)『昭憲皇太后・貞明皇后』三二〇頁から引用

第十二章　夜明け前

百四十二

昭和二十（一九四五）年の初秋――。風そよぐ長野県の避暑地、軽井沢の木立《こだち》の中を、貞明皇后が野草を摘みながら歩いている。

ミツバ、ヨメナ、クズ、ハギ、乳茸《ちたけ》、ヤマボウシ……。

摘んだ野草は翌日の食卓にのぼる。実妹の大谷紝子《きぬこ》によれば、貞明皇后は「つくし、よめな、たんぽぽなど摘草料理を好んでよく召上った様でありました。（中略）戦時中には食べられる草は何んでも召上ったさうであります」という。(1)

終戦から一カ月、空襲におびえることはなくなったが、食糧事情は極端に悪く、宮中でも十分には確保できないでいた。

だが、貞明皇后はたくましかった。八月二十日に軽井沢に移居するや、借り上げた宿所の

庭に野菜などの種をまき、自ら山野を歩き回って食べられる野草、きのこ、木の実などを採した。(2)

九月十四日と十月十三日には、東京帝国大学助教授の原寛から軽井沢に生育する植物について進講を受け、一緒に周辺を散策して野草を採取している。原は、のちに昭和天皇の生物学研究の相談役を務める植物学者だ。貞明皇后は散策中も熱心に質問をし、帰邸が遅くなって提灯《ちょうちん》の迎えがきたほどだった。(3)

当時の暮らしぶりを、侍医の山川一郎がこう書いている。

「大宮様は晴天の日は、午後は大概、裏山へお登りになったり、急坂もお元気で登攀《とうはん》なさるので、扈従《こしょう》の者も聊《いささ》か閉口する位で、しかも遠く見晴らし台までのことも時々あった。山には乳茸や、その他の茸類、木の実などの変わったものが多く、お興味もあられたので、百日のご滞在中、裏山へ二十数回、その他、押立山や、離山へも行啓になった(4)」

ところで貞明皇后は、食用の野草だけを探していたのではない。珍しい植物を見つけると根からとって鉢植えにし、皇居へ送った。

昭和天皇を慰めるためである。

当時の昭和天皇は、苦悩の絶頂だったといっていい。八月三十日に連合国最高司令官のダグラス・マッカーサーが来日し、GHQ（連合国最高司令官総司令部）による占領統治が始まったからだ。

終戦後、東久邇宮稔彦《なるひこ》王が皇族で初めて首相となり、先手を打って陸海軍の武装解除を進めるなどポツダム宣言の履行に努めたが、GHQは予想以上に急進的だった。十月四日に(一)治安維持法などの廃止(二)政治犯などの即時釈放(三)特別高等警察などの解体(四)内相や警視総監らの罷免――を指令。努力が無視された格好の東久邇宮内閣は総辞職に追い込まれる。(5)

そんな中、昭和天皇は九月二十七日に米大使館を訪れ、マッカーサーにこう言っている。

「私の一身は、どうなろうと構わない。私はあなたにお委《まか》せする。この上は、どうか国民が生活に困らぬよう、連合国の援助をお願いしたい(6)」

国民を飢えから救いたい一心だったのだろう。

そんな時、貞明皇后から送られてきた、たくましく生きる野草に、どれほど心が和まされたことか――。

九月二十四日、昭和天皇は《吹上御苑を御散策になり、軽井沢に御滞在中の皇太后より御贈進の野草を御移植になる(7)》。

昭和天皇は詠んだ。

夕ぐれの　さびしき庭に　草をうゑて　うれしとぞおもふ　母のめぐみを(8)

一方、それまで何度も苦難を乗り越えてきた貞明皇后は、野草以上に強靱《きょうじん》だ。八月三十一日に元外交官の武者小路公共が参邸した際、こう言った。

「武者小路、今日は昔の話はよしましょう。将来の話をしましょう」[9]

百四十三

昭和二十年の夏から秋にかけ、長野県の軽井沢に滞在していた貞明皇后は、十二月十七日に静岡県の沼津御用邸へ移転した[10]。ここで翌年十二月まで一年間、地方暮らしをすることになる。

戦争が終わったのに東京を離れて過ごす理由は、ひとつは空襲で大宮御所が全焼したからだ。地下防空壕の御文庫は狭いうえに湿気が多く、とても居住できる状況ではなかった。もうひとつ、地方移転にかかわった宮中高官らは、GHQの動きも警戒していたのではないか。

占領当初のGHQは、いわゆるA級戦犯の摘発に躍起になっていた。早くも二十年九月十一日、第一次戦犯指名として東条英機をはじめ開戦時の閣僚らに逮捕命令が発せられ、以後十二月中旬までに第二次指名として軍上層部ら、第三次として政府高官や財界有力者ら、第四次として内大臣の木戸幸一ら天皇側近も逮捕、拘禁された。

戦犯の摘発は見せしめ的な要素が強い。皇族でも伊勢神宮祭主の梨本宮守正王が戦犯に指名され、昭和天皇が《皇族の中でも（守正王は）一番戦争に関係せず、且《か》つ軍の要職にも就任なかりし》にと、嘆いたほどである。[11]

ことにGHQは神道が軍国主義的イデオロギーに結びついているとし、公的施設における神道教育、神道儀式、神棚設置を禁止するなど、目の敵にしていた。となれば敬神の念が強く、戦時中に陸海軍将官らがしばしば訪れていた貞明皇后が狙われてもおかしくない。

事実、貞明皇后と親交の深かった華族女学校時代の後輩、関屋衣子は二十年十月、夫で元宮内次官の関屋貞三郎とともに米大使館への出頭を求められ、貞明皇后について聴取されている。衣子が、貞明皇后が戦時中に語った平和思想などを証言すると、GHQ側は驚いた様子だったという。

衣子は語る。

「アメリカでは元来貞明皇后を神ながらの道の信奉者であり、日本の超国家主義の有力な支援者だと目してをり、そのために皇居の方は遠慮したが、大宮御所の爆撃は殊更これを行つた様な次第だつたのです」[12]

かりに貞明皇后がGHQから直接聴取を受けるようなことになれば、皇室全体の基盤を揺るがしかねない。宮中としてはこの時期、気丈な貞明皇后が東京にいて、その存在が目立つようなことは避けたかったはずだ。

一方、貞明皇后はGHQなどどこ吹く風である。沼津に移転後も、市内の女学校の授業を参観したり、工場などを視察したり、海外引き揚げ者や戦災者らを慰問したりと、戦前よりもむしろ積極的に活動する様子が『貞明皇后実録』からうかがえる。

侍医の山川一郎によれば沼津滞在中、「一般大衆に直接お接触がお出来になり、却《かえ》って自然であるように思《おぼ》し召して、寧《むし》ろお喜びであられた」[13]。

皇太后宮大夫の坊城俊良も、こんなエピソードを書き残している。

ある日のこと、貞明皇后が女官や侍医らとともに御用邸近くの松林を散策していると、歓声を上げて走りながら遊ぶ子供たちの一群と出くわした。子供たちは貞明皇后に気付き、「半ば警戒するように、半ば好奇心にかり立てられ」近づいてきた。

裸足《はだし》の子もいれば、鼻水をたらしたままの子もいる……。

一番近くにやってきた子の頭をそっと撫《な》でながら、貞明皇后は言った。

「あなたがたはどんな唱歌をならつているの。おばあちゃんにきかせてもらいましようか」[14]

そのときの貞明皇后は「いとも御満足そうに拝された」。元気な子供たちに、日本の未来を重ねていたのかもしれない。

百四十四

昭和天皇の御製《ぎょせい》のうち、代表作の一つとしてしばしば引用される和歌が詠まれたのは、昭和二十一年一月の歌会始だ。

ふりつもる　み雪にたへて　いろかへぬ　松そを、しき　人もかくあれ[15]

同じ歌会始で、貞明皇后はこう詠んでいる。

よのちりをしつめてふりし　しら雪を　かさしてたてる　松のけたかさ(16)

昭和初期にはベクトルが異なり、それが和歌にもあらわれていた二人だが、敗戦という未曽有の国難に直面したいま、思いは一つだったようである。

この年の日本は、実情にそぐわないGHQの改革指令もあり、社会のあらゆる面で混乱が生じていた。

皇室に関わる問題でいえば、天皇を「象徴」とするGHQ製の新憲法案が三月に押しつけられ、国会審議をへて十一月に公布される。前年に合法化された共産党が激烈な反皇室運動を展開し、マスコミが急速に左傾化したことも混乱に輪をかけた。

五月十九日には皇居前広場で「飯米獲得人民大会」が行われ、共産党員が「朕はタラフク食ってるぞ　ナンジ人民　飢えて死ね」のプラカードを掲げて群衆をあおる騒動もあった。

終戦直後の外相、重光葵《まもる》が手記に書く。

「(共産党員は)直ちに反政府及び天皇制反対の共産宣伝示威運動に加わった。占領軍は、天皇制に対する国民の批判を奨励し、数多《あまた》の新聞紙及び放送局は、共産党の実勢力に帰した……」(17)

こうした中、昭和天皇は自ら全国各地を回り、国民を直接励まそうとする。二十一年二月から始まった地方巡幸で、沖縄を除く各都道府県を八年がかりで訪問。移動距離は三万三千キロに及ぶ(18)。そこで被災地域や復興状況を視察し、気さくに声をかけて回ったのだ。

共同宿舎の戦災者に「冬は寒くないか」。

復員軍人に「ご苦労だつたね」。

引き揚げ者に「よく帰つて来て呉《く》れたね」。

子供たちにも「父母は無事でしたか」……。

各地の国民が熱狂して迎えたのは言うまでもない。万余の群衆に囲まれて車列が立ち往生したことも一度や二度ではなかった。行く先々で奉迎者が泣きながら万歳を絶叫し、宿泊所では提灯行列が途切れることなく続いた。ときには昭和天皇の列車を見送る群衆が「停車場構内はおろか、線路の上にまで飛び出して、列車の後を慕《した》つて追ひかけて来た」と、侍従長の大金益次郎が書き残している(19)。

そんな昭和天皇が香淳皇后とともに、沼津御用邸を訪れたのは六月十七日である。静岡県の戦災者らを慰問する行幸の途中で、三人で昼食をとった後、昭和天皇は視察先へ向かったが、香淳皇后はとどまって御用邸に一泊した。

おそらく、貞明皇后を慰めようとしたのだろう。実は二カ月余り前の四月五日、生母の野間幾子が死去したからだ。数え九十八歳の大往生。貞明皇后はしばらく外出をひかえ、別れを悼んでいた。

皇后と皇太后が一つ屋根の下で一夜を過ごすのは異例のことだ。二人は夜遅くまで語り合い、翌日は御用邸裏の海岸を散策するなどした[20]。

夕方、二人は一緒に沼津駅へ行き、視察を終えた昭和天皇を迎える。このとき昭和天皇は、ホームに降りると貞明皇后の手をとって列車内に招き入れ、三人でしばし歓談した。

その様子は母への愛情にあふれ、皇太后宮大夫の坊城俊良によれば「(集まっていた)群衆はみな感激して万歳を唱へ、君ケ代を唱和した[21]」。

しかし、貞明皇后はわが子に、周囲には漏らせぬ苦悩を感じ取ったはずだ。

昭和天皇は当時、各宮家の処遇について重大な決断を迫られていたのである。

百四十五

戦前、皇族に複雑な問題が起きると、しばしば調停に乗り出したのが貞明皇后だった。昭和十年頃、朝香宮に女性問題が起きたときも、内大臣秘書官長だった木戸幸一から報告を受けた貞明皇后は朝香宮を沼津御用邸に呼んで諄々《じゅんじゅん》と諭し、解決に一役買っている。木戸の日記によれば「大宮様は玄人《くろうと》の経緯も御承知にて、御心配の結果、沼津にて相当突込みて御話ありし御様子」だった[22]。

その影響力は戦後も健在だ。侍従の入江相政がこう述懐する。

「大宮様の御威厳は大へんなものでした。例へば戦後のことですが、旧皇族が参内して三陛下に拝賀する場合など、どうも出御の間際までざわ〳〵と喧《やかま》しいものなのですが、大宮様のお姿がみえると忽《たちま》ち静粛になるといふ有様で……」[23]

そんな貞明皇后のもとに宮内次官の加藤進が訪れたのは、二十一年六月二日である。加藤はこのとき、皇族の将来に関する今後の方針について「大宮様の御意向をたしかめ、且《か》つ御覚悟を願ふつもり」だった。[24]

翌年五月の新憲法施行にあわせ、皇室財産はすべて国に帰属し、皇室予算も国会の議決が必要となる。当時は十四の宮家があったが、とても維持できず、直宮家の秩父宮、高松宮、三笠宮をのぞく十一宮家の皇籍を離脱させるしかなかった。

しかし、ことはあまりに重大だ。加藤が言い出しかねていると、貞明皇后の方から聞いてきた。

「皇室はどうなるか、皇族方の将来はどうか、遠慮なく申せよ」

加藤は、GHQによる皇室への締め付けが厳しく、「御直宮への経済援助は停止せよ」とまで要求されている内情を打ち明けた上で、直宮家を存続させるためにもほかの宮家の維持は難しいと説明した。

「この際率直に申し上げれば、宮家でも世情をよく御洞察下さいまして、進んで臣籍へ降下されるのが宜《よろ》しいのではないかと存じます」

貞明皇后は静かに耳を傾けていた。この方針に至るまでの、昭和天皇の苦悩に思いを馳《は》せていたのだろう。

やがて言った。

「よく解《わか》りました。つまり御一新前に帰つたと思へばよいのですね」[25]

宮家のうち多くは幕末以降に新設されたものだ。明治期には皇統の維持が危ぶまれたが、貞明皇后が四人の男子を産み、香淳皇后も二人の男子をもうけたので、当面は安泰である。

すべての宮家の維持に固執すれば、GHQがさらに過酷な条件を持ち出しかねず、あえて前向きな見解を示すことで、昭和天皇の苦悩を和らげたかったのではないか。[26]

貞明皇后の同意を得て加藤は安堵し、東京へ戻った。その帰りを皇居で待っていたのは、香淳皇后である。

「大宮さまはなんと仰せられましたか。大宮さまのお言葉の通りを、そのまま聞かせてほしい」

加藤が報告したところ、「それを伺って安心しました」と、胸をなで下ろしたという。[27]

貞明皇后は、臣籍降下を了承しただけではない。説得にも努めたようだ。加藤はのちに、「大宮様からもきつと宮様方へお諭しやお励ましがあつたものと思はれます」と話している。[28]

二十一年十一月二十九日、昭和天皇は《表拝謁の間に直宮を除く皇族十九方をお召しになり、皇室典範の改正に伴い、翌年以降、直宮を除き臣籍降下のやむを得ざる事態につき御説明になる。ついで皇后も出御の後、茶菓を共にされ御談話になる》。[29]

それからおよそ七十五年、早くも皇統の維持が議論になろうとは、このとき誰も予想していなかっただろう。

百四十六

終戦から一年四カ月余り、東京の師走の空は、カラリと晴れていた。

昭和二十一年十二月十九日《今般大宮御所の再建完成せるを以《もつ》て、（貞明皇后は）一年余に亘《わた》る沼津御滞在を終へさせられて帰京したまふ》(30)

空襲で全焼した大宮御所の再建工事は前年九月に着工し、高松宮邸の一部などを移築してつくられたが、住居部分のほかはバラック建てで、以前の御所よりさらに手狭だった。(31)

それでも、戦時中の地下防空壕に比べれば雲泥の住み心地である。貞明皇后が新居を喜んだのは言うまでもない。

帰京するや、御所はたちまち多くの訪問者らでにぎわうようになる。

十二月二十一日《雍仁《やすひと》親王妃勢津子《せつこ》参殿せるにより晩餐《ばんさん》を会食あらせらる》

二十三日《（久邇宮《くにのみや》）朝宏《あさひろ》王、其《そ》の母朝融《あさあきら》王妃知子女王に伴はれ生誕後始めて参殿せるにより御対面あり》

二十五日《大正天皇二十年式年祭に付、御機嫌奉伺の為参殿せる雍仁親王妃勢津子始め各皇族に御対面あり、又元大膳頭子爵黒田長敬其の他に謁を賜ふ》

二十七日《天皇皇后の行幸啓を迎へたまひ、御対面の後、午餐《ごさん》を会食あらせらる》

二十九日《皇太子明仁親王並《ならび》に和子・厚子・貴子三内親王参殿せるにより午餐を倶《とも》にしたまふ。又夕刻参殿せる宣仁《のぶひと》・崇仁《たかひと》両親王と晩餐を会食あらせらる》(32)

ところで十年十一月に第二皇男子の正仁親王（常陸宮さま）がお生まれになった後、十四年三月に第五皇女子の貴子内親王が誕生。三笠宮家にも第一女子の甯子《やすこ》内親王（十九年四月）、第一男子の寛仁《ともひと》親王（二十一年一月）が生まれ、貞明皇后の孫は男子三人、女子六人に増えていた。(33)

帰京後に目立つのは、こうした孫たちとのふれ合いだ。

二十二年一月五日には皇居の吹上御文庫で昭和天皇、香淳皇后と新年の祝膳を囲み、《和子・厚子・貴子三内親王も同席にて御団欒《だんらん》あり》(34)。同年五月十日は内親王たちが暮らす「呉竹寮」に初めて行き、《和子・厚子・貴子三内親王に御対面の後、其の居室を始め各室を巡覧》した(35)。

呉竹寮は昭和七年に皇居の旧本丸跡地に建てられた修学所で、来客用の玄関もないほど質素なつくりだった。貞明皇后はこれに不満で、戦前は「いくら質素にとは言っても、天皇の御子の邸に玄関のないといふ法はない、車寄もない処《ところ》には行かぬ」と足を向けなかったが(36)、東京が焼け野原になってからは、そんなこだわりはなかったようだ。

あるいはこだわりを捨ててまでも、孫たちに会いたかったのかもしれない。

そのふれ合いは、どんな様子だっただろう。

近衛甯子さん（甯子内親王）は平成になってからのインタビューに、幼い頃の思い出として「おままごとなんかをご一緒に遊んでいただいた」と話している。「おばば様、おばば様」と呼んで甘え、母の百合子さまによれば貞明皇后もかわいがって、ときにはこんなことも言った。

「ばばがありったけのいたずらを教えて差し上げましょう」[37]

一方、天皇家の親王と内親王には立場上、それほどくだけた接し方はしなかったようである。

とはいえかわいいことに変わりはない。『貞明皇后実録』の記述からも、天皇家の子供たちと頻繁に行き来している様子がうかがえる。当時十三歳の明仁皇太子や十一歳の正仁親王と一緒に野原を散策し、栗拾いを楽しんだりもした。

気丈な大宮様も、孫たちの前では優しい〝おばば様〟だったのだ。

百四十七

「(貞明)皇后の御人格が円熟し、特に御立派に拝せられたのは終戦後の時期でありませう」

こう語るのは、長年にわたり侍医を務めた山川一郎である。

「貞明皇后の御生涯を通観申上げれば、お若い頃は御聡明《そうめい》であり、又御気性も勝つてをられただけに神経質であつて、側近の者も時にはこはくてしやうがないといふ程でありましたが、次第に御修養を重ねられた結果は御歳と共に円熟されて御立派となり、まことによい御婆さまになられたといふことが出来ませう(38)」

すでに書いたように、貞明皇后の威厳は戦後も健在だ。しかし、戦前に比べて丸みを帯び、拝謁者らの心をしなやかに揺さぶるようになった——とする側近らの証言は少なくない。

例えば古くからの女官、吉田鞆子は「大正時代には侍従なども畏懼《いく》して時には『女帝様のやうだ』などとお噂する者さへあつたさうであります」と打ち明けるが、戦後に侍従長を務めた大金益次郎は「大宮様は決して六ケ敷《むつかし》いお方でも、表裏ある言葉を使ふお方でも(39)」なかったといい、「卑近な言葉で甚だ相済まないが、一箇の親切な伯母さん」と評している。

このため戦前のイメージを抱いたまま身を硬くして拝謁すると、驚くほど温和で、ついつい話が長引いてしまう。

皇太后宮大夫の坊城俊良が言う。

「話術にもなか〳〵長《た》けてをられ、拝謁など十五分、三十分の予定のものが一時間に及ぶことも度々ありました。相手の話を御聞きになるのも御上手でしたが、御話になることも至つて御上手で、老人には老人向き、若い人には若い人に向くやうに適切な御話をなさつたものです(40)」

女官をはじめ職員への心遣いも細やかで、「戦後は皆の者が食糧に困つてゐる際だからと仰せられて、表の小使に至るまで全職員に対して御膳の御品を取分けて賜はりました(41)」。

そんな大宮様のもとには、昭和二十二年五月三日の日本国憲法施行で廃止された華族や臣籍降下する皇族、王公族も多数訪れている。元韓国皇太子の李垠《りぎん》、その妻の方子《まさこ》、かつて皇族随一の美女といわれた梨本伊都子《いつこ》……。元満洲国皇帝の溥儀《ふぎ》の弟、溥傑《ふけつ》に嫁いだ嵯峨浩《さがひろ》も満洲国崩壊により帰国し、大宮御所をたずねてきた。

話は遡《さかのぼ》るが、日中戦争時の首相で華族のエースだった近衛文麿も、A級戦犯に指名されて自決する半月前の二十年十二月一日、当時軽井沢に滞在していた貞明皇后に拝謁を求め、昼食をともにしている[42]。

時代に翻弄される皇族、華族に貞明皇后は、どんな言葉をかけただろう。

二十二年十月十三日、現行の皇室典範に基づく初の皇室会議が開かれ、秩父宮、高松宮、三笠宮をのぞく十一宮家五十一人の皇籍離脱が正式に決定。このうち三十三人が十八日に参内して昭和天皇と香淳皇后に拝謁し、貞明皇后にも会いに行った。

以後、旧皇族は親睦会をつくり、年に二回ほど宮中で集まるようになる。その場には貞明皇后もいて「元宮様の席へご自分からいらしてお慰めのお言葉を掛けられたり、お話をお聞きになったりして励まされ」たと、三笠宮妃の百合子さまが話されている[43]。

ところで貞明皇后は、戦後しばらく公的活動から離れていたが、同年九月二日に財団法人大日本蚕糸会の総裁に就任。翌年二月二十七日には総裁として初めて横浜市の繊維工業試験所を視察し、《爾後屢々《じごしばしば》同総裁の御資格を以《もっ》て諸所に行啓あらせられたり》[44]。

貞明皇后の戦後の大活躍が始まるのは、この時からである。

百四十八

大国民のたづき安けく　なるときを　ひとり待ちつゝ、蚕がひいそしむ

大日本蚕糸会に下賜された、貞明皇后の和歌である。(45)

明治以降、日本の輸出産業の大黒柱だった養蚕業は、戦争により大打撃を受けた。輸出がストップした上、農家は食糧生産に追われ、繭《まゆ》の生産が激減したのだ。

こうした中、養蚕業の再興に向けた精神的支柱として、大日本蚕糸会の総裁に貞明皇后の就任を求める声が上がったのは、昭和二十二年の春頃である。もっとも実務を担わせるのは畏《おそ》れ多いため、役員らは協議の末、当初は名誉総裁という肩書で、いわば名前だけ借りようとした。

それを聞いた貞明皇后は言った。

「わたくしは飾り物にはなりたくないから、名義だけの名誉総裁はお断わりしますよ」(46)

役員らは慌てた。が、むしろ願ってもないことである。協議をやり直し、それではぜひ、実務を伴う総裁にと改めて要請。九月二日、名実ともに最高位の総裁が誕生する。(47)

大日本蚕糸会は明治二十五年に発足した養蚕業界の全国組織。昭和十七年に財団法人となり、公益を図ってきたとはいえ、民間団体の総裁に「陛下」の尊称がつく皇族が就任するの

は異例中の異例だ。しかし、貞明皇后は本気だった。長年続けてきた養蚕への愛着に加え、戦争により破壊された経済の立て直しに、できることは何でもしたいという思いがあったのだろう。

その意気込みは、二十二年十月二十七日に蚕糸会の会頭を呼んで伝えた、関係者へのメッセージにあらわれている。

——明治このかた蚕糸絹物がもつとも大切な貿易品として、わが国経済の発展につくした力はまことに大きいものでした。

わが国は今、非常な苦しみの中にありますが、この苦しみに打ちかつて新らしい日本を建設するには、どうしても経済の発展にまたなければならないと考えます。

従つて蚕糸絹物の生産にたずさわる人たちは責任のいよいよ重いことをさとり、お互に心をあわせ助け合つて、科学の応用と経営の刷新とに工夫をこらし、いよいよ製品の声価を高めることに一だんと努力される様望んでやみません——(48)

以後、貞明皇后は総裁として、精力的に活動する。蚕糸会役員らをしばしば呼んで養蚕業の現状や輸出状況をたずね、あるいは功労者を表彰し、激励のメッセージを発するなどした。中でも特筆すべきは関東、甲信、東北などの農村に足を踏み入れ、生産者らを直接励まして回ったことだ。

二十三年二月二十七日に横浜市の繊維工業試験所を視察したのをはじめとして、主な巡啓

先は以下に上る。(49)

六月三〜七日　埼玉県飯能町・大家村・山田村・南吉見村・小川町・野上町・秩父町・横瀬村・熊谷市、群馬県尾島町・島村・木瀬村・南橘村・八幡村・富岡町・岩野谷村・総社町・駒寄村・伊勢崎市・桐生市など

九月十四〜十七日　山梨県加納岩町・日下部町・日川村・祝村・浅間村・甲運村・上野村・住吉村・敷島町・龍王村・塩崎村・甲府市など

二十四年五月十二〜十三日　山梨県谷村町・東桂村・吉田町・小立村・鳴沢村など

六月十四〜二十日　長野県諏訪市・岡谷市・西春近村・上片桐村・鼎村・松尾村・赤穂町・松本市・有明村・七貴村・須坂町・長野市・上田市・県村・小諸町・埴生町・中津村・篠ノ井町など

二十五年六月九〜十六日　福島県郡山市・小泉村・高野村・和木沢村・二本松町・油井村・伊達崎村・粟野村・梁川町・福島市、山形県米沢市・屋代村・蚕桑村・大塚村・長井村・山形市・大郷村・寒河江町・西郷村・楯岡町・広瀬村・鶴岡市・温海町など

十月四〜九日　岩手県舞川村・薄衣村・一関市・衣川村・水沢町・岩谷堂町・稲瀬村、宮城県片平町・松島町・仙台市など

このほか、沼津御用邸のある静岡県内や東京近郊の関連施設に足しげく訪れ、養蚕関係者だけでなく戦災者、引き揚げ者らとも親しくふれ合う様子が『貞明皇后実録』に記されている。

皇室と国民の絆を強める貞明皇后の地方巡啓――。それは、昭和天皇の願いでもあった。

百四十九

大粒の雨が降る福島県の農村。車から降りた貞明皇后が、裾が泥まみれになるのもいとわず、養蚕農家を訪ねて歩く。到着を待っていた多数の奉迎者に「あいにくこんな雨になって大変でしたね」と声をかけ、その中に八十歳を超えた老女がいるのに気づくと――

「お年はお幾つ、雨にぬれると大変だから傘をさしてください」(50)

ある農家の蚕室で、丸々と太った蚕を手にとり、当主に飼育状況などをたずねる。和やかな問いかけに、コチコチに緊張していた当主の口元も緩んだ。

「蚕室に出たネズミをどうして防ぎますか」

「ネコさ飼つていますだ。一匹では足りねえから二匹飼つてる」(51)

うっかり方言まで出てしまうほど打ち解けた雰囲気。貞明皇后は明るく笑い、当主は照れ隠しに頭をかいた――。

昭和二十五年六月、大日本蚕糸会の総裁として、福島県と山形県を巡啓したときの一コマだ。国民とふれ合おうとする貞明皇后の真摯《しんし》な姿勢が、農村に染み込んでいく様子がうかがえる。

終戦後、それまでの皇室の垣根を越え、食糧難やインフレに苦しむ国民を直接励まそうと最初に行動したのは、昭和天皇だった。二十一年二月から全国各県を回る地方巡幸を開始。戦災者らに親しく声をかけ、行く先々で国民の熱狂的な奉迎を受けたことは既述の通りだ。ところが二十三年、地方巡幸は中断に追い込まれる。昭和天皇の権威強化を恐れたGHQの民政局が、ときの芦田均政権に圧力をかけたのだ。[52]再開するのは吉田茂政権の二十四年五月以降である。

その間、昭和天皇にかわって皇室と国民の絆を強めたのが、貞明皇后の巡啓だったといえよう。

ふれ合いの様子は、大日本蚕糸会が刊行した伝記『貞明皇后』に詳しい。例えば二十三年六月六日に群馬県を視察した時の、一日の行動を追ってみると――

午前九時、伊香保町の宿所を出発。八幡村に立ち寄り、農家の蚕室で老齢の当主に「からだに気をつけて精出して下さい」と声をかける。

十時四十五分、片倉工業富岡製糸所（現富岡製糸場）を視察。作業の各工程を巡覧し、廊下の組合掲示板に「われらの御祖母様・皇太后陛下が、六日にお出でになるのを、心からお迎えしましょう」と書かれているのをみて目を細める。

午後一時、全従業員の歓呼に送られて製糸所をあとにし、富岡町から岩野谷村へ。農家の蚕室に入り、そこにいた四歳の女児に「おりこうですね」と頭をなでる。

二時過ぎ、総社町の群馬県蚕業試験場総社支場に到着。試験場長に病虫害などについて熱心にたずねる。

三時過ぎ、駒寄村の農家四軒を歩いて回り、養蚕状況をみる。

五時三十分、伊香保町の宿所に帰着──(53)。

もうすぐ六十四歳になろうかという年齢を考えると、驚くほど行動的だ。しかも貞明皇后は、ふだんは皇族が行かないような山村にも分け入っている。何時間も悪路を車に揺られ、土砂降りの泥道を歩くこともあったが、嫌な顔ひとつしなかった。

各地で歓喜の渦が巻き起こったのは言うまでもない。沿道の群衆は重なり合って人垣をつくり、感極まった高齢者が泣き出したり、幼児が回らぬ舌で「バンザイ」を唱えたりした。すると貞明皇后が笑顔で近づき、声をかけたり、頭をなでたりする……。ある村で行われた歓迎の桑摘み競技に、飛び入りで参加したこともあった(54)。

貞明皇后は、国民との交流を心から楽しんでいたのだ。

百五十

昭和二十三年六月三日の朝、東京都東村山町のハンセン病施設「多磨全生園」に、宮中から電話がかかってきた。

「皇太后陛下が本日、埼玉県へ行啓なさいますが、思し召しで車列の巡路を変更し、貴園の前を通過いたします……」

さあ大変だ。予定時間を聞けばあと幾ばくもない。電話を受けた事務員は懸命に自転車をこいで園内にふれ回った。

長年、ハンセン病患者の救援に心を砕いてきた貞明皇后を、ひとめ見たいというのは患者全員の悲願である。入所者の手記によれば「みんな取るものもとりあえず、朝の食事は中途で止めて駈《か》けつけるものもあり、松葉杖や手押車で門前に集まって来る人もありました[55]」。屋外に出た入所者らが列を整えて間もなく、MP（米軍警察）のジープと警視庁のオートバイが徐行して通り過ぎ、その後ろを走っていた黒塗りの車が、正門前でぴたりと停車した。入所者らはびっくりした。そのまま通過すると思っていたからだ。園長が駆け寄ると、車窓がするすると下がり、その奥に、新聞などにしばしば写真が載る、貞明皇后その人がいた。

続きは入所者の手記に譲る。

――それから皇太后様は中腰に御立ちになり、車窓からお顔をお出しになつて、私共に御会釈を賜りました。私共があわて、敬礼を御返しすると、皇太后様は明るくおうなづきになり、優しく御微笑をたゝえて、私共をじつと御覧になりました。

その間は二分か、三分おそらく五分とはかゝらなかつたでしよう。お車はしづかに進行しました。

突然、せきを切つて落したような感動のすゝり泣きが私共の間から起りました。この一瞬こそ、まことに、生涯忘れ得ぬ感激の一ときでした――[56]

同園に限らず、貞明皇后は養蚕業奨励で地方巡啓を続ける傍ら、ハンセン病患者への救援活動を忘れなかった。二十五年十月に岩手・宮城両県を巡啓した際も、《（視察先に向かう）

御途次石越駅付近に於て奉送の国立癩《らい》療養所東北新生園の職員及び患者に車中より御会釈を賜ひ、又小牛田駅に御停車の節、同園所長上川豊に御言葉を賜ふ》と『貞明皇后実録』にある。(57)

このほか貞明皇后の地方巡啓は、さまざまな目的を兼ねていた。国民への激励、戦災者らへの慰問、地域経済の活性化、郷土文化の奨励……。

加えて貞明皇后自身も、戦前にはできなかったことを経験したようだ。東北巡啓では初めて一般客用の温泉旅館に泊まり、帰京後、「今迄《まで》こんなに愉快なことはなかつた」と語っている。(58)

二十三年十月十九日に東京都杉並区の農林省蚕糸試験場を視察した時には、予定より早く大宮御所を出発し、懐かしの旧家にも立ち寄った。

貞明皇后が里子に出されて幼少期を過ごした、高円寺の大河原家だ。

貞明皇后を育てた乳母のてい、夫の金蔵はすでに亡く、家族一同が見守る中、その仏壇に静かに手をあわせる。二人の写真をみせられて「（撮影時の）爺《じい》、乳母《ばあ》は若い様ですね」と感慨にふけり、数え三歳の同家の幼児がぐずり出すと、「ビックリしたのね、ビックリしたのね」といってあやした。(59)

敗戦という国難にもめげない、数々のふれ合い――。

この頃の貞明皇后は、戦前よりもはるかに活動的だった。六十代の半ばにさしかかりながら、各地を飛び回っている。

しかし、行啓の過密スケジュールなどが健康に、負担をかけていたことを、周囲も本人もほとんど気づかなかった。

百五十一

侍医の山川一郎が貞明皇后の健康状態に不安を感じたのは、昭和二十四年十二月五日である。この日、貞明皇后を拝診したところ、下腿《かたい》(膝から下)にやや顕著なむくみがみられたからだ。(60)

貞明皇后には動脈硬化と心臓肥大のきらいがあった。加えて山川が食生活を調べてみると、少食のうえタンパク質と脂肪の摂取量が少ない。

山川によれば貞明皇后は、「御生母の浄操院（野間幾子）が少食で長寿を保たれたので、長寿者は少食であるといふ御考へ」が強かったらしく、「せめて鶏卵の半熟でも召上つていたゞくやうにと御願ひしたのでしたが、なかなか御用ひにならなかつた」という。(61)

夜ふかしもひどかった。翌日の拝謁者らに与えたり、行啓先で配ったりする贈り物を、夜遅くまで自ら準備していたのだ。拝謁者らの趣味は何か、子供は何人いるかなどを調べた上で丹念に選ぶので、未明の一時過ぎまで起きていることも少なくなかった。(62)

加えて地方巡啓での過密スケジュールである。貞明皇后は足のむくみも気にせず山村を歩き回り、感激した奉迎者が君が代の斉唱で車列を見送ろうとすると、車に乗り込むのをやめ、雨中で起立したまま聞くこともあった。

そうした積み重ねが、高齢に達しつつあった貞明皇后の健康に負担をかけていたのだ。山川ら侍医は食生活に注意するとともに、過度の運動は「お控えを願うべき」と考えるようになる[63]。

ただ、足のむくみは翌年三月に解消されたため、健康管理体制を抜本的に見直すまでには至らなかった。それがのちに、侍医らにとって痛恨の極みとなる。

ところで貞明皇后はこの頃、地方巡啓のほかにも国民とのふれ合いを楽しんでいる。中でも心を弾ませたのは、清掃などのボランティアで全国各地から大宮御所に訪れる、勤労奉仕団との交流だ。

勤労奉仕団がはじめて参殿したのは二十二年二月二十七日。『貞明皇后実録』にはこう書かれている。

《石川県町野町の女子有志二十名、勤労奉仕として御所の焼跡整理等の為参入せるを以て、午後御散策の折之を御覧あらせらる。尚此《なおこ》の後も屡々《しばしば》勤労奉仕作業を御覧の上、奉仕者に御会釈を賜ひしが、更に後には御庭先の早涼門外に於て御会釈並に御言葉を賜ふを例とせられたり[64]》

奉仕団がくる前日も、貞明皇后は夜ふかしをした[65]。地図に鉛筆で印をつけながら、団員たちの郷里の地理、歴史、特産品などを調べておくのだ。当日に庭先で歓談する際、どうして皇太后陛下が自分たちのことをよくご存じなのかと、誰もが感激したのは言うまでもない。

そんなとき貞明皇后は、いつもモンペ姿だった。庭の清掃や除草などに汗をかく団員たちと、心は一緒なのだと示したかったのだろう。真冬の寒い日も軽装で、女官が襟巻きを勧めると、こう言った。

「遠方からわざわざ来てくれてゐるものに会ふのに寒いからといつて襟巻きなどは出来ません」(66)

戦後になってより直接的となった国民との交流を、心から喜んでいた様子がうかがわれる。

ただ、戦後に急変した世情のすべてに肯定的だったわけではあるまい。昭和二十年代前半、GHQによって米国の価値観や制度が次々に押しつけられ、皇室にかかわることでは神道儀式が制限されたり、いわゆる「人間宣言」が昭和天皇の意図しない形で喧伝《けんでん》されたりもした。(67)

それを貞明皇后は、どう考えていただろう。

百五十二

昭和二十三年十月十八日、貞明皇后は大宮御所に、ひとりの米国人女性を迎えた。

二年前から明仁皇太子（上皇さま）の家庭教師を務めている、エリザベス・グレイ・ヴァイニングである。

ヴァイニングにとって貞明皇后に謁見することは、「永い間待ち望んでいたありがたい機会」だった。帰米後に執筆してベストセラーとなった『皇太子の窓』に、こう書いている。「日本に永年住んだことのある者で、皇太后陛下の御性格の力と影響、あらゆる人々が皇太后陛下に対していだいている敬愛の念に気づかぬ者はあるまい」

ヴァイニングによれば、この日の歓談の主な内容は「お孫さん方のこと、特に皇太子殿下のこと」であり、「終始話をリードなさったのは皇太后陛下であった。ひとをそらさぬ御態度といきいきした低いお声とで、陛下はいろんなことをおたずねになり、新しい話題を持ち出されるのだった」という。(68)

ひと息ついたところで女官が茶菓を運んできた。上質の緑茶と、栗の入った和菓子、富士山が描かれた羊羹《ようかん》である。

茶菓のあと、貞明皇后が御所の調度品などを見せて回る。床の間の掛け軸、金漆《きんしつ》の置物、京都御所時代の工匠がつくった漆塗りの琵琶、四季折々の花々が刺繍《ししゆう》された着物……。

ヴァイニングといえば、学習院中等科の英語の授業で明仁皇太子に「ジミー」のニックネームをつけたことでも知られる。それに対し貞明皇后は、徹底して「和」でもてなした。むろん、事前に相手の性格などを調べ、心をつかむことにも余念がない。ヴァイニングは貞明皇后の印象について、十九世紀に大英帝国を躍進させた「ヴィクトリア女皇のことを想《おも》いださずにはおられなかった」と書いている。(69)

右の様子からも分かるように、貞明皇后は敗戦後も日本の文化、伝統に揺るぎない誇りを持ち、宮中の慣習を維持しようとした。空襲で先例に関する記録が焼失し、儀式などをどう進めたらいいか、事務方が頭を抱えることもあったが、皇太后宮大夫の坊城俊良によれば「最後には（貞明）皇后に御尋ね申上げて幾回となく教へていただいた」[70]。

戦後にモンペをはき続けた理由のひとつも、急速に変貌する社会風潮や価値観への反骨であったようだ。あるとき御用掛の山中貞子に、こう言った。

「敗戦だといふ世の中に若い者も年寄りも随分派手な服装をしてゐるのは、誠に恥づべきこと、思ふ。私は戦争中のつゝましやかな気分を忘れたくないから之を改めないで着てゐる」[71]

そんな貞明皇后が何より待ち望んだのは、日本の主権回復である。

一九五〇（昭和二十五）年六月に朝鮮戦争が勃発すると、アメリカは日本を無力化させるそれまでの占領政策を百八十度転換。のちに自衛隊となる警察予備隊が設置され、二十六年一月からは首相の吉田茂と米国務省顧問ダレスとの間で、主権回復に向けた講和条約交渉が本格化した。

占領軍の去る日が、いよいよ近づいてきたのだ。

生涯に一万三千首以上の和歌を詠んだ貞明皇后の、最高傑作の一首ともいわれる和歌が詠まれたのも、二十六年一月の歌会始だ。そこには、主権回復後の日本への希望が、力強く込められている。

このねぬる　朝けの空に　光あり　のぼる日かげは　まだ見えねども[72]

だが、貞明皇后が「光」をみることは、ついにできなかった……。

百五十三

ここに一葉の写真がある。

白髪の交じりはじめた昭和天皇を真ん中に、香淳皇后と貞明皇后がソファに腰をかけ、その後ろに天皇家の子供たちが並んでいる。学習院の制服姿が凛々《りり》しい明仁皇太子（上皇さま）も、正仁親王（常陸宮さま）もおられる。みんな穏やかな表情だ。ことに香淳皇后は満面の笑みである。

昭和二十四年一月二十六日、昭和天皇と香淳皇后の結婚満二十五年を祝う内宴が皇居で開かれた時の一葉だ。

その日、貞明皇后は内廷庁舎で天皇、皇后、各皇族、旧皇族、旧王公族と午餐をともにし、

《宴畢《おわ》りて午後二時十五分呉竹寮に成らせられ、和子・厚子・貴子三内親王並《ならび》に同所に参入せる皇太子明仁親王・正仁親王及び東久邇盛厚・同妻成子と茶菓を倶《とも》にしたまひ、暫《しば》し団欒《だんらん》あらせらる。尋《つ》いで三時四十分皇太子等と倶に吹上御文庫へ成らせられ、更に天皇皇后及び皇太子等と御揃《そろい》にて花蔭亭に臨ませられ、側近奉仕者の奉祝余興を覧たまふ。夫《それ》より再び御文庫に入らせられ、天皇皇后を始め皇太子並に正仁親王、和子・厚子・貴子三内親王及び盛

厚夫妻と祝饌を倶にしたまひ、暫《しばら》く御歓談……》。[73]

全五十二巻の『貞明皇后実録』に、天皇家のふれ合いがこれほど詳述されることは珍しい。最愛の孫たちに誘い出され、あっちへ行ったりこっちに来たり、すっかり〝おばば様〟な貞明皇后の、満ち足りた姿がそこにあった。

昭和二十四年から二十五年にかけての貞明皇后は、ある意味、生涯で最も充実していたといえよう。

春と秋には大日本蚕糸会の総裁として各地を飛び回り、養蚕農家らを励まして歩いた。行啓のないときも、勤労奉仕などで参殿する一般国民とのふれ合いを楽しんだ。孫たちをはじめ皇族、旧皇族ともひんぱんに交流し、公私にわたって生き生きと活動する様子が、この時期の『貞明皇后実録』に記されている。

そして迎えた二十六年、サンフランシスコ平和条約が結ばれるこの年、貞明皇后の活躍の場は、さらに広がるはずだった。それまで東日本に限られていた巡啓先が全国へ拡大し、五月下旬から六月初旬にかけて愛知、岐阜両県を視察することになっていたからだ。[74]

その巡啓をひかえた五月十日、《(大正天皇との）御成婚記念日に当るを以て、午後二時二十分内庭に出御せられ、元侍従武官長奈良武次始め（旧側近らでつくる）青山会会員五十一名に謁を賜ひ、引続き御前に於て一同に茶菓を賜ふ》。[75]

大正天皇が存命ならば、明治三十三年の結婚から五十一年となる。『貞明皇后実録』には

「茶菓」とあるが、実際には酒も振る舞われ、陪席した侍医の山川一郎によれば「天盃に顔を赤らめた老人達が、昔を語りあってなかなか賑《にぎ》やかで、まことに和気藹々《あいあい》たるものであった」(76)。

貞明皇后も、心から昔を懐かしんだ。だが一方、別の何かも感じていたようだ。

宴が終わって御座所に戻る際、「芝生を数十歩もお歩きになると、後をお振り向きになってお会釈を遊ばされ、しばらくお進みになると、また後をご覧になり、またお会釈になり、更に御座所の方へ右折の時に、またまたお会釈をなさった」と、山川が手記に書く(77)。かつてなかったことで、あとから考えればそれは、「最後のお別れ」をしているようでもあったという。

六日後の五月十六日、同僚の医師とともに貞明皇后を診察した山川は、心臓肥大と動脈硬化が改善されていないことに不安を覚える。治療が必要なほどではないが、大事をとって今後は「過度な御運動や行啓などをなるべく御避け願った方がよろしい」と、宮内庁次長に報告した(78)。

その翌日、悲劇は起きる――。

百五十四

その日――。昭和二十六年五月十七日の昼下がり、青葉の繁る大宮御所の内庭で、愛知県西尾町（現西尾市）と富山県高岡市から上京した勤労奉仕団のメンバーが、芝生にしゃがみ込んで雑草を取り除いたり、小道を掃き清めたりしている。

小雨がぱらつき、決して楽な作業ではなかったが、不満げな顔はひとつもない。清掃後には念願の、大宮様との歓談が待っているからだ。

貞明皇后もそれを楽しみにしていた。前日にまたも夜ふかしをし、地図に印をつけながら奉仕団の出身地を調べている。さあ、どんな話をしようかしらんと、胸を躍らせていたのだろう。

午後三時二十分、いつものモンペ姿に着替える。

そしていつものように、面会時間が長引くのに備えてトイレへ立つ。

そのトイレが、いつもより長かった。

やがて出てきた貞明皇后は、両手で胸を押さえ、苦痛に口元を歪めていた。

「大宮様っ！」

廊下でひかえていた女官長の清水谷英子が悲鳴を上げて駆け寄り、いまにも倒れそうな貞明皇后を肩で支え、そのまま寝室へ運んで横にならせた。

貞明皇后は胸を押さえたまま、「痛い、狭心症とはこんなのかしら」と声を震わせた。[79]

侍医寮の電話がけたたましく鳴った。侍医の小原辰三が出ると、女官の切迫した声が受話器に響いた。

「大宮様が御異状です。左の御胸が痛むと仰せられています。拝診のご用意をお願いします」

御所では「お清《きよ》」（清浄なもの）と「お次《つぎ》」（そうでないもの）の区別が厳格だ。小原はまず、手水所《ちょうず》へ行って入念に手を洗った。お清の上半身を診察するためである。(80)この時点では、緊急事態とは思っていなかった。

そこへ女官が飛び込んできて「早くっ、早くっ」とせき立てた。背中を押されるように寝室へ入った小原は、尋常でない様子に血の気が引いた。

「大宮様は胸の上にしっかり手を組んでゐられたので、女官長に引張つて貰ひましたが、（奉仕団への）御会釈前なので御服のボタンやコルセットもきちんとなさつて居り、これを取るのがなかなか大変でした。大宮様は『痛い』と一声仰せられただけで、既にお脈も感じられませんでした……」(81)

のちに小原は、宮内庁の聴取にこう話している。

内庭では、奉仕団のメンバーが作業を終えて門前に整列したところだった。皇太后宮大夫の坊城俊良も庭先に出て、貞明皇后の出御を待っていた。すると突然、廊下のガラス戸が開いて女官長の清水谷が顔を出した。

「大宮様お気分すぐれさせられず勤労奉仕団へは表より篤《とく》と御あいさついただきたい」(82)

清水谷は坊城に早口で言い、すぐに奥へ引っ込んだ。翌日の新聞報道によれば、歓談が中止になって泣き出すメンバーもいたという。

一方、御所内は混乱の極みだ。すでに貞明皇后の意識はない。侍医の小原は応急医具の置いてある薬室へ走り、その後ろから女官が「急いで下さいっ」と金切り声を上げる。湿布が貼られ、カンフル注射が打たれ、その他あらゆる救命措置が施されたが、貞明皇后が再び目を開くことはなかった[83]。

突然の発作から三十分余り。苦しんだとしても長くはなかっただろう。茫然自失の侍医や女官が見つめる先に、安らかな顔があった。

ときに午後四時十分、《(貞明皇后は)崩御あらせらる。御年実に六十八(満六十六歳)なり[84]》。

百五十五

皇居の女官長、保科武子のもとに大宮御所から急を告げる電話連絡があったのは、貞明皇后が崩御する五分前、昭和二十六年五月十七日午後四時五分である。

昭和天皇は当時、皇居の花蔭亭で東京教育大学教授、家永三郎らの進講を受けていたが、直ちに打ち切り、香淳皇后とともに大宮御所へ急いだ。

到着は午後四時五十五分。出迎えた皇太后宮大夫の坊城俊良が震える声でいう。

「今しがた、崩御なさいました」

昭和天皇は、にわかに信じられなかっただろう。まして香淳皇后は耳を疑った[85]。つい五日前に大宮御所へ行啓し、貞明皇后と《内庭を御散策の後、茶菓を倶《とも》にし》たばかりだ。

大宮御所には、夕刻から霧のような細雨が降りそぼっている。

天皇と皇后に続き、《皇太子明仁親王始め皇族・旧皇族等も引続き参殿せるも、孰《いず》れも御臨終に遭ひ奉るを得ざりき》と、『貞明皇后実録』が書く。(86)

青天の霹靂《へきれき》だった。

女官の日記によれば、「(貞明皇后は)今朝も御機嫌よく(大正天皇の御影への)御拝も日々の御通り御昼御ぜんもよく御手つかせられ」、どこにも異常はみられなかった。(87)動脈硬化などを懸念していた侍医らも、これほど急激な発作を起こすとは予想していなかった。

そして今、昭和天皇の前に横たわる貞明皇后の表情は穏やかで、いまにも目をさましそうである。

「おたたさま」――

霧雨に煙る大宮御所の、屋根からも庭の木々からも滴《しずく》が落ち、御所は静かに泣いていた。(88)

『貞明皇后実録』の最終巻(五二巻)は書く。

《皇太后平素極めて御健勝に渉《わた》らせらるると雖《いえど》も、既に御老年に及ばせられ、又近年軽度の動脈硬化並に心臓肥大の御症状もありしを以て、侍医等は予《かね》てより過労に陥らせられんことを虞《おそ》れ、御摂養の方途に就きて宮内庁長官等と協議するところありしと云ふ。然《しか》れども崩御前何等の御異状も拝せず、更に本月下旬には蚕糸業御視察の為愛知・岐阜両県下に行啓の御予定もありたるに、斯の如き御急症により忽《たちま》ち崩御あらせられんとは真に予想だにし奉らざ

りしところなり(89)》

突然の崩御を宮内庁が発表したのは、同日午後六時五十四分。

「皇太后陛下には大宮御所において本日午後三時半、狭心症御発病、直ちに御手当を申しあげましたが同四時十分崩御あそばされました」(90)

天皇の近親者の崩御もしくは薨去《こうきよ》はそれまで、天皇が臨終に間に合ったように時間をずらすこともあったが、正確に発表したのは、占領下で時勢が変化していたからだろう。

悲願の主権回復を目前にした、気丈な貞明皇后の突然の崩御。

それは日本に、どんな影響を投げかけたか――。

一カ月余りたった六月二十二日、都内の豊島岡墓地で大喪儀が行われ、貞明皇后は大正天皇が眠る多摩陵の隣、東京都八王子市の多摩東陵に埋葬された。

宮中の伝統慣習を何より重んじた貞明皇后だが、自身の葬儀にそれが適用されることはなかった。

『貞明皇后実録』によれば、《即ち大葬儀は先例夜間の儀なるを改めて昼間に之を行ひ、更に葬場の特設を為さず、或《あるい》は葬列を簡略にし、霊轜《れいじ》に牛車の使用を廃したる如《ごと》き、又玄宮の構造は横穴式を改めて竪穴式を採れる如きは其《そ》の主要なるものにして、其の他諸事簡略に従へるもの多し。(中略)経費潤沢ならざる上に時運亦《また》旧制を踏襲するを許さざるものありしが為なり(91)》。

その一方、《前例を改めて天皇の親しく御葬列に加はらせられ、又参列員の範囲を広めて民間各界の代表者を殆《ほとん》ど網羅し、更に一般国民奉拝の措置を執れる如きは共に今次大葬儀の著しき特色なりとす》(92)。

大喪儀からおよそ三カ月後、米サンフランシスコで講和会議が開かれ、日本は連合国各国との間に平和条約を締結(93)、翌年四月二十八日に発効する。

ここに日本は、主権を回復した。

註

(1)「関係者談話聴取」所収の「大谷紝子談話」から引用
(2)『拝命』から
(3)『貞明皇后実録』四六巻、「稿本二五〇」所収の「侍医日録」から
(4)『拝命』一八五頁から引用
(5)天川晃「第四三代 東久邇内閣」(『日本内閣史録』五巻所収)から。GHQは当初、日本に軍政をしいて国民を直接統治する布告案まで用意していたが、外相の重光葵の猛抗議を受け撤回した
(6)藤田尚徳『侍従長の回想』一七三頁から引用
(7)、(8)『昭和天皇実録』三四巻九六頁から引用
(9)武者小路公共「貞明皇后の祖国愛」(雑誌『心』昭和三十一年四月号所収)から引用
(10)沼津御用邸の本邸は空襲で焼失したため、西附属邸に居住した
(11)『昭和天皇実録』三四巻一六八頁から引用
(12)「関係者談話聴取」所収の「関屋衣子談話」から引用
(13)『拝命』一八七頁から引用
(14)坊城俊良「貞明皇后を偲《しの》びまつりて」(雑誌『済寧』昭和二十六年五月号所収)から引用。エピソードも同誌から。侍医の山川も「大宮様が御苑や海岸をお散歩の折は、警衛も以前のように厳しくはなく、人数も少ないので、浜で遊ぶ漁師の子供らと、自由にお話しになったり、頭をお撫でになったり」したと書いている
(15)『昭和天皇実録』三五巻一八頁から引用
(16)『貞明皇后実録』四七巻五頁から引用。いずれも原文はスペースなし
(17)重光葵『昭和の動乱』下巻三四五頁から引用
(18)鈴木正男『昭和天皇の御巡幸』から
(19)大金益次郎『巡幸余芳』七二頁から引用。巡幸の様子も同書、『昭和天皇の御巡幸』から
(20)『貞明皇后実録』四七巻、主婦の友社編『貞明皇后』から
(21)「関係者談話聴取」所収の「坊城俊良談話」から引用
(22)『木戸幸一日記』上巻四二三頁から引用。傍点は筆者。木戸の日記には「朝香宮の御配偶の問題」とあるが、鳩彦王の女性問題とみられる(『昭憲皇太后・貞明皇后』から)
(23)「関係者談話聴取」所収の「入江相政談話」から引用
(24)、(25)同「加藤進談話」から引用
(26)貞明皇后は「明治のご一新以来この方、政策的に宮さま方は少し良すぎました」と漏らしたともいい、戦前の一部の皇族の不行跡を快く思ってい

なかったとする見方もある（『人間 昭和天皇』下巻など）

(27) 主婦の友社編『貞明皇后』二四五頁から引用

(28)「加藤進談話」から引用

(29)『昭和天皇実録』三五巻二〇二頁から引用

(30)『貞明皇后実録』四七巻六六頁から引用。原文はカタカナ

(31)『拝命』から

(32)『貞明皇后実録』四七巻六八、六九、七〇、七一、七二頁から引用

(33) このうち昭和天皇の第二皇女子の祐子内親王は昭和三年に薨去《こうきょ》している。また、三笠宮家には二十三年二月に宜仁《よしひと》親王（桂宮）、二十六年十月に容子《まさこ》内親王、二十九年十二月に憲仁《のりひと》親王（高円宮）が誕生し、貞明皇后の孫は計十二人に上る

(34)『貞明皇后実録』四八巻二頁から引用

(35) 同四八巻二六頁から引用

(36)「関係者談話聴取」所収の「黒田長敬談話」から引用

(37)『母宮貞明皇后とその時代』一九〇頁から引用

(38)「関係者談話聴取」所収の「山川一郎談話」から引用

(39) 同「吉田鞆子談話」、「大金益次郎手記」から引用

(40) 同「坊城俊良談話」から引用

(41) 同「多輝子談話」から引用

(42)『貞明皇后実録』四六巻から

(43)『母宮貞明皇后とその時代』二一一頁から引用

(44)『貞明皇后実録』四九巻八頁から引用

(45) 早川卓郎編『貞明皇后』の序文から引用。この和歌は貞明皇后の崩御後、三笠宮崇仁親王が遺稿を整理中に見つけ、のちに大日本蚕糸会に下賜されたという

(46) 主婦の友社編『貞明皇后』二六二頁から引用

(47) 総裁就任の経緯は早川卓郎編『貞明皇后』、主婦の友社編『貞明皇后』から。なお、大日本蚕糸会の初代総裁は伏見宮貞愛《さだなる》親王で、閑院宮載仁《ことひと》親王、梨本宮守正王に引き継がれたが、守正王が戦犯に指名されて離任したため、昭和二十二年当時は空席だった

(48)『貞明皇后実録』四八巻六五〜六六頁から引用。句読点は筆者

(49) 同四九、五〇、五一巻から。市町村名は当時のもの

(50)、(51) 昭和二十五年六月十一日の読売新聞地方版（「貞明皇后実録編纂資料・関係者談話聴取」所収）から引用

(52) GHQの民政局は内部文書で、地方巡幸で国民がみせた熱狂ぶりを警戒し、「天皇は、日本人の考へではほつきりと政治の上位にある。（中略）

憲法の規定によれば、彼は法的権威を持たない。彼にはそれは必要ない。といふのは、彼にはそれに優る、もつと恐ろしい何かがあるからだ」と分析していた（勝岡寛次「万世一系と日本の国柄」〈日本協議会・日本青年協議会『祖国と青年』平成二十年二月号所収〉から引用）

(53)、(54) 地方巡啓の様子は早川卓郎編『貞明皇后』から

(55)、(56) 早川卓郎編『貞明皇后』一〇七〜一〇八頁掲載の入所者の手記から引用

(57)『貞明皇后実録』五一巻八二頁から引用

(58)「関係者談話聴取」所収の「鈴木孝子談話」から引用

(59) 大河原幸作述『貞明皇后陛下行啓の思出を偲び奉りて』から。このとき貞明皇后は、出迎えた大河原家の家族の一人一人に声をかけ、十五分の滞在予定時間が三十分に延びたという

(60)『拝命』から

(61)「関係者談話聴取」所収の「山川一郎談話」から引用

(62) 同「入江相政談話」、『拝命』から

(63)『拝命』二二七頁から引用

(64)『貞明皇后実録』四八巻九頁から引用

(65) 主婦の友社編『貞明皇后』から

(66)「関係者談話聴取」所収の「竹屋津根子談話」から引用

(67)「人間宣言」の造語で知られる昭和二十一年一月一日の「新日本建設に関する詔書」について昭和天皇は後年、《民主主義の精神は明治天皇の採用されたところであって、決して輸入のものではないことを示し、国民に誇りを忘れさせないように》するためであったと回想しており、「人間」であることを宣言するような内容ではなかった（『昭和天皇実録』三五巻四〜五頁から引用）

(68)、(69) ヴァイニングの回想はいずれもE・G・ヴァイニング『皇太子の窓』二五二〜五四頁から引用。貞明皇后のもてなしの様子も同書から

(70)「関係者談話聴取」所収の「坊城俊良談話」から引用

(71) 同「山中貞子談話」から引用

(72)『貞明皇后実録』五二巻五頁から引用。原文はスペースなし。歌会始の選者でもあった歌人の佐佐木信綱は「今年こそ講和の締結といふ希望が、国民の心の隅々にまで浸透してゐる昭和二十六年の初頭にあたつて、この御歌を拝することはまことに意義が深い。（中略）晴朗にして気魄《きはく》ある御歌と申しまつるべきである」と評している（佐佐木信綱『貞明皇后御歌謹解』一七九頁から引用）

(73)『貞明皇后実録』五〇巻八〜九頁から引用

(74)「稿本二九〇」所収の「行啓録」から

(75)『貞明皇后実録』五三巻二一頁から引用
(76)、(77)『拝命』二四八～四九頁から引用
(78)「稿本二九〇」所収の「山川一郎談話・御晩年の御健康」から引用
(79)『拝命』二五〇頁から引用
(80)貞明皇后は、下半身など「お次」に触れた手で上半身を診察されることを嫌がり、「手を洗つてお出で」と注意したという（「関係者談話聴取」所収の「小原辰三談話」から）
(81)「小原辰三談話」から引用
(82)「稿本二九〇」所収の「貞明皇后大喪記録」から引用
(83)崩御の様子は『拝命』、「小原辰三談話」、「貞明皇后大喪記録」、河原敏明『良子皇太后』、昭和二十六年五月十八日の朝日新聞、毎日新聞、読売新聞各朝刊から
(84)『貞明皇后実録』五二巻二三頁から引用
(85)同五二巻二一頁から引用
(86)同五二巻二四頁から引用
(87)「稿本二九〇」所収の「典侍日記」から引用
(88)対面の様子は「貞明皇后大喪記録」、昭和二十六年五月十八日の朝日新聞、毎日新聞、読売新聞各朝夕刊から
(89)『貞明皇后実録』五二巻二四～二五頁から引用
(90)昭和二十六年五月十七日の毎日新聞第二号外から引用
(91)、(92)『貞明皇后実録』五二巻五二～五四頁から引用。霊轜は柩《ひつぎ》を載せて運ぶ車、玄宮は陵所の柩を納める場所のこと
(93)講和会議に参加した五十二カ国中、ソ連などを除く四十九カ国が平和条約に調印した

エピローグ

昭和四十一（一九六六）年の初夏、皇居の紅葉山御養蚕所で、香淳皇后が蚕に桑の葉を与えている。慣れた手つきは、生前の貞明皇后を彷彿《ほうふつ》とさせるようだ。

事実、香淳皇后は貞明皇后から養蚕の手ほどきを受けていた。崩御の前年、二十五年六月一日にも貞明皇后が紅葉山御養蚕所に赴き、《御先著の（香淳）皇后と倶《とも》に約三時間に亘《わた》り養蚕の状況を御覧あらせられ、又御手づから蚕に桑葉を与へたまふ》と、『貞明皇后実録』が書く(1)。

崩御から十五年――。

高度経済成長で国民の生活水準は急上昇し、日本は大きく変わった。テレビの普及、インスタント食品ブーム、マイカー時代の到来……。

だが、豊かさの中で従来の価値観や道徳観が軽視されたのも事実だ。核家族化が進み、先祖供養の意識も薄れていった。

宮中も変化を余儀なくされる。天皇や皇后の、国民に見える形での行幸啓や式典臨席が重視される半面、古来の儀式などの簡略化が進んだ。

一方、貞明皇后の教えを忘れず、その意思を誰より引き継ごうとしたのが、香淳皇后だった。先例を重んじ、養蚕を続け、宮中祭祀の保持に心を砕いた様子が当時の文献からもうかがえる。

皇居に「魔女」が出現したのは、そんな時である。四十一年一月三日、侍従の入江相政は日記に書いた。

「昨日、一昨日と相次いで魔女から（別の侍従に）電話。大晦日《おおみそか》にだれが剣璽《けんじ》の間にはひつた、なぜ無断ではひつた、とえらい剣幕でやられたといふことだつた……(2)」

「魔女」の名は今城《いまき》誼子《よしこ》。昭和四年に出仕し、貞明皇后に仕えたベテラン女官だ。

貞明皇后の崩御後、皇太后宮職の女官の多くは退官したが、誼子は残り、皇后宮職に移籍した。貞明皇后に育てられただけに、挙措には一分の隙もない。いつしか香淳皇后に重用され、側近中の側近となっていた(3)。

その誼子が、男子禁制とされた剣璽(4)の間に侍従が無断で入ったことを厳しく咎《とが》めたのが、右の日記の場面である。伝統慣習に固執する誼子を、改革派の入江らは魔女と呼んで憎悪した。

四十四年に入江が侍従長になると、誼子との対立が決定的になる。昭和天皇の負担軽減を理由に、入江らが宮中祭祀の簡略化を進めようとしたからだ。

あるとき、香淳皇后が言った。

「もっとお祭を大事に度数をふやした方がいゝ[5]」

香淳皇后はこのとき、自ら祭祀を行う意思を示したが、入江は強く反対し、その日の日記に書いた。

「無茶苦茶とはこの事。かうまで魔女にやられていらつしやるとは[6]」

香淳皇后の、祭祀を大切に思う心は本物である。しかし入江らは、その背後に諒子がいるとみて〝魔女退治〟に奔走し、四十六年七月、諒子は退官に追い込まれた。

香淳皇后は泣いた。貞明皇后に対する申し訳なさでいっぱいだったのだろう。泣きながら諒子に手紙を書いている。

「大宮様より伺つて居ました通り誠実な人でした事を証明します。御上《かみ》の御身を思ひよくお仕へ申し、私の為にも蔭になり日向《ひなた》になりよく尽してくれました。この度御上にざんげんする者あり、残念なことですが退職させる様な事になりましたが、良き時期に再任します……[7]」

それからほぼ半世紀――。

日本の平和は続いている。しかし何か、忘れているものはないだろうか。

このねぬる　朝けの空に　光あり　のぼる日かげは　まだ見えねども

貞明皇后が崩御の年に詠んだ、この和歌の意味が、改めて問われている。

註

（1）『貞明皇后実録』五一巻四五～四六頁から引用
（2）入江為年監修『入江相政日記』四巻五頁から引用。傍点は筆者
（3）河原敏明「昭和天皇を苦悩させた宮中『魔女追放事件』の真実」（雑誌『現代』平成十一年一月号所収）から
（4）三種の神器のうち、天叢雲剣《あめのむらくものつるぎ》と八尺瓊勾玉《やさかにのまがたま》が安置してある部屋。天皇皇后の寝室の隣にあるため、男子禁制の部屋とされる
（5）、（6）『入江相政日記』四巻二五八頁から引用
（7）「昭和天皇を苦悩させた宮中『魔女追放事件』の真実」から引用

あとがき

本書は平成二十九（二〇一七）年三月から九月にかけ、産経新聞に「朝《あさ》けの空に」のタイトルで連載されたノンフィクションを加筆修正したものである。

その前年、平成二十八年八月に天皇陛下が譲位のご意向を示された。近代国家となった明治以降、初の譲位という歴史的転換点を前に、産経新聞ではその意義などについて多角的な視点からさまざまに報じてきた。

右の連載もその一環だ。およそ百年前、初の摂政設置という事態に直面した貞明皇后の生涯を、宮内庁編纂の『貞明皇后実録』をはじめ確かな資料をもとに辿《たど》るという基本方針は産経新聞編集局長・乾正人の発案による。徹底した史実の追求、引用資料の脚注表記など連載の構成は編集局次長兼社会部長・三笠博志が企画し、取材と執筆を社会部・川瀬弘至が担当、副編集長・豊川雄之と同・佐々木美恵がデスクを務めた。

写真などの資料収集は伊藤真呂武ほか宮内庁記者クラブ所属の社会部記者、校正および校閲は産経編集センター校閲部の三杯信生と同企画部の池田美緒が当たった。ほかにも複数の記者が関与しており、乾と三笠の指揮のもと、いわば〝オール産経〟で書き上げた連載である。

昭和天皇の母でありながら、貞明皇后について書かれた文献は少ない。いまも幾つかの点で謎に包まれていることはプロローグにも書いた通りだ。しかし、宮内公文書館に保管されている未公刊資料をひも解くことで、試練の連続だった六十六年の生涯を辿ることができた。貞明皇后が農家へ里子に出された経緯、大正天皇との結婚当初の苦悩、関東大震災時の言動などでは、本書によって詳細が明らかになった部分もある。

こうした未公刊資料の分析には、女性皇族研究の第一人者である静岡福祉大学の小田部雄次教授から多大な取材協力を得た。全五十二巻、計四千二百八十六頁におよぶ『貞明皇后実録』を読み解いてもらい、多くのアドバイスをいただいた。執筆中、小田部教授と交わしたメールは三百通以上に及ぶ。本書の記述には小田部教授の著書から引用した部分も多数あり、その先行研究が不可欠だったことを、深謝とともに特筆したい。

また、宮内庁書陵部の職員の方々の協力も大きかった。膨大な量の閲覧請求申請にも迅速に対応していただいたことを、心から感謝している。

何より産経新聞での連載中、読者サービス室などに励ましの電話やメール、手紙が多数寄せられたことが、本書を書き上げる原動力となった。この場を借りて、心からお礼申し上げたい。

本書に先立ち、産経新聞では平成二十七年四月から二十八年七月にかけ昭和天皇の生涯をつづったノンフィクション「ふりさけみれば」を連載し、産経新聞出版から『立憲君主 昭和天皇』（上下巻）のタイトルで刊行されている。あわせて読んでいただければ、先人たちがなぜ、二千年余にわたり皇室を守ってきたか、世界に比類なき天皇家の存在意義が理解してもらえると思う。

平成三十一年の春に天皇陛下が譲位され、皇太子さまが即位される。皇室と国民との絆が、本書によりさらに深まることになれば、これ以上の喜びはない。

平成三十年二月

川瀬弘至

（御身位と肩書はいずれも当時）

◇引用・参考図書　※初出の章に記載

【プロローグ】
＊宮内庁編『貞明皇后実録』＊宮内庁所蔵「貞明皇后実録編纂資料・関係者談話聴取」＊宮内庁所蔵「貞明皇后実録稿本」＊平塚柾緒編著『米軍が記録した日本空襲』（草思社、一九九五年）＊主婦の友社編『貞明皇后』（主婦の友社、一九七一年）＊高松宮妃喜久子『菊と葵のものがたり』（中央公論社、一九九八年）＊宮内庁編『貞明皇后御歌集』上巻（宮内庁、一九六〇年）＊工藤美代子『母宮貞明皇后とその時代　三笠宮両殿下が語る思い出』（中央公論新社、二〇〇七年）

【第一章】
＊下橋敬長述『幕末の宮廷』（平凡社東洋文庫、一九七九年）＊小田部雄次『昭憲皇太后・貞明皇后　一筋に誠をもちて仕へなば』（ミネルヴァ書房、二〇一〇年）＊森山章之烝編『英照皇太后之御盛徳』（同文館・非売品、一八九七年）＊宮内省御系譜課編『皇太子妃御所生御續合図』（宮内庁所蔵）＊喜多文之助『九條節子姫』（富士書店、一八九九年）＊宮内省編『明治天皇紀』全一二巻（吉川弘文館、一九六八―七五年）＊浅見雅男『皇太子婚約解消事件』（角川書店、二〇一〇年）＊津田茂磨『明治聖上と臣高行』（原書房、一九七〇年）＊女子学習院編『女子学習院五十年史』（女子学習院、一九三五年）＊片野真佐子『皇后の近代』（講談社選書メチエ、二〇〇三年）＊アリス・ベーコン『華族女学校教師の見た明治日本の内側』（中央公論社、一九九四年）＊梨本伊都子『三代の天皇と私』（講談社、一九七五年）＊西沢爽『日本近代歌謡史』上巻（桜楓社、一九九〇年）

【第二章】
＊神田豊穂『皇室皇族聖鑑　大正篇』（皇室皇族聖鑑刊行会、一九三五年）＊安在邦夫、望月雅士編『佐佐木高行日記　かざしの桜』（北泉社、二〇〇三年）＊宮内省編『大正天皇実録』一巻―（ゆまに書房、二〇一六年―）＊古川隆久『大正天皇』（吉川弘文館、二〇〇七年）＊堀口修監修・編『「明治天皇紀」談話記録集成』三巻（ゆまに書房、二〇〇三年）＊原武史『皇后考』（講

談社、二〇一五年）＊エルウィン・ベルツ著、トク・ベルツ編『ベルツの日記』上巻（岩波文庫、一九七九年）＊山階会編『山階宮三代』下巻（精興社、一九八二年）

【第三章】

＊原武史『大正天皇』（朝日選書、二〇〇〇年）＊髙橋紘『人間 昭和天皇』上下巻（講談社、二〇一一年）＊山川三千子『女官』（実業之日本社、一九六〇年）＊エリザ・R・シドモア『シドモア日本紀行 明治の人力車ツアー』（講談社学術文庫、二〇〇二年）＊茅誠司、中野好夫監修『世界教養選集』九巻（平凡社、一九七五年）＊工藤美代子『国母の気品 貞明皇后の生涯』（清流出版、二〇〇八年）＊小田部雄次『梨本宮伊都子妃の日記 皇族妃の見た明治・大正・昭和』（小学館、一九九一年）＊河野正義編『明治天皇御一代記』（東京国民書院、一九一三年）＊原奎一郎編『原敬日記』全六巻（福村出版、二〇〇〇年）＊宮内庁編『昭和天皇実録』＊田中光顕監修、長野新聞編『聖上御盛徳録』（長野新聞、一九三五年）

【第四章】

＊鈴木昌鑑監修、芦沢紀之編『秩父宮雍仁親王』（秩父宮を偲ぶ会、一九七〇年）＊参謀本部編『明治卅七八年日露戦史』（偕行社、一九一五年）＊長南政義編『日露戦争第三軍関係史料集 大庭二郎日記・井上幾太郎日記でみる旅順・奉天戦』（国書刊行会、二〇一四年）＊旧参謀本部編『日本の戦史 日露戦争』下巻（徳間文庫、一九九四年）＊海軍軍令部編『明治三十七八年海戦史』（春陽堂、一九〇九―一〇年）＊大正天皇御集刊行会編『大正天皇御集』（大正天皇御集刊行会、一九四八年）＊川上寿代『事典 観桜会・観菊会全史 戦前の〈園遊会〉』（吉川弘文館、二〇一七年）＊早川卓郎編『貞明皇后』（大日本蚕糸會、一九五一年）

【第五章】

＊李王垠伝記刊行会編『英親王李垠伝 李王朝最後の皇太子』（共栄書房、一九七八年）＊梅崎大夢『李王朝最後の皇太子・英親王李垠と伊藤博文』（正風書舎、二〇〇五年）＊春畝公追頌会編『伊藤博文伝』下巻（統正社、一九四三年）＊李方子『歳月よ王朝よ』（三省堂）から＊小田部雄次『李方子 一韓国人として悔いなく』（ミネルヴァ書房、二〇〇七年）＊甘露寺受長『背広の天

皇』（東西文明社、一九五七年）＊鹿野千代夫『乃木大将言行録』（東亜堂書房、一九一二年）＊学習院輔仁会編『乃木院長記念録』（三光堂、一九一四年）＊長與善郎『わが心の遍歴』（筑摩書房、一九五九年）＊文藝春秋編『昭和天皇の時代』（文藝春秋、一九八九年）＊『貞明皇后御集』上中下巻（宮内庁書陵部、一九五二年）＊坂野潤治ほか編『財部彪日記 海軍次官時代』上巻（山川出版社、一九八三年）＊西川泰彦『貞明皇后 その御歌と御詩の世界 「貞明皇后御集」拝読』（錦正社、二〇〇七年）＊高松茅村『本願寺裏方 大谷籌子』（芳醇社、一九一一年）

【第六章】
＊秩父宮雍仁親王『皇族に生まれて 秩父宮随筆集』（渡辺出版、二〇〇五年）＊坂東登女子述、山口幸洋著『椿の局の記』（近代文芸社、二〇〇〇年）＊小林道彦『大正政変 国家経営構想の分裂』（千倉書房、二〇一五年）から＊小林道彦『桂太郎 予が生命は政治である』（ミネルヴァ書房、二〇〇六年）

【第七章】
＊大隈侯八十五年史編纂会編『大隈侯八十五年史』三巻（原書房、一九七〇年）＊西野雄治『大隈内閣の真相』（非売品、一九一二年）＊山室信一、岡田暁生、小関隆、藤原辰史編『現代の起点 第一次世界大戦（一）世界戦争』（岩波書店、二〇一四年）＊小林道彦、中西寛編著『歴史の桎梏を越えて 20世紀日中関係への新視点』（千倉書房、二〇一〇年）＊伊藤之雄『政党政治と天皇』（講談社、二〇〇二年）＊林茂、辻清明編『日本内閣史録』二、五巻（第一法規出版、一九八一年）＊川田稔『原敬 転換期の構想 国際社会と日本』（未來社、一九九五年）＊伊藤隆編、入江貫一著『大正初期山県有朋談話筆記 政変思出草』（山川出版社、一九八一年）＊金澤敏子、向井嘉之、阿部不二子、瀬谷實『米騒動とジャーナリズム 大正の米騒動から百年』（梧桐書院、二〇一六年）＊吉河光貞『所謂米騒動事件の研究』（司法省刑事局、一九三九年）＊尚友俱楽部山縣有朋関係文書編纂委員会編『山縣有朋関係文書』一巻（山川出版社、二〇〇五年）＊小川金男『宮廷』（日本出版協同、一九五一年）＊黒沢文貴『大戦間期の宮中と政治家』（みすず書房、二〇一三年）

【第八章】
＊女性自身編集部『御素顔の皇后さま　美しき日本の母の年輪』（光文社、一九八六年）＊鶴見俊輔、中川六平編『天皇百話』上巻（ちくま文庫、一九八九年）＊大野芳『宮中某重大事件』（講談社、一九九三年）＊猪狩史山編『申酉回瀾録』（憲政資料室収集文書）＊藤本尚則『国師杉浦重剛先生』（敬愛会、一九五四年）＊大竹秀一『天皇の学校　昭和の帝王学と高輪御学問所』（文藝春秋、一九八六年）＊明治教育史研究会編『杉浦重剛全集』六巻（杉浦重剛全集刊行会、一九八三年）＊波多野澄雄ほか責任編集『侍従武官長奈良武次日記・回顧録』二、四巻（柏書房、二〇〇〇年）＊東久邇稔彦『一皇族の戦争日記』（日本週報社、一九五七年）＊徳富猪一郎編述『公爵松方正義伝』坤巻（公爵松方正義伝記編纂会、一九三五年）＊波多野勝『裕仁皇太子ヨーロッパ外遊記』（草思社、一九九八年）＊吉田茂『回想十年』四巻（新潮社、一九五八年）＊二荒芳徳、沢田節蔵『皇太子殿下御外遊記』（大阪毎日新聞社・東京日日新聞社、一九二五年）＊伊藤隆、広瀬順晧編『牧野伸顕日記』（中央公論社、一九九〇年）＊伊藤之雄『山県有朋　愚直な権力者の生涯』（文春新書、二〇〇九年）＊四竈孝輔『侍従武官日記』（芙蓉書房、一九八〇年）

【第九章】
＊黒板勝美、国史大系編修会編『日本書紀』前編（吉川弘文館、一九五七年）＊岡田尚子編『皇后さまとご養蚕　皇后陛下傘寿記念』（扶桑社、二〇一六年）＊兵藤長雄『善意の架け橋　ポーランド魂とやまと心』（文藝春秋、一九九八年）＊今井清一『日本の歴史（二三）大正デモクラシー』（中公文庫、二〇〇六年）＊山川一郎『拝命　一侍医の手記』（非売品、一九七二年）七〇頁から引用＊西川義方『侍医三十年』（大日本雄弁会講談社、一九五二年）＊岡野弘彦解題・解説『おほみやびうた　大正天皇御集』（邑心文庫、二〇〇二年）＊皿木喜久『大正時代を訪ねてみた　平成日本の原景』（産経新聞ニュースサービス、二〇〇二年）

【第十章】
＊藤樫準二『千代田城　宮延記者四十年の記録』（光文社、一九五八年）＊雍仁親王妃勢津子『銀のボンボニエール』（主婦の友社、一九九一年）＊榊原喜佐子『大宮様と妃殿下のお手紙　古きよき貞明皇后の時代』（草思社、二〇一〇年）＊藤野豊編『近現代日本ハンセン病問題資料集成　戦

前編』四巻（不二出版、二〇〇二年）＊木戸日記研究会校訂『木戸幸一日記』上巻（東京大学出版会、一九六六年）＊林出賢次郎『扈従訪日恭紀』（満洲帝国国務院総務庁情報処、一九三六年）＊愛新覚羅溥儀『わが半生』下巻（筑摩叢書、一九八五年）

【第十一章】
＊池田俊彦編『二・二六事件裁判記録　蹶起将校公判廷』（原書房、一九九八年）＊太平洋戦争研究会編、平塚柾緒著『二・二六事件』（河出文庫、二〇〇六年）＊松沢哲成、鈴木正節『二・二六と青年将校』（三一書房、一九七四年）＊高宮太平『天皇陛下』（酣燈社、一九五一年）＊高松宮宣仁親王『高松宮日記』二、八巻（中央公論社、一九九五年）＊本庄繁記『本庄日記』普及版（原書房、一九八九年）＊『雍仁親王実紀』（吉川弘文館、一九七二年）＊原田熊雄述『西園寺公と政局』五、七巻（岩波書店、一九五一、五二年）＊安井三吉『盧溝橋事件』（研文出版、一九九三年）＊ジョセフ・C・グルー『滞日十年』下巻（ちくま学芸文庫、二〇一一年）＊『昭和史全記録』（毎日新聞社、一九八九年）＊浄法寺朝美『日本防空史　軍・官庁・都市・公共企業・工場・民防空の全貌と空襲被害』（原書房、一九八一年）＊御厨貴、岩井克己監修『徳川義寛終戦日記』（朝日新聞社、一九九九年）＊川瀬弘至『立憲君主 昭和天皇』上下巻（産経新聞出版、二〇一七年）

【第十二章】
＊藤田尚徳『侍従長の回想』（講談社、一九六一年）＊重光葵『昭和の動乱』下巻（中公文庫、二〇〇一年）＊鈴木正男『昭和天皇の御巡幸』（展転社、一九九二年）＊大金益次郎『巡幸余芳』（新小説社、一九五五年）＊大河原幸作述『貞明皇后陛下行啓の思出を偲び奉りて』（大河原家所蔵）＊E・G・ヴァイニング『皇太子の窓』（文藝春秋新社、一九五三年）＊佐佐木信綱『貞明皇后御歌謹解』（第二書房、一九五一年）＊河原敏明『良子皇太后　美智子皇后のお姑さまが歩んだ道』（文藝春秋、一九九三年）

【エピローグ】
＊朝日新聞社編、入江為年監修『入江相政日記』四巻（朝日新聞社、一九九一年）

本書は、産経新聞平成29年3月3日～9月21日付に連載された
「朝けの空に　貞明皇后の66年」を加筆、再構成したものです。
単行本　平成三十年三月　産経新聞出版刊

ＤＴＰ　佐藤敦子
写真提供　宮　内　庁

産経NF文庫

孤高の国母 貞明皇后

二〇二〇年十一月二十二日 第一刷発行
著 者 川瀬弘至
発行者 皆川豪志
発行・発売 株式会社 潮書房光人新社
〒100-8077 東京都千代田区大手町一-七-二
電話/〇三-六二八一-九八九一㈹
印刷・製本 凸版印刷株式会社
定価はカバーに表示してあります
乱丁・落丁のものはお取りかえ致します。本文は中性紙を使用
ISBN978-4-7698-7029-6 C0195
http://www.kojinsha.co.jp

産経NF文庫の既刊本

立憲君主 昭和天皇 上・下

川瀬弘至

昭和天皇でなければ日本は救えなかった——あの戦争で、終戦の「聖断」はどのように下されたのか。青年期の欧州歴訪を経て、国民とともに歩む立憲君主たらんと志し、現実政治の前で悩み、君主のあるべき姿を体現した87年の生涯を描く。

上・定価〈本体930円+税〉 ISBN978-4-7698-7024-1
下・定価〈本体920円+税〉 ISBN978-4-7698-7025-8

神武天皇はたしかに存在した

神話と伝承を訪ねて

産経新聞取材班

(神武東征という)長旅があって初めて、天照大御神の孫のニニギノミコトを地上界での祖とする皇室は大和に至り、天皇と名乗って「天の下治らしめしき」ことができたのである。東征は、皇室制度のある現代日本を生んだ偉業、そう言っても過言ではない。(序章より)

定価〈本体810円+税〉 ISBN978-4-7698-7008-1